사회학

현승일 저

박영사

개정판 서문

이 책은 1989년 초판이 발행된 이래 사회과학을 공부하는 학생들과 일반인들로부터 기대이상의 사랑을 받아 지난 22년 동안 19회에 걸쳐 판을 거듭하였다. 이기간 동안 예상하던 정보화 사회가 현실이 되었으며, 또한 원래의 책에 실린 통계자료들도 낡았으므로 책을 보완하고 개정해야할 필요가 생겼다. 이러한 필요에 따라 박영사가 책의 개정을 저자에게 요청함으로 꼭 추가하고 고쳐야 할 부분에 한정하여 그에 응하였다.

책의 개정에 반드시 있어야 할 적절한 통계자료들을 정성껏 찾아서 제공해준 통계청의 이지연 박사에게 깊이 감사드린다. 그리고 책의 마무리 편집을 도와준 국민대학교 강사 박순문 박사에게도 감사하다는 말씀을 드린다.

2012년 7월

저자 현승일

서 문

이 책은 저자가 대학에서 사회학개론 강의를 위해 작성한 강의노트와 강의를 통한 학생들과의 교류에서 터득한 경험을 토대로 하여 집필한 것이다.

사회현상의 보편적인 원리와 경향 및 추세를 다루는 사회학개론은 적정한 범위와 수준이 있으며, 또한 이것은 쉽고 재미있게 이해될 수 있는 것이면서도 단기간의 수업을 통해서나마 상당한 지식과 안목을 넓힐 수 있는 과목이다. 그리고 무엇보다도 중요한 것은 사회학개론이 사회학 및 다른 사회과학을 전공하는 학생들에게는 공부의 기초를 제공할 수 있으며, 또한 일반인에게도 사회에 관한 중요한 지식들을 많이 제공할 수 있다는 사실을 저자 스스로가 깨달아 왔다.

그래서 저자는 두 가지 측면에 유의하면서도 이 책을 썼다. 첫째는 가장 보편적인 사회적 주제들을 거의 빠짐없이 취급하면서, 주제들에 포함된 중요한 개념들을 논의의 맥락 가운데서 해설함으로써 사회과학 공부의 전진에 도움이 되고자 하였다. 둘째는 사회적 주체(사건)들에 대해 상이한 관점들을 공평하게 적용함으로써 편견과 아집이 아닌 여유 있는 사고와 객관적인 조망(眺望 : 퍼스펙티브)을 갖는 데에 도움이 되려고 하였다.

책의 서술방식과 체계에 있어서는 쉽고 재미있게 이해하도록 하기 위한 저자 개인의 의도가 있었지만, 책의 내용에 있어서는 지금까지 수많은 국내외 학자들에 의해 이루어진 연구성과에 직·간접으로 의존한 것이다. 따라서 이 책이 그들에게 지고 있는 신세는 무한하며, 그들에게 심심한 경의와 감사를 드린다.

이 책의 출간이 가능하게 된 것은 박영사(博英社)가 베풀어 준 크나큰 은공 때문이다. 천학비재한 저자에게 집필의 기회를 주고, 탈고까지의 오랜 기간을 참아 주며, 변함 없는 격려를 보내 준 데에 대해 뭐라고 감사를 표시할 수조차 없다. 특히 이 책을 위해 애써 준 황인욱(黃仁旭) 과장님의 희생적인 노력과 저자에 대한 우정은 잊을 수가 없을 것이다.

저자는 텍사스 대학교(University of Texas)에 방문교수로 오게 된 기회의 덕분으로 이 대학 도서관의 풍부한 자료를 이용하여 이 책을 완성할 수 있었다. 자료정리 과정에서 이 대학 경제학과 박사과정의 조원호(趙元鎬) 군에게 큰 신세를 졌다. 깊은 감사를 드린다.

1989년 5월

Austin, Texas에서

목 차

제12장 지역공동체

제13장 사회변동

제 1 장

사회학의 관점

제 1 절 사회학이란 무엇인가?

제 2 절 사회학의 시작

제 3 절 사회학적 접근방법

제 4 절 현대의 사회학이론들

iology Sociology Sociology Sociology Sociology Sociology Sociology Sociology Sociology

제 1 장

사회학의 관점

제 1 절 사회학이란 무엇인가?

어느 사회학 교과서든지 책을 펼치면 제일 첫장에 사회학이란 어떠한 학문이라고 하는 정의가 나와 있다. 어떤 저자는 "사회학이란 사회의 질서와 진보에 관한 학문이다"(Comte, 1855)라고 정의하였고,[1] 또 어떤 저자는 "사회학이란 사람들이 만들고, 조직하고, 깨고, 바꾸는 것에 대한 합의에 관한 학문"이라고 정의하였으며,[2] 어떤 저자는 좀더 포괄적으로 사회학을 "사회적 행위와 인간집단에 관한 과학적 학문"이라고 정의했다.[3] 그래서 사회학에 대한 정의는 저자의 수만큼이나 많다.

사회학에 대한 각각의 정의는 모두 다 나름대로 일리가 있는 것이다. 사회라는 것이 복잡하고, 사회에서 일어나는 일들이 워낙 다양하며, 이들을 이해하고자 할 때 어디에 초점을 두고, 어느 방향의 시각으로 논의를 전개하느냐에 따라 사회학에 대한 정의가 달라질 뿐이다. 각각의 정의들은 적어도 진실의 일부를 대변하고 있는 것이므로 사회학에 대한 모든 정의는 일리가 있는 것이다.

그렇다면 왜 저자들마다 제 나름의 정의를 서두에 내리는가? 이것은 일종의 개막선언과 같은 것이다. 다시 말해 각 저자는 "나는 이러 이러한 관점에서 이 책을 써나가겠소"라고 밝히는 것이다. 가령 사회학을 사회질서에 관한 학문이라고 정의한다면, 그는 사회의 질서라는 측면에서 초점을 맞추어 책을 써나가겠다는 뜻이다.

이 책에서도 개막선언이 필요하다. 이 책은 **사회학**(sociology)을 "사회와 개인의 관계를 과학적으로 규명하려는 학문"이라고 정의한다.

1) 신용하, 2012, 137-138쪽.
2) Bobbie, Earl R., 1979, p. 9.
3) Schaefer, Richard T., 2009, p. 8.

사회학을 이렇게 정의하는 데는 이유가 있다.

첫째는 사회학을 공부하는 학생들의 관심이 "사회와 나 개인 사이에는 어떠한 관계가 있느냐?" 하는 데에 많이 쏠려 있기 때문이다. 사회는 개인들이 몸을 담고 하루 하루의 생활을 영위해 나가는 터전으로서 나 개인과 분리된 사회란 있을 수 없다. 따라서 학생들의 관심도 도대체 사회와 나는 어떤 관계에 있느냐는 것이고, 또 이것에 대해 어느 정도까지는 설명을 해 주어야 사회학이 인간에게 유용한 학문으로서 구실을 할 수 있다고 생각하기 때문이다.

둘째는 사회학을 그렇게 정의하고 해설을 해 나가는 것이 사회학을 가장 쉽게 이해시켜 줄 수 있는 방법이기 때문이다.

여러 사회학자들이 각각 사회학에 대한 정의를 어떻게 내리고, 그 정의에 따라 초점을 어디에 두고 이론을 전개하든 간에 따지고 보면 모든 사회학자들은 사회와 개인의 관계를 다룬다는 점에서 공통점을 지니고 있다.

모든 사회학이론은 그 초점과 시각을 어디에 두든 간에 사회에 관련된 문제들을 다루는 것이다. 여기서 사회라는 개념을 좀더 자세히 정리하면, 둘 이상의 개인들로 형성된 인간의 무리를 말한다. 둘 이상의 인간의 무리라고 해서, 반드시 한 자리에 모여 있어야 사회가 되는 것은 아니다. 멀리 떨어져 있는 사람이라고 하더라도 그와 어떤 관계가 지어져 있으면 사회를 형성하는 것이다. 사회학이론이 사회를 하나의 전체로서 취급할 경우에도 그 전체가 구성원 개인들에게 어떤 영향을 미치는지를 도외시할 수 없다. 반대로 구성원 개인들을 중점적으로 취급할 경우에도 그 개인들이 전체사회에 미치는 영향을 도외시할 수는 없다. 따라서 모든 사회학이론을 사회와 개인의 관계에 관한 것이라고 단순하게 정의하더라도 아무런 무리가 없을 것이다. 이 점에 대해서는 '접근방법' 항목에서 다시 설명하기로 한다.

Ⅰ. 사회와 개인

이 책에서 사회학을 '사회와 개인의 관계'를 과학적으로 규명하는 학문이라고 정의한 것은 나름대로의 함축적인 의미를 담고 있다. 그것은 사회의 독자성도 인정하고, 동시에 개인의 독자성도 인정한다는 뜻이다. 양자가 지닌 각각의 독자성을 인정하는 것은 아래와 같은 이유에서이다.

두 사람 이상의 개인들로 이루어지는 사회에는 으레 관념적 · 규범적 · 물질적 요소들이 있게 마련이므로 사회란 개념 속에는 이러한 요소들도 묵시적으로 포함된다.

둘 이상의 사람으로 형성되는 사회는 비록 개인의 합(合)이기는 하지만, 일단 사회가 성립되면 하나의 단위로서 독자적 성격을 가지게 된다. 예컨대 한 사람의 남자와 한 사람의 여자가 모여 '가정'이라는 사회를 이루면, 그 가정은 두 사람의 정신적 · 물질적 상호 의존, 두 사람의 협력 또는 갈등, 두 사람의 정신적 · 육체적 애정공유(share) 등 하나의 단위로서의 성격을 갖게 된다. 이러한 가정의 성격은 부부 두 사람 각자의 성격을 분석해서 그 두 성격을 합친 것과는 분명히 다른 독자적인 특성을 지닌다. 이렇게 가정의 성격이 형성되면, 그 가정이라는 사회는 이제 부부 각자에게 영향을 미치며, 부부 각자의 마음과 행동을 통제하게 된다. 다시 말하면 가정(사회)은 부부(개인들)가 만들지만, 일단 가정이 성립되면 그 가정의 성격이 부부를 지배하는 측면이 있다는 것이다. 개인의 입장에서 보면, 개인이 사회로부터 지배를 당하는 측면이다. 이것을 우리는 **사회성**(sociality)이라고 말할 수 있다.

그렇다면 사회가 성립되기만 하면 개인은 사회로부터 영향을 받을 수밖에 없는 피동적인 존재인가? 그렇지는 않다. 개인은 소속된 사회의 영향으로부터 벗어나는 독자적 영역을 가지며, 사회에 대해 도리어 영향을 미치는 능동적인 힘을 지니고 있다. 가령 개인의 출생 그 자체, 질병으로 인한 아픔, 죽음, 외국어단어의 암기 같은 것은 개인이 개인으로서 치르는 영역이다. 또 경우에 따라 개인은 소속된 사회의 분위기와는 상관없이 개인적 결단이나 개인적 판단에 따라 어떤 행동을 일으키고, 그 행동으로 사회에 심각한 영향을 미칠 수도 있다. 사회의 입장에서 보면 개인으로부터 영향을 받는 측면이다. 이것을 우리는 **개인성**(individuality)이라고 말할 수 있다.

이를 요약해서 말하면 인간생활에는 사회성과 개인성이 동시에 들어 있다는 것이다. 인간생활의 사회성과 개인성에 대해서는 앞으로 여러 항목들에 관한 논의에서 충분히 시사될 것이다. 여기서는 우선 사회학을 '사회와 개인의 관계'를 다루는 학문이라고 말한 이 책의 정의와 관련하여 사회와 개인의 관계에는 사회성과 개인성이 동시에 나타난다는 것만을 지적해 둔다.[4)]

4) 사회에서의 개인과 개인과의 관계는 심리학의 분야이다.

Ⅱ. 사회학과 과학성

이 책은 사회학을 사회와 개인의 관계를 '과학적'으로 규명하려는 학문이라고 했다. 그러면 '과학적'이란 말이 무엇을 뜻하는지 설명할 필요가 있다. 첫째, '과학적'이라는 말은 사실의 증거에 근거함을 뜻한다. 둘째, 사실에 의거하되 일반화를 가능케 하는 보편타당성이 있어야 한다. 사실의 증거가 있더라도 그 증거는 예외적일 수 있고, 잘못 채택된 증거일 수도 있다. 예컨대 어떤 일본인 남자가 노상에서 간질병발작을 일으키는 사실을 보고 일본인 남자 모두를 간질병환자라고 말할 수는 없듯이 과학적이기 위해서는 사실의 증거가 보편타당성을 입증할 수 있는 것이어야 한다.

우리가 일상적으로 나누는 대화나 주장들의 내용은 과학적인 것일 수도 있고, 단순한 추리 · 상상 · 편견을 일반화시킨 것일 수도 있다. 또한 우리의 일상적 대화와 주장에는 과학 · 비과학의 차원을 넘어서는 윤리적 · 철학적 혹은 신앙적 내용이 포함된다. 그래서 일상언어의 내용들에는 일반적으로 비과학적인 요소가 더욱 많다. 따라서 담화는 이론이 아니다. 모든 사람들이 사회와 개인의 관계에 관련된 사항에 대해 한 마디씩은 다 할 수 있는 의견 · 주장 · 견해를 가지고 있다. 그럼에도 불구하고 굳이 사회학이 보편타당한 증거를 끌어 대서 입증을 통해 이론을 세우려고 하는 것은 사적인 의견 · 주장 · 견해에만 의존해서는 개인과 관계된 사회, 사회와 관계된 개인에 대한 현상을 올바로 이해할 수 없기 때문이다. 또한 어떤 문제가 야기되었을 때 올바른 진단과 올바른 처방을 내릴 수 없으며, 장래를 예측할 수도 없기 때문이다.

물론 사회학이 사회적 문제에 대해 진단 · 처방 · 예측을 어김 없이 다 내려주는 것은 아니다. 다른 학문도 마찬가지이지만 사회학의 발달정도가 아직은 그 단계에 이르지 못하고 있기 때문이다. 현 단계에서 사회학은 사회와 개인에 관련된 문제에 대해 보다 정확한 이해를 돕고, 이해하고 있는 범위 내에서 진단 · 처방 · 예측에 기여하면서 앞으로 더욱 기여할 수 있기 위해 사회학을 보다 더 발달시키려고 노력하는 과정에 놓여 있다.

Ⅲ. 사회학의 기타 성격

사회학이란 무엇인가에 대한 이해를 좀더 높이기 위해 여기서 사회학의 학문적 성격에 대해 한두 가지만 더 언급하겠다.

첫째, 사회학은 다른 사회과학에 비해 비교적 젊은 학문이다. 정치학이나 철학, 경제학 등 다른 사회과학분야들의 경우, 그 학문의 출발이 기원 전으로 거슬러 올라가거나 적어도 수백 년의 역사를 가지고 있다. 그러나 사회학은 불과 180여 년 전인 19세기 전반에 오귀스트 콩트(Auguste Comte, 1798~1857)에 의해 창시되었다.[5] 그 후 칼 마르크스(Karl Marx, 1818~1883)·허버트 스펜서(Herbert Spencer, 1820~1903)·에밀 뒤르껭(Emile Durkheim, 1858~1919)·막스 베버(Max Weber, 1864~1920) 등에 의해 학문적 초석이 놓여졌다. 이들 생애의 연대가 말해 주듯이 사회학은 19세기 중엽에 들어와서 형성된 학문이다. 이것은 사회학의 후발성을 의미하기도 하지만, 뒤집어 말하면 사회학의 첨단성을 의미하기도 한다. 마치 사회학은 근래에 뚫린 고속도로와도 같은 것이다.

고속도로가 하천·산·계곡의 장애에 큰 구애를 받지 않고 시원하게 뚫리듯이 사회학은 기존의 학문이 부과하는 장애를 떨쳐버리고 자신의 길을 닦았다. 사회학에 의한 장애의 극복이란 무엇보다도 기존의 사회관련 학문이 지녀온 신학적·윤리적 혹은 선험적 명제들을 과감히 배제하고, 사실의 증거에 입각한 과학성을 제창하고 나선 점이다. 그러나 이것이 인간생활에서 윤리적 요소나 신념적 요소를 무가치한 것으로 간주했다는 뜻은 아니다. 학자가 윤리나 신념에 입각해 사회를 보는 종래의 태도를 폐기하였다는 뜻이다. 사회학은 윤리나 신념의 요소까지도 연구의 대상이 되는 객관적인 사실로 간주하게 되었다.

그렇다고 해서 사회학이 기존 학문의 오랜 성과와 전혀 무관한 것은 결코 아니다. 고속도로를 건설할 때 기존의 도로에 근접해서 뚫거나, 기존 도로의 연장으로서 뚫듯이 사회학의 개념들과 논리전개방식 등은 기존의 학문과 무관하지 아니하며, 여러 부문에서 많은 신세를 지고 있다.

둘째, 사회학이 사회과학분야 가운데서 뒤늦게 생겨난 학문임에도 불구하고 흔히들 사회학을 사회과학의 기초학문이라고 말한다. 이 말은 새로이 생겨

5) 신용하, 같은 책, 70쪽.

난 고속도로가 도리어 기존 도로의 위치와 방향을 가름하는 준거가 되듯이 사회학이 다른 사회과학분야에 유용한 기본적 이론들을 제공하기 때문이다. 사회학이 기초과학으로서의 위치를 차지하게 된 것은 비록 출발은 늦었지만 처음부터 과학성에 집착했기 때문이며, 사회학의 성립을 계기로 다른 사회과학분야들도 대부분 과학적 접근으로 방향을 돌렸기 때문이다.

셋째, 사회학의 또 다른 성격은 현실에 깊이 밀착되어 있다는 점이다. 모든 사회과학이 현실에서 문제를 찾고, 현실로부터 증거를 찾으며, 현실과 불가분의 관계를 갖고 있다. 그러나 정치학이나 경제학 등 오래된 학문은 추상적인 원리를 찾으려는 전통적인 경향을 지니고 있기 때문에 현실을 조금은 관조하는 입장에서 이론을 전개한다. 이에 비해 사회학은 그 발생 자체가 사회적 병리와 모순과 위기에 빠져 있던 19세기 구라파사회를 배경으로 한 것이었기 때문에 현실이 바로 관심의 대상이요, 실험실이었다. 사회학을 발생시킨 당시의 구라파사회는 초기산업사회였다. 그래서 사회학의 주제와 내용들은 더욱 현실성을 느끼게 한다.

사회학이 현실과 밀착되어 있다는 사실은 사회학의 객관성에 문제를 일으키는 요인이 되기도 한다. 다시 말해 사회학을 연구하거나 공부하는 사람들도 현실 속에 존재하는 현실의 한 부분이기 때문에 그들이 아무리 과학적이기 위해 노력한다고 하더라도 증거의 선택이라든가, 증거의 해석에 있어서 완전히 객관적이기는 어려운 이른바 가치부과(value-laden)의 문제를 제기한다는 뜻이다.[6] 사회학의 문제점으로서 이것에 대해 많은 논란이 있으나, 이것은 학문을 하는 과정에서 '정직'하고자 하는 객관성을 위한 또 하나의 노력이라고 볼 수 있을 것이다.

제 2 절 사회학의 시작

앞서 언급한 바와 같이 사회학의 초석은 콩트·스펜서·마르크스·뒤르껭·베버 등에 의해 놓여졌다. 그래서 우리는 이들을 보통 사회학의 원조들이라고 부른다. 원조라고 하면 좀 아득한 느낌이 드는 용어이기는 하지만, 실제

6) Weber, Max, 1946 참조.

로 이들이 닦은 사회학의 기초는 질적으로 고매하고 양적으로 대단히 광범위하다. 이후 오늘날까지 수만 명의 사회학자가 쏟아져 나왔지만, 이들의 이론을 완전히 극복하거나 능가하는 학자는 단 한 사람도 없다고 단언해도 좋을 것이다. 그만큼 이들의 학문은 우수하고 또한 현재에도 탁월한 적용력을 가지고 있다. 후학들의 연구는 이들이 심어 놓은 둥지에서 피어난 곁가지이거나, 원류를 수정·보완·비판하는 데 그치고 있다. 이들 원조들의 이론은 거대한 산맥에 비유할 수 있을 것이다. 원조이론들은 이후 사회학의 각 산맥이 되어 많은 사회학이론들을 체계적으로 구획하는 계보를 형성하였다.

그러면 여기서 각 원조이론들의 토대가 된 기본적인 골자만을 소개하기로 하고, 이들의 다른 이론적인 요소들은 앞으로 필요한 부분에서 그 때 그 때 언급하기로 하겠다.

Ⅰ. 오귀스트 콩트

콩트(Auguste Comte, 1798~1857)[7]는 사회와 인간에 대한 연구에서 과학적인 접근법을 최초로 제시함으로써 사회학을 창시한 사람이다. 사회학(sociology)이라는 용어를 만든 사람도 콩트이다. 그래서 콩트를 흔히 '사회학의 아버지'라고 부른다. 콩트 이전의 사회와 인간에 대한 저술들은 주로 사회철학적인 견지에서 씌어졌다. 예컨대 사회의 현상과 인간행동의 원인을 조물주의 뜻이라든가, 만물(萬物)의 원리라든가 하는 비경험적 신념이나 추론에서 찾았다. 콩트는 이러한 과거의 전통을 과감히 깨고, 사회와 인간에 대한 연구도 자연과학에서 사용하는 방법과 비슷한 방법을 채용함으로써 사회와 인간행동에 대한 어떤 법칙을 발견할 수 있을 것으로 보았다.

이러한 과학적 접근법에 관한 그의 견해를 포괄하는 저술이 1855년 출간된 「실증철학」(Positive Philosophy)이다. 총 6권으로 이루어진 방대한 실증철학에서 그는 당시의 과학적 업적들을 잘 정리하여 수록하고, 이제는 신학과 형이상학의 시대가 지나고 과학의 시대가 도래했다고 주장하였다.

콩트는 사회현상은 실증주의(positivism)에 입각해 연구되어야 한다고 믿었다. 실증주의라는 용어도 그 자신이 만들어 낸 것인데, 실증주의는 관찰(obser-

7) 신용하, 같은 책, 63-74쪽 참조.

vation) · 비교(comparison : 특히 역사적 비교) · 실험(experimentation)의 기법을 사회와 인간행동의 본질을 규명하는 데 사용할 것을 강조한다. 다시 말하면 실증주의는 문자 그대로 실제의 증거를 관찰 · 비교 · 실험을 통해서 찾을 것을 강조하는 과학적 방법론이다. 이러한 방법은 사변적인 논증에 의존해 왔던 전통적인 사회철학의 기술적(記述的) 방식과는 다른, 당시로서는 획기적인 주장이었다. 콩트 이후 이것은 사회연구의 기본적인 기법으로서 준수되고 있다.

콩트에 따르면 사회학에는 두 개의 영역이 있다. 하나는 **사회정학**(social statics)이며, 다른 하나는 **사회동학**(social dynamics)이다. 사회정학(社會靜學)은 정치 · 경제 · 가족 등과 같은 사회의 여러 부분들이 어떻게 상호 연관을 가지며, 또 이들 사이에서 어떻게 '질서'가 이루어지는가를 다룬다. 사회동학(社會動學)은 사회의 여러 부분들이 각 부분의 내부에서, 그리고 부분들 사이에서 어떻게 '진보'하는지를 분석한다. 이 두 영역에 대한 연구의 궁극적인 목적은 사회의 움직임에 대한 보편적인 '자연법칙들'(natural laws)을 발견하는 데 있다. 과학적 지식에 기초한 보편적인 법칙들을 발견함으로써 사회내부에서 발생하는 문제들을 해결할 수 있게 될 것이고, 이것은 '사회의 진보'(social progress)를 가능하게 할 것이라고 믿었다.

Ⅱ. 허버트 스펜서

스펜서(Herbert Spencer, 1820~1903)[8]는 초기의 사회학에 크게 공헌한 또 한 사람이다. 그는 사회학에서 다루는 여러 분야들, 즉 사회통제(social control) · 정치(politics) · 종교(religion) · 가족(family) · 계층(stratification) · 결사(association) · 공동체(community) · 지식사회학(sociology of knowledge) 등의 개념에 대해 매우 체계적인 정의를 내려 주었다. 오늘날에도 이러한 개념들 중에는 스펜서가 내린 정의를 그대로 따르고 있는 것이 많다. 스펜서는 사회의 본질에 대해 유기체적(organic) 관점을 가지고 있었는데, 다시 말하면 그는 사회 전체를 하나의 살아 있는 유기체로 보고, 유기체내부의 각 기관들(organs)은 각각 특수한 기능을 수행하는 것으로 보았다. 이러한 관점에 의거한 이론을 우리는 보통 **사회유기체설**(social organism theory)이라고 부른다. 스펜서는 사회도 생물체와 비슷하

8) Spencer, Herbert, 1959 및 Coser, A. Lewis, 1977, Spencer편 참조.

게 저급으로부터 고급으로 진화해 간다고 믿은 진화론적 이론가였다. 우리는 사회에 대한 이와 같은 이론을 보통 **사회진화론**(social evolutionism)이라고 부른다. 스펜서는 실제로 그와 동시대에 살았던 찰스 다윈(Charles Darwin, 1809~1882) 등 진화론자로부터 영향을 크게 받았다. 스펜서는 인류사회의 진화를 분석하면서 '진화론'의 개념들인 '자연도태'(natural selection)와 '적자생존'(survival of the fittest)을 강조하였다.

콩트와 비슷하게 스펜서는 사회학적 연구가 산업이라든가, 가정·정치 등 사회의 부분에 한정되어서는 안 된다고 생각했다. 그는 사회학이 전체사회에 관심을 두어야 한다고 강조하고, 전체사회 안에서 한 부분이 다른 부분과 어떻게 관련되어 있으며, 한 부분의 변화가 다른 부분의 변화에 어떠한 영향을 미치는지 살펴야 한다고 말했다. 예컨대 한 사회에서 산업제도의 변화는 가정생활에 질적인 변화를 일으킬 수 있음에 주목해야 한다고 강조했다.

그러나 콩트와 달리 스펜서는 사회의 진화를 강조한 나머지 '자연적'(계획되지 않았다는 의미에서) 변화는 필연적으로 사회내부에서 '진보'(progress)와 궁극적인 완성을 가져올 것이라고 믿었다. 그래서 그는 사회학의 핵심적 과제는 사회개량을 위한 방안을 제시하거나 실천하는 데 있다기보다는 사회진화의 과정에 대한 분석에 있다고 주장하였다.

Ⅲ. 칼 마르크스

마르크스(Karl Marx, 1818~1883)[9]는 사회철학·사회학 및 다른 사회과학들에 많은 중요한 공헌을 했다. 마르크스는 사회현상을 연구할 때 하나의 뚜렷한 명제에서 출발하고 있다. 즉 사회의 본질은 상부구조(superstructure)와 하부구조(infrastructure)라는 두 개의 구조로 이루어져 있다는 것이다. **하부구조**란 어느 한 사회의 경제양식을 뜻하는 것인데, 그는 이것을 **생산양식**(mode of production)이라는 말로 표현했다. 하부구조가 곧 생산양식이다. **상부구조**란 생산양식을 제외한 나머지 모든 사회의 양식들, 예컨대 정치제도·사법제도·이데올로기·예술의 양식·종교 등을 일컫는 것이다.

마르크스는 하부구조가 상부구조를 지배한다고 보았다. 다시 말해 한 사

9) Marx, Karl, 1956 및 Coser, ibid., Karl Marx편 참조.

회의 생산양식이 어떠하냐에 따라 그 사회의 정치적·사상적·종교적 제 양상이 결정된다고 보았다. 예컨대 영주의 토지를 다수의 소작인(농노)이 경작하는 농업위주의 생산양식일 때는 정치형태가 귀족정(貴族政)이 되고, 산업자본가가 생산수단을 소유하고 노동자를 이용하여 이윤을 추구하는 자본주의적 생산양식일 때에는 정치형태가 대의민주주의제로 된다는 것이다. 요컨대 사회를 움직이는 기본적인 동력은 하부구조인 생산양식에 있고, 따라서 생산양식이 변화하면 상부구조도 변화하게 된다고 보았다.

마르크스이론에서는 생산양식이 매우 중요하다. 그에 의하면 생산양식은 생산력(force of production)과 생산관계(production relation)라는 두 요소로 구성된다. **생산력**이란 생산에 동원되는 주요한 에너지의 형태를 의미한다. 예컨대 근육·기계·테크놀로지 등이 이에 해당된다. **생산관계**란 생산활동을 둘러싼 인간의 관계를 의미한다. 예컨대 영주와 소작인 사이의 노예적 예속관계나 자본가와 노동자 사이의 고용관계 같은 것을 말한다. 생산활동에서 생산력과 생산관계는 서로 연결될 수밖에 없고, 이렇게 연결된 것이 생산양식이다. 따라서 생산양식의 요소들인 생산력이 변하거나 생산관계가 변화하면 생산양식도 변하게 된다. 이 점에 대해서는 제13장 사회변동론에서 자세히 설명하기로 한다.

생산관계에서 자본가와 노동자처럼 이해관계를 달리하는 계급 사이에는 갈등이 내재하며, 이것이 현재화(顯在化)되면 계급투쟁이 일어난다.

그는 사회의 발전은 계급투쟁의 역사이며, 계급투쟁의 결과로 자본주의는 멸망하고 공산주의가 도래할 것은 필연적인 법칙이라고 주장했다. 공산주의사회가 성립되면 거기에는 더 이상 대립되는 계급이 없기 때문에 계급투쟁도 없어지고, 모든 사람이 풍요와 평화를 누리는 유토피아(utopia)가 실현된다고 주장했다.[10)]

오늘날에 와서 마르크스이론(이데올로기)의 독특한 요소들을 다 지지하는 이론가는 드물지만, 마르크스가 사회변동·사회구조·사회계급 등에 대해 수많은 참신한 통찰력을 제공하였음은 누구도 부인하기 어렵다.

10) Marx, Karl and F. Engels, 1848 및 Hopper, R. V., 1950 참조.

Ⅳ. 에밀 뒤르껭

뒤르껭(Emile Durkheim, 1858~1919)[11] 역시 사회학의 발달에 중추적인 공헌을 했다. 뒤르껭은 사회학 가운데서도 특히 종교·법률·가족·정치 등에 관련된 분야를 중점적으로 다루었다. 뒤르껭은 콩트나 스펜서와 마찬가지로 사회를 전체적인 단위 또는 실체로서 파악할 것을 강조했다. 즉 사회란 정치체계·종교체계·가족체계 및 기타의 체계 등 여러 부분이 합성되어 새로운 형질로 전화(轉化)된 하나의 실체라는 것이다. 다시 말해 마치 수소와 산소가 일정한 비율로 합성되면 질적 변화를 일으켜 산소나 수소와는 전혀 다른 물이라는 새로운 형질이 이루어지듯이, 전체로서의 사회 역시 부분들을 개별적으로 분석해서는 파악될 수 없는 것이라고 주장했다. 이러한 견해에서 보면, 사회는 그 자체로 실체를 가지는 것이다. 부분의 합성은 새로운 형질을 창출하고, 이 새로운 형질의 실상은 부분만으로는 파악될 수 없다는 것이다.

뒤르껭은 개인보다는 집단 또는 사회가 사회학연구의 중심대상이라고 보았다. 뒤르껭에 따르면 개인은 오히려 수동적 존재이며, 개인의 행동·사고(思考)·느낌 등의 양식은 단순한 집단기대(group expectation)·법률·관습 등의 반영에 불과하다. 뒤르껭은 또한 각 사회의 전반적 구도와 조직은 그 사회에서 살고 있는 사람들에게 많은 영향을 미친다고 생각했다.

한 가지 예로서 그는 농촌이나 농업사회에서는 현대도시사회에 비해 자살이 훨씬 적게 일어난다고 지적했다. 그 이유로서 농촌사회는 훨씬 더 동질적·불변적으로 조직되어 있기 때문에 개인들은 자신의 행동에서 남과의 관계에 더 많은 의미를 부여하게 되고, 따라서 개인의 생활이 타인들과 많은 부문에서 결속됨으로써 훨씬 더 안정되기 때문이라고 설명한다.[12] 여기서 보듯이 뒤르껭은 하나의 사회적 사실(자살률)에 대한 설명을 구성원들의 개인적 성격에서 구하는 것이 아니라 다른 사회적 사실(농촌 또는 도시)에서 구하고 있다.

뒤르껭의 사회학은 그 연구의 대상을 사회적 사실(social facts)에 두고 있다. **사회적 사실**이란 법률이나 관습처럼 어떤 집단이나 사회의 성격을 드러내는 행동·사고·느낌의 양식 같은 것들이다. 이러한 사회적 사실들은 개인과는 별

---

11) Durkeim, Emile, 1964 및 Coser, ibid., Emile Durkeim편.
12) Durkeim, Emile, 1951 참조.

도로 개인의 바깥에 존재하면서 개인의 행위에 커다란 영향을 미친다. 예컨대 개인들이 가족적 · 종교적 · 직업적 의무를 수행할 때 개인들은 결국 가족 · 종교 · 직업이라는 외재(外在)하는 현상에 반응하는 것이다. 사회에서 일어나는 현상들은 본질적으로 사회적인 것이기 때문에 이들을 연구하고 설명할 때도 생물학적 원리나 심리학적 원리에 기초를 두기보다는 사회학적 원리에 기초를 두어야 한다고 그는 강조한다.

사회적 사실을 중시하는 뒤르껭의 방법론은 범죄 · 결혼 · 이혼 · 출생 등과 같은 현상에도 적용될 수 있다. 어떤 범죄를 저지르는 주체는 개인이지만, 범죄율은 집단과 사회 및 시기에 따라 달리 나타나는 사회적 현상이다. 범죄율 · 결혼율 · 이혼율 · 출생률 등은 분명히 사회적 현상으로서 개인적 심리에 기초를 두고서는 설명될 수 없다.

뒤르껭은 광범위한 과학적 조사를 실시한 최초의 사회학자이다. 그의 유명한 저술인 「자살론」(*Suicide*, 1897)은 통계적인 자료를 체계적으로 수집하여 이를 근거로 그 나름의 이론을 제시한 최초의 연구라는 점에서 귀중한 가치를 지닌다. 자살이 개인의 결단에 의해 개인적으로 수행되는 행위임에도 불구하고, 자살은 사람들 사이의 결속(solidarity)이라는 사회적 사실에 연관된다는 점을 밝히고 있는 것이다.

Ⅴ. 막스 베버

베버(Max Weber, 1864~1920)[13]만큼 사회학에 크게 영향을 끼친 사람도 없다. 베버는 그의 저술에서 사회계급 · 지위(status) · 권력(power) · 정치조직 · 비교종교 · 분업 · 관료제(bureaucracy) · 경제제도 · 종교제도와 경제제도와의 관계 등과 같은 주제들을 집중적으로 다루었다.

베버는 사회학의 기본임무는 인간행위의 본질과 의미를 이해하는 것이라고 생각했다. 베버는 인간행위들 가운데서도 특히 행위자가 어떤 의미를 부여하고서 수행한 행위에 대해 관심을 기울였다. 베버는 그러한 '의미 있는' 행위를 **사회적 행동**(social action)이라고 불렀다. 베버에 의하면, 어떤 개인이 타인의 기대에 따라 행동하려는 목적이나 의도를 가질 때 사회적 행동이 일어난다. 그

13) Weber, Max, 1956 및 Coser, ibid., Max Weber편 참조.

는 사회학이 사회적 행동을 설명할 수 있을 때에 기초적인 목적이나마 달성할 수 있는 것이라고 말했다.

베버는 타인의 사회적 행동은 연구자의 **이해**(verstehen, understanding)를 통해서 파악될 수 있다고 주장했다. 그의 이 주장은 사회학자들로 하여금 타인의 행동과 의도에 대한 주관적 해석을 허용하는 단서가 되어 후일 사회학의 과학성에 대한 논쟁의 소지를 남긴다. 그러나 베버 자신은 타인의 사회적 행동에 대한 '이해'는 사회학자가 완전히 행위자의 입장이 되는 **감정이입**(empathy)을 통해 주관성을 배제할 수 있다고 강조한다. 베버는 결국 사회학자들은 자신의 과거 대인관계에서 얻은 경험에 기초하여 타인의 행동을 객관적으로 '이해'할 수 있는 능력을 가지고 있다고 믿었던 것이다.

베버는 사회과학자가 지녀야 할 연구의 태도로서 이른바 '가치중립'(Wertfreihiet, value-free)을 강조하는데, 이것은 사회과학의 객관성 보장을 위한 그의 관심을 말해 준다. **가치중립**이란 연구자가 어떤 대상을 조사·관찰·분석·평가할 때 물리학에서처럼 연구자 자신의 가치관과 신념을 완전히 배제하고 객관적 사실에만 입각하라는 뜻이다.

베버는 특히 자료분석시에 비교적 방법(comparative method)을 채용할 것을 권유했다. 그는 비교적 방법에 도움을 주기 위해 종교·정치·경제제도 등 각종 사회구조들의 형태뿐만 아니라 개인에 의한 각종 사회적 행동들까지 유형별로 분류하고, 각 유형을 정의·서술함으로써 수많은 비교체계 또는 **유형틀**(typology)들을 개발했다. 예컨대 권위의 출처가 어디인가 하는 근원에 따라 개인적인 자질의 우수성에서 유래하는 '카리스마적 권위', 전통과 관습에서 유래하는 '전통적 권위', 법률적 지위에서 유래하는 '법적 권위'로 권위체계를 유형화함으로써 권위의 특징에 대한 유형틀을 제시했다.

비교적 방법과 관련하여 그가 개발한 **이념형**(ideal type)은 특히 유명하다. 어떤 특수한 사회현상, 예컨대 관료제라는 현상이 이론적으로 어떠해야 완벽한 것인지 설명하였을 때, 이것이 관료제의 이념형이 된다. 베버가 관료제의 특징으로서 열거한 '규정과 절차에 의한 업무집행', '위계적 조직과 그에 따른 권위체제', '비정의적(非情誼的) 대인관계' 등은 관료제의 이념형이 그러한 특징들을 완벽하게 구비하고 있다는 말이다.[14] 그러나 현실세계에서의 관료제는 그가

14) Weber, Max, 1968 참조.

열거한 특징들을 부분적으로 결여하고 있거나 왜곡되어 있으며, 이념형의 관료제는 존재하지 아니한다. 어떤 사회의 관료제는 이념형에 보다 가깝고, 다른 어떤 사회의 관료제는 이념형으로부터 거리가 보다 먼 형태이기도 할 것이다. 그렇다고 한다면 관료제의 이념형은 현실의 관료제가 어느 수준인가를 평가할 수 있게 하는 기준(바로메터)이 되기도 하고, 또한 여러 관료제를 서로 비교하는 기준으로 이용될 수도 있다. 간단히 말해서 이념형은 비교적 방법에 사용될 수 있는 하나의 자(尺)이다. 예컨대 A와 B 두 회사 가운데서 어느 회사가 더 관료제적인가를 판단하려고 할 때, 각 회사의 조직과 운영방식을 관료제의 이념형에 비추어 보면 된다.

베버는 우리의 모든 경험들에 기초하여 이성적으로 숙고할 때 이념형들을 만들어 낼 수 있다고 주장하고, 그 자신이 실제로 많은 이념형들을 개발했다. 그가 말하는 '관료제'라든가, '카리스마적 권위', '정치가의 특징' 등은 '완벽한 관료제', '100%의 카리스마적 권위', '100%의 정치가'를 상정할 때 그러그러한 특징들을 가져야 한다는 이념형들이다.

제 3 절 사회학적 접근방법

이 책의 서두에서 사회학은 사회와 개인의 관계를 다루는 학문이라고 정의한 바 있는데, 다양한 사회학이론들도 각각 특색은 다르지만 크게 보면 한결같이 사회와 개인의 관계를 다룬 것들이다.

예컨대 뒤르껭은 사회란 그 구성원인 개인들의 합(合)을 초월하는 하나의 실체이며, 사회의 성격은 개인들의 행동과 사고(思考) 등에 영향을 미친다고 했다. 즉 개인은 사회에 대해 피동적인 존재가 된다. 이것은 사회와 개인의 관계가 어떠한가에 대한 뒤르껭의 견해를 말해 주는 것이다.

이에 비해 베버는 개인들의 '사회적 행동'이 사회의 기초를 이루는 것으로 보고, 따라서 개인들의 사회적 행동의 합이 사회의 성격을 형성하는 것으로 보았다. 즉 베버는 뒤르껭과는 대조적으로 사회가 개인들에 외재(外在)하는 것이 아니라, 사회는 결국 개인들의 합에 불과한 것이라고 본다. 그렇다고 할 때 사회란 개인을 초월해서 존재하는 것이 아니라 한갓 개인들의 합으로서, 사회라는 용어는 '명목'에 불과하다. 이것은 사회와 개인의 관계에 대한 베버의 견해를 말해 주는 것이다.

비단 뒤르껭과 베버뿐만 아니라 다른 원조들도 직접 명시를 했건 혹은 간접적으로 시사를 했건 간에 사회학의 본질적 대상으로서 사회와 개인의 관계를 다루면서, 사회를 실재로 보느냐, 아니면 명목으로 보느냐 하는 두 개의 시각 가운데 어느 하나에 입각해 왔다. 사회를 실재로 보는 견해를 다른 말로는 **사회실재론**(social realism)이라고 부르고, 사회를 명목으로 간주하는 견해를 **사회명목론**(social nominalism)이라고 부르기도 한다.

Ⅰ. 거시적 접근법과 미시적 접근법

사회를 하나의 실재로 보느냐, 아니면 단순한 명목으로 보느냐에 따라 이론을 전개해 나가는 접근법(approach)이 달라질 것이다. 뒤르껭처럼 사회를 '실재'로 볼 경우에는 사회를 사회 그 자체로서 파악하지 않을 수 없다. 이러한 접근법을 거시적 접근법(macro approach), 구조적 접근법(structural approach) 혹은 사회학적 접근법(sociological approach)이라고 부른다.

이와는 대조적으로 베버처럼 사회를 '명목'으로 볼 경우에는 사회란 개인을 떠나서 별개로 존재하는 것이 아니라 개인의 합에 불과한 것이므로, 사회를 이해하기 위해서는 그것이 개인의 사회적 행동이건 혹은 개인의 본질이건 간에 개인부터 먼저 파악할 수밖에 없게 된다. 이러한 접근법을 흔히 미시적 접근법(micro approach), 개인적 접근법(individualistic approach) 혹은 심리학적 접근법(psychological approach)이라고 부른다. 결국 거시적 접근법과 미시적 접근법의 기본적인 차이는 사회를 실재로 보느냐, 명목으로 보느냐 하는 차이에 달려 있다. 거시적 접근법은 뒤르껭의 접근법이, 그리고 미시적 접근법은 베버의 접근법이 원류를 이루고 있는 것이다. 그러면 거시적 접근법과 미시적 접근법에 대해 좀더 자세히 살펴보기로 하자.

거시적 접근법은 사회란 개인들에 외재(外在)하는 그 나름의 실재를 갖는다는 생각에 기초를 두고 있으므로, 사회현상을 분석할 때 분석의 대상을 사회 그 자체에 둘 뿐만 아니라, 분석의 출발점 또한 개인이 아니라 사회에 두게 된다. 예컨대 어떤 대학에서 일어난 학생데모(뒤르껭의 용어를 빌리면 '사회적 사실')를 분석하려 한다면, 그 데모에 참가한 개개인 학생들을 분석함으로써 데모의 성질을 파악하는 방법이 아니라, 하나의 전체로서 데모의 성격을 나타내는 참가인원수의 규모, 격렬성의 정도, 슬로건 등을 분석한다. 이 데모의 성격을 좀더 명확히 하기 위해서는 과거의 데모나 혹은 다른 대학에서 일어난 데모(다른 사회적 사실)와 비교하는 방법을 취한다. 나아가서 만약 연구자가 그 데모(사회)와 그 데모참가자〔개인〕의 관계에 주목하게 된다면, 이미 파악된 데모의 성격이 전제되어 있으므로 데모가 참가자의 감정·사고 및 행동에 어떤 영향을 미쳤다는 식으로 논리를 전개할 수밖에 없다. 따라서 데모(사회)와 참가자(개인)의 관계에서 데모가 능동체가 되고, 참가자는 피동체가 되는 관계로 결론짓게 되는 것이다.

이와는 대조적으로 **미시적 접근법**은 사회란 단지 개인들의 합에 불과한 것이며, 사회라는 용어는 명목에 불과한 것이라는 생각에 기초를 두고 있다. 따라서 사회현상을 분석할 때 분석의 대상을 구성원인 개인들에 둘 뿐만 아니라, 분석의 출발 또한 개인에서부터 한다. 같은 예로서 학생데모라는 사회현상을 분석한다고 할 때, 분석자는 참가자 개개인의 참가동기·행동양식·정서상태 등을 분석·종합하여 그 데모의 성격을 규명하게 된다. 이렇게 될 때 데모(사회)와 참가자(개인)와의 관계는 전번과는 반대로 참가자가 데모의 성격을 형성하는 능동체가 되고, 데모는 결과인 피동체로 결론짓게 된다.

Ⅱ. 접근법에 따른 이론의 차이

이미 시사한 바와 같이 거시적 접근법에 의거하는 이론들은 개인을 사회로부터 영향을 받아 움직이는 피동적인 존재로 묘사한다. 역사는 사회 자체의 운동원리에 의해 진행되며, 개인은 역사창조의 주체라기보다는 역사의 산물이다. 따라서 개인은 사회가 부여하는 운명으로부터 벗어날 수 없으며, 벗어난 경우가 있다 해도 그것은 예외일 뿐이다.

이와는 대조적으로 미시적 접근법에 의거한 이론들은 개인의 본질 또는 특성을 사회의 기초로 본다. 따라서 개인의 자질들이 도덕적이면 도덕적인 사회를 만들 것이며, 개인의 자질들이 탐욕적이면 탐욕적인 사회가 될 것임을 시사한다. 개인이 사회변동 또는 역사창조의 주인공들인 것이다.

접근법이 거시적이냐 미시적이냐에 따라 이론들의 전개가 이렇게 달라지는 것은 우리(인간)가 가진 사고체계 혹은 이론체계의 한계에 기인한다. 우리의 논리체계는 기승전결(起承轉結)의 앞뒤가 들어맞는 일관성을 지향하는 특질을 지니기 때문에, 이론도 논리의 일관성에 따라 전개될 수밖에 없다. 따라서 어떤 이론이든 출발하는 가정이 무엇이냐에 따라 상이한 결론에 도달할 수밖에 없게 되는 것이다.

혹자는 여기에서 거시적 접근법과 미시적 접근법을 조합하여 이론을 구성할 수 없을까 하는 생각을 갖게 되겠지만, 두 접근법을 조합할 경우에는 얼마 전개시키지 못해 이론이 뒤죽박죽되고 말 것이다. 차라리 한쪽에 충실할 때보다도 더 설명력이 약해지며, 설명할 수 있는 범위도 좁아지고 만다. 실제로 과거에 여러 학자들이 두 접근법의 조합을 시도해 보았고, 어떤 학자는 제 3 의 접근법을 시도해 보았으나 결과는 실패로 돌아갔다. 그래서 적어도 현재까지는 사회과학의 접근법에 있어서는 거시적 접근이면 거시적 접근, 미시적 접근이면 미시적 접근에 충실하는 것이 최선의 길로 되어 있다.

여기서 우리가 생각할 것은 거시적 접근법에 의한 이론이거나 미시적 접근법에 의한 이론이거나를 막론하고, 모든 이론은 사회현상과 인간현상을 체계적으로 파악하기 위한 설명의 방식에 불과하다는 것이다.

제 4 절 현대의 사회학이론들

현대의 사회학이론이란 일반적으로 베버 사후(死後)(1920)의 사회학자들에 의해서 개발된 이론들을 말한다. 그러나 실제에 있어서 대부분의 현대사회학이론들은 제 2 차 세계대전 이후에 나타난 것이다.

우리가 비록 베버 사후, 특히 제 2 차 세계대전 이후의 사회학이론들을 현대의 사회학이론이라고 부르고는 있지만, 현대사회학이론들이 과거의 것과 명확히 구별될 수 있을 만큼 새롭다든가 대단히 발전된 것은 아니다. 오히려 과거 원조들에 의해 구축된 이론들을 큰 산맥에 비유한다면, 현대의 것은 그로부터 연장된 지맥(支脈)에 불과한 것들이다. 물론 현대사회학이론이 어떤 점에서는 정교화되고 좀더 세련된 방법론에 의거하는 등 발전한 측면이 적지는 않으나, 전체적으로 말해서 현대사회학이론의 발상이나 대상·접근법 등의 근간은 원조의 유산에 거의 전적으로 의존해 있다.

우리가 현대사회학이론들 가운데서 대이론(grand theory)으로 꼽을 수 있는 것으로는 갈등이론(conflict theory)·구조기능이론(structural functionalism)·갈등기능이론(conflict functionalism)·교환이론(exchange theory)·구조교환이론(structural exchange theory)·상징적 상호 작용이론(symbolic interactionism)·종속이론(dependency theory)과 좀 별종의 이론으로서 현상학(phenomenology) 등 약 7~8개 종류를 들 수 있다.[15)]

이들 이론을 접근법별로 보면, 갈등이론·구조기능이론·갈등기능이론·구조교환이론·종속이론 등은 거시적 접근법에 의한 것이고, 교환이론·상징적 상호 작용이론은 미시적 접근법에 의해 만들어진 것이며, 현상학은 독자적인 제 3 의 접근법에 의해 만들어진 이론이다. 다시 말해 현상학을 제외한 현대의 사회학이론들도 모두가 거시적 접근법 또는 미시적 접근법에 의존하는 기본구도를 가지고 있다.

앞서 말한 바와 같이 거시적 이론은 사회를 실재로 보고, 사회로부터 출발하여 사회와 개인의 관계를 조망하는 접근법이다. 반면에 미시적 접근법은 사회를 명목뿐인 것으로 보고 개인으로부터 출발하여 사회와 개인의 관계를 조망하는 접근법이다. 여기에 비해 현상학은 사회와 개인의 관계를 해석할 때 사회와 개인이 상호 미치는 영향의 '과정'에서 개인의 인지작용과 심리적 기제(機制)에 초점을 두는 방법론(현상학이론가들은 그들의 방법론을 민속방법론(ethnomethodology)이라고 부른다)을 주장하고[16)] 있으나 아직은 시도단계에 머물러 있고, 사회과학의 일반적 접근법으로 이용될 전망은 빈약하므로 논외로 하겠다.

같은 거시적 접근법 혹은 같은 미시적 접근법에 의거하고 있으면서도 이론의 갈래가 달라지는 것은 각 이론이 출발하는 출발점이 서로 다르고, 주목하는 시각도 서로 다르기 때문이다. 이 책에서는 거시적 접근법에 의거한 이론으로 갈등이론과 구조기능이론을, 그리고 미시적 접근법에 의거한 이론으로 교환이론과 상징적 상호 작용이론만을 소개하고자 한다. 사실상 현대사회학이론들

15) Broom, Leonard and Philip Selznick, 1975 및 Hebding, Daniel E. and Leonard Glick, 1981 참조.

16) Rawls, Anne, 2000, 'Harold Garfinkel' 참조.

가운데서는 이 네 개의 이론이 가장 중요하다. 이 밖의 다른 이론들은 앞으로 각 항목을 다루면서 필요할 때마다 그 때 그 때 소개하기로 한다.

Ⅰ. 갈등이론

갈등이론은 거시적 접근법에 의거하는 만큼 사회는 그 자체로서 어떤 실체를 가진다고 보며, 이론적 출발점을 사회로부터 잡는다. 그러면 사회실체의 본질을 무엇으로 보느냐가 문제이다. 갈등이론은 사회의 본질을 경쟁과 갈등의 관계라고 본다. 이익과 권력 등 가치로운 것(values)을 둘러싼 개인과 개인 사이, 개인과 집단사이, 집단과 집단 사이의 경쟁에서 야기되는 불화야말로 사회의 본질이라는 것이다.

갈등이론의 기본발상은 마르크스의 이론에서 연유하는 것이며, 그래서 마르크스를 갈등이론의 시조의 한 사람으로 꼽는다. 마르크스는 역사의 발전을 생산수단을 소유한 유산계급과 생산수단을 소유하지 못한 무산계급 사이의 투쟁의 결과로 보고, 계급간의 대립·갈등은 생산수단의 사적(私的) 소유제도가 존속하는 한 회피될 수 없으며, 이러한 대립·갈등의 영원한 종식은 사유재산제도를 철폐하는 공산주의의 실현에 의해서만 달성될 수 있다고 주장한다.[17)]

그러나 현대의 갈등이론은 사회의 본질을 갈등의 관계로 보는 점에서는 마르크스에 입각해 있지만, 마르크스와는 달리 갈등은 공산주의를 포함한 다른 어떠한 사회체제가 실현된다고 하더라도 영원히 사라질 수 없는 것이라고 주장한다. 어떠한 사회에서건 돈·권력·명예·지위 등 사회적 가치들(social values)은 희소하기 때문에, 다른 말로 표현하면 **희소가치**(scarce value)이기 때문에 희소가치를 둘러싼 갈등은 영원히 사라질 수 없다는 것이다.

마르크스가 사회적 갈등의 원인을 생산수단의 소유·비소유에 의한 이해상충에서 찾고 있는 데 비해서, 현대의 갈등이론가들은 사회적 갈등의 원인을 사회적 가치의 본원적인 희소성(scarcity)에서 찾고 있는 것이다. 희소가치로서의 사회적 가치는 그것을 획득하려는 욕구에 비해 늘 부족할 뿐만 아니라 그 양(量)과 수(數)가 또한 한정되어 있어서, 어느 누구가 더 많이 차지하면 다른 사람은 더 적게 차지할 수밖에 없다. 사회적 가치를 어느 정도 차지한 사람은

17) Marx, Karl and F. Engels, 1848 참조.

만족스럽지 못하기 때문에 더 차지하려고 하고, 덜 차지했거나 못 차지한 사람도 그것을 차지하려고 하기 때문에 사회의 구성원들은 누구나 막론하고 개별적으로 혹은 집단적으로 사회적 가치를 더 획득하기 위해 끊임없이 갈등하게 된다는 것이다.

현대의 갈등이론가들 가운데 대표적인 학자로는 랄프 다렌돌프(Ralf G. Dahrendorf, 1929~)를 꼽는다. 다렌돌프(1958)는 그의 이론에서 사회적 가치라는 개념을 '권위'(authority)라는 말로 대치하여 사회의 본질은 권위를 둘러싼 갈등이라고 말한다.[18)]

갈등이론가들의 견해에 따르면 사회의 갈등은 정상적인 것이며, 오히려 평화와 질서의 상태가 비정상적인 것이다. 극단적으로 표현하면, 예컨대 전쟁은 정상적인 것이며, 평화는 다음 전쟁을 위한 잠정적인 과도기에 불과한 것이다. 사회에서 현실적으로 나타나는 질서의 상태는 사회의 본질적인 모습이 아니며 이것은 '강제적으로 조정된 결합'(Imperatively Coordinated Association : ICA)에 불과할 뿐이라는 것이다. 사회의 질서가 사회내부의 '조화로운 균형'(harmonious balance : 구조기능론자의 말)에 의해 이루어지는 것이라고 믿는 것은 한갓 환상에 지나지 않는다고 그들은 주장한다.

Ⅱ. 구조기능이론

구조기능이론도 거시적 접근법에 의거한 이론으로서, 사회를 실재로 보고 사회실재의 본질이 무엇인가에 대한 규명으로부터 이론을 전개한다. 갈등이론과는 대조적으로 구조기능이론은 사회의 본질을 상호의존적인 단위 또는 부분의 '합성'인 하나의 체계(system)로 본다. 이를 인체에 비유해서 말한다면 전체사회는 몸(body)이고, 사회 내의 개인이나 학교, 병원 등과 같은 부분은 세포·폐·위장·사지(四肢) 등의 기관(organ)에 해당된다. 인체의 기관들이 몸 전체의 형평(건강상태)을 위해 상호의존적인 기능을 수행하듯이 사회내부의 각 단위 및 부분들은 전체사회체제를 유지하는 데 필요한 기능을 수행하거나 유지시키기 위한 기능을 수행한다. 따라서 부분들끼리의 관계는 조화와 협동과 합의(consensus)의 관계로 특징지어진다.

---

18) Dahrendorf, Ralf, 1958 참조.

이러한 구조기능이론의 기본구도는 사회유기체설에서 연유되고 있으며, 뒤르껭으로부터도 영향을 받았다. 뒤르껭은 전체로서의 사회는 부분들의 합성에서 이루어진 새로운 형질의 실재이며, 부분은 전체의 필요나 요구에 의해서 존재하는 것이라고 보았다.

그러나 구조기능이론이 이러한 이름으로 불리어지고 보다 완벽한 이론체계로 개발된 것은 파슨스(Talcott Parsons, 1902~1979)에 의해서였다. 파슨스는 전체로서의 사회는 본질적으로 **형평**(equilibrium)을 지향하는 성격이 있는 것으로 보았다. 그러므로 사회내부의 부분들은 전체사회의 형평을 지향하는 본질적인 성격에 이끌려 형평의 유지에 봉사하는 기능(function)을 수행하게 된다. 다시 말해 각 부분이 수행하는 기능이 각기 다르다고 하더라도 결국은 전체 사회의 형평이라고 하는 하나의 통합적 목적을 위한 기능을 수행하기 위해 부분들은 존재하는 것이며, 따라서 부분들 사이에 갈등이란 존재할 수가 없는 것이다. 만약에 부분들의 존재가 더 이상 전체의 형평에 기여하는 것이 아닐 때는 그 부분은 소멸되기 마련이다. 그렇다고 한다면 사회에 존재하는 모든 부분들, 예컨대 '마피아'와 같은 범죄단체 · 빈부의 격차 · 홍등가 등을 포함한 모든 실존들조차도 따지고 보면 모두 사회 전체를 위한 기능을 수행하고 있다는 말이 된다.[19]

파슨스의 논리에 따르면, 전체사회의 형평을 지향하기 위해 부분들의 기능이 수행되는 셈이다. 이러한 논리는 형평달성이라는 미래의 목적이 부분들의 기능수행이라는 현재의 활동을 지배한다는 것을 의미한다. 그러나 여기에는 인과관계의 설정에 무리가 있다. 파슨스이론의 이러한 점은 **합목적적 오류**(tautology)라고 지적되기도 한다.[20]

파슨스는 사회가 네 개 차원의 **체계**(systems)로 이루어진다고 보았다. 가장 포괄적이고도 최상위의 차원으로서 **문화체계**(cultural system), 그 바로 다음의 하위차원으로서 **사회체계**(social system), 그 아래 차원으로서 **인격체계**(personality system), 그리고 최하위의 차원으로서 **행동적 유기체**(behavioral organism)가 그것이다. '문화체계'는 상징들로 이루어지는 가치관과 신념에 관련된 가치지향 체계이며, '사회체계'는 행위자들 사이의 비교적 안정된 상호작용의 유형을 유지

19) Parsons, Talcott, 1958/1960 참조.
20) Turner, Ralph, 1986, pp. 186-201 참조.

시키는 체계이다. 그리고 '인격체계'는 사람들의 의사결정능력과 목표지향 양식을 포함하는 품성에 관련된 체계이며, '행동적 유기체'란 일반적 의미로서의 인간의 생체(生體)를 말한다.

구조기능이론은 전체가 부분을 지배한다는 생각을 갖고 있는 만큼 문화체계는 사회체계에, 사회체계는 인격체계에, 인격체계는 그 사람의 행동에 각각 직접적으로 영향을 미친다. 다시 말하면 개별적인 인간의 행동은 궁극적으로 문화체계가 요구하는 바에 따라 규제된다.

파슨스에 의하면 문화·사회·인격 및 행동적 유기체의 각 체계는 사회 전체의 본래적 지향인 형평을 위해 네 가지의 기능들을 수행한다. 네 가지 기능은 사회가 생존하기 위해 필요로 하는 요구들을 충족시키는 기능들이다. 즉 **유형유지와 긴장해소**(latency) · **통합**(integration) · **목표달성**(goal attainment) · **적응**(adoptation) 등이다. 각 체계는 이들 네 개의 기능을 다 수행하지만, 특히 한 가지 기능씩에 전문화되어 있다. 문화체계는 '유형유지와 긴장해소'(L)의 기능에 전문화되어 있고, 사회체계는 '사회통합'(I)의 기능에, 인격체계는 '목표달성'(G)의 기능에, 그리고 유기체는 '적응'(A)의 기능에 전문화되어 있다. 파슨스가 말하는 네 가지 사회적 기능들을 흔히 AGIL이라고 부르는데, 사회에 존재하는 모든 개인과 집단들은 AGIL을 위한 기능을 수행하고 있으며, 최소한 AGIL 가운데 어느 하나를 위한 기능을 수행하고 있다는 것이 그의 주장이다.[21)]

Ⅲ. 교환이론

교환이론은 미시적 접근법에 의한 이론으로서 개인으로부터 출발하여 이론을 전개한다. 그러므로 개인의 본질을 무엇이라고 보는가가 문제이다. 교환이론은 인간의 본질은 '이로운 것을 취하려 하고, 해로운 것을 피하려고 하는' **보상유기체**라고 보았다. 무엇이 자신에게 보상이 되고, 무엇이 해로운 것인가는 과거의 경험을 통해 학습하게 된다. 인간이 어떤 상황에서 특정행동을 했을 때 보상을 받았다면 그와 비슷한 상황이 나타났을 때 그는 비슷한 행동을 반복하려고 하고, 반대로 형벌을 받았다면 비슷한 상황에서 과거와 같은 행동을 되풀이 하지 않으려는 경향을 갖는다는 것이다. 과거의 경험은 인간행동에 연합

21) Parsons, Talcott, 1950 참조.

(association)과 강화(reinforcement)라는 두 개의 기제(機制)를 제공한다. 보상을 받았던 행동을 하였을 때와 비슷한 상황이 나타나면, 그 상황은 과거의 행동과 연합되고, 과거의 행동이 보상을 받았기 때문에 그러한 행동은 강화된다는 의미이다.

인간 모두가 보상을 추구하는 존재라고 할 때 인간과 인간의 관계, 다른 말로 표현하면 사회관계(social relation)는 어떻게 될 것인가? 교환이론가들에 따르면, 사회관계는 보상을 주고(give) 받는(take) 관계에서만 유지될 수 있다. 만약에 어느 일방이 주기만 하고 받는 것이 없을 때, 사회관계는 단절되거나 소멸된다. 이러한 보상에는 비단 물질적 보상뿐만 아니라, 존경·사랑·사회적 인정(social recogniton)·복종 등이 포함된다고 한다.

예컨대 A라는 사람이 B라는 사람에게 만날 때마다 돈을 주고 B가 A에 대해서 존경을 표시한다면, A는 자기가 준 돈에 대한 보상을 받은 셈이 된다. 만약에 B가 A로부터 돈을 받기만 할 뿐 A에게 아무것도 주는 것이 없다면, A와 B의 관계는 더 이상 지속할 수 없게 된다는 뜻이다. 교환이론가들은 이 같은 '주고－받는'(give-and-take) 관계를 개인과 개인 간의 관계뿐만 아니라, 개인과 집단, 집단과 집단, 집단과 국가, 국가와 국가 간의 관계에도 적용시킨다.

이 같은 교환이론을 수립한 학자는 조지 호만스(George Homans)이다. 그러나 교환이론이 호만스에 의해 전적으로 형성된 것은 아니고, 행동주의심리학(behaviorism)에 큰 신세를 지고 개발된 이론이다. 행동주의심리학자들이 동물들을 실험해 본 결과 동물들은 보상을 경험했던 행동을 반복하려는 경향이 있고, 피해를 경험했던 행동은 회피하려는 경향이 있음을 발견하였다. 이 같은 동물행동의 경향은 자극에 대한 반응으로서 이루어지는데, 이러한 자극－반응 관계는 보상에 의해 행동이 강화되고, 보상을 주는 상황에 행동이 연합되는 학습의 기제(機制)가 개입되는 것으로 해석되었다.[22]

호만스는 행동주의심리학이 발견한 이러한 동물의 행동경향을 보고, 인간도 동물과 마찬가지의 행동경향을 갖는지 관찰하였다. 그 결과 인간의 행동도 궁극적으로는 마찬가지라는 결론을 얻게 되어 이것을 기본명제로 하여 교환이론을 개발하였다.[23]

---

22) Skinner, B. F., 1948 참조.
23) Humans, George, 1950 참조.

호만스의 교환이론이 시사하는 한 가지 의미 있는 내용은 인간은 합리적으로 자신의 행동을 선택할 수 있고, 그 행동에 따른 보상을 계산할 수 있는 능력을 가진 것으로 보는 점이다. 다시 말해 교환이론은 개인의 합리성을 기초로 모든 사회의 관계가 전개된다고 본다.

Ⅳ. 상징적 상호 작용이론

상징적 상호작용이론도 미시적 접근법에 의거하고 있으므로, 이론의 출발점을 개인(인간)의 본질에 둔다. 교환이론이 인간의 기본적인 성격으로서 보상추구성을 끄집어 낸 데에 비해, 상징적 상호작용이론은 인간의 본질을 인간의 상징사용 능력에서 찾았다. 인간은 다른 동물과 달리 탁월한 두뇌를 소유하고 있으므로 언어 · 문자 · 신호 · 제스처 · 표정 등과 같은 상징(symbol)을 사용할 수 있는 능력을 지니고 있으며, 상징을 매개로 타인과 상호작용(interaction)을 한다. 따라서 상징을 매개로 하는 인간과 인간의 관계(사회관계)가 모든 사회현상의 기본이 된다는 것이다.[24)]

인간의 상징사용 능력은 인간의 사고능력을 의미하며, 구체적인 상징들은 사고과정을 거쳐 어떤 의미로서 전달된다. 따라서 사람들은 자신에게 전달되는 사회적 상황이나 자극에 대해 직접적으로 반응하지 않고, 그것을 이해 · 해석하여 의미를 부여하며, 그 부여된 의미에 기초하여 반응을 한다는 것이다. 인간이 상황을 이해 · 해석할 때는 인간이 공유하고 있는 상징들에 의하게 되며, 따라서 상징은 의미를 만들어 내는 재료가 된다. 다시 말해서 외부로부터의 자극은 상징작용이라는 과정을 '거쳐서' 반응으로 이끌어진다.

상징적 상호작용이론의 이러한 관점은 조지 허버트 미드(Goerge Herbert Mead, 1863~1931)에 의해서 정립되었고,[25)] '상징적 상호작용이론'(symbolic interactionism)이라는 이름은 그의 제자인 허버트 블루머(Herbert Blumer)에 의해 처음으로 사용되었다.[26)]

미드는 상징들 가운데서도 음성적 기호를 사용하는 언어가 가장 중요한

24) Manis, J. G. and B. N. Heltzer, 1972 참조.
25) Mead, George Herbert, 1934 참조.
26) Bloomer, Herbert, 1962, pp. 3-7 참조.

상징이라고 말하고, 소위 인간의 마음(mind)은 언어상징을 은밀하게 조작하는 과정에서 생겨나는 것이라고 했다. 다시 말하면 마음이라 함은 내면적으로 또는 은밀하게 상징을 조작하는 과정이다. 인간은 다른 사람들과 마찬가지로 자신의 음성을 들을 수 있기 때문에 타인에게 자극을 주는 것과 똑같은 방식으로 자신에게 자극을 줄 수 있다. 이렇게 음성적 기호를 사용할 수 있는 능력 때문에 인간은 타인의 시각에서 자신을 바라볼 수 있고, 이로 말미암아 타인과 더불어 '공유된 마음'(shared mind) 또는 '공유된 의미'(shared meaning)를 가질 수 있다는 것이다. 사회명목론의 입장을 취하는 미드에게 사회란 개인의 합인 만큼 그는 공유된 마음을 가진 개인들 사이의 관계가 모여 사회의 현상을 형성하는 것이라고 본다.

V. 이론의 한계와 그 적용

우리가 이미 알 수 있는 바와 같이 어느 접근법에 의거하는가, 또 이론의 출발점(기본명제)이 어디인가에 따라 이론의 내용이 달라진다. 동일한 대상을 두고서도 보는 시각(視角)과 전제가 서로 다르면 그 대상에 대한 설명이 각각 달라진다. 그러므로 이론이란 결국 대상에 대한 하나의 설명방식에 불과한 것이다. 이론이 먼저 있고 사회 및 인간현상이 존재하는 것이 아니라, 먼저 주어져 있는 사회 및 인간현상을 두고 각 이론이 이렇게도 설명하고 저렇게도 설명하는 것이다.

그러므로 거시적 접근법에 의했거나 미시적 접근법에 의했거나, 또한 사회의 본질과 인간의 본질을 무엇이라고 보았거나 간에 그것이 객관적인 증거에 기초하고 있는 한 모든 이론은 다 나름대로의 타당성을 지니는 것이다. 비록 하나의 이론이 진실의 전부를 말해 주지는 못하지마는 진실의 부분들을 말해 주고 있다는 점에서 타당성을 지닌다는 뜻이다.

각 이론이 저마다 접근법과 출발점이 다르기 때문에 어떤 대상에 대해서는 어떤 이론이 더 설명력이 있고, 다른 어떤 대상에 대해서는 다른 이론이 더 큰 설명력을 지니기 마련이다. 따라서 어느 이론이 전적으로 옳고, 다른 이론은 전적으로 그르다는 단정은 있을 수 없다. 간혹 이론가들끼리는 자기 이론이 옳고 남의 이론은 그르다고 주장하는 경우를 보게 되지만, 이것은 자기 이론에 대한 애착이거나 이론발전을 위한 경쟁일 뿐이다. 왜냐하면 이론이 다르다고 해서 이미 주어져 있는 사회와 인간의 현상이 달라지는 것은 아니기 때문이다. 그래서 이론들끼리는 상호 경쟁적이라 할지라도 여러 갈래의 이론들은 우리들로 하여금 사회와 인간을 종합적으로 좀더 정확히 이해할 수 있도록 하는 상호 보완적(complementary)인 존재들이다.

우리가 이론들을 공부하는 목적이 사회와 인간에 대한 이해를 얻는 데 있다면, 우리는 여러 갈래의 이론을 모두 수용함으로써(각 이론은 부분적인 진실을 설명하고 있다는 점에서 모두가 타당하므로) 진실의 발견에 보다 더 가까이 접근하게 될 것이다. 우리가 사회과학을 공부할 때 다양한 이론들을 마주치게 되는 것도 이 때문이다. 어느 한 이론도 모든 진실을 이야기해 주지 못한다고 실망한 나머지 공부를 포기해 버린다면, 우리는 부분적인 진실조차도 모르게 될 것이다. 만약에 어느 한 이론만을 공부하기로 작정해 버린다면, 부분적인 진실을 가지고서 더 큰 진실을 해명하려고 하는 함정에 빠지게 될 것이다.

앞으로 제 3 장 이후에서는 사회 및 인간의 현상에 관련된 각 주제들에 대해 여러 이론들을 도입하여 설명하게 될 것이다. 각 주제에서 도입되는 이론들은 그 주제에 대해 가장 설명력이 좋다고 생각되어 선택하지만, 그러한 설명 이외에 다른 이론에 의한 다른 방식의 설명이 가능하다는 것도 항상 염두에 두어야 할 것이다.

제2장

사회학의 연구방법

Sociology Sociology Sociology Sociology Sociology Sociology Sociology Sociology Sociology

제 2 장

사회학의 연구방법

제 1 절 주관적 지식과 객관적 지식

모든 사람들은 사회현상에 대해 의견과 판단력을 포함하는 많은 지식을 가지고 있다. 천체의 운행이나 신체적 질병에 대해서라면 천문학자와 의학전문가만이 알 수 있고, 대다수 일반인들은 거의 알기 어렵다. 그러나 사회현상에 대해서만은 거의 모든 사람들이 많은 상식을 갖고 있으며, 그것에 덧붙여 자신만의 일가견을 가지기도 한다. 그래서 누구나 사회문제에 관한 토의에 참여하고, 때로는 자신의 견해에 따라 행동까지 결정한다.

사회현상에 대한 어떤 일반인의 견해가 사회학이론보다 더 깊은 설득력을 가진 경우도 없지 않다. 사회현상에 대한 이러한 일반인의 **주관적 지식**(subjective knowledge)은 보편적인 상식 및 그의 개인적 경험과 직감(intuition), 통찰력(insight), 신념(faith), 관찰(observation)에 기초를 두고 있다.

그러나 주관적 지식이 항상 올바른 것은 아니다. 일반인들은 그의 주관적 지식으로 '상황에 대한 정의'(definition of situation)를 내린다. 개인은 살아가면서 끊임없이 자신이 처한 사회적 상황을 규정하고, 그 상황에 따른 행위를 선택하게 된다. 상황의 진실이 어떠하건 상관없이 자신의 판단에 따라 상황을 규정하면, 그 상황은 적어도 그에게는 진실로 작용하게 된다. 왜냐하면 자신이 규정한 상황을 마치 진실인 것처럼 믿고 행동하기 때문이다. 예컨대 어떤 공무원이 자신은 상관으로부터 차별대우를 받고 있다고 믿으면, 진실 여부와 상관없이 그것은 바로 그의 실제적 상황이 된다. 그리고 자신도 모르게 그 상관의 지시에 성실하지 않은 태도를 취함으로써 다음 번의 승진기회에서 탈락되었다면, 그의 '상황에 대한 정의'로 말미암아 진실이라고 믿은 것이 결과적으로는 실제로 나타났기 때문에 그는 그의 주관적 지식에 대한 신뢰를 더욱 강화하게 된다.[1)]

1) Furfey, Paul Hanly, 1953, pp. 107-114 참조.

더욱이 사람들이 정확한 정보를 가지고 있는 경우에도 때로는 상식이 적용되지 않을 수 있다. 예컨대 자동차를 운전할 때는 항상 조심해야 하며, 이것을 무시하면 큰 대가를 치르게 된다는 것을 상식으로 알고 있으면서도 실제 운전 때는 방심하는 태도를 취하는 수가 많은 것이다.

그렇기 때문에 주관적 지식이 우리의 일상생활에 매우 중요하기는 하지만, 주관적 지식에 전적으로 의존하다가는 보다 넓은 사회체계를 잘못 이해할 수 있고, 나아가 적합하지 못한 행위를 선택하거나 잘못된 사회정책을 펼 수도 있다. 그래서 우리는 주관적인 지식이 가질지도 모르는 오류의 위험을 될 수 있는 대로 감소시키기 위해서 **객관적 지식**(objective knowledge)을 추구하게 된다. 객관적인 지식을 추구하는 것이 바로 과학이며, 사회학도 하나의 '과학'으로서 객관적인 지식을 추구하게 된다. 객관적인 지식을 추구해 가는 방법을 소개하는 것이 바로 이 장(章)의 목적이다.

그러면 어떻게 객관적 지식에 도달할 수 있는가 하는 방법론으로 옮아가기 전에 먼저 주관적 지식이 갖는 오류를 몇 가지만 예시하고자 한다.

Ⅰ. 주관적 지식의 오류

(1) 1976년 미국에서 출판된 「어머니와 갓난아기의 결합」(*Mother-Infant Bonding*)은 선풍적인 인기를 끌었던 책이다.[2] 이 책에서 갓난아기의 육체적·정서적 성장을 위해 가장 좋은 방법은 어머니와 맨살로 접촉을 하고, 눈을 서로 들여다보는 것이라고 저자들은 주장했다. 모든 매스 미디어들은 이 책을 격찬하였고, 이 책으로 말미암아 수십만의 여성들은 '자연분만'이 아기의 평생을 이롭게 하는 것이라고 믿게 되었으며, 많은 사회과학자들은 이 책이야말로 인간행동의 생물학적 뿌리를 밝혀 주는 증거라고 찬양하였다.[3] 그러나 1983년의 인터뷰에서 이 책의 저자들은 어머니와 갓난아기의 피부접촉이 아기의 장래에 얼마나 긍정적인 효과를 가지는 것인지, 그것을 확인하는 연구를 한 적은 전혀 없다고 시인하였다.[4]

2) Klauser, Marshall H. and John H. Kennell의 저서이다.
3) Rossi, Alice, 1977 참조.
4) Hess, Beth B., et al., 1988 참조.

(2) 일반적인 신념이나 과거에 행해진 연구들에 따르면, 흔히 결손가정의 자녀들은 청소년비행에 빠질 경향이 높다고 한다. 그러나 좀더 자료를 정밀하게 분석해 본 결과 그러한 신념이나 과거의 연구는 옳지 않다는 것이 밝혀졌다.[5]

(3) 회사의 중역들은 흔히 극단적인 직업상의 긴장 아래 살고 있는 것으로 믿어져 왔다. 그러나 심장병에 대한 통계에 의하면, 조립라인의 노동자들과 같이 육체노동을 하며 자신들의 일에 재량의 여지를 갖지 못한 사람들이 가장 높은 직업상의 긴장 속에서 살고 있으며, 심장마비를 가장 많이 일으키는 것으로 나타나 있다.[6]

(4) 흔히 남자의 자살률이 여자의 자살률보다 높은 것으로 인식되어 있다. 그러나 자살미수까지를 감안한다면 성에 따른 차이는 없는 것으로 밝혀지고 있다. 여자도 남자와 같은 수준으로 자살을 시도하지만, 다만 여자들은 남자보다 덜 효과적인 방법(예컨대 투신이나 분신보다는 칼이나 약)을 사용한다고 한다.[7]

사람의 행동을 이해하는 데 있어서 이상의 네 가지 예는 우리의 '상식'이라는 것은 우리가 믿고 싶은 바에 의해 영향을 받는다는 것을 시사한다. 스킨십의 어머니 노릇이 아이들의 발달에 관건이라고 믿고 싶고, 이혼은 아이들에게 부정적인 결과를 가져온다고 믿고 싶으며, 고위관리직은 심한 스트레스를 받는다고 믿고 싶고, 여성은 본질적으로 생명을 주고 생명을 보존하는 존재라고 믿고 싶은 것이다.

당연히 그럴 것이라는 우리의 신념은 따지고 보면 남녀유별이라는 전통적인 관념을 지지하는 것이거나, 혹은 기존의 권력 및 권위 체계를 강화하는 성질의 것이다. 즉 여자는 집을 지키며 현모양처가 되어야 한다거나, 관리직은 높은 급료를 받아야 한다거나, 남자는 충동적 행동을 하기 쉬운 존재이니까 여자들이 남자의 파괴적 경향을 달래 주어야 한다는 신념 등이다.

위의 네 가지의 예들은 또한 잘못된 연구의 본보기이기도 하다. 「어머니와 갓난아기의 결속」이라는 연구는 불과 한두 명의 어린이를 생후 몇 달 간 관찰하고서 이것을 마치 모든 어머니와 어린이의 평생에 걸친 관찰인 것처럼

5) Zakariya, Sally Banks, 1982 참조.
6) Thoerell, M. A. and S. G. Schwartz, 1982 참조.
7) Becker, H. S., 1973 참조.

일반화시킨 것이다. 결손가정과 청소년비행에 관한 초기의 연구는 소득수준을 감안하지 아니한 데서 비롯된 오류였다. 후일의 연구에 의하면 소득수준이 낮은 집의 자녀는 높은 집의 자녀에 비해 청소년비행에 더 많이 빠지는 것으로 밝혀졌는데, 소득수준이 동일한 집안이라면 결손가정이건 아니건 자녀의 청소년비행에는 차이가 없었다. 다만, 결손가정이 일반적으로 소득수준이 낮기 때문에 청소년비행이 높았던 것이다.

직업과 관련된 스트레스에 관한 처음의 연구들은 하층노동자들을 무시했거나 혹은 저소득노동자들의 방문을 받아 본 적이 거의 없는 심장병의사들의 보고에 의존한 것이었다. 그러나 대단위 공장들의 혈압측정자료에 의하면 하층노동자들이 훨씬 더 높은 비율로 심장마비를 일으킬 것이라는 것이 시사되고 있다.

자살에 관한 통계는 오직 자살이 완성된 것만을 계산하기 때문에 남녀의 자살비율이 다르게 나타난 것이다.

그러므로 우리는 객관성에 입각한 과학적인 방법으로 우리가 당연하게 생각하는 것을 검증해 볼 필요가 있고, 우리들의 가정이 어디에서 나왔는가를 확인해 볼 필요가 있으며, 우리의 신념과 가정이 무엇에 도움을 주고 있는지 검증해 볼 필요가 있다.

앞서 언급한 객관적 지식이란 바로 과학적인 방법으로 검증을 거친 지식을 지칭하는 것이다. 사회과학적 연구는 실상에 대한 우리의 생각이 과연 정확한가를 검증할 뿐 아니라 부정확성의 근원을 밝혀 주기도 한다.

제 2 절 과학적 방법

이상적으로 말하면 과학자는 연구의 전과정을 통해서 정확성과 정직성을 보장해 주는 일련의 절차를 밟아야 한다. 신념 · 상식 · 직관과는 대조적으로 과학적인 방법(scientific method)은 ① 객관적인 관찰, ② 정밀한 측정, ③ 연구기법과 그 결과에 대한 완전한 공개 등을 포함한다. '과학적'인 연구라는 말은 과학적일 수가 없는 인간의 행위를 포함하는 사회학의 내용이 과학적이어야 한다는 뜻이 아니라 연구의 방법이 과학적이어야 한다는 의미이다.

Ⅰ. 객 관 성

과학자들은 그들 자신의 태도와 기대 및 가치관이 그들의 연구에 영향을 미칠 수 있다는 것을 항상 인식하고 있어야 한다. 그러므로 과학자들은 자신의 주관적 요소들이 연구에 영향을 미치는 것을 최소화하도록 끊임없이 노력하지 않으면 안 된다. 이를 위해서는 과학자들이 어느 한 상황에 개입되어 있는 모든 종류의 요인들을 철저히 고려해야 하며, 또한 단순히 자신들의 기대를 충족시키는 것을 막아 줄 안전한 연구방법을 사용해야만 한다.

그러나 연구자의 편견을 완전무결하게 배제시켜 줄 수 있는 방법은 존재하지 아니한다. 심지어 가장 완전하게 통제된 실험실의 조건 아래에서도 연구자의 기대는 실험의 결과에 영향을 미칠 수 있다.[8)]

더욱이 복잡미묘한 인간과 항상 변하는 인간의 생각을 측정하기란 실로 어렵다. 끓는 물의 경우에는 처음 측정했을 때나 다음 번에 측정했을 때나 동일한 온도를 보여 주지만, 사람의 태도와 행동은 결코 한결같지 않다. 사람들은 한 순간으로부터 다음 순간까지 변화하는 양태가 여러 가지이기 때문에 사회학에서의 측정은 일관적인 정확성을 가지는 자연과학에서의 측정과는 결코 같을 수 없다.

Ⅱ. 정밀한 측정

객관성이라는 목적을 위해서는 추측을 될 수 있는 대로 적게 하는 측정방법을 사용해야 한다. 설문지대조표 · 인터뷰와 같은 연구의 도구들(instruments)은 다른 연구자들이 사용하더라도 비슷한 정보를 얻을 수 있게 한다. 그래서 한번 이상 관찰한 연구의 결과들을 비교하고 종합하여 어떤 결론에 도달할 수 있게 해 준다.

연구자가 '무엇'을 연구할 것인가 결정했을 때, 직접적으로 측정을 할 수 없는 것들이 있다. 예컨대 종교심 · 결혼의 만족도 · 학생운동 등과 같이 추상적인 개념들은 직접적으로 측정하기 어렵다. 이러한 추상적 개념들을 측정하기 위해서는 관찰이 가능한 구체적인 **경험적 지표**(empirical referents : 조작적 변수라

8) Rosenthal, Robert and Lenore Jacobson, 1968 참조.

고 부르기도 한다)들로 바꿔 주어야 한다. 예컨대 '종교심'을 측정하기 위해서는 연구자들은 예배에 참가하는 빈도, 인생에서 종교의 중요성에 대한 느낌 등과 같은 관찰이 가능한 많은 경험적인 지표들을 사용할 수 있다.

경험적인 지표들을 사용하는 데는 두 가지의 중요한 문제점이 있는데, 하나는 신뢰성(reliability)의 문제이며, 다른 하나는 타당성(validity)의 문제이다.

첫째, 신뢰성의 문제란 측정의 도구가 잘못된 것이 아닌가 하는 문제이다. 다시 말해 측정도구가 실험을 반복하더라도 동일한 결과를 낳느냐는 것이다. 만약에 반복실험에서 동일한 결과를 얻을 수 있다면, 그 실험도구는 신뢰성이 있는 것이다. 예컨대 "얼마나 자주 종교적인 예배에 참가하십니까?"라는 설문을 여러 차례에 걸쳐 그 지역의 다른 여러 사람에게 물어 본 결과 '일주일에 한번, 한 달에 한번, 오직 중요한 종교적 기념일만'이라는 각 항목에 대답한 사람의 비율이 비슷하게 나타났으면, 이 설문은 신뢰성이 있는 것이다.

그러나 "이 설문이 과연 '종교심'을 측정할 수 있는가?" 하는 것은 별개의 문제이다. 이것이 타당성의 문제이다. 다시 말해 타당성의 문제란 측정도구가 측정하고자 하는 내용을 실제로 측정할 수 있는가 하는 문제이다. 예컨대 학생들의 건강 여부를 측정하기 위해 공을 얼마나 멀리 던지나 측정하는 것은 '타당성'을 지니기 어려울 것이다. 그것은 체력측정은 되겠지만, 반드시 건강의 정도를 나타내는 것은 아니기 때문이다.

신뢰성과 타당성에 대해서는 그 누구도 완전히 보장하기는 어렵다. 신뢰성과 타당성은 연구자가 겨냥하는 목표들이다. 한 연구자가 정밀성과 정확성에 얼마나 가까이 도달해 있는가는 다른 연구자들이 결정을 내릴 문제이다. 정확성을 검증하는 한 가지 방법은 같은 연구를 반복해 보는 것이다. 반복(replication)이란 동일한 측정도구를 사용하여 다른 시간에 여러 다른 상황에서 다른 사람들을 측정하는 것이다.[9]

Ⅲ. 완전한 공개

어느 한 연구에서 사용된 자료들을 다른 동료들로 하여금 온전하게 사용할 수 있도록 하는 것은 과학적인 의무이다. 모든 연구들은 연구자가 누구이

9) Babbie, Earl R., 1980, pp. 60-61 참조.

며, 연구의 대상이 누구이며 또는 무엇이며, 통계의 절차가 어떠하였던가에 대한 완전한 정보를 공개하지 않으면 안 된다. 연구자들은 다른 연구자가 그 연구를 반복하고자 할 때 반복연구에 필요한 모든 추가적인 정보를 알 수 있도록 해 주어야 한다.[10] 이러한 과정을 통해서만 주관성을 배제하는 객관적인 과학적 연구가 이루어질 수 있기 때문이다.

제 3 절 연구의 기초과정

과학적 연구의 과정은 대개 다음과 같은 여섯 단계로 이루어진다.[11]

① 연구의 대상과 주제의 선택
② 문헌검토
③ 가설의 설정과 변수의 선정
④ 자료의 수집
⑤ 자료의 분석
⑥ 결과의 해석과 보고

이러한 여섯 단계 가운데서 첫 세 단계까지는 연구에 진입하는 기초과정에 속한다. 그러면 연구의 기초과정을 각 항목별로 살펴보기로 하자.

Ⅰ. 연구의 대상과 주제 선택

무엇을 연구할 것인지 결정하는 것은 연구자의 주관적 가치에 의해 크게 영향을 받기 때문에 가장 비과학적인 단계라고 할 수 있을 것이다. 연구의 대상을 선택하는 데는 여러 가지 여건이나 자금문제까지 고려해야 하므로 연구자의 의욕이나 능력에만 의거하여 결정할 수는 없다. 연구의 대상이 복잡하면 복잡할수록 자료의 수집과 자료의 분석을 위해 더 많은 시간과 경비가 필요하기 때문이다.

이런 점을 고려하여 연구자가 감당할 수 있는 범위 내에서 연구의 대상과

10) Newman, David M., 2009, pp. 40-41 및. Babbie, ibid., pp. 59-86 참조.
11) Wallace Walter L.., 1971, pp. 48-102 참조.

주제를 선정해야 한다. 그 주제가 무엇이든 간에 연구의 핵심적 목적은 이론을 세우거나 이론을 발전시키는 데 있다.

이론의 구조는 쉽게 말하면 한 가지 사실과 다른 사실의 '관계'를 규명하며, 그 '관계'를 이해시키고 설명하는 방식으로 짜여진다.

예컨대 연구의 주제로서 우리 나라 미혼여성들의 사회·경제적 지위와 장차 희망하는 자녀 수의 '관계'를 알아보기로 결정했다고 하면, '사회·경제적 지위'와 '희망하는 자녀 수'라는 두 가지 사실의 '관계'에 대한 이론을 세우거나 발전시키는 연구가 된다. 단순히 미혼여성들이 장차 희망하는 자녀의 수만을 알아보아서 미혼여성의 각 몇 %는 각 몇 명의 자녀를 원한다는 수치만을 얻었다면, 이것도 하나의 발견으로서 무가치한 것은 아니지만 어디까지나 이것은 '통계'일 뿐 이론은 되지 못한다. 대부분의 사회과학적 연구에서는 무엇과 무엇의 '관계'를 알아보는 것이 보통이며, 이렇게 하여야 '이론적' 연구가 될 수 있다.

일단 연구의 대상과 주제가 선정되었으면, 연구자는 '문제를 제기하는 서론'으로서 자신이 왜 그러한 대상과 주제를 연구하기로 선정했는가 하는 동기와 그 연구의 의의 같은 것을 밝히는 것이 좋다.

Ⅱ. 문헌검토

연구의 대상과 주제가 선정되었으면, 두 번째 단계로서 그러한 주제와 관련된 과거의 문헌들을 검토(literature review)해야 한다. 문헌검토는 지금까지 학문적 선배들에 의해 그러한 주제가 어떻게, 어느 정도까지 연구되었는지 검토하고 그 요점을 정리하는 작업이다.

문헌검토를 통해 연구하고자 하는 주제가 다른 사람에 의해 어떻게 연구되었으며, 어떠한 발견과 결론이 이루어졌는지 파악한다. 또한 과거의 연구들이 동일한 주제를 다루었으면서도 다른 발견과 다른 결론을 내리고 있는지 등에 대해서도 알게 될 것이다. 만약에 연구하고자 하는 주제가 이미 충분히 연구되었다면, 더 이상 이 주제를 다룰 필요가 없을 것이다. 그러나 대개는 과거의 일이거나 다른 사회의 것이기 때문에 이 주제를 다른 시간과 다른 장소인, 지금 여기에서 연구해 보면 그 발견과 결론이 달라질 가능성이 크기 때문에 다시 한번 다루어 보는 것도 무방할 것이다.

문헌들이 동일한 주제를 다루었으면서도 결론을 다르게 내리고 있는 경우에는 같은 주제를 다시 연구해 봄으로써 어느 문헌의 이론이 더 타당한지 검증할 수도 있고, 또는 과거문헌의 이론들을 수정·보완할 수도 있으며, 보다 세련된 발견을 할 수도 있을 것이다.

문헌검토에서 얻을 수 있는 또 다른 이점은 문헌들의 설명이 연구자에게 어떤 아이디어를 제공할 수도 있고, 나중 분석결과에 대한 해석단계에서 문헌들의 해석을 다시 인용할 수도 있다는 것이다. 선배들의 연구는 이처럼 직접·간접적으로 도움을 주기 때문에, 문헌검토를 충실히 하면 연구자는 이미 그 주제에 대해 충분한 사전지식을 갖게 되고, 따라서 그의 연구에 기대를 갖게 한다.

Ⅲ. 가설설정과 변수선정

연구의 대상과 주제를 선정하고 문헌연구를 충분히 한 다음에는 거기에 맞추어 가설을 설정한다. **가설**(hypothesis)이란 연구의 주제를 우선 선언해 두는 것을 말한다. 앞에서 예시한 연구주제를 가설로 표현하면 아마도 다음과 같이 될 것이다.

> "미혼여성들의 사회·경제적 지위의 차이는 장차 희망하는 자녀의 수에 차이를 가져온다."

이러한 가설은 연구의 대상(미혼여성들)과 주제(그들의 사회·경제적 지위와 희망하는 자녀 수의 관계)를 기본으로 하여 연구자가 그 육감(hunch)이나 추측(guess) 또는 문헌검토에서 다른 기존의 이론들이 이미 시사하고 있는 바에 따라 간결하고 평이한 말로 선언하면 된다. 가설은 어디까지나 가상적인 선언에 불과하기 때문에 가설의 내용이 반드시 진실이어야 할 필요는 없다. 가설이 말하는 것은 연구의 대상이 무엇이며, 연구의 범위가 어디라는 것을 밝히는 데 주 목적이 있는 것이다. 가령 건축에 비유한다면 가설은 건축의 첫단계로서 구체적인 설계에 들어가기 전에 "40평짜리 대지에다 20여 평짜리의 주택을 짓겠소"라고 밝히는 것과 마찬가지이다.

이 가설에서 관계지어진 '무엇'과 '무엇'에 해당하는 것을 **변수**라고 한다.

앞의 예에서 가설에 포함된 변수들은 '사회 · 경제적 지위'와 '자녀의 수'이다. 사회 · 경제적 지위와 희망하는 자녀의 수는 사람에 따라 다르기(varies) 때문에 이들을 변수(variable)라고 부르는 것이다. 따라서 가설을 다른 말로 정의하면, '변수들 사이의 관계에 관한 가정적인 선언'이라고 해도 좋을 것이다.

이 변수들 가운데서 원인이 되는 변수를 **독립변수**(independent variable)라고 하고, 결과가 되는 변수를 **종속변수**(dependent variable)라고 부른다. 사회 · 경제적 지위가 다르면 희망하는 자녀의 수도 다를 것으로 가정하고 있는 만큼 이 가설에서는 사회 · 경제적 지위가 원인이 되는 독립변수이며, 자녀의 수는 종속변수가 된다. 경우에 따라서는 어느 변수가 독립변수이고, 어느 변수가 종속변수인지 구분하기 어려울 수도 있다. 위의 가설에서는 희망하는 자녀의 수가 사회 · 경제적 지위에 영향을 미치는 원인이 될 것으로 보기는 어렵기 때문에 그 구분이 용이하다. 대개 독립변수는 사건의 연계에서 시간적으로 먼저 일어나는 일이거나, 또는 영향을 미치는 것으로 생각되는 변수이다. 반면에 종속변수는 대개 시간적으로 늦게 발생하거나 영향을 받는 것으로 생각되는 변수를 말한다. 사회학적 연구에서 전형적인 독립변수들은 선택적이기보다는 주어지는 요소들인 나이 · 성 · 종교 등이다.

그 다음에 고려해야 할 일은 가설에 포함된 변수들이 현실적으로 측정가능한가 하는 문제이다. 종속변수인 '자녀의 수'는 1명, 2명, … 등으로 현실적으로 측정하는 데 문제가 없지만, '사회 · 경제적인 지위'를 측정하기 위해서는 현실적으로 측정가능한 '경험적 지표'들로 바꾸어 주어야 할 필요가 있다. '사회 · 경제적 지위'라는 추상적 개념의 변수를 측정가능한 경험적 지표로 바꾸어 주는 것을 **조작화**(operationalizing)라고 말하고, 조작에 동원된 변수를 조작변수(operationaliged variable)이라고 한다. 사회 · 경제적 지위를 나타낼 수 있는 조작변수로는 학력 · 나이 · 직업 · 소득 · 아버지의 소득 · 주택의 규모 등 여러 가지가 있을 것이다. 어떤 연구자는 사회 · 경제적 지위를 '학력' 한 가지만으로 조작할 수도 있을 것이며, 좀더 복잡한 연구를 하려는 사람은 수십 가지의 조작변수들을 사용할 수도 있을 것이다.

제 4 절 연구의 설계

가설의 설정과 변수선정까지 이루어지면 연구를 위한 기초과정은 끝난다. 이제부터는 세워 놓은 가설을 검증하기 위한 자료의 수집과 분석, 그리고 분석의 결과를 보고 서로 작성하는 단계로 들어간다. 그런데 자료에도 여러 유형이 있고, 자료를 수집·분석하는 방법도 여러 가지이기 때문에 실제적인 수집·분석에 들어가기 전에 어떤 유형의 자료를 어떤 방법에 의해 모으며, 또한 분석은 어떤 유형과 어떤 방법으로 하는 것이 연구의 주제에 가장 적합할지 구체적인 계획을 세워야 할 필요가 있다. 이러한 계획의 수립을 흔히 **연구의 설계**(study design)[12]라고 한다.

연구의 설계는 자료의 수집과 분석을 위한 것이지만, 이것을 위해서는 먼저 고려해야 할 사항들이 있다. 즉 ① 한 사람의 반응자에 대해 연구를 1회만 실시할 것인지, 혹은 한 사람의 반응자에 대해 장기간에 걸쳐 실시할 것인지 하는 연구의 시간계획(time frame)과, ② 양적 연구(quantitative research)로 할 것인지, 질적 연구(qualitative research)로 할 것인지를 고려해야 한다.

첫째, **시간계획**에서 여러 지역의 동일한 반응자를 대상으로 연구를 1회만 실시하는 것을 횡단적 연구(cross-sectional research)라고 부르고, 여러 번 실시하는 것을 종단적 연구(longitudinal research)라고 부른다.

횡단적 연구는 어느 한번의 주어진 시기에 여러 종류의 사람들이 어떻게 다르게 행동·반응하는가를 알아보려는 데에 목적을 두고 있다. 횡단적 연구는 마치 활동의 연속 가운데서 어느 한 순간을 포착하는 스냅사진과 같은 것이다. 사회 일반의 변화에 대한 정보를 얻기 위해서는 여러 차례의 횡단적 연구를 다른 시점에서 실시하면 될 것이다.

이에 비해 **종단적 연구**는 시간의 경과에 따라 동일한 반응자들의 태도나 행동 등이 어떻게 변화하였는가를 알아보기 위한 연구이다. 어떤 반응자를 장기간 동안 추적한다는 것은 쉬운 일이 아니다. 어떤 사람은 계속적인 추적이 불가능하여 연구로부터 탈락되는데, 연구에 계속 남아 있는 사람과 탈락된 사람 사이에 상당한 차이가 있을 수 있기 때문이다. 또한 종단적 연구는 표본유지가

12) Newman, David M. 2010, pp. 35-41 및 Babie, Earl R., 1980, pp. 59-86 참조.

어렵고, 따라서 정확성이 감소된다. 연구자는 이러한 점들을 감안하여 연구의 목적에 따라 횡단적 연구를 할 것인지, 종단적 연구를 할 것인지 결정해야 한다.

예컨대 교수에 대한 학생들의 감정을 연구하려고 할 때, 횡단적인 연구라면 1·2·3·4학년의 학생들에게 교수에 대한 감정을 물어 각 학년마다 어떠한 감정을 가지고 있는가를 밝힐 수 있을 것이고, 종단적 연구일 경우에는 동일한 학생들에게 해마다 물어 보아서 학년이 올라감에 따라 감정이 어떻게 변화하는지 알아볼 수 있을 것이다.

두 번째 고려할 사항은 양적 연구냐, 질적 연구냐의 선택이다.

각 유형의 특징을 보면 **양적 연구**는 주로 수치를 이용하여 연구의 발견들을 규명하고 분석하며, 또한 그 결과들도 수치로 표현하는 방식을 말한다. 예컨대 미혼여성들이 그들의 학력에 따라 평균 몇 명의 자녀를 원하는지 알아내고, 그 결과로서 대학졸업자는 평균 1.4명, 고교졸업자는 1.7명, 중학졸업자는 2.2명의 자녀를 원한다고 하는 식의 연구이다. 양적 연구는 매우 복잡한 통계적 기술의 이용을 포함한다. 예컨대 학교교육기간이 1년 증가함에 따라 희망 자녀의 수는 평균 0.15명씩 줄어든다는 식으로 두 변수 간의 관계를 통계적 기법을 사용하여 밝힐 수 있다.

양적 연구는 연구자의 주관적 편견이 개입되는 것을 방지해야 한다는 객관성의 요구에 잘 부응할 수 있는 장점을 지니고 있다. 수치라는 증거를 제시함으로써 그 연구가 더욱 '견고한 사실'(hard facts)에 근거하고 있는 것으로 인식되기 때문에 많은 사회과학자들은 질적 연구보다 양적 연구를 선호하는 경향이 있다.

질적 연구는 연구의 내용들을 주로 언어적인 서술에 의해 분석·표현하는 방식이다. 예컨대 가족관계에 대한 연구에서 감정·정서·친밀 등을 언어적 서술로서 분석·보고했다면, 이것은 질적 연구이다. 질적 연구는 심층적 분석과 비상한 통찰력 등을 발휘할 수 있는 장점을 지니고 있으나, 연구자의 주관이 개입될 여지가 크다는 단점을 지닌다.

질적 연구는 주관의 배제라는 원칙에 밀려 상대적으로 덜 과학적인 것이라고 오해하는 경향이 있다. 그러나 양적 연구가 연구의 객관성을 보장하는 강점을 지니고 있다면, 질적 연구는 수치로 나타내기 어려운, 예컨대 인간관계나

의사결정과정 등과 같은 심층적인 국면을 파악하고 정밀하게 분석하는 데 강점을 지니고 있다는 사실을 알아야 한다. 이것은 통계숫자가 객관적이라면 비디오테이프는 실상에 대한 감각을 높여 주는 것에 비유될 수 있을 것이다. 따라서 양적 연구와 질적 연구는 어느 방법이 더 우수하다거나 열등하다는 식으로 비교될 수 없으며, 연구의 성격에 따라 적절한 방법을 선택하는 것이 좋다. 여건이 허락될 경우, 두 가지 방법을 상호 보완적으로 사용하면 더 좋은 결과를 얻을 수도 있다.

Ⅰ. 자료수집

자료수집은 가설을 검증하기 위한 증거들을 모으는 것이다. 자료의 수집방법에는 아래에 소개하는 바와 같이 여러 가지가 있는데, 그 가운데서 어떠한 방법(들)을 선택할 것인가는 연구의 설계에 의한다.

자료수집의 대표적인 방법으로는 설문조사(questionnaire survey), 인터뷰(interview), 관찰 및 참여적 관찰(observation and participatory observation), 2차 자료(secondary data)의 이용, 실험(experiment) 등이 있다.

1. 설문조사

설문조사는 횡단적인 양적 연구에 유용하다. 설문조사는 응답자들을 대표하는 표본(representative sample)으로부터 설문지를 통해 자료를 획득하는 방법이다.

예컨대 우리 나라의 모든 미혼여성에게 질의를 한다는 것은 불가능하기 때문에 그 중의 일부만을 추출할 필요가 있다. 추출된 소규모의 집단을 우리는 **표본**(sample)이라고 부르는데, 이 표본은 **모집단**(population) 전체를 대표할 수 있어야 한다. 모집단을 대표할 수 있는 표본을 추출하는 가장 기본적인 방식은 무작위표본추출(random sampling)이다. **무작위표본추출**은 모집단의 모든 구성분자들이 표본으로 추출될 동등한 기회를 가지는 것을 특징으로 한다. 예컨대 1천 개의 구슬 가운데서 50개를 표본으로 추출하려고 할 때, 우리는 1천 개의 구슬을 상자에 넣어 흔들어 섞은 후에 눈을 감고 하나씩 50개를 집어 내기로 한다면, 모든 구슬이 표본으로 추출될 수 있는 기회는 동등하다.

우리가 각 사람을 표본으로 추출할 때도 같은 방식을 사용한다. 각 사람의 명패를 통에 집어 넣고 잘 섞은 후에 눈을 감고 필요한 숫자만큼 집어 낸다든가, 혹은 전화번호부(모든 사람이 전화를 가진 경우에)에서 가령 1백 명마다 혹은 2백 명마다 한 사람씩을 추출한다면 무작위표본추출이 된다.

연구자는 관련된 변수들에 대한 답변을 요구하는 설문지를 표본으로 선정된 응답자들에게 제시한다. 우편·전화·개인적 방문 등 설문지를 제시하는 방법은 여러 가지가 있겠으나, 각 방법은 비용·시간·응답률 등에서 일장일단이 있다. 어떤 설문조사에서든지 수집되는 정보의 양과 질은 응답자가 답변을 하고자 하는 마음에 따라 크게 좌우된다. 이러한 한계가 있기는 하지만 설문조사는 대규모의 대상자들을 단기간에 조사하고자 할 때 대단히 유용하다. 많은 사람들로부터 일시에 얻은 많은 정보들은 만약에 표본이 무작위로 추출되었다면, 그 모집단에 대해 일반화될 수 있다.

역사적으로 설문조사가 잘못 이루어진 대표적인 예는 1936년 미국대통령선거에 대한「리터러리 다이제스트」잡지의 여론조사였다. 다이제스트사는 전화번호부에 실린 주소를 이용하여 1천만 명의 유권자에게 모의투표용지를 보내어 그 가운데서 20%에 해당하는 2백만 장을 회수하였다. 다이제스트사는 그 표를 분석한 후 공화당의 알프레드 랜던(Alfred Landon)이 민주당의 프랭크린 루즈벨트(Franklin D. Roosevelt)를 이길 것이라 예측했다. 그러나 11월의 선거에서는 루즈벨트가 미국사상 유례 없는 다수표로 압승을 했다.

왜 다이제스트사는 그러한 과오를 범하였을까? 첫째, 1936년 당시 미국가구의 3분의 1만이 전화를 갖고 있었고, 비교적 유족한 이들 가구는 전형적으로 공화당후보를 지지하는 계층이었다. 둘째, 모의투표용지를 되돌려보내 준 사람들은 랜던의 승리를 바라는 자신을 스스로 추출한 표본이었다.

이러한 예는 표본추출의 세 가지 원칙의 중요성을 말하여 준다. 즉 전체모집단을 가장 잘 대표할 수 있는 표본추출, 응답자의 자기 추출에 대한 방지, 전체모집단의 성격에 대한 이해 등이 그것들이다.

다이제스트사의 대실수가 있은 이래 미국에서 정치적 여론조사는 하나의 예술이 되어 왔는데, 로퍼(Roper)·갤럽(Gallup)·루이즈 헤리스(Louis Harris) 등 3대 개인 설문조사연구소들은 무작위로 추출된 약 1천 5백 명의 표본으로 대통령선거의 결과를 거의 정확하게 예측해 왔다.

설문지를 작성할 때는 무엇보다도 질문하는 문장이 어느 한쪽으로 편중되지 않도록 유의해야 한다. 질문하는 문장이 어느 한쪽으로 편중되면 해답을 그쪽으로 유도하는 결과를 낳기 때문이다. 예컨대 노사문제에 대하여 "경제는 사회적 안정과 직결되어 있는데, 노동자의 파업은 현 시국에서 타당하다고 생각하십니까?"라고 묻거나, 혹은 "대기업의 대규모 융자에도 불구하고 그들에 대한 조세지원이 타당하다고 생각하십니까?"라고 묻는다면, 답변을 유도하는 결과가 되어 정확한 응답을 얻기 어려울 것이다.

2. 인 터 뷰

때로는 대규모의 표본이 반드시 필요하지는 않은 연구도 있다. 특히 대규모 연구에 들어가기 전에 탐색적인 연구를 실시할 경우이거나, 혹은 직접적인 정보를 필요로 하는 질적 연구일 때 그러하다. 이러한 경우에는 소규모의 비대표적인 표본만으로도 충분하다. 가령 한 공동체 내에서 영향력이 큰 사람들에 대한 연구 같은 경우에는 대표적인 표본이 오히려 부적합하고, 이러할 때는 오직 핵심적인 인물과의 인터뷰가 중요하다.

어떤 경우에는 조심스럽게 선택된 한두 사람이 연구자료를 통해서는 잘 얻어 볼 수 없는 귀중한 정보를 제공할 수도 있다. 심리학과 정신의학에서는 설문조사보다는 인생의 진면목을 보여 주는 개인의 역사(case histories)가 더욱 중요하다.

3. 관찰 및 참여적 관찰

설문조사와 인터뷰에서 얻어진 자료는 오직 사람들이 자신에 대해 말해 준 내용들이다. 이에 비해 관찰은 사람들이 실제로 행하는 바를 연구자가 채집하는 방법으로서, 특히 질적 연구에 긴요하다.

관찰을 위해서는 시간이 오래 걸리고, 제한된 숫자의 사람들만을 대상으로 할 수 있을 뿐이다. 또한 관찰자가 모든 것을 볼 수는 없으며, 자기가 기대하는 것만 보고 기대하지 않는 것은 간과해 버릴 수도 있다. 관찰자가 침입해 있다는 사실이 알려지면 피관찰자의 행동이 달라질 수 있기 때문에, 관찰자는 남들이 눈치채지 못하거나 당연하게 받아들여지는 곳에서만 관찰을 할 수 있다. 관찰자가 피관찰자들에 의해 자연스럽게 받아들여지기까지는 긴 시간이 걸린다. 그러나 관찰자가 그들과 어울려 있었다고 하는 사실 때문에 피관찰자들이 어떤 영향을 받아 그들의 행동이 얼마나 변하였는지에 관해서는 측정할 도리가 없다.

관찰의 방법이 지닌 이러한 어려움에도 불구하고 참여적 관찰은 일상의 행위와 직결된 가장 풍부한 형태의 자료를 제공한다.

4. 2차 자료의 이용

설문조사 · 인터뷰 · 관찰은 모두 새로운 정보를 발굴하는 방법이다. 그러나 도서관에는 이미 수집된 자료들이 산적해 있고, 우리가 그것을 재사용할 수 있다. 2차 자료의 이용(secondary analysis)이란 다른 사람들이 수집해 둔 정보를 다시 분석하는 것을 말한다.

2차 자료 가운데 가장 귀중한 것은 정부 · 국제기관 · 공공기관 · 금융기관 · 언론사 · 협회 등에서 발간한 통계자료들이다. 역사적인 문서 또한 귀중한 2차 자료이다. 이런 자료들은 과거와 현재의 변수들을 비교하는 데에 있어서 요긴하다.

책 · 신문 · 잡지 등과 같은 2 차 자료는 이른바 내용분석(content analysis) 자료로서 이용된다. **내용분석**은 주로 특수한 용어나 관념 또는 상징이 얼마나 자주 등장하는가 등을 측정하는 연구이다. 내용분석을 통해, 예컨대 1970년부터 2010년 사이에 성행동이 어떻게 변화해 왔는가를 검증할 수도 있고, 공산국가에 대한 생각이 어떻게 바뀌고 있는가도 검증할 수 있을 것이다. 또 다른 사회와 우리 사회의 변수들을 비교하는 연구(횡단적 문화비교 — cross-sectionalcultural comparison — 라고 부른다)일 경우, 다른 나라의 변수에 대해서는 흔히 2 차 자료를 이용하게 된다.

2차 자료의 이용은 시간과 비용을 크게 절약하는 장점이 있으나 단점도 있다. 2차 자료들은 원래 다른 목적을 위해 수집된 것이기 때문에 2차 분석하는 연구자가 이용하기에 완전하지 못하거나 사용하기 불편한 형태일 때가 많다.

5. 실 험

실험은 지금까지 말한 모든 자료수집방법 가운데서 가장 과학적인 이상(理想)에 가까운 방법이다. 실험에 의한 방법의 골자는 필요없는 **외부변수들**

(extraneous variable)에 대해서 통제를 가하는 것이다. 일상생활에서는 사람의 행동이나 상황에 대한 통제가 불가능하지만, 실험에서는 알아보고자 하는 변수들과의 관계만 남기고 나머지는 모두 통제함으로써 일상적인 관찰에서는 쉽게 알아볼 수 없는 인과관계를 발견할 수 있다.

전통적인 실험의 방법으로서는 비슷한 성격(연령·성·학년·학급)을 가진 집단을 **실험집단**(experimental group)과 **통제집단**(control group)으로 나누어 비교관찰하는 것이다. 이 경우 실험집단에 대해서만 독립변수에 어떤 자극을 준 후 그에 대한 종속변수의 반응을, 자극을 주지 않은 통제집단의 반응과 비교함으로써 자극과 반응에 대한 인과관계를 찾아 낸다.

실험은 대개 연구자가 모든 외부변수들을 통제할 수 있는 실험실에서 행하여지지만, 일상생활의 현장에서 실험을 행하는 **현장실험**(field experiment)도 가능하다. 현장실험은 외부변수에 대한 통제는 내버려 둔 채 일상생활에서 인간의 행동을 연구할 때 흔히 이용하는 방법이다. 예컨대 '남을 돕는 행동'을 알아보기 위해 길거리에 피를 흘리면서 쓰러져 있는 사람과 피를 흘리지 않고 쓰러져 있는 사람을 의도적으로 배치한 후, 그들에 대한 행인들의 반응을 살핀다. 실험도구로 출현하는 사람들에 대해서는 한쪽의 사람이 피를 흘리는 점 이외에는 용모나 의복이나 표정 등 다른 조건들을 비슷하게 조작한다.

실험에는 또한 **자연적 실험**(natural experiment)이 있다. 자연적 실험이란 예컨대 자연의 재해라든가, 새로운 법률의 제정 등과 같은 어떤 사건의 전(前)과 후(後)에 동일한 집단의 사람들이 어떻게 변화하는가를 측정하는 것이다. 사형에 관한 입법이 있은 후 살인율의 증감을 비교하는 연구 같은 것이 여기에 해당된다.

Ⅱ. 자료의 분석

얻어진 자료를 분석하기 위해서는 수치의 계산·비교·분류·언어적 기술(記述) 등 가설을 검증할 수 있는 가장 적절한 기법을 사용한다.

오늘날 사회학을 공부하는 사람들은 주로 양적 연구에 치중하는 경향이 있기 때문에 자료를 수학적으로 분석하여 사회학논문을 마치 통계학논문처럼 써내는 것이 보통이다. 그러나 앞서 말한 바와 같이 질적인 분석 또한 매우 중요하다는 것을 명심해야 한다.

자료의 분석에 이용되는 기초적인 통계로는 백분율 · 율 · 비 · 중심경향 등이 있고, 고급통계로서는 상관관계 · 회귀분석 · 인과분석 · 요인분석 등의 기법이 있는데, 이들에 대해 간략히 언급하기로 한다.

1. 백분율

백분율(percentage)은 전체를 100이라고 가정할 때, 100 가운데서 어떤 일이 일어날 수 있는 횟수 또는 비율을 말한다. 백분율은 크기가 서로 다른 집단들을 비교하는 데 매우 편리하다. 예컨대 300명 가운데 25명과 400명 가운데 30명을 비교하고자 할 경우 어느 쪽의 비율이 높은지 금방 헤아리기 어렵지만, 백분율로 환산하여 8.3% 대 7.5%라고 하면 쉽게 알 수 있다. 즉 30이 숫자는 더 크지만, 전체에서 차지하는 실제적인 부분은 더 적은 것이다.

2. 율

율(rate)은 전체인구(모집단) 가운데서 어떤 일이 몇 번이나 일어나는가를 의미한다. 예컨대 출생률(birth rate)은 전체인구를 기초로 계산하며, 통상 인구 1천명당 출생아 수로 나타낸다. 2010년 우리나라의 출생률은 인구 1천명당 9.4명인데, 여기에서의 인구에는 남자 · 여자 · 어린이 · 노인들이 모두 포함되어 있다.

3. 비(比)

비(ratio)는 하나의 집단과 다른 집단을 비교한 것이다. 예컨대 여성 대 남성, 자살 대 피살, 합법적 출생 대 비합법적 출생 등이 비(比)에 해당한다.

예컨대 성비(sex ratio)는 여자에 대한 남자의 비율이다. 2010년 우리나라 출생아의 성비는 106.9인데, 이것은 2010년에 태어난 여아수를 100으로 칠 때 남아가 106.9명 태어났다는 뜻이다.

4. 중심경향

중심경향(central tendency)은 전체자료의 값들을 하나의 숫자로 표시하는 것인데, 중심경향으로는 평균치(mean) · 중앙치(median) · 최빈치(mode) 등 세 가지 종류가 있다.

점 수	학생 수
10	6
9	8
8	12
7	14
6	20
5	10
4	9
3	8
2	7
1	3
0	3
	$N=100$
총점 : 573	

평균치는 수학적인 평균을 말하는데, 예컨대 100명의 학생이 취득한 모든 점수가 573점이라면, 이 학생집단의 평균치는 5.73이다.

중앙치는 점수분포의 중앙에 위치하는 점수를 말한다. 이 점수의 50%는 위에 있고, 50%는 아래에 있다는 뜻이다.

다음 표의 예에서 중앙에 위치하는 50번째의 점수는 6점과 7점 사이에 있으므로 중앙치는 6.5가 된다.

최빈치는 가장 빈도가 높은 범주의 수치를 말한다. 위의 예에서는 가장 많은 수의 학생(20명)이 얻은 6점이 최빈수이다.

우리가 이들 학생의 점수와 다른 집단의 점수를 비교할 때는 통상 100명 학생들의 점수를 다 필요로 하는 것이 아니라, 중심경향의 수치 하나만 알면 된다.

5. 상관관계분석

상관관계분석(analysis of correlation)은 두 변수가 서로 얼마만큼 관계를 맺고 있느냐를 통계학적으로 밝히는 것이다.[13] 상관관계분석을 어떻게 하느냐 하

13) 상관관계분석, 회귀분석, 인과분석, 요인분석에 관해서는 Blalock, Herbert M. Jr., 1972, pp. 317-508 참조.

학 력	희망자녀 수
대졸	1.4
고졸	1.7
중졸	2.2
국졸	2.8

는 통계학적인 기법은 논외로 하고, 여기서는 상관관계라는 개념만 설명하기로 한다. 예컨대 미혼여성들을 조사한 결과 학력이 높을수록 희망하는 자녀의 수는 적어진다는 것이 발견되었다면, '학력'과 '자녀 수'라는 두 변수 사이에는 상관관계가 있는 것이다. 미혼여성들의 학력이 서로 다름에도 불구하고 희망하는 자녀의 수에는 차이가 없다고 하면, 두 변수 사이에는 상관관계가 없음을 의미하는 것이다.

상관관계를 나타내 주는 가장 간단한 방법은 분할표(contingency table)로서 표시하는 것이다.

예시한 위의 분할표는 대졸이 평균 1.4명의 자녀를, 고졸은 평균 1.7명 등으로 학력이 높을수록 희망자녀 수가 적은 일정한 경향을 보이고 있으므로 두 변수 사이에는 상관관계가 있음을 보여 준다.

그러면 이러한 상관관계가 모집단에는 실제로 존재하지 않는데, 표본으로 추출된 사람만이 '우연히'도 이런 경향을 가진 것은 아닐까 하는 의문이 생긴다. 다시 말해 만약에 표본추출을 다시 해서 분석을 해 보면 다른 대답이 나올 가능성은 없을 것인가 하는 의문이다.

이러한 의문에 대한 해답으로서 '우연히' 이런 결과가 나올 가능성을 계산해 내는 통계기법이 있는데, 그러한 통계기법에 의해 얻어진 수치를 **통계적 유의수준**(statistical significance level)이라고 부른다. 예컨대 통계적 유의수준이 0.05로 계산되어 나왔다고 하면, 이것은 '우연'에 의해 이러한 관계가 성립되었을 가능성이 5%라는 의미이다. 다시 말하면 그러한 상관관계가 오류일 가능성이 5%라는 뜻이다.

통계수치상으로는 두 변수 사이에 상관관계가 있는 것처럼 나타났다고 하더라도 상관관계가 성립될 수 없는 경우가 있다. 예컨대 통계수치상으로 황새가 많은 지역에는 자녀의 수가 많고, 황새가 적은 지역은 자녀의 수가 적게 나타났다고 한다면, 황새와 자녀 수라는 두 변수 사이에는 상관관계가 있다는 말인가? 어느 일정한 기간에 단순히 두 사건이 동시에 발생했다고 해서 한 사건이 다른 사건을 결과시켰다고 말할 수는 없다. 오히려 다른 제 3 의 요인이 두 사건을 동시에 결과시켰을 가능성이 있는 것이다. 황새가 많은 지역은 농촌이기 때문에 농촌이라는 요인이 황새도 많게 하고, 자녀의 수도 많게 했을 가능성이 크다.

여기에서 유의할 점은 모든 통계수치가 이론을 말해 주지는 않는다는 사실이다. 통계수치상의 관계를 어떻게 읽느냐는 연구자의 이론 또는 이성적인 추론에 의해 뒷받침되어야 한다.

만약에 어떤 연구자가 황새와 자녀의 수를 상관관계가 있는 것으로 이해를 하였다면, 우리는 그러한 오류를 생태(삶의 관계라는 뜻으로)를 무시한 오류라 하여 **생태적 오류**(ecological fallacy)라고 부른다.

6. 회귀분석

회귀분석(回歸分析 : regression analysis)은 상관관계분석에서 일보 더 나아가서, 예컨대 학력과 희망자녀 수 사이에 관계가 있다면 가령 학력이 1년 높아짐에 따라 희망자녀 수는 얼마만큼 적어지는가를 계산해 내는 분석기법이다. 즉 자녀 수를 Y라 하고 학력을 X라 할 때, $Y=a+bX$라는 일차방정식을 세워놓고 경사치 b의 값과 상수 a의 값을 찾아 내는 것이 회귀분석이다. 여기에서 a의 값으로 3.5, b의 값으로 -0.15를 얻었다면 $Y=3.5+(-0.15)X$가 된다. 이 수식은 무학일 경우에는 3.5명의 자녀를 원하나, 학력이 1년씩 많아짐에 따라 희망자녀의 수는 3.5명으로부터 0.15명씩 줄어든다는 뜻이 된다.

회귀분석은 두 변수가(두 변수 이상일 때에도 가능하다) 일차방정식적인, 다시 말해 단선적인(linear : '線形的'이라고도 한다) 인과관계가 있다고 연구자가 생각했을 때에 이용할 수 있는 기법이다.

7. 인과분석

인과분석(path analysis)은 변수들 사이에 어느 정도의 인과관계가 있는지 밝히는 점에서는 회귀분석과 마찬가지이지만, 인과분석은 단선적인 인과관계가 아니라 여러 원인이 '복합적'으로 작용하여 어떤 결과를 가져왔을 것이라고

〈그림 2-1〉 인과도표(path diagram)의 예

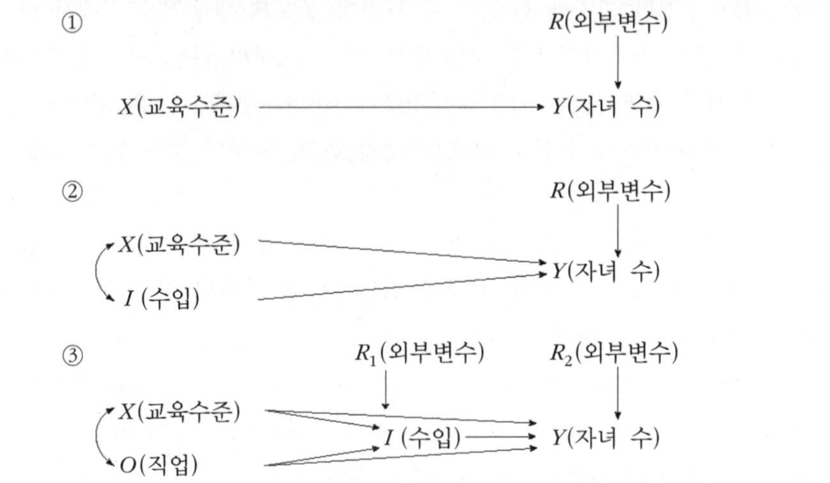

연구자가 생각할 때 사용하는 기법이다. 예컨대 연구자가 학력뿐만 아니라 소득·직업 등이 따로 따로 영향을 미쳤거나 연계적으로 영향을 미쳐 희망자녀의 수를 결과시켰을 것이라고 생각했다면, 연구자는 우선 자기가 생각하는 **인과도표**(path diagram)를 그려 놓고, 자기가 그린 인과도표에 해당하는 공식을 적용하여 계산을 하면 원인의 크기를 수치로 얻을 수 있다. 다시 말해 연구자의 인과(因果)에 대한 추론이 앞서고, 그 다음에 그러한 추론에 맞추어 통계기법을 적용하는 것이다. 다시 한번 강조해서 말하거니와 통계가 이론을 제공하는 것이 아니라, 이론적 추론이 통계기법을 사용할 뿐인 것이다.

8. 요인분석

요인분석(factor analysis)은 관련 있는 변수의 수가 여러 개일 때, 비슷한 성격의 변수들을 서로 묶는 기법이다. 예컨대 희망자녀의 수에 원인이 되는 변수들을 찾아 내기 위해 교육수준·수입·직업·연령·아버지의 직업·연애경험 여부·고향·주택사정·형제의 수·건강상태… 등 수십 또는 수백 가지의 '요소'들을 포함시켰을 경우, 각 요소들이 매우 조금씩 영향을 미친 것으로 밝혀졌을 뿐 결정적인 영향을 미치는 요소가 무엇인지를 찾아 낼 수 없었다고 하자. 이러한 때 요인분석의 기법을 사용하면 성격이 비슷한 요인들끼리 묶어 몇

동아리를 지워서 각 동아리가 얼마만큼의 영향을 미쳤는가를 밝혀 준다.

위에서 간략히 소개한 상관관계분석 · 회귀분석 · 인과분석 · 요인분석 등을 더 자세히 이해하고 이들을 연구에 적용할 수 있으려면, 사회통계학강좌를 통해 훈련을 받을 필요가 있다. 이러한 기법을 터득하기 위해서는 각 기법을 어떠한 경우에 어떻게 적용한다는 개념의 파악이 중요하며, 공식이나 계산법을 암기할 필요는 없다. 공식들은 편람(manual)에 나와 있고, 계산은 컴퓨터가 도맡아서 해 준다. 사회학자나 통계전문가가 되고자 하는 사람은 당연히 사회통계학에 숙달해 둘 필요가 있지만, 그렇지 않은 사람도 통계학적 개념을 대개 알아 두어야만 전문서적을 읽을 때 제대로 이해를 할 수 있을 것이다.

Ⅲ. 결과의 해석과 보고

자료분석의 결과로 얻어진 수치들만 나열해 두어도 거기에서 연구의 결과를 읽어 낼 수는 있을 것이다. 그러나 아무리 전문가들이라고 하더라도 연구자만큼 분석의 결과를 깊이 있게 읽을 수는 없을 것이다. 더구나 비전문가들에게는 통계학적인 수치만으로 의미를 전달할 수 없을 것이다. 그러므로 연구자는 분석의 결과로 얻어진 발견들을 해석(interpretation)하여 이것을 수치와 함께 보고하여야 한다.

예컨대 앞의 가설과 관련하여 미혼여성의 사회 · 경제적 지위가 높을수록 희망하는 자녀의 수가 적어지는 것으로 나타났다면, 왜 그러한 관계가 이루어지는가를 해석해 주어야 한다. 자세히 자료를 분석해 보면, 직업이 있는 고학력자들은 적은 자녀를 원했고 직업이 없는 고학력자들은 저학력자와 비슷한 수의 자녀를 원했던 것으로 나타날 수 있다. 이러한 경우 고학력의 희망자녀수가 평균적으로 적은 것은 직업 있는 고학력자의 탓이었음을 알 수 있다. 따라서 고학력 그 자체가 직접적으로 적은 자녀를 원하게 하는 것이 아니라, 고학력자는 직업을 가질 확률이 높기 때문에 결국은 여성의 직업이 어린이를 적게 갖고 싶어 하는 직접적인 요인이 된다고 볼 수 있다. 그러므로 해석에서는 이러한 경과를 설명해 줌으로써 분석결과에 의미를 부여하게 된다.

이 해석과정에서는 문헌검토에서 얻은 지식을 활용할 수도 있고, 관련자료가 없는 경우에는 변수들 사이의 상관관계만을 밝혀 주고, 앞으로 다른 연구가 해석의 근거를 찾아 낼 수 있도록 해석의 유보를 분명히 밝히는 것도 중요하다. 혹은 연구자가 해석의 자료는 없지만, 전후맥락으로 보아서 그러할 것이라는 유추가 가능할 때는 '잠정적인 해석'임을 밝히는 전제에서 유추를 기록하여도 무방하다.

연구결과에 대한 보고는 기존의 이론과 연구에 자신의 연구결과를 덧붙임으로써 사회학적 지식을 증가·발전시키는 데에 목적을 두고 있다. 결과의 보고서를 작성할 때 연구자는 그의 가설과 관련하여 변수와 변수의 '관계'를 밝히고, 그와 같은 관계를 해석하며, 어떤 결론을 내려야 한다. 또한 결론을 내릴 수 없는 부분에 대해서는 결론을 유보하는 이유와 그 연구의 한계를 아울러 밝혀야 한다.

보고서의 작성은 그것을 읽는 사람이 명료하게 이해할 수 있도록 체계적이고 논리정연하게 해야 한다. 분석 및 해석과정까지를 성공적으로 진행시켰다고 하더라도 보고서내용이 산만하거나 요령부득이라면, 그 연구는 타인들의 주목을 받지 못할 것이다.

읽는 사람의 이해를 돕기 위해 연구보고서에는 시각적인 도표·차트·그래프 등을 포함시키는 것이 좋으며, 문장은 되도록 간결하고 쉬운 말을 사용하는 것이 좋다. 과거에는 고답적인 용어를 동원하여 현학적인 표현으로 서술하는 것이 학술보고서의 형태로 이해되었으나, 학술보고서의 주 목적이 의사전달에 있는 만큼 읽는 사람들이 쉽게 이해할 수 있도록 써야 한다. 쉬운 글이 좋은 글이다.

제 5 절 연구의 편파와 도의적 문제

거의 모든 연구자들이 연구의 객관성을 지키려고 노력함에도 불구하고 연구과정의 모든 단계에는 비과학적인 요소가 끼어들기 쉽다. 비과학적인 요소들은 ① 가치판단, ② 외부자금에의 의존, ③ 연구자와 피보험자 양쪽 모두에 의한 '속임' 등이다.

Ⅰ. 가치판단

과학적인 연구를 위하여 연구자에게 요구되는 기본적인 태도는 연구자의 편견이나 가치판단(value judgement)을 배제시키라는 베버가 말한 이른바 '가치중립'(value-free, value neutral)이다. 그러나 가치중립의 참뜻을 잘못 이해하면 연구의 결과를 누가 무슨 목적에 사용하든 책임을 지지 않으려는 '가치회피적'인 태도로 오해할 수도 있다.

여기서 '가치판단' 문제를 둘러싼 논쟁이 일어나게 된다.[14] 인본주의적 사회과학자들은 만약에 완전한 객관성의 달성이 불가능한 목표라고 한다면, 연구자의 가치관을 공개적으로 선언해야 한다고 주장한다. 인본주의자의 말대로라면, 우리는 연구자의 가치중립이라는 태도를 포기해야 할 것인가? 그렇지 않고 만약에 우리가 가치중립에 충실해야 한다면, 어디까지 가치중립을 추구할 수 있을 것인가?

이에 대한 대답은 결코 간단하지 않다. 그러나 우리가 잠정적으로 생각해 볼 수 있는 해답은 이러하다. 즉 연구자가 무엇을 연구할 것인지 연구의 대상과 주제를 선택하는 단계에서는 연구자의 주관적 가치관이 필연적으로 개입된다. 연구자는 무슨 문제가 더 중요하고, 덜 중요한가를 판단함으로써 자신의 시간과 노력을 투입할 연구의 대상과 주제를 선정하게 된다. 또한 연구자는 어떤 문제에 대한 연구가 좋은 목적에 이용될 것이라고 기대하여 그 문제를 연구의 대상으로 더 선택하는 경향이 있을 것이다. 연구대상과 주제의 선택단계까지는 연구자의 가치판단이 불가피하고 또한 바람직하기까지 하다.

그러나 일단 연구대상과 주제가 선정된 이후부터는 객관성을 달성하기 위한 가능한 모든 수단이 동원되어야 할 것이다. 왜냐하면 학문이란 객관적인 사실을 추구하는 것이기 때문이다. 만약에 연구자가 기대하는 바의 결과를 얻기 위해 연구과정을 주관적으로 왜곡한다면, 그 연구는 이미 연구도 아니며 굳이 연구의 힘든 과정을 거칠 필요도 없을 것이다. 연구자가 자신의 가치판단에 따라 어떤 결론을 미리 내려놓고, 그 결론을 지지해 주는 자료가 나올 수 있도록 유도하는 방향으로 자료수집방법을 조작하여 그 결과에 의거해 논리를 전개해 간다면 설득의 효과는 더 커질지 모르겠다. 그러나 그것은 학문적 연구가 아니

14) Furfey, Paul Hanly, 1953, pp. 1-106 참조.

라 사람들을 호도하기 위한 장식일 뿐이다.

다른 모든 학문과 마찬가지로 사회과학이 정치인의 연설이나 신문의 논설과 구별되는 것은 그것이 객관적 과정과 객관적 증거에 입각해서 보편적 타당성이 높은 객관적 지식을 제공한다는 점이다. 비록 과학적인 자료의 수집과 자료분석의 결과가 연구대상을 선택할 때, 연구자가 기대했던 바와는 다르게 나왔다고 하더라도 이제는 연구자의 주관과는 상관없이 연구의 결과는 사회적인 재산으로서 정직하게 공개되어야 한다. 만약에 연구자가 자기의 기대와는 다른 결과가 나왔다고 해서 그것을 왜곡하거나 숨긴다면, 객관적인 지식에 도달하는 데에 그만큼 장애가 될 뿐이다.

연구의 과정과 결과의 객관성이 중요한 또 다른 이유는 객관적인 연구의 계속과 학문의 자유를 보장하기 위해서이다. 객관적 연구의 계속과 학문의 자유가 소중한 이유는 진실이 때로는 현실세계에 부작용을 초래할 수도 있으나, 그러한 부작용은 진실이 왜곡되거나 은폐된 데에서 비롯되는 부작용보다는 나을 것이라는 데에 있다. 왜냐하면 진실에 기초를 두고 있을 때는 개선의 여지가 있지만, 진실이 존재하지 않을 때는 개선의 여지마저 없기 때문이다.

비록 지금까지 개발된 사회학의 연구방법들이 객관성을 완전히 보장하지는 못한다고 하더라도 연구자들은 자신의 편견이나 감정 및 가치판단을 배제하면서 가능한 한 최대한으로 객관성을 보장하기 위해 노력해야 한다. 또한 모든 연구는 끊임없이 다른 연구자들에 의해 검사되고 비판받을 수 있어야 한다.

Ⅱ. 자금원

사회현상에 대한 조사연구는 일반적으로 대상의 규모가 크기 때문에 상당히 큰 비용을 요구한다. 연구자 개인이나 연구자가 소속된 조직이 이러한 경비를 부담하기는 현실적으로 매우 어렵다. 이러한 실정을 감안하여 정부기관들이 연구기금을 조성해 지원하거나, 국내외 공공재단이나 개인재단에서 연구자금을 연구자들에게 제공하기도 한다.

그러나 연구를 위한 자금이 연구의 수요에 비해 턱없이 부족하기 때문에 연구비를 지원받기가 매우 어려우며, 지원받는다고 하더라도 대개 연구다운 연구를 수행하기에는 부족하다. 그나마도 연구자금을 획득할 수 없는 학자들은 연구의 욕구를 잠재워 둘 수밖에 없는데, 아마도 한국의 대부분 사회과학자들은 여기에 속할 것이다.

비교적 자금지원이 원활한 연구는 이른바 프로젝트라는 이름으로 진행되는 것인데, 이것은 자금을 지원하는 측이 특정의 연구과제를 결정하여 사회과학자에게 연구를 시키는 용역연구를 말한다. 이러한 용역연구에서는 자금제공처의 관심에 봉사하는 내용만이 연구됨으로써 결과적으로는 연구의 대상으로부터 소외되는 집단이 있게 되고, 사회 전반에 대한 객관적 지식에 중대한 편파를 초래할 가능성이 있다. 예컨대 자동차제작회사의 지원에 의해 승용차소유자의 차량이용성향에 대한 연구는 풍부히 이루어진 반면, 비소유자의 차량이용성향에 대한 연구는 거의 없다고 할 때, 사회 전반의 교통체제에 편파를 가져오게 될 것이다.

Ⅲ. 속　　임

모든 과학적 연구방법에는 속이는 요소(deception)가 포함된다. 자료수집을 관찰 또는 실험에 의거하는 경우에는 피험자가 연구의 대상이 되고 있다는 사실을 몰라야 하기 때문에 특히 속임이 심하다.

심지어 가장 단순한 설문조사에서도 만약 응답자가 설문의 목적을 안다면 대답을 아니할지도 모르기 때문에 설문의 의도를 눈치채지 못하게 하는 방식으로 응답자의 사적인 사항을 묻는다.

관찰자의 경우, 관찰자는 피관찰자에 의해 자연스럽게 받아들여질 수 있도록 긴 시간에 걸쳐 그들과 친숙해진다. 그 결과로서 피관찰자가 인간적으로 믿고 이야기해 준 것을 분석자료로 사용한다면, 도덕적으로 옳다고만 할 수 없는 윤리적 문제가 따른다. 그래서 흔히 연구자들은 연구가 끝난 후에 자신이 관찰자였음을 밝히면서 자신이 관찰에서 얻은 자료를 피관찰자에게 열람시키고 비판을 가하도록 하는 방법을 취한다.

특히 실험에서의 속임은 심각한 문제이다. 모든 실험에서는 피험자들을 거짓상황에 두거나 혹은 특별한 환경에 노출시킴으로써 그들을 조작한다. 예컨대 대학생의 학업성적과 음주횟수와의 관계를 알아보기 위해 술을 좋아하는 학생들을 눈치채지 않게 선정하여 실험을 실시할 경우, 피험자가 자신이 실험

대상이라는 사실을 알게 된다면 그는 무엇이라고 하겠는가? 이러한 비윤리성을 회피하기 위해 자발적인 피험지원자를 구할 수도 있겠으나, 이렇게 되면 연구대상의 자기 추출이 되기 때문에 실험의 결과는 편파적으로 되고 말 것이다.

오늘날의 많은 실험들은 자기 연구소의 직원 또는 자기 대학의 학생들과 같은 '포로가 된 참여자'(captive audience)를 대상으로 이루어진다. 이러한 경우에도 그들로부터 피험에 대한 동의를 얻기 위해 어느 정도까지 실험에 대한 이야기를 해 주어야 할 것인지가 항상 딜레마이다. 또한 연구자가 어떤 종류의 피험자를 어디까지 속일 것인가를 판단해야 하는 것도 문제가 된다.

실험에서의 속임에 대해서는 많은 저항이 일어나고 있음에도 불구하고 실험을 실시하는 이상 어느 정도까지의 속임은 불가피하다. 이러한 윤리문제를 두고 학계가 고민한 결과의 잠정적인 해결책은 피험자를 속이는 경우에는 그 속임으로 인해서 최소한 피험자가 정신적·육체적으로 상처를 받아서는 안 되며, 실험이 끝난 후에는 속였다는 사실을 밝히고 그들로부터 양해를 구해야 한다는 것이다.

Ⅳ. 피험자의 편파

속임은 연구자에게만 있는 것이 아니다. 피험자들도 의식·무의식적으로 연구자를 오도하게 되는데, 오도의 유형은 대개 네 가지이다.[15]

첫째, 피험자들이 실제로는 진실이 아닌 것을 '진실'이라고 생각하기 때문에 무의식적으로 **잘못된 정보**(misinformation)를 연구자에게 제공할 수 있다.

둘째, 피험자들이 의도적으로 정보를 주지 않거나 질문으로부터 빗나간 정보를 주는 이른바 **회피**(evasion)이다.

셋째, 연구자를 오도하기 위해 의도적으로 **거짓말**(lies)을 하는 경우이다. 피험자들이 자기의 나이나 직업에 대해 거짓말을 하거나, 고급관리가 자기의 소득에 대해 거짓말을 하거나 하는 경우에는 연구의 기초가 되는 통계 자체가 부실해진다.

넷째, 특정한 상황에 참여하고 있는 사람들의 집단적인 **뻔뻔스러움**(fronts)이다. 예컨대 학생폭력이 빈발하는 학교의 어느 교사단체가 학생의 자율성 존중

15) Furfey, ibid., pp. 173-198 참조.

을 주장한다든가 불법적인 안마시술소의 경영자들이 국민보건향상에 기여하고 있다고 주장한다면, 이들로부터 수집된 정보는 연구를 오도하게 된다.

이 밖에도 사람들 가운데는 질문의 내용이 무엇이든 간에 항상 '예'라고 대답하는 경향의 사람과 항상 '아니오'라고 대답하려는 경향의 사람이 있는데, 이 같은 개인적 성향에 의한 대답도 연구를 오도하는 피험자의 편파가 된다.

제3장

사 회 화

제 1 절 사회화란 무엇인가?

제 2 절 퍼스낼리티발달의 내용

제 3 절 퍼스낼리티발달의 이유

제 4 절 사회화의 대행자들

제 5 절 사회화의 과정

제 3 장

사 회 화

제 1 절 사회화란 무엇인가?

사회화(socialization)란 인간이 인간다운 품성을 갖추어 가는 과정을 말한다. 인간의 인간다운 품성을 흔히 **인성**(人性) 또는 **퍼스낼리티**(personality)라고 부른다. 그러면 인성 또는 퍼스낼리티란 무엇인가? 인간을 다른 동물과 비교해서 인간만이 가지는 여러 특성을 갖춘 것을 의미한다. 예컨대 두 다리로 걷고, 손을 사용하며, 언어나 다른 상징으로 의사를 표현·교환하고, 희노애락(喜怒哀樂)의 감정과 사물을 이해·판단·발명하는 등의 특성은 인간만이 갖는다.

이러한 특성을 구비함으로써 인간이 자신의 고유한 퍼스낼리티를 갖추어 가는 전과정을 '사회화'라고 한다면, '사회화'와 '퍼스낼리티'는 불가분의 관계를 가진다. 다시 말해 사회화가 없으면 퍼스낼리티도 형성되지 않는다.

그러면 누가 인간을 사회화시키는가? 인간이 스스로 사회화하는가? 물리적 환경이 인간을 사회화시키는가? 아니다. 결론부터 먼저 말하면, 인간을 사회화시키는 것은 타인들이다.[1] 만약에 타인들이 없다면, 인간은 결코 퍼스낼리티를 가질 수 없다는 뜻이다. 그러므로 인간의 퍼스낼리티는 전적으로 타인들에 의존해서 형성된 것이다. 인간이 제 아무리 똑똑하다고 유아독존(唯我獨尊)의 자만심에 빠져 있다 하더라도 그를 만들어 낸 것은 자신이 아니라 타인들이라는 사실을 알아야 한다.

왜 인간의 퍼스낼리티가 타인에 의존해서 형성되는가 하는 기초적인 이유는 인간의 본유적(本有的) 속성인 의존성에 기인한다.

1) Mead, George Herbert, 1934 참조.

Ⅰ. 인간의 의존성

인간은 태어날 때부터 다른 동물에 비해 신체적인 조건이 매우 취약하다. 갓 태어난 어린이는 타인이 돌보아 주지 않으면, 배고픔과 추위와 더위 또는 외부의 공격을 피할 수 없어 금방 죽을 수밖에 없다. 인간은 스스로 생존할 수 있는 능력을 전혀 갖지 못한 채 세상에 태어나기 때문에 어린이는 전적으로 타인에 의해 양육되지 않으면 안 된다.

또한 어린이가 단순히 생존만을 하기 위해서도 타인에 의존해야 하는 시간은 엄청나게 길다. 다른 동물들은 태어나자마자 스스로 먹이를 찾아 배고픔을 해결할 수 있는 능력을 갖거나, 어미에 의존한다고 해도 길어야 1년 정도로서 끝난다. 그러나 인간은 이미 마련되어 있는 음식이라도 스스로 음식을 찾아서 굶어 죽지 않게 자신을 부양할 수 있으려면 적어도 여섯 살이 되어야 하는 것으로 알려져 있다. 인간 초기의 신체적 조건은 장기간 동안 타인에 의존하지 않을 수 없도록 되어 있다.

한편 인간은 다른 동물과는 비교될 수 없는 탁월한 두뇌를 가지고 태어난다. 인간두뇌의 우수성 가운데도 가장 특징적인 점은 '상징'을 사용할 수 있는 능력이다. 어린이들은 돌이 되기 전에 이미 어머니의 미소와 찡그림의 의미를 알고, 자신도 웃고 찡그릴 수 있게 된다. 언어를 배우면서 언어의 의미를 알고, 배운 언어로써 의사를 표현한다.

인간은 오랜 기간 타인에 의해 양육되면서 단순히 생존과 신체적 성장만 하는 것이 아니라 타인과의 상호 작용을 통해 상징을 배우며, 상징을 통해 또한 상호 작용을 수행한다.

우리가 한국말을 하고, 한국식의 사고방식을 갖고, 한국식의 감정표현을 하는 것은 우리가 성장과정에서 의존해 온 타인이 한국사람들이기 때문이다. 만약 우리가 태어난 직후에 프랑스인의 가정에 입양되어 양육되었다면, 불어를 배우고, 프랑스식의 사고방식을 갖고, 프랑스식의 감정표현을 하게 되었을 것이다.

말하고 생각하고 자신을 표현하는 것은 인간다운 품성의 요소들이며, 이러한 요소들은 타인과의 접촉에 의해 이루어진 것들이다.

Ⅱ. '안나'의 예

인간의 타인과의 접촉이 없을 때에는 퍼스낼리티의 형성이 이루어지지 않는다는 사실을 '안나'(Anna)의 예가 잘 말해 주고 있다(Kingsley Davis, 1940, 1947).[2)]

안나는 1932년 3월 1일 혹은 6일에 미국의 농가에서 사생아로 태어난 소녀의 이름이다. 안나를 낳은 여자는 홀아비인 친정아버지와 함께 농사를 지으며 살고 있었는데, 마을에 놀러 나갔다가 안나를 임신했다. 이 여자는 이전에도 사생아를 낳은 적이 있었기 때문에 안나의 외할아버지는 딸의 무분별한 행동의 증거인 안나를 몹시 미워하여 눈앞에 얼씬도 못하게 하였다.

안나의 어머니는 할아버지의 성화 때문에 안나를 아래층으로 데려올 수 없었다. 그녀는 체중이 180파운드나 되는 억센 여자로서 우유도 짜고, 돼지도 기르는 등 중노동에 종사하여 안나와 같이 지낼 시간이 거의 없었다. 그녀는 때때로 밤에 마을에 나가버려 안나는 밤새도록 혼자 남아 있어야 했다. 안나는 간신히 연명할 정도밖에는 어떤 가르침이나 정다운 관심을 받지 못했다. 안나는 다락방으로부터 나와 본 적이 거의 없었으며, 이웃에서조차 그 집에 어린아이가 있다는 것을 아는 사람이 없었다.

안나가 근 6살이 되었을 때 외부인에 발견되어 다락방에서 끄집어 내어졌는데, 뼈만 남은 다리와 불룩한 배를 가진 극도로 영양이 실조된 기진맥진한 상태였다. 안나는 걸을 수도 없었고, 말을 할 수도 없었으며, 지적인 그 어떤 것도 할 수 없었다. 안나는 엄마 밑에서 보낸 기간 동안 실제로 우유 이외에 다른 어떤 것도 먹질 못했다.

보육원에 옮겨진 안나는 이 때부터 보모들에 의해 보살핌을 받고, 그녀의 변화는 예의 관찰되었다. 지체아보육원 원장이 7세 8개월 나이의 안나를 묘사한 보고서(1939년 11월 6일자)는 다음과 같다.

> "안나는 목표 없이 걷고, 율동적으로 손을 흔든다. 가끔 목구멍으로 소리를 내며, 코를 들이마신다. 그녀는 손을 처음 보는 듯이 대한다. 한번에 2·3초 이상 주의를 집중하기는 불가능하다. 외부의 자극으로 산만해져서가 아니라 집중할 수 있는 능력이 없기 때문이다. 그녀는 공허한 시선으로 방주위를 본다. 말은 전혀

2) Davis, Kingsley, 1974 참조.

> 못한다. 몇 가지 소리를 가르치려고 노력해 보았으나 허사였다. 나의 생각으로는 그녀가 귀머거리거나 거부성이 있어서가 아니라, 현 시점에서 말을 배울 만큼 성장해 있지 않기 때문이다. 전망은 비관적이다….”[3)]

2년 후 안나의 나이 9세 4개월 때의 보고서(1941년 7월 1일)는 안나의 현저한 발전을 보여 준다.

> “안나의 키가 46인치로 자라고 몸무게는 60파운드로 늘었다. 그녀는 뛰어다니고 공을 받을 수 있으며, 집단에 어울려 놀 수 있다. 용변을 확실히 가릴 수 있게 됐다. 숟가락 하나만을 사용하지만 음식관행이 정상적이다. 옷을 조이는 것 이외에는 스스로 옷을 입을 수 있다. 가장 괄목할 일은 그녀가 마침내 말을 배우기 시작했다는 것이다. 언어능력은 약 2세 수준이다. 그녀는 사람을 이름으로 부르고, 남이 시키면 따른다. 몇 개의 완전한 문장을 사용해서 요구를 표시한다.”[4)]

이 보고서는 그녀의 마음이 몹시 연약하다는 것 이외에는 특별한 결점이 없다고 결론을 짓고 있다. 그녀가 죽기 전 10세 3개월 때의 마지막 보고서는 약간 더 발전한 모습으로 묘사되고 있다.

> “그녀는 지시에 따를 수 있고, 구슬을 꿸 수 있고, 몇 개의 색을 알아볼 수 있으며, 추상적인 그림과 구상적인 그림을 구별할 수 있게 됐다. 그녀는 음률에 대해 예민한 감각을 갖고 있으며 인형을 좋아한다. 그녀는 단어를 반복하거나 구절로써 말을 하며, 대화를 해나가려고 노력한다. 그녀는 자주 손을 씻으며 양치질을 한다. 그녀는 다른 아이들을 도우려 하며, 좀 뒤뚱거리지만 꽤 잘 달릴 수 있다. 매우 쉽사리 흥분하지만, 낙천적 기질을 갖고 있다.”[5)]

이러한 안나의 예는 인간의 사회화란 혼자서 스스로 이룰 수 없는 것이며, 반드시 타인과의 상호 작용에 의해서만 가능하다는 것을 말해 준다. 실로 타인의 존재야말로 사람을 사람답게 만드는 필수적인 요건인 것이다.

그러면 타인들에 의해 이루어지는 사회화의 과정에서 퍼스낼리티는 어떠한 내용으로 발달해 가며, 사회화는 왜 일어나는가? 이에 대해서는 발달심리학(development psychology)과 사회학의 일부 이론들이 설명해 주고 있다. 발달심

3) Davis, ibid., pp. 432-33.
4) Davis, ibid., p. 434.
5) Davis, ibid., p. 435.

리학은 주로 퍼스낼리티의 발달내용에 관해서, 그리고 사회학의 이론들은 왜 사회화가 이루어지는가에 대한 해석을 내려 준다. 양쪽의 연구결과들을 몇 개 항목으로 나누어 모두 소개하기로 한다.

제 2 절 퍼스낼리티발달의 내용

발달심리학자들은 인간이 타인들과 더불어 생활할 때 퍼스낼리티발달의 내용이 어떠한가를 여러 측면에서 말해 주고 있다. 장 피아제(Jean Piaget)는 인간의 인지(認知)의 발달에 관해서, 에릭크 에릭슨(Erik Erikson)은 심리의 발달, 로렌스 콜버그(Lawrence Kohlberg)는 도덕심의 발달, 지그문트 프로이드(Sigmund Freud, 1859~1939)는 자아의 발달에 관해서 그 내용들이 어떠한 것인지 설명하고 있다.

Ⅰ. 인지의 발달

피아제는 인간의 인지(cognition)는 육체의 성장에 상응하여 발달하는 것으로 보고, 인지발달의 단계를 넷으로 구분한다.[6] 그는 일정한 단계를 거치는 인지의 발달을 **인지적 성숙**(cognitive maturation)이라고 부르기도 한다.

첫단계는 **감각충동단계**(sensorimotor stage)로서 출생 직후부터 생후 18개월에 이르는 시기에 해당한다. 이 시기에 유아의 인지능력은 오직 손에 닿는 것, 눈 앞에 보이는 것, 들리는 것, 감촉할 수 있는 것 등 감각의 직접적인 대상에만 한정된다. 유아들은 자기가 감각으로 느낄 수 없는 외부에도 사물이 존재한다는 것을 인지할 수 없다. 예컨대 엄마가 눈 앞에서 사라지고 나면 엄마라는 존재가 인지에서 사라져 버리고 만다.

두 번째 단계는 **전조작단계**(preoperational stage)로서 생후 18개월부터 7세에 이르는 시기이다. 18개월이 경과한 어린이는 대상이 감각으로부터는 분리되어 있더라도 그 대상이 계속 존재하고 있다는 것을 안다. 이를 피아제는 **대상영속성**(object permanence)이라고 부르는데, 예컨대 엄마가 자기를 떠나면 엄마가

6) Piaget, Jean, 1973 참조.

그 어디에 존재한다는 것을 알며 엄마를 찾게 된다.

이 단계의 인지능력은 매우 자기 중심적(egocentric)이어서 자기가 배고프면 음식을 먹어야 한다는 것을 알지만, 다른 사람도 배가 고플 수 있다는 것은 알지 못한다. 자기의 생각과 남의 생각이 다를 수 있다는 것을 알지 못하며, 자기 마음대로 되지 않으면 떼를 쓰게 된다. 다시 말해 정보를 전환시킬 능력이 없다. 피아제는 정보전환을 '조작'(operation)이라 부른다. 이 시기의 어린이는 조작능력이 없기 때문에, 예컨대 꼭 같은 크기의 진흙 공 두 개를 갖다 놓고, 어린이의 눈 앞에서 그 중 하나를 길쭉하게 빚어 놓으면 길쭉한 것에 흙이 더 많이 들어 있다고 대답한다. 이 시기의 어린이는 친구의 집을 곧장 잘 찾아가지만, 친구의 집으로 가는 약도를 그리라고 하면 그리지 못한다. 이 나이의 어린이에게 "너는 형이 있느냐?"라고 물어 보면 "예, 있어요"라고 대답하지만, "너의 형은 동생이 있느냐?"라고 물으면 더러는 "몰라요"라고 대답한다.

세 번째 단계는 **구체적 조작단계**(concrete operational stage)로서 약 7세부터 11세에 이르는 시기이다. 이 시기에는 사물을 구체적인 형태로 생각하고 이야기한다. 이제 어린이는 어떤 물건의 부피나 양이 변하지 않고서도 모양은 바뀔 수 있다는 것을 안다. 피아제는 부피와 양이 바뀌지 않는 것을 '보전'(conservation)이라고 불렀는데, 어린이가 보전을 알려면 8세에 이르러야 한다는 것이다. 또한 이 시기에는 사물에 대한 정보전환이 가능하게 되어 친구집으로 가는 약도를 그릴 수 있다. 이 시기에는 다른 사람에게는 다른 견해가 있다는 것을 인식하기 시작하며, 더 이상 자기 중심적이지 않다. 그러나 자신의 실제 경험을 넘어서서 대상을 일반화할 수 있는 능력은 아직 없다.

네 번째 단계는 **공식적 조작단계**(formal operational stage)로서 12세 이상에 해당하는 시기이다. 이 시기에 이르면 어린이는 추상적으로 생각하기 시작한다. 즉 사물을 일반적 원리나 추상적인 개념으로 생각할 수 있으며, 또한 과학적으로 생각할 수 있게 된다. 이 시기에 어린이는 하나의 문제를 두고 여러 가지의 해결책을 생각해 내고, 그 가운데서 올바른 해결책을 찾기 위해 토론도 하고 숙고도 하게 된다. 다시 말해 이 시기에 이르러서야 이론적인 공부를 할 수 있는 능력이 생기게 된다.

피아제에 따르면 어떤 문화권이냐를 막론하고 인간의 인지는 보편적으로 이 네 단계를 거쳐 발달한다. 그런데 이 같은 인지의 발달이 가능하기 위해서는 사회적 경험이 필수적이다. 사회적 경험 없이는 인지가 특정단계 이상으로 발달할 수 없다.

Ⅱ. 심리의 발달

에릭슨은 인간의 사회화과정에서 여덟 단계의 심리적 전개를 겪게 된다고 한다. 에릭슨에 의하면 인간은 연령에 따라 두 개의 대칭적인 독특한 심리적 경향을 갖게 된다. 각 단계의 심리적 경향은 개인내부의 신체적 변화와 개인 주변의 환경적 변화에서 야기되는 위기를 처리해 가는 과정에서 생겨난다. 각 단계에서의 대칭적인 두 심리적 경향 가운데서 어느 쪽이 강화되느냐 하는 것은 위기가 어떤 식으로 처리되느냐에 달려 있다. 위기의 처리가 어떤 식으로 이루어지는가는 자력에 의한다기보다 타인들의 조력 혹은 방해에 의하기 때문에 심리의 전개도 타인과의 관계로부터 영향을 받는 것이다.

에릭슨이 제시한 심리전개의 여덟 단계를 살펴보면 다음과 같다.[7] 첫단계는 출생부터 만 1세까지의 시기로서 **신뢰 혹은 불신**(trust versus mistrust)이 지배적인 심리적 경향을 이룬다. 이 시기에 유아는 어머니나 보모에 전적으로 의존한다. 어머니나 보모는 유아를 먹이고, 유아와 더불어 말하고, 노래하며, 안아 주는 등으로 유아의 상대역이 된다. 어른에 의해 유아의 요구가 적절히 충족되면 유아는 그의 환경을 신뢰하게 되고, 그렇지 못하면 불신하게 된다. 인간이 태어나서 최초에 갖는 심리가 '신뢰' 아니면 '불신'인 것이다.

두 번째 단계는 2세에서 3세까지의 시기로서 **자율 혹은 수치와 의심**(autonomy versus shame and doubt)이 지배적인 심리이다. 이 시기에는 어린이가 말과 걸음을 배우고, 혼자 용변하는 것을 배운다. 이 시기에 타인들(부모 · 형제 등)이 어린이의 자발적인 행동을 격려하고 칭찬하면 어린이는 자신과 환경에 자신감을 갖게 되며, 그와 반대로 타인이 지나치게 보호를 하든가 어린이의 자발적 행동을 나무라거나 억누르게 되면 자신의 행동과 자신에 대해 수치를 느끼거나 의심하게 된다.

세 번째 단계는 4세에서 5세에 이르는 시기로서 **솔선 혹은 죄의식**(initiative versus guilt)이 지배적인 심리이다. 유치원에 다니거나 동네의 또래들과 어울리

7) Erikson, Erik H., 1963 참조.

는 시기로서 어린이의 사회적 환경이 친구·친척·이웃까지 포함하리만큼 확대된다. 이 때에 부모나 선생 등 중요한 타인들이 어린이에게 실험·실습할 수 있는 자유를 주고, 어린이의 질문에 친절히 대답을 해 주면 솔선의 경향이 강화된다. 그러나 반대로 어린이의 행동을 억제하면 어린이는 자신의 행동이나 질문이 남을 귀찮게 하는 것이라고 믿게 되며, 스스로 어떤 일을 하는 데 대해 죄의식을 갖게 된다.

네 번째 단계는 6세에서 11세에 이르는 시기로서 **열심 혹은 열등감**(industry versus inferiority)이 지배적인 심리이다. 이 시기 어린이의 행동은 지적인 호기심과 모험심에 이끌린다. 만약에 부모와 선생이 어린이가 하는 행동을 격려하고, 일을 끝까지 해 보도록 허용하며, 노력을 칭찬하면 열심의 심리가 강화된다. 반대로 부모와 선생이 어린이의 하고자 하는 시도를 귀찮게 여기거나 비판하게 되면, 어린이는 열등감을 갖게 되며 장차 일을 끝마치지 못할 가능성이 높아진다.

다섯 번째 단계는 12세 이상 약 18세까지의 사춘기에 해당하는 시기로서 **정체감**(正體感) **혹은 역할혼란**(identity versus role confusion)이 지배적인 심리이다. 사춘기의 청소년·소녀들은 사회에서 자신들의 소재지가 어딘지를 알아야 할 위기를 맞이한다. 그들은 신체적으로 성숙되고, 부모로부터 독립적으로 됨에 따라 자신의 미래에 대한 관심을 갖게 된다. 그들은 "나는 무엇인가?," "나는 무엇을 믿고 있는가?," "나는 나의 인생에서 무엇을 바라는가?" 등을 자문하게 된다. 자신의 정체를 알기 위해서 그들은 과거의 모든 경험을 통합할 수 있게 된다. 여러 다른 상황에서 가졌던 경험들을 잘 통합하여 자신의 역할에 일관성이 있었던 것으로 감지하게 되면 정체감이 강화된다. 과거 경험들의 통합과정에는 물론 타인들의 반응이 반영된다. 반대로 청소년·소녀들이 과거의 경험에서 일관성을 구성할 수 없을 때는 역할혼란의 심리가 강화된다. 에릭슨에 의하면 정체감과 역할혼란은 한 인간이 맞이하는 가장 심각한 갈등이다.

여섯 번째 단계는 청년기에 해당하는 시기로서 **친애 혹은 고독**(intimacy versus isolation)이 지배적인 심리이다. 청년기는 사춘기 이후 약 35세까지의 시기이다. 정체감이 이루어진 개인은 타인들과 친밀한 관계를 맺을 수 있게 되며, 자신을 타인과 더불어 공유할 수 있게 된다. 반면에 정체감을 제대로 형성하지 못한 사람들은 고독감이 깊어지기 쉽다. 정체감이 결여된 사람은 자신을 남에게 개방할 수 없기 때문에 다른 사람과 친밀한 관계를 가지기 어렵다.

일곱 번째 단계는 중년기에 해당하는 시기로서 **후생염려**(後生念慮) **혹은 자폐**(自閉)**와 침체**(generativity versus self-absorption and stagnation)가 지배적인 심리이다. 후생염려란 다음 세대를 길러 내고 지도하려는 심리를 말하는데, 여기에는 자기 당대를 넘어서서 미래를 바라보는 심리와 타인에게 관심을 기울이는 심리가 포함된다. 후생지도에 참여할 수 없게 된 사람들은 자기 자신에만 골몰하는 자폐의 심리나 세상만사가 귀찮은 침체의 심리에 빠져들게 된다.

마지막 여덟 번째 단계는 노년기에 해당하는 시기로서 **완성 혹은 절망**(integrity versus despair)이 지배적인 심리이다. 몇 살부터 노년기로 치느냐는 문화권마다 다르지만, 대략 60세 이상 혹은 65세 이상의 시기가 될 것이다. 노년기는 자신의 지난날을 되돌아보는 시기이다. 노인들은 자기 생애의 일들이 끝났다고 생각하며 죽음을 인정하기 시작한다. 완성의 심리는 자기의 인생을 '그렇게 될 수밖에 없는 필연으로서, 다른 대안이 있을 수 없었던 것으로' 받아들인다. 자기의 인생을 즐거이 회상하며, 자기 자신 및 남들과의 관계에 대해 통일적인 생각을 형성한다. 완성의 심리를 가진 노인들은 죽음을 순순히 받아들인다. 이와는 반대로 절망의 심리는 지난날의 인생을 후회하며 "새로운 대안을 찾아 새로운 인생을 출발하기에는 이제 남은 시간이 너무나 짧다"는 생각에 사로잡히는 것을 말한다. 이러한 절망의 심리에는 죽음에의 공포가 밑바닥에 깔려 있다.

에릭슨이 지적한 심리적 경향의 단계들은 앞뒤 단계들 간에 서로 관련되어 있다. 앞의 단계에서 정적(正的)인 심리를 갖게 되면, 뒤의 단계에서도 정적인 심리를 가질 가능성이 높아진다. 그러나 앞 단계에서 정적인 심리를 가졌다고 하더라도 뒷단계에서 부적(負的)인 심리를 가질 수 있고, 그 역(逆)일 수도 있다. 개인이 각 시기에 정의 심리를 갖느냐, 부의 심리를 갖느냐 하는 것은 그 시기에 타인과의 상호 작용 내용이 어떠하냐에 따라 좌우된다.

Ⅲ. 도덕심의 발달

콜버그는 개인들의 도덕심수준은 연령과 개인적 사고능력의 정도에 따라 차이가 있으며, 도덕심은 저급의 수준으로부터 고급의 수준으로 발달한다고 보았다. 콜버그는 아래와 같은 연구과정을 통하여 도덕심의 수준을 **보통 이하 수준**(preconventional level) · **보통수준**(conventional level) · **보통 이상 수준**(postconventional level)으로 구분했다.[8)]

콜버그는 다음과 같은 이야기를 만들어 16세 이상의 여러 연령층과 여러 문화적 배경의 어린이들과 성인들에게 제시하고, 이 이야기 주인공의 행동을 평가하도록 했다.

> "하인즈라는 사람의 부인이 병이 심해서 죽게 되었다. 의사들이 목숨을 살릴 수 있다고 말하는 한 가지 약이 있었다. 그 약은 같은 마을에 살고 있는 어떤 남자가 발명한 것이었다. 그 약을 만드는 데에는 200달러의 비용이 들었지만, 그 의사는 그 약에 2천 달러의 값을 매겼다. 하인즈는 그 약을 사기 위해서 자기가 아는 모든 사람으로부터 돈을 빌렸으나 필요한 돈의 반밖에 마련할 수 없었다. 그는 약을 만든 남자에게 찾아가서 자기 부인이 죽어 가고 있다고 말하고, 그 약을 더 싸게 팔든가, 아니면 나머지는 외상으로 달라고 간청하였다. 그러나 그 사람은 '안 됩니다. 나는 그 약을 만들어서 돈을 벌려고 합니다'라고 말했다. 그래서 하인즈는 밤중에 가게문을 따고 들어가서 그 약을 훔쳤다."[9)]

콜버그는 피험자들에게 약을 훔친 하인즈의 행동을 "잘 했다고 생각하는가?," "잘못했다고 생각하는가?"라고 먼저 묻고, '왜' 잘 했다고 혹은 잘못했다고 생각하는가를 물었다. 콜버그의 관심은 "잘 했다," "잘못했다"는 대답에 있는 것이 아니라 '왜'에 대한 대답, 다시 말해 잘-잘못을 판단하는 동기가 어디에 있는가에 있었다.

어떤 피험자들은 잘 했다고 생각하는 이유로서 "공짜로 약을 구했으니 수지맞았다!"든가, 잘못했다는 이유로서 "경찰이 알면 혼날 텐데!" 등의 이해관계를 판단의 동기로 제시했다. 즉 이들에게는 이기적 이익추구나 처벌의 두려움이 도덕적 행위의 동기를 이루었다. 대개 연령이 어린 사람이나 정신박약자 등이 이 부류에 속했다. 그는 이러한 부류의 도덕심을 보통 이하 수준으로 분류했다.

다른 어떤 피험자들의 경우에는 "부인이 얼마나 기뻐했을까!"라든가, "약값도 구하지 못하다니 남들이 알면 창피할 텐데!"라든가 판단의 동기가 남들의

8) Kohlberg, Lawrence, 1981 참조.
9) Kohlberg, ibid., p. 48.

시선에 있었다. 여기서는 남들 눈에 좋은 사람으로 비치어 인정을 받으려는 것이 도덕적 행위의 동기를 이룬다. 이런 경향은 나아가서 '자기의 의무를 다하는 것'을 포함하여 사회적 기대에 부응하고, 사회적 권위를 존중하게 한다. 콜버그는 이러한 부류를 보통수준으로 분류하였는데, 16세 이상 대부분의 사람들은 여기에 속하였다. 콜버그는 많은 사람들이 이 보통수준을 넘어서지 못한다고 지적하였다.

마지막 부류의 사람들은 잘-잘못의 이유로서 "인간의 생명은 다른 그 무엇보다도 우선적인 가치를 가진다"든가, "어떠한 경우라도 법은 법이며, 법은 준수되어야 한다"든가 판단의 동기로서 어떤 보편적인 원리를 제시하였다. 콜버그는 이들의 도덕심을 보통 이상 수준으로 분류하였는데, 16세 이상의 피험자들 중에서 여기에 속한 사람은 10% 미만이었다.

콜버그는 한 수준으로부터 다음 수준으로 옮아가는 도덕심의 발달은 부모나 동료들로부터의 단순한 학습에 의하기보다는 사회적 환경과의 인지적 상호작용을 통한 터득에 의한다고 주장한다.

Ⅳ. 자아의 발달

프로이드는 개인의 자아(self)의 발달은 주로 사회적 경험의 산물이라고 보았다. 프로이드가 말하는 자아의 개념은 퍼스낼리티와 퍼스낼리티를 담는 신체를 포함하는 의미이다. 프로이드는 자아의 본질을 창조적이거나 조화로운 것이라기보다는 오히려 좌절적이고 갈등적인 것으로 묘사하고 있다.[10] 그에 따르면 자아는 세 부분, 즉 이드(id), 에고(ego) 및 수퍼에고(superego)로 구성되어 있으며, 이들 세 부분은 서로 갈등하는 관계이다. 인간이 태어난 초기단계에서는 이드에 의해 지배된다. 이드는 시간이나 질서 및 도덕에 대한 감각이 없으며, 끊임없이 공격과 쾌락을 추구한다. 이드로 하여금 이 같은 성격을 갖게 하는 것은 이드를 충동하는 리비도(libido)라는 일종의 성욕형태의 에너지이다. 인간의 일생을 통해 이드는 막강한 에너지를 지닌 채 무의식 가운데 남아 있다.

한편 자아의 다른 일부분인 에고는 의식적이며 또한 합리적이다. 어린이가 자신이 다른 개인들로부터 분리되어 존재하고, 남의 입장에서는 자신이 객체

10) Freud, Sigmund, 1949 참조.

(客體)라는 사실을 인식하기 시작하면서 에고가 발달한다. 에고는 무의식적인 충동의 이드와 자제적(自制的)인 도덕성의 수퍼에고 사이에서 이 둘을 매개하는 중간자(中間者)로서 활동을 한다.

수퍼에고(또는 양심)는 가장 늦게 나타나는 자아의 일부이다. 어린이는 타인과의 상호 작용을 배우는 과정에서 우선 부모의 권위에 굴복한다. 4~5세 경에 아들은 아버지, 딸은 어머니와 자기 자신을 동일시(同一視)하기 시작할 즈음에 생겨나는 것이 수퍼에고이다. 어린이는 부모의 이미지를 자기 자신에 동일시함으로써 이것을 자신들의 퍼스낼리티 가운데로 편입시킨다.

프로이드에 의하면 사회의 주요한 일들은 수퍼에고에 의해 수행되며, 개인들의 퍼스낼리티가 사회적 기대에 부응하여 형성되는 것도 수퍼에고 덕분이다. 수퍼에고는 사회가 용인하는 행동에 대해서는 그 표현을 허용하고, 사회가 용인하지 않는 충동은 표현하지 않도록 억제한다. 수퍼에고는 쾌락추구적인 이드의 충동을 좌절시키며 억압하기 때문에 수퍼에고와 이드는 언제나 갈등을 빚는다.

프로이드는 수퍼에고의 발생과정에 대해 재미 있는 설명을 제공하고 있다. 그는 이것을 리비도의 충족에 결부시켜 풀이한다. 리비도가 가진 강력한 에너지의 움직임을 자아발달의 연원으로 보기 때문에 그의 학설을 보통 **성심리적 접근**(psychosexual approach)이라고 부른다. 그는 인간의 신체부위 가운데서 리비도가 어느 부위를 통해 만족을 얻는가에 따라 자아발달과정을 다섯 단계로 나눈다.

첫번째 단계는 **구강기**(口腔期, oral stage)로서 태어나서부터 1세까지의 시기이다. 이 단계에서 유아들은 빨거나, 깨물거나, 씹거나, 입과 입술을 자극함으로써 만족을 추구한다. 만약 이 시기에 입의 만족이 채워지지 않았을 때에는 장차 성인이 되어 **구강고착**(oral fixation)을 가질 가능성이 있다. 구강고착이란 일반적으로 말해서 입의 활동이 지나친 경우로서 끊임없이 지껄이거나, 줄담배를 피우거나, 아니면 껌이라도 늘 씹지 않으면 입이 심심하여 견디지를 못하는 일종의 심리적 부조(不調) 증상이다.

두 번째 단계는 **항문기**(肛門期, anal stage)로서 2세부터 3세까지가 여기에 해당한다. 이 단계는 어린이가 용변훈련을 받는 시기인데, 대변을 참거나 배설함으로써 항문으로부터 만족을 얻으며, 어린이의 많은 활동이 항문에 집중된다. 리비도의 충족은 어린이가 대변을 참거나 누는 것을 '자랑'스럽게 통제함으로써 이루어진다. 프로이드에 의하면 이 단계에서 만약에 항문의 만족이 채워지지 않으면, 장차 **항문고착**(anal fixation)을 일으키기 쉽다. 항문고착은 지나치게 깨끗한 결벽증이나, 빈틈이 없는 꼼꼼한 성격이나, 작은 것에 인색하고 째째한 성격이나, 수동적인 성격 등으로 특징지워진다.

세 번째 단계는 **성기기**(性器期 : phallic stage)로서 4세부터 5세까지인데, 자아발달의 과정에서 가장 중요한 시기이며, 이 단계에서 수퍼에고가 생성된다. 이 시기에 어린이는 성기의 탐색을 통해서 만족을 추구한다. 프로이드에 따르면 남자 아이는 어머니에게 성적 연모를 가지며, 어머니로부터의 성적 만족을 추구한다. 여자 아이는 아버지와의 연모를 추구한다. 이것은 물론 잠재의식인데, 남자 아이의 이러한 심리상태를 **외디프스 콤플렉스**(Oedipus complex)라 하고, 여자아이의 경우는 **일렉트라 콤플렉스**(Electra complex)라 부른다. 이러할 때 남자 아이는 만약에 아버지가 자신의 어머니에 대한 성적 연모를 알게 되면 어떻게 하나 하는 심한 불안에 사로잡힌다. 그 불안은 심하면 아버지가 자신의 성기를 잘라버리지나 않을까 하는 **거세**(去勢)**불안**(castration anxiety)에까지 이른다.

여기에서 남자 아이는 자신을 아버지와 동일시하고, 자신을 아버지의 편에 세움으로써 외디프스 콤플렉스를 극복한다. 이러한 극복과정에서 생겨나는 것이 바로 수퍼에고이다. 이것은 또한 그들의 문화적 기준을 내면화(internalization)하는 것을 의미하기도 한다. 만약에 외디프스 콤플렉스나 일렉트라 콤플렉스를 해결하는 데 실패하게 되면, 수퍼에고의 성장이 불충분하여 자기 통제나 도덕적 행동에 결함이 있는 퍼스낼리티문제를 일으킬 수 있다.

네 번째 단계는 **잠복기**(latency stage)로서 5세부터 사춘기 초기까지의 시기에 해당한다. 이 기간은 리비도가 잠자는 편안한 시기로서, 역동적 갈등이나 퍼스낼리티의 변화가 일어나지 않는다. 이 기간에 어린이들은 자신의 주변에 관심을 기울이게 되며, 이성(理性)과 사회적 규범에 의해 지배된다.

마지막 단계는 **성행위기**(genital stage)로서 사춘기에 들어서면서부터 시작된다. 이 단계는 성인의 성욕과 성행위의 시작이기도 하다. 이 시기는 유아시절과 어린이 시절을 통하여 형성된 자아의 발전유형에 의해 지배된다. 이 때부터 청소년은 자신의 여러 내부적 요구를 통합해야만 한다. 진정한 성숙은 공격적 충동과 성적 충동을 다스리며, 사회적으로 용납될 수 있는 방법을 통해서만 발산할 때 이루어진다. 개인이 타인에게 승복할 수 있고 타인과 진정한 애정을 나눌 수 있으려면, 이에 앞서 개인의 자아가 적절히 성숙되어 있어야만 한다고 프로이드는 주장한다.

지금까지 발달심리학은 사회화에 의한 퍼스낼리티발달이 인지·심리·도덕심·자아의 측면에서 어떠한 내용을 갖는가 살펴보았다. 그러면 이러한 퍼스낼리티의 발달을 초래하는 사회화는 왜 이루어지는가? 여기에 대한 사회학이론들의 해석을 살펴보자.

〈표 3-1〉 퍼스낼리티발달의 유형별 단계

영역 / 학자 / 단계	인 지	심 리	도 덕 심	자 아
	피아제	에릭슨	콜버그	프로이드
1	감각충동단계 (0~18개월)	신뢰/불신 (0~1세)	보통 이하 수준	구강기 (0~1세)
2	전조작단계 (18개월~7세)	자율/수치·의심 (2~3세)	보통 수준	항문기 (2~3세)
3	구체적 조작단계 (7~11세)	솔선/죄의식 (4~5세)	보통 이상 수준	성기기 (4~5세)
4	공식적 조작단계 (12세~)	열심/열등감 (6~11세)		잠복기 (5~11세)
5		정체감/역할혼란 (사춘기)		성행위기 (사춘기~)
6		친애/고독 (청년기)		
7		후생(後生) 염려/자폐·침체(중년기)		
8		완성/절망 (노년기)		

제 3 절 퍼스낼리티발달의 이유

사회화가 왜 이루어지는가에 대해서는 각 이론마다 다른 각도에서 해석하고 있다. 사회화는 타인과의 상호 작용에 의해 이루어진다는 점에 대해서는 이론(異論)의 여지가 없지만, 각 이론의 체계가 다른 만큼 해석에 차이가 나는 것은 당연하다.

여기서는 사회화에 대해 비교적 훌륭한 해석을 제공하는 교환이론 · 상징적 상호 작용이론 · 구조기능이론의 해석을 소개하기로 한다.

Ⅰ. 교환이론의 해석

제 1 장에서 소개한 바와 같이 교환이론은 인간을 '보상유기체'라고 보는 전제에서 출발한다. 그래서 인간의 행동들 가운데서 보상을 받는 행동은 강화되고, 처벌을 받는 행동은 회피하게 된다고 본다. 이러한 맥락에서 교환이론은 사회화가 왜 이루어지는가에 대해 설명한다. 인간이 어떤 행동을 하였을 때 그 행동이 사회적으로 용납될 수 있거나 유익할 때는 타인들이 그 행동을 허용하거나 격려하게 되고, 반대로 어떤 행동이 반(反) 사회적일 때에는 타인들이 그것을 싫어하거나 억제하기 때문에 사회화가 이루어지게 되는 것이라고 한다.

개인의 각종 행동에 대해 만약 타인들이 일절 무관심하여 보상과 처벌을 주지 않는다면 사회화는 일어날 수 없으며, 따라서 사회의 일원으로서의 인간다운 품성은 형성될 수 없을 것이라는 뜻이다. 타인으로부터 주어지는 보상과 처벌을 경험함으로써 개인은 무엇이 옳고 그른지 배우게 되며, 이것이 내면화되어 퍼스낼리티로서 구축되어 간다는 것이다.[11]

Ⅱ. 상징적 상호 작용이론의 해석

앞의 제 1 장에서 소개한 바와 같이 상징적 상호 작용이론은 '인간은 상징을 매개로 타인과 상호 작용을 하는 존재'라는 점을 명제로 하여 전개된다. 따

11) Homans, George C., 1950 참조.

라서 상징적 상호 작용이론에서는 인간이 사회화되는 이유를, 타인과의 상징 상호 작용을 통한 마음을 공유하는 데서 찾는다.

상징적 상호 작용이론의 창시자인 미드는 인간이 공유(共有)의 마음을 갖는 현상을 어린이의 행동에서 그 예를 찾아 설명하고 있다.[12] 미드에 따르면, 어린이가 약 3세까지의 유아기에는 남의 행동을 단순히 모방만 한다. 어머니가 화장을 하니까 자기도 화장품을 찍어 바르고, 어머니가 걸레질을 하니까 자기도 걸레질을 한다. 이 시기의 어린이는 어머니와 같은 **중요한 타인들**(significant others)의 행동을 모방하여 행동한다. 이러한 단순모방의 시기를 준비단계(preparatory stage)라고 한다. 모방의 의미는 알지 못하지만, 남의 입장에서 행동을 할 수 있게 되는 다음 단계의 준비기라는 뜻이다.

어린이는 4~5세가 되면 소꿉장난(play)을 하는 유희단계(play stage)에 접어든다. 가령 의사·간호사·환자를 정하여 의사역을 맡은 어린이는 의사처럼 행동하고, 다른 역할을 맡은 어린이는 그에 따라 행동한다. 다시 말해 의사와 간호사는 어떻게 행동해야 한다는 타인의 기대에 따른 역할(role)을 수행할 수 있다는 것을 의미하는 것이다. 그래서 미드는 어린이의 소꿉장난을, **타인의 역할을 취득**(taking the roles of others)할 수 있는 능력이 있음을 나타내는 것으로 본다.

어린이가 좀더 자라 6~7세가 되면 게임(game)을 할 수 있게 된다. 숨바꼭질·축구시합과 같은 경기를 한다는 것은 역할취득의 단계를 넘어 경기의 규칙을 지킬 수 있고, 타인으로부터 추상화된 기대를 수행할 수 있게 되었음을 의미한다. 이 단계에서의 타인이란 많은 사람들의 총집합체인 **일반화된 타인들**(generalized others)을 말한다.

이와 같이 타인의 기대에 따라 자신의 행동을 조정할 수 있도록 하는 발달과정은 '마음'(mind)이 있기 때문이라고 미드는 주장한다. 마음이 있기 때문에 다른 사람들과 생각을 같이 하거나 행위를 공유하는 것이 가능하며, 공유하는 상징을 통하여 인간만이 상호 작용을 할 수 있다는 것이다. 다른 동물들에게는 없고 인간에게만 있는 마음을 통하여 사회의 일원으로서의 품성을 갖게 되는 사회화가 이루어진다는 것이다. 다시 말해 미드는 마음을 사회화의 바탕이라고 본다.

---

12) Mead, George Herbert, 1934 참조.

그러므로 미드는 인간의 자아(self)가 타인의 기대에만 따르는 완전한 피동체(被動體)라고 생각하지는 않는다. 미드는 인간의 자아는 **주체적 자아**(I)와 **객체적 자아**(Me)의 합성이라고 주장한다. 주체적 자아 'I'는 기질이나 건강 등 타고난 조건과 생리적 욕구와 충동을 가진 능동적 '나'이고, 이에 비해 객체적 자아 'Me'는 타인과의 상호 작용을 통해 만들어진 공유의 마음을 가진 객관적이고 자기 통제적인 '나'이다. 그래서 자아는 주체적 자아와 객체적 자아가 상호 작용하는 역동적 특징을 갖는다. 그렇기 때문에 사회화가 이루어진 개인들은 사회성(sociality)뿐만 아니라 개인성(individuality)도 가지게 된다.

또 한 사람의 저명한 상징적 상호 작용론자인 찰스 호톤 쿨리(Charles Horton Cooley, 1864~1929)도 비슷한 생각을 갖고 있다.13) 쿨리에 따르면, 나의 퍼스낼리티는 남이 나를 어떠어떠하게 생각할 것이라는 '나의 상상'(imagination)에 의해 형성된다고 한다. 가령 남들이 나를 "똑똑하다"고 생각하는 것으로 상상하게 되면, 나는 나 자신을 똑똑한 사람으로 인식하게 된다. 결국 남이 없으면 나에 대한 자각도 없다. 사람들은 서로서로를 마치 거울을 들여다보듯이 비춰봄으로써 자아를 형성하게 된다는 것이다. 쿨리의 이러한 관점을 우리는 **거울자아이론**(looking-glass-self theory)이라고 부르기도 한다.

타인이라는 거울에 비춰진 자신의 모습에 대한 상상은 인간의 상징사용능력에서 비롯된다. 쿨리는 그의 거울자아라는 개념에서 타인이라는 거울 앞에서 가지게 되는 상상을 세 가지로 구분하는데, 이들 세 가지의 상상은 거울의 반영인 셈이다. 첫째는 '남들이 나를 어떻게 볼 것인가 하는 상상'(imagination of how others see me)이고, 둘째는 '남들이 나의 외모를 어떻게 판단할 것인가 하는 상상'(imagination of how others judge my appearance)이며, 셋째는 '남들이 나에 대해 갖고 있는 생각이 무엇일 것이라는 상상에서 비롯되는 나 자신에 대한 느낌'(the feeling of myself that results from my imagination of the thoughts others have of me) 등이다.

쿨리에게 있어서 개인의 사회화란 이 같은 상상의 내면화과정이다. 그의 생각으로는 '나'라는 존재가 먼저 있는 것이 아니라 '나'와 '남'은 처음부터 유기적으로 연계되어 있는 것이며, '남'이 없으면 '나'도 없다. 다시 말해 개인과 사회는 분리되어 있는 것이 아니라 서로 얽혀 있는 불가분의 관계라는 것이다.

13) Cooley, Charles Horton, 1922 참조.

애시당초 개인과 사회는 불가분의 관계라고 할 때, 개인의 사회화란 이루어질 수밖에 없는 당연한 현상이라는 설명이다.

Ⅲ. 구조기능이론의 해석

구조기능이론은 사회를 위계적(位階的)인 체계들(systems)의 중첩으로 보고, 최상위체계인 문화체계가 그 밑의 순차적 하위체계들인 사회체계·퍼스낼리티체계·행동적 유기체를 지배한다고 주장한다. 이러한 맥락에서 볼 때는 한 사회의 문화가 그 사회에 속한 개인의 퍼스낼리티를 만들어 낸다. 다시 말해 사회화를 결과시키는 것은 문화의 힘인 것이다.

사회화에 대한 구조기능이론의 입장을 예를 들어 설명해 보자. 한국의 대학출신 어머니들은 아기를 기를 때 3시간마다 수유(授乳)를 한다. 어머니로서는 그렇게 하는 것이 아기의 건강에 가장 좋다고 믿기 때문이다. 이것은 양육에 대한 어머니의 가치관 및 신념과 지식의 반영이다. 어머니의 이러한 가치관·신념·지식은 양육에 대한 현대 한국사회의 문화체계의 요소들이다. 그러나 다른 문화의 예로서 아프리카 구시족(Gussi tribe)의 경우를 보면, 구시족의 어머니들은 한국 어머니들의 수유간격과는 달리 밭에서 일할 때나 잠잘 때나 아기를 항상 몸 가까이 두고서 아기가 젖을 먹고 싶어할 때는 언제든지 수유한다. 아기들은 어떤 때는 30분, 어떤 때는 2시간이 경과하면 어머니의 젖을 찾는다. 구시족의 어머니로서는 아기의 양육은 그렇게 하는 것이라는 문화에 따르고 있는 것이다.[14)]

한국의 어린이가 먹고 싶든 싫든 3시간마다 젖이나 우유를 먹어야 하고, 또한 그렇게 훈련되는 것은 현대한국의 문화에 기인한다. 이것은 아기의 생리마저도 문화의 지배를 받는다는 것을 의미한다.

이와 같은 논리에서 구조기능론자는 인간의 사회화란 그 사회 문화체계의 내용이 개인에게 퍼스낼리티로서 내면화되는 것이라고 본다. 그렇기 때문에 각 사회의 문화가 다르면 각 사회에 속한 개인들의 퍼스낼리티도 달라지게 마련이다. 각 민족이 독특한 민족성(national characteristics)을 갖는 것은 민족마다 독특한 문화를 가졌기 때문이며, 각 문화가 그 사회의 개인들을 사회화시키는

14) Mead, Margaret, 1935 참조.

원동력이기 때문이다. 예컨대 미국의 문화는 자립과 경쟁과 직업상의 성공을 중요시하는 데 비해, 동아시아의 문화는 협동과 충성과 인내를 중요시하기 때문에 미국과 동아시아의 10대 청소년들을 비교하면 동아시아의 청소년보다 미국의 청소년들이 훨씬 개인주의적인 것으로 나타난다.[15)]

구조기능론자는 인간의 사회화란 결국 그 사회 문화체계의 내용이 어떠하냐에 따라 결정된다고 본다. 그래서 흔히 구조기능론자의 이 같은 입장을 **문화결정론**(cultural determinism)이라고 부르기도 한다.

지금까지 개인의 사회화가 왜 일어나는가에 대해 교환이론·상징적 상호작용이론 및 구조기능이론의 해석을 간략히 살펴보았다. 각 이론은 시각을 달리하였기 때문에 해석은 각각 다르지만, 모두 다 어느 측면에서는 사회화과정의 한 단면을 잘 보여 주고 있다. 따라서 사회화에 대해 종합적으로 이해하기 위해서는 이러한 다양한 이론들을 상호 보완적으로 이해할 필요가 있다.

제 4 절 사회화의 대행자들(agents)

위에서 본 바와 같이 한 개인의 퍼스낼리티는 크게는 그 사회의 문화적 맥락 속에서 이루어지는 타인들과의 상호 작용과 그러한 상호 작용에서 개인이 경험하는 강화 또는 억제라는 과정을 통하여 형성된다. 한 사회에서 생활하는 개인들의 퍼스낼리티는 상당한 정도로 공통성을 지니지만, 동시에 다양한 개별성을 갖게 된다. 개인들의 퍼스낼리티가 공통성을 가지면서도 개별성을 지니게 되는 것은 개인마다 신체적 조건과 기질과 지능이 조금씩 다를 뿐 아니라, 같은 사회 안에서도 그들이 상호 작용하는 구체적인 타인들(중요한 타인들을 포함해서)이 다르고, 개별적 경험도 모두 다르기 때문이다.

개인적 차원에서 볼 때는 그가 접촉·상호 작용하는 타인과 타인집단이 그의 퍼스낼리티형성에 매우 중요하다. 그 가운데서도 퍼스낼리티형성에 크게 영향을 미치는 것들을 **사회화의 대행자들**(the agents of socialization)이라고 말한다.

사회화의 대행자로서 가장 중요한 것은 가정과 또래집단(peer group)이며, 다음으로는 학교·미디어·직장·동네 등을 들 수 있다.

15) Bronfenbrenner, Urie, 1970 참조.

Ⅰ. 가 정

세상에 태어나서 최초의 삶은 누구나 가정(family)에서 시작된다. 어린이는 가정의 부모·조부모·형제자매들로부터 보살핌을 받으며, 이들이 제공하는 동정·사랑·미움 따위의 감정과 가치·신념·도덕을 배우게 된다. 마가렛드 바인(Margaret Vine) 여사의 말처럼 가정은 인간본성의 보육원(nurseries of human nature)으로서 유아에게 가정은 세계의 전부나 다름없다. 어린이는 가족들, 특히 어머니나 대모(代母)와의 긴밀한 접촉과 보살핌에 전적으로 의존하여 인간으로서 보육된다.[16)]

어린이가 기본적으로 필요로 하는 음식·보금자리·사랑 등을 타인에 의해 제공받는 정도는 어린이의 퍼스낼리티발달에 커다란 영향을 미친다. 특히 출생부터 3살 때까지의 부모·자식관계는 그 자식의 퍼스낼리티발달에 결정적으로 중요하다. 어른들로부터 자상한 양육이 없다면 어린이는 환경으로부터 버림을 받는 셈이 되며, 사회에서 살아가는 데 필수불가결한 기본적 행동양식과 기술들을 배울 수 없게 된다. 몇몇 연구들이 시사하는 바에 의하면 어떤 행동들은 어릴 적에 익히지 못할 경우, 장차 커서도 전혀 배울 수 없거나 충분히 배울 수 없다.[17)]

어릴 적에 가정에서 배우는 것들은 대개 연장자의 가치관·태도·신념·도덕 및 행동양식 등이다. 연장자를 배운다고 함은 문화를 전수한다는 의미이며, 가정이야말로 가장 친밀한 육체적·정서적·정신적 접촉에 의해 문화전승의 기능을 담당하는 기관이라 할 것이다.

우리나라에서는 청소년기의 자녀들에게 부모가 미치는 영향이 크다. 이것은 청소년들의 상급학교 입시준비에 부모(특히 어머니)가 크게 개입해 있기 때문이다.[18)]

비단 유아시절과 청소년기뿐만 아니라 가정은 어느 개인이 육체적·정신적으로 성장해 가는 긴 기간과 성인이 된 후에도, 그리고 죽음에 이르기까지 동거하거나 혈연으로서 지속적인 상호 작용을 하는 가운데 퍼스낼리티형성에

---

16) Vine, Margaret, 1959, pp. 127-154 참조.
17) Gordon, Thomas, 1975 참조.
18) 김은정, 2009, 85-129쪽 참조.

큰 영향을 미친다.

Ⅱ. 또래 집단

또 하나의 매우 중요한 사회화의 대행자는 동년배로 이루어지는 **또래 집단**(peer group)이다. 어린이는 4~5세가 되면 바깥에 나가 같은 나이 또래들과 어울리기 시작한다. 또래 집단 가운데서도 어린 시절의 또래 집단이 사회화에는 특히 중요하다. 또래 집단은 그들의 가치와 신념에 기초한 나름대로의 규칙과 규율 및 특유의 언어와 행동체계를 갖고 있다.

또래 집단은 어른의 세계로부터 분리된 어린이의 의식(儀式)과 관심과 논리를 가지고 있다. 엘킨과 헨델(F. Elkin and G. Handel)의 주장에 의하면,[19] 또래 집단의 중요한 기능은 어린이들로 하여금 어른에 의한 사회화의 과정에 완전히 매몰되는 것을 방지해 주는 것이다.

어른 세계의 가치관·규범·규율로부터 어린이들을 떨어져 있게 한다는 관점에서 본다면 또래 집단이 사회화를 지연시킨다고 말할 수도 있겠으나, 또래 집단은 다른 방식으로 사회화에 공헌한다. 어린이는 또래 집단 속에서 비로소 평등의 관계를 경험하게 되며, '주고-받는' 거래의 과정에 개입된다.

또래 집단에 참가한 어린이는 대등한 관계로서의 우정·관심·친절 또는 미움을 경험하며, 자신이 선택한 친한 관계를 발전시킨다. 또래 집단에서 수립된 새로운 종류의 관계와 또래 집단의 독특한 문화를 경험함으로써 어린이는 부모와 어른의 권위로부터 좀더 독립적으로 된다.

또래 집단에서 어린이는 새로운 정서적 유대를 발전시키며, 새로운 모델(model)에 자신을 일체화시킨다. 어린이는 또래들의 호의와 관심과 수용을 구하게 되고, 또래 집단의 기준에 따라 자신을 객관화하여 바라볼 수 있게 된다. 사람들은 또래들과 더불어 어린 시절이라는 한 시절을 독특한 환경에서 보냄으로써 어느 한 세대의 일원이 되는 것이다. 어린 시절의 또래 집단은 원초집단(primary group)으로서의 성격을 가지며, 따라서 성장한 이후의 또래 집단에 비해 개인의 퍼스낼리티형성에 더 큰 영향을 미친다.

---

19) Elkin, F. and G. Handel, 1972 참조.

Ⅲ. 학 교

학교 또한 사회화의 중요한 대행자이다.[20] 학교는 거의 모든 어린이에게 가정이나 이웃보다는 좀더 공식적인 환경을 부여한다. 어린이들이 교사들이나 급우들에 의해 사회화과정을 경험하기 시작하면서 가족에 대한 그들의 의존이 줄어들고, 가족에 대한 감정적 유대도 완화된다. 학교를 통해 어린이는 좀더 넓은 사회적 환경에 대한 충성과 유대를 발전시키기 시작한다. 학교는 어린이들로 하여금 사회에서의 역할에 '적응'하도록 하기 위해 그들에게 사회가 중요시하는 가치와 규범을 가르친다.

학교에서 어린이들에게 무엇을 가르치는가 하는 교육내용뿐만 아니라, 교사가 어린이들을 어떻게 취급하는가 하는 태도 또한 어린이들의 사회화에 큰 영향을 미친다. 교사가 권위주의적인 방법으로 명령하며 복종을 강요함으로써 어린이의 창의력이나 자발적 행동을 억압하는가, 아니면 교사가 어린이를 존중하고 어린이의 자발적 노력이나 성취를 고무하는가에 따라 어린이의 퍼스낼리티형성이 달라질 것이다. 왜냐하면 어린이는 보상과 처벌을 통하여 학습할 뿐만 아니라, 타인의 행동을 모방함으로써 학습하기 때문이다.

Ⅳ. 미 디 어

신문·라디오·영화·TV·잡지 등 매스 미디어(mass media)나 인터넷 등 뉴 미디어(new media)도 한 사회의 신념·가치·규범 및 전통들을 개인에게 전달하는 데 중요한 기능을 한다.[21] 어린이와 어른들은 신문을 읽고 라디오를 듣거나 TV시청 또는 인터넷사용에 많은 시간을 소비한다. 어른이나 어린이는 미디어가 전달하는 내용에 의해 끊임없이 사회화된다.

미디어 가운데서 특히 TV와 인터넷의 사회화에 미치는 영향이 크다. TV는 이제 마치 가족의 일원이 되어 식사시간이나 휴식시간, 심지어 잠잘 시간까지도 자신의 세계관, 현실에 대한 정의 및 신화를 끊임없이 전달함으로써 다른 가족들의 감정과 사고를 어느 정도까지는 확실히 지배하며, 시간별 리듬과 집

20) Meyer, John, 1978 참조.
21) Marger, M. N., 2005 참조.

안의 분위기까지 좌우하기도 한다.

최근에는 다양한 미디어가 통합되면서 인터넷이 그 영향력을 더욱 확장해 가고 있다. 특히 컴퓨터 네트워을 이용하는 게임이 크게 보급되고 e-mail이나 블로그(blog), 인터넷검색, 사이버 커뮤니티(cyber community) 등이 확산되면서 인터넷은 가장 강력한 사회화대행자의 자리를 넘보고 있다.[22]

Ⅴ. 직 장

전통사회에서와 달리 현대사회에서는 많은 성인들이 직장에 소속함으로써 생활을 영위하게 된다. 각 개인이 소속하는 직장은 여러 종류로서 직장의 목적과 기능 · 조직형태 · 규율 등에서 정도의 차이가 있을 뿐 모두 다 각기 다르다. 직장에서 생활하는 시간은 하루에서 가장 긴 시간이기 때문에 직장의 성격이 사회화에 영향을 미친다. 예컨대 명령에의 복종을 기본적인 사회관계로 하는 군대와 같은 직장은 구성원으로 하여금 권위와 수직적 위계질서를 존중하는 가치관을 갖게 하며, 프로야구팀과 같은 직장에서는 개인의 순발력을 존중하며, 수평적인 행동을 중시하는 규범을 갖게 할 것이다. 직장의 목표 · 가치관 · 규범 · 신념들은 구성원들의 퍼스낼리티의 일부로서 내면화된다.[23]

Ⅵ. 동 네

자기가 거주하는 동네(neighborhood)도 퍼스낼리티형성에 영향을 미친다. 다른 사람과의 접촉빈도는 공간적으로 얼마만큼 떨어져 있는가 하는 근접성(proximity)과 밀접한 관련을 가지는데, 동네는 동네 사람과 잦은 접촉을 하게 하는 공간적 조건이다.

동네 사람들의 사회적 지위나 연령층은 끼리끼리 하나의 생태학적 유사성을 나타내어 부유층의 동네, 빈곤층의 동네 혹은 중년층의 동네를 형성한다.

어떠한 한 동네는 특히 어린이의 퍼스낼리티형성에 영향을 미친다. 옛날 맹자(孟子)의 모(母)가 동네의 사회적 환경에 따라 맹자의 행동이 달라지는 것

22) Thompson, T. L.. and Zerbinos E., 1995 참조.
23) Babbie, Earl R., 1979, pp. 147-149.

을 보고 세 번 이사(三遷)를 하였다는 고사는 동네가 어린이의 퍼스낼리티에 얼마나 중요한 영향을 미치는지 말해 준다. 예컨대 대저택이 들어선 부유층의 동네에서 자라는 어린이는 물질적 결핍이나 갈등, 우발적 사건의 발생, 죽음같은 것을 경험할 기회가 적기 때문에 오히려 자극을 구하여 환각제의 사용이나 비행에 빠지는 경향이 높은 것으로 알려지고 있다.

또 법의 사각지대인 빈민촌에서 자라나는 어린이들은 동네에서 빈번히 일어나는 폭행·욕설 등을 배우게 되며, 갈등에 자주 노출됨으로써 반항적인 퍼스낼리티를 형성할 가능성이 높아진다.[24)]

최근에는 사이버공간 내에 다양한 커뮤니티가 형성되고, 어린이들이 여기에 가입하여 활동하는 시간이 많아지면서 사이버 커뮤니티도 사회화에 주요한 영향을 미치는 것으로 나타나고 있다.

제 5 절 사회화의 과정

인간은 태어나서 죽을 때까지 수많은 환경에서 여러 타인과의 상호 작용을 경험한다. 다양한 타인들과 장기적으로 또는 일시적으로, 친밀히 또는 형식적으로 상호 작용을 한다. 개인의 퍼스낼리티는 모든 상호 작용의 과정을 통해 형성되며, 사회화란 결국 일생을 통해 끊임없이 이루어지는 것이다. 다시 말해 개인퍼스낼리티는 한번 형성되면 고정불변하는 것이 아니라 끊임없이 수정되고 변화한다. 어떤 사람이 결혼을 하더니, 높은 벼슬을 하더니 혹은 외국을 다녀오더니 변했다고 하는 말을 흔히 듣는데, 그 사람의 사회관계(인간관계)가 변함에 따라 퍼스낼리티가 변화한다는 것은 당연한 것이다. 어떤 사람이 사회적 환경의 변화에도 불구하고 전혀 변하지 않았다고 한다면 오히려 피상적인 관찰일 것이다. 그렇기 때문에 매우 친밀한 사이였다고 하더라도, 가령 부부지간이라고 하더라도 오랫동안 떨어져 있다가 다시 만나면 어느 정도 변한 것을 서로 발견하게 될 것인데, 이것은 매우 자연스러운 현상이다.

---

24) Elkin, F. and G. Handel, 1972 참조.

Ⅰ. 탈(脫) 사회화와 재(再) 사회화

사회화의 과정에서 새로운 환경에 처하게 되거나 새로운 타인과 상호 작용을 하다 보면, 과거에 형성되었던 퍼스낼리티의 어떤 부분은 수정 혹은 소멸되고 새로운 요소가 추가된다. 마치 신체의 세포에서 신진대사가 이루어지듯이 퍼스낼리티에도 신진대사가 일어나는 셈이다. 다시 말해 사회화(socialization)는 과거의 퍼스낼리티를 분해하는 **탈사회화**(desocialization)의 과정과 한편으로는 새로운 요소로서 다시 사회화되는 **재사회화**(resocialization) 과정의 동시작용이라고 말할 수 있을 것이다.

사회화과정의 신진대사과정, 다시 말해 탈사회화와 재사회화 과정은 매우 완만하게 점진적으로 진행된다. 그러므로 퍼스낼리티의 변화는 눈에 잘 띄지 않으며, 일관성을 지닌 것으로 비춰지는 것이 보통이다.

경우에 따라서는 장차 자신이 처하게 될 새로운 환경에 적응하는 훈련을 미리 하기도 하는데, 이러한 사회화과정을 예기적 사회화(anticipatory socialization)라고 한다. 이것은 주로 책이나 미디어 또는 타인들의 경험을 통하여 이루어진다.

Ⅱ. 세　　뇌

어떤 경우에는 탈사회화와 재사회화가 외부의 힘에 의해 단시간 내에 이루어져 퍼스낼리티가 급격히 변화하는 수가 있는데, 이러한 현상을 **세뇌**(洗腦, Brainwashing)라고 일컫는다. 세뇌는 어떤 타인이 한 개인의 기존 퍼스낼리티를 단기간에 바꾸어 놓기 위해 의도적으로 노력한 결과로 나타날 수도 있고, 타인의 의도가 없더라도 개인의 어떤 충격적 경험을 통하여 이루어질 수도 있다. 어느 경우든지 세뇌의 과정에서는 '충격'이 필요조건이다.

의도적인 세뇌의 방법은 대상이 된 개인에게 먼저 육체적 혹은 정신적 충격을 가해 그 개인이 지녀 온 가치관 · 신념 및 지식에 극도의 혼란을 조성함으로써 그 개인의 정신을 공백상태로까지 몰고 가는 탈사회화를 강제한 후, 새로운 가치관 · 신념 및 지식을 주입함으로써 그 개인으로 하여금 새로운 퍼스낼리티를 갖도록 재사회화하는 것으로 알려져 있다.[25)]

---

25) Lifton, Robert J., 1961 참조.

비의도적인 세뇌는 어느 개인이 전혀 예기하지 못한 심각한 불행이나 엄청난 행운 또는 신비한 종교적 경험 등을 통하여 지금까지 살아온 생애를 무의미하게 느끼고, 새로 야기된 사태에 전적으로 지배받게 될 때 일어난다.

일단 세뇌에 의해 새로운 퍼스낼리티를 갖게 되면, 그 이후의 환경이 새로운 퍼스낼리티를 계속적으로 지지해 줄 경우에는 새로운 퍼스낼리티를 유지하게 된다. 그러나 원래의 환경으로 돌아오게 될 때는 세뇌에 의했던 재사회화가 다시금 탈사회화되어 원래의 퍼스낼리티로 되돌아올 가능성이 크다. 세뇌된 사람을 빨리 원상으로 되돌려 놓기 위해서는 정신전문의의 도움이 필요한데, 정신의에 의한 탈사회화는 정신치료에 해당된다.

제4장

문 화

제 4 장

문　　화

제 1 절　문화란 무엇인가?

문화의 개념은 여러 가지의 말로 정의될 수 있겠으나, 문화론의 원로학자인 타일러(E. B. Tylor)의 정의에 따르면, 문화(culture)란 '사회의 한 성원으로서의 인간에 의해 습득된 지식 · 신념 · 기술 · 도구 · 도덕 · 법 · 관습 및 그 밖의 능력과 습관 따위를 포함하는 복합총체'를 말한다.[1] 그러므로 문화는 음악 · 미술 · 건축물 등과 같은 예술뿐만 아니라, 인간이 믿고 준수하는 가치관, 규율, 선(善)과 악(惡)의 관념과 언어, 종교, 그리고 물질을 이용하거나 물질적 장치를 만들고 사용하는 기술 및 능력을 포함한다. 간단히 말해서 사회학에서 말하는 문화는 인간이 배워서 아는 모든 것을 포함한다.

그러므로 문화는 관습이나 규율과 같이 사람들이 확연히 알고 인식하는 명시적(explicit)인 부분과 의식하지는 못하지만, 지극히 당연한 것으로 받아들여져 우리의 일상생활을 지시하는 묵시적(implicit)인 부분을 포함한다.

인간이 문화를 가지고 있다는 사실은 인간을 다른 동물과 구별지어 주는 인간세계의 특징이다. 문화가 없었더라면 인간이라는 종(種)이 결코 오늘과 같이 근 70억이라는 거대한 규모로 번식 · 번영할 수 없었을 것이다. 인간의 생존은 문화에 의존해서 영위되는 것이다. 그래서 에드워드 홀(Edward Hall)은 문화를 가리켜 '생존의 장치'(survival kits)라고 일컫기도 했다.[2]

인간 이외의 동물들은 생존력을 본능 가운데에 지니고 있으나, 유독 인간만은 생존에 관한 한 타고난 본능의 힘이 거의 없다. 그 대신 인간은 문화를 가짐으로써 문화에 의해 생존을 한다. 예컨대 우리가 아침에 일어나 양치질하고, 아침 먹고 출근하여 일과를 수행하는 모든 행동은 문화에 의한 것이다. 우

1) Tylor, E. B., 1871, p. 28.
2) Hall, Edward T., 1959, p. 54.

리가 문화에 따라 행동하게 됨으로써 하루의 생활이 순조로이 진행된다. 만약에 문화의 지침이 없다면, 간단한 인사까지도 어떻게 해야 할지 알 수 없는 혼란에 빠져 사회생활 자체가 어려워질 것이다.

인간의 모임인 사회를 그릇이라고 한다면, 문화는 그릇에 담긴 내용물과도 같다. 원시사회이건 현대사회이건 혹은 한국이건 브라질이건 사람이 모여사는 사회에는 반드시 문화가 있다. 사회마다 문명발달의 정도가 다르고 역사와 환경에 따라 삶의 모습도 다르지만, 어떠한 사회이든 그 사회구성원들이 살아가는 삶의 유형과 양식을 그 사회의 문화라고 한다.

Ⅰ. 문화의 특징

위에서 말한 문화에 대한 포괄적인 정의에 기초하여 좀더 구체적으로 문화의 보편적 특징을 나열하면 다음과 같다.

첫째, 문화는 인간에 의해 만들어진다. 인간은 자연에 의해 주어진 것도 아니고, 초자연적인 힘에 의해 주어진 것도 아니며, 어떤 사회의 어떤 문화를 막론하고 문화는 예외없이 인간에 의해 형성된 것이다. 문화란 사회구성원들이 오랜 세월에 걸쳐 반복적으로 상호 작용을 주고 받는 가운데 자연스럽게 형성되는 것이다.

홀(Hall)은 문화발생의 기원에 대해 설명하면서 인간은 욕구의 해소, 예컨대 배고픔의 해소, 추위의 해소, 성욕의 해소 등을 위해 행동하게 되는데, 다양한 욕구를 충족시키기 위해 여러 가지 방법을 시도하는 가운데 좌절과 고통을 경험하며, 무수한 시행착오 끝에 적절한 방법을 발견하게 된다고 했다. 이렇게 발견된 적절한 방법이 전파되어 공동체에 의해 채택될 때 그것이 문화로서 정착된다고 설명하였다.[3]

가치관·신념 및 행동의 기준 따위도 인간에 의해 고안된 것이다. 생리적인 유전에 의한 '주어진 본능'이 인간으로 하여금 어떤 방식으로 생각·행동하도록 하는 것은 아니다.

둘째, 문화는 전승 또는 학습되는 것이다. 인간은 태어나 집단에 소속됨으로써 그 집단과의 상호 작용을 통해 그 집단이 이미 가지고 있는 가치관·신

3) Hall, ibid. 참조.

념 · 행동양식을 배우게 된다. 사회학에서는 이러한 학습의 과정을 앞 장에서 설명한 것처럼 '사회화'라고 부른다. 우리가 수저를 사용하여 식사를 하고, 옷을 챙겨 입는 따위의 간단한 행동도 후천적으로 배워서 행하게 된 것이다. 물론 인간의 행동 가운데는 예컨대 재채기 · 호흡 · 무릎구부림 등과 같이 배우지 않고서도 이루어지는 생리적인 유기체현상도 있다. 그러나 생리적인 차원을 약간만 넘어서면, 인간의 사회적인 행동은 거의 모두 학습에 의한 것임을 분명히 알 수 있다.

그럼에도 불구하고 사람들은 사람이 어떤 식으로 행동하는 것에 너무나 익숙해 있기 때문에 인간의 행동을 인간본성의 반영인 것으로 오해하는 경향이 있다. 인류학자인 존 길린(John Gillin)은 문화란 배워서 아는 것이라는 원리를 다음의 세 가지 실례를 들어 잘 설명해 주고 있다.[4] 첫째는 유아들에 대한 방대한 연구에 의하면, 유아는 선천적으로 어떠한 목적지향적인 행동유형도 갖고 있지 않다. 둘째는 일란성 쌍둥이라 하더라도 서로 떨어져 다른 문화권에서 자라게 되면 그들의 행동유형에는 현격한 차이가 있다는 사실이 증명되고 있다. 셋째는 인간이 생물학적으로는 동일 종(種)이면서도 문화들은 매우 다양하다는 사실이다. 이러한 실례들은 문화가 학습되는 것임을 말해 준다. 학습된다고 하는 것을 다른 말로 하면, 문화는 전수 · 전승됨을 의미한다. 그래서 우리는 문화를 **사회적 유산**(social heritage)이라고도 부르는데, 이는 문화의 역사성을 강조하는 말이다.

셋째, 문화는 사회성원에 의해 공유(shared)되는 것이다. 다시 말하면 문화란 한 사회의 구성원들이 공통적으로 지니고 있는 삶의 유형 또는 생활양식을 말한다. 이 말은 문화란 개인의 자질이나 속성보다는 집단의 자질이나 속성에 관계됨을 의미한다. 어떤 개인이 가진 독특한 자질이나 속성은 문화가 아니다. 또한 어떠한 개인도 집단 혹은 사회 전체의 경험과 지식을 다 습득할 수는 없기 때문에 전체문화의 내용을 빠짐없이 알고 있는 개인은 아무도 없다. 그러므로 문화는 집단 혹은 사회에 소속한 사람들에 의해 공유되어 있는 부분이다.

넷째, 문화는 축적되며 또한 끊임없이 변화한다. 문화가 한 세대로부터 다음 세대로 전승되어 가는 과정에 각 세대는 인구의 증가, 자연환경의 변화 등 새로운 문제와 또한 새로이 충족시켜야 할 새로운 필요와 욕구에 직면하게 된

4) Gillin, John, 1948 참조.

다. 그래서 각 세대는 새로운 물질적·정신적 발견과 발명을 갖게 되며, 이것들은 과거로부터 전승되어 온 문화에 첨가된다. 한편으로 과거로부터 전승되어 온 문화 가운데는 새로운 환경 또는 필요에 더 이상 적합하지 않은 요소가 있게 되며, 이러한 요소들은 수정되거나 소멸된다. 문화는 정태적인 것이 아니라 끊임없이 변화하며 축적된다. 조선시대 초기의 한국문화는 해방 직후의 그것과 크게 다르며, 해방 직후의 문화는 오늘날의 전자·기술적 문화와 크게 다르다. 문화는 새로운 환경뿐만 아니라 문화 자체의 내부적·외부적 힘에도 적응하는 방향으로 변화되고 축적된다.

제 2 절 문화의 기능

클라이드 클럭컨(Clyde Kluckhohn)은 인간의 행위와 인간의 사회생활에 대한 문화의 본질 및 의미를 분석하여 문화란 인간집단의 총체적 삶의 방식(total way of life)이라고 말했다. 이 말은 인간의 삶이란 거의 하나에서 전부까지 문화에 의해 영위된다는 것을 의미한다. 앞서 말한 바와 같이 다른 동물들은 본능의 힘에 의해 행동하는 데 반하여, 유독 인간은 문화가 제공하는 지침에 따라 행동하며, 그래서 순조로운 일상생활을 영위할 수 있게 된다. 이것은 문화가 가진 보편적인 기능이다. 클럭컨의 표현을 다시 말하면, 문화는 '인간의 모든 행위에 지침을 제공하는 청사진'인 것이다.[5] 그러면 문화가 인간생활에 제공하는 지침들은 어떠한 것인가를 아래에서 살펴보기로 하자.

I. 문화의 지침들

클럭컨이 문화를 '인간집단의 총체적 삶의 방식'이라고 표현한 바와 같이 문화가 인간생활에 제공하는 지침의 가짓수는 수저를 잡는 법부터 이루 그 수효를 헤아릴 수 없이 많지만, 뭉뚱그려서 중요한 지침들만을 소개하면 대개 다음과 같다.

첫째, 문화는 인간과 자연환경의 관계에 대한 지침을 제공한다. 인간은 어

5) Kluckhohn, Clyde, 1949 참조.

떤 자연환경, 예컨대 열대지방이라든가, 북극지방이라든가, 해변과 같은 자연환경 가운데서 산다. 특히 옛날로 거슬러 올라가면 올라갈수록 인간의 삶은 자연환경과 더욱 더 밀접한 관련을 맺고서 영위되었다. 즉 자연에 적응하거나 자연을 이용함으로써 생존이 가능하였다. 예컨대 열대지방에서는 수십 척 높이에 매달린 야자수 열매를 어떻게 따며, 어떻게 하면 더위를 피할 수 있는 집을 지을 수 있는가를 문화가 가르쳐 준다. 물론 이러한 문화는 앞서 말한 바와 같이 인간에 의해 형성되고 전수되어 내려온 것이다.

둘째, 문화는 이성(異性)관계와 자녀출산에 대한 지침을 제공한다. 인간은 다른 동물과는 달리 결코 아무 이성과 함부로 성결합을 하여 아이를 낳지 않는다. 반드시 어떤 지켜야 할 규범이 있어 그 규범에 좇아 성결합이 이루어지고, 재생산이 이루어진다. 이러한 규범에 합당한 이성관계와 재생산만이 사회로부터 정당성을 인정받는다. 그 사회가 정당하다고 인정하는 이성관계와 재생산은 문화에 따라, 그리고 시대에 따라 다르다. 그러나 옛날부터 거의 모든 문화권에서 엄격히 시행되어 온 규범 가운데 한 가지는 이른바 **근친상간금기**(incest taboo)의 원리이다. 근친의 범위는 각 문화권마다 차이가 있으나, 혈족 사이에서는 결혼을 금지하는 것이 세계공통의 보편적인 문화이다. 우리 나라에서는 전통적으로는 동성동본(同姓同本)이기만 하여도 이들 사이에서는 결혼이 허용되지 아니하였다.

왜 이러한 문화가 생겨나게 되었을까? 결론부터 먼저 말하면, 근친혼의 금기는 공동체의 평화와 안정을 위한 모색의 결과였다. 우리 나라의 경우는 일찍부터 농경이 발달하여 정착적인 촌락생활을 영위하였으며, 산악과 하천이 많은 지형으로 말미암아 우리 나라의 촌락들은 각기 다른 촌락과는 고립되어 있었다. 따라서 한 마을과 가까운 이웃 마을의 구성원들은 거의가 일가친척인 동성동본이었다. 이들 사이에 혼인을 허용할 경우, 예컨대 한 처녀를 두고 수 명의 총각이 경쟁을 벌인다면, 그로 말미암은 알력과 불만으로 인해 부락의 평화와 안정이 깨져버린다는 것을 그들은 경험을 통해 알았던 것이다. 부락단위로 이루어지는 공동생활을 위해서는 부락의 화목과 평화의 유지를 필요로 하였고, 그래서 동성동본 사이에는 혼인을 할 수 없다는 문화가 생겨났을 것이다.

그러나 예외적으로 과거 구라파의 왕가에서는 근친혼이 허용되고 시행되었다. 이것을 우리는 **왕가의 근친혼**(royal incest)이라고 부르는데, 왕가에서 근친혼을 시행하는 이유는 그들의 권력과 부(富)를 집안 사람들끼리 항구적으로 독점하려는 데에 있었다. 그러나 왕가의 이러한 예외적인 행사는 전체사회에 공유된 것으로서의 '문화'라기보다는 왕가라는 집단에 한정된 '부분문화' 현상이라 할 것이다.

셋째, 문화는 분업과 자원배분에 관한 지침을 제공한다. 개미나 벌 따위와 같은 군집성동물들에도 분업이 없는 것은 아니나, 인간집단의 노동형태는 이들보다 훨씬 더 정교하고 복잡한 분업에 의한다. 분업이 집단 전체의 생산성을 높여 주기 때문이다. 이러한 분업은 일반적으로 말해 생리적 조건과 사회적 지위에 따라 이루어지는데, 문화가 분업을 어떻게 해야 할 것인가에 대한 지침을 제공한다. 전통적으로는 특히 성(性)·연령·사회적 신분에 따른 분업이 전형적인 형태였다.

자원의 배분도 문화에 의해 조정된다. 원래 자원이란 인간의 욕구에 비해 한정된 것이기 때문에 구성원 모두가 자기의 욕구만큼 자원을 향유할 수는 없다. 만약 욕구를 방임했을 경우, 사람들은 희소한 자원을 둘러싸고 치열한 경쟁을 벌임으로써 공동체를 유지하기 어려웠을 것이다. 그러나 문화가 자원배분의 지침을 제공함으로써 자원배분을 둘러싸고 일어날 수 있는 갈등을 사전에 억제 내지는 완화시켜 준다. 예컨대 옛날 우리 나라에서 담배는 어른만 피우는 것으로서, 술은 남자만 마시는 것으로서 문화가 지시해 줌으로써 희소자원인 담배와 술에 대한 연소자와 여자의 욕구를 차단시켰었다.

넷째, 문화는 의사소통의 방식에 관한 지침을 제공한다. 의사소통의 주요수단은 물론 언어이다. 언어가 문화의 일부임은 두 말할 나위도 없지만, 언어의 직접적인 메시지 외에도 언어에 부가된 억양·강약·음질 등 이른바 부가언어(paralanguage)라든가 표정 또는 제스처 등에 따라 같은 메시지라고 하더라도 의미가 달라지는데, 이것도 문화에 의해 우리가 알게 된 것이다. 뿐만 아니라 조직적인 상징, 예컨대 봉화·북소리 따위를 통해 의사를 전달하거나 전수한다. 이것도 문화의 소산이다.[6]

다섯째, 문화는 공동의 목표를 제시한다. 문화는 어떤 한 공동체가 공동으로 지향하여야 할 지침을 제공한다. 공동체마다 공통의 목표로서 정복·이주·예배 등을 지향하는 경우가 있으나, 모든 공동체가 가장 보편적으로 지향하는

6) Sapir, Edward, 1960 참조.

공통의 목표는 '성장'과 '자기 보전'이다. 과거에 성장이란 주로 다산(多産)을 의미하였고, 자기 보전은 외적(外敵)으로부터 자신의 공동체를 방어하는 것이었다.

여섯째, 문화는 개인적인 목표의 달성은 어떠한 수단에 의거해야 한다는 지침을 제공한다. 다시 말해 문화는 개인이 자신의 목표를 달성하기 위해 이용하고 의존해도 좋을 수단 및 경로와 이용하거나 의존해서는 안 될 수단과 경로를 제시해 준다. 예컨대 지위의 획득·치부(致富)·구애·복수 따위의 개인적 목적을 추구하고자 할 때, 그 공동체가 공인하는 수단과 경로는 문화에 의해 제시된다. 공동체가 공인하지 않는 수단과 방법에 의한 개인적 목적의 추구는 죄악행위로 간주된다.

복수에 대해 한 마디 덧붙인다면, 과거 국가의 공권력이 약해서 공권력이 미치는 범위가 한정되어 있을 시기에는 개인적 복수가 용인되기도 하였다. 그러나 근대국가가 성립된 이후에는 개인에 의한 사적(私的)인 폭력행사는 전반적으로 금지되어 있다.

일곱째, 문화는 사회화에 대한 지침을 제공한다. 앞 장에서 본 바와 같이 사회화란 사람이 한 사회구성원으로서의 품성을 형성해 나가는 과정을 말한다. 문화가 사회화에 대한 지침을 제공한다는 것은 사람에 대한 교육 내지 훈련을 어떻게 시킬 것인가에 대한 지침을 제공한다는 뜻이다. 예컨대 과거 우리나라에서 "사랑하는 자식에게는 회초리를 아끼지 말라"고 한 속담은 사회화의 방식으로서 체벌의 지침을 제시하고 있었음을 의미한다. 문화는 비록 어린이의 사회화에 대해서뿐만 아니라 성인의 사회화에 대해서도 어떤 지침을 제공하고 있는데, 권선징악(勸善懲惡)이나 신상필벌(信賞必罰)의 실행이 여기에 해당된다.

여덟째, 문화는 감정표출과 긴장해소에 관한 지침을 제공한다. 인간에게는 희로애락(喜怒哀樂)의 감정이 있으며, 이러한 감정은 맥박의 증가나 내분비의 증감 등 생리적 흥분을 일으키게 되고, 이러한 생리적 흥분은 어떤 일정한 형태의 행동을 통해 외부로 표출된다. 그런데 감정의 표출을 어떠한 형태의 행동으로 할 것인가는 문화에 의해 결정된다. 예컨대 슬픔의 감정일 때, 이것을 침묵의 눈물로써 표출하는가, 혹은 발버둥과 고함을 섞어 요란스럽게 우는가, 혹은 눈물까지 억제하느라고 까무러쳐 버리는가는 그 사회의 문화가 가르쳐 준

방식에 의하게 된다.

긴장해소의 방법에서도 술을 마시는가, 문을 걸어 잠그고 우는가, 혹은 말(馬)이나 자동차를 타고 달리는가, 이웃집을 찾아가서 계속 지껄여 대는가는 그 사회의 문화가 지시하는 바에 따른다.

Ⅱ. 문화의 지침방향

이상에서 우리는 여덟 가지의 항목을 들어 문화가 인간생활에 어떠한 지침들을 제공하는지 살펴보았다. 그렇다면 이러한 문화의 각 지침들은 어떠한 방향에서 형성되었는가?

이에 대해 총괄적으로 말한다면, 문화의 지침들은 첫째, 공동체 전체의 평화와 안정을 유지시키는 방향으로 형성되었다. 둘째, 문화의 지침들은 공동체 전체의 평화와 안정을 유지시키는 방향에서도 공동체내부의 계급관계를 반영하여 강자 또는 강한 집단에 유리한 방향으로 형성되어 있다. 예컨대 자원배분에 관한 문화의 지침을 보면, 희소자원의 배분은 일차적으로 공동체 전체의 생존을 고려하도록 이루어지되 다음으로 강자에게 유리한 배분이 되게끔 지침이 마련된다.

전통적인 사회에서는 남자는 여자보다, 어른은 어린이보다, 귀족은 평민보다 강자로서 더 많은 물질과 더 많은 권위와 더 많은 자유를 향유할 수 있도록 문화의 내용이 형성되었다. 그러나 강자의 부가적인 향유가 무한정한 것은 아니며, 공동체의 유지 자체를 위협하지 않는 범위까지로 제한되는 것이 문화의 일반적인 내용이다.

제 3 절 문화의 종류

앞에서 문화를 정의하면서 문화란 인간이 후천적으로 습득한 명시적·묵시적인 사회의 공유자산을 총괄적으로 포함하는 복합총체라고 했다. 이처럼 광범위한 요소를 포함하는 문화를 유형별로 분류하여 문화의 종류라고 한다. 학자에 따라서는 문화를 명시적 문화(explicit culture)와 묵시적 문화(implicit culture)로 분류하기도 하고,[7] 물질적 문화와 비물질적 문화로 분류하기도 한다.[8]

우리는 문화 전체를 다음의 세 가지 종류로 분류하는 것이 가장 이해하기도 쉽고, 또한 의미상으로도 분명하다고 생각한다. 즉 이 책에서는 문화를 관념문화·물질문화·규범문화로 분류한다.

Ⅰ. 관념문화

관념문화는 사람의 머리 속에 자리잡고 있는 관념적인 형태의 문화로서 가치관(value)·신념(belief)·미(美) 의식(aesthetics) 등을 포함한다.

가치관이란 어떤 사상(事象)에 대해 그것이 "바람직하다," "바람직하지 않다"(desirable or undesirable)고 하는 이성적인 판단에 기초가 되는 생각들이다. 예컨대 부모를 공경하는 것이 바람직하다고 생각한다면, 부모공경은 하나의 가치관이며, 부모를 공경하는 행위는 가치관에 의한 행위이다.

이에 비해 **신념**은 어떤 사상(事象)을 두고 "이다, 아니다"(is or is not), 혹은 "옳다, 그르다," "그렇다, 안 그렇다"(is right or is not right)라고 하는 단정에 기초를 두는 생각들이다. 예컨대 하나님은 "계시다," 혹은 "안 계시다"라고 생각하는 것은 신념에서 비롯되는 것이며, 하나님을 경배하는 행위는 신념에 의한 행위이다.

그런데 일상생활에서는 어떤 사람의 생각이나 행위가 가치관에 의한 것인지, 신념에 의한 것인지 불분명한 경우가 많다. 예컨대 "부모를 공경합시다"라고 할 때, 그 말이 부모를 공경하는 것이 바람직하다고 하는 그의 가치관에서 비롯된 것인지, 아니면 부모를 공경하는 것이 옳다고 하는 신념에서 비롯된 것인지 분명하지 않다. 그러나 가치관과 신념은 동반하는 것이 보통이다. 그리고 일반적으로 가치관에 의한 행동은 신념에 의한 행동에 비해서 행동의 강도가 약하다.

미의식이란 미(beauty)에 관한 관념이다. 어떤 인물·사물 및 자연에 대해 우리는 "아름답다," 혹은 "아름답지 않다"는 생각을 갖는데, 이러한 생각은 우리의 미의식이 어떠하냐에 따라 결정된다. 아프리카의 원주민 가운데는 피부가

---

7) Kluckhohn, Clyde and W. Kelly, 1945 참조.
8) Hebding, Daniel E. and Leonard Glick, 1981 참조.

검으면 검을수록, 입술이 두꺼우면 두꺼울수록 더 미인으로 생각하는 부족이 있고, 옛날 폴리네시안인들은 여성이 뚱뚱하면 뚱뚱할수록 더 미인이라고 생각했다. 우리 나라에서도 조선시대의 미인상과 오늘날의 미인상은 다르다. 이것은 미에는 절대적인 기준이 있는 것이 아니라 장소와 시대에 따라 미의 기준이 각각 다르다는 것을 의미한다. 미의 기준이 달라지는 것은 미에 관한 관념인 미의식이 변화함을 말해 준다. 문화 일반이 변화하는 것과 같이 문화의 일부인 미의식도 시대와 사회에 따라 변화하는 것이다.

Ⅱ. 물질문화

물질문화란 물질의 이용과 물질을 이용하는 기술 및 능력을 말한다. 그러므로 물질문화란 자연으로부터 주어진 자연상태의 물질 그 자체를 의미하는 것은 아니며, 인간의 두뇌와 손에 의해 만들어진 도구나 도구의 조작을 의미하는 것이다. 인간이 물질을 이용하거나 선택하여 만들어 낸 의식주의 형태와 이 밖에 인간이 도구로 사용하는 모든 물질과 인간이 만든 도구 및 이들을 다루는 모든 기술이 물질적 문화에 해당된다.

물질문화가 주변에 주어져 있는 자연상태의 물질과 밀접한 관련이 있음은 물론이다. 옛날로 거슬러 올라가면 올라갈수록 물질문화는 더욱 자연환경에 의해 크게 영향을 받았다. 옛날 한국사람은 쌀과 보리를 주식으로 삼고 흙과 나무 및 볏집으로 집을 지은 데 비해, 그리스인은 밀떡을 주식으로 하고 돌로 집을 지었던 것은 자연환경을 이용하는 차이에 기인한 것이다. 우리 나라의 자연환경은 벼농사와 보리농사에 적합했기 때문에 초가집을 지었고, 그리스는 자연환경이 밀농사에 적합하고 그 지역에는 톱으로 썰면 잘라지는 연한 돌(soapstone)이 흔했기 때문에 석조건물을 지었던 것이다.

우리 나라 사람이 흰 옷을 즐겨 입었던 것은 염색에 사용할 물감이 부족했기 때문이었고, 인도인이나 미얀마인이 일찍부터 색채 옷을 입었던 것은 그 지역에 물감으로 사용할 수 있는 열매와 광물이 풍족했기 때문이다. 옛날에는 그 문화권의 자연환경이 어떠한가에 따라 물질적 문화의 형태가 좌우되었으며, 따라서 각 문화권 사이의 물질적 문화의 차이는 각 지역 자연환경의 차이만큼이나 현저하였다.

현대에 올수록 각 문화권의 물질문화의 차이는 줄어들고 서로 비슷해진다. 오늘날 서울과 동경(東京)과 뉴욕의 건물과 도로와 지하철에는 차이가 별로 없다. 사람들이 입고 있는 옷의 천이나 디자인도 비슷하다. 옛날에는 현저하게 달랐던 물질적 문화가 현대에 와서는 거의 동일하게 된 이유는 무엇일까? 그것은 오늘날의 물질문화는 자연에 의해서보다는 테크놀로지에 의해 더 크게 결정되기 때문이다.

테크놀로지란 갈브레이드(Kenneth Galbraith)의 정의에 따르면, '과학의 여러 원리들이 어떤 용도를 위해 조직화된 것'을 말한다.[9] 예컨대 비행기테크놀로지의 경우를 보면, 사람이나 물건을 수송하는 용도를 위해 물리학적 원리·기상학적 원리·금속학적 원리·전기적 원리·화학적 원리 등을 종합하여 기체와 엔진이 만들어지고, 이들을 정비·조종하는 기술이 부가되어 비행기라는 하나의 테크놀로지가 출현한 것이다. 테크놀로지는 흔히 하드웨어(hardware)와 소프트웨어(software)로 나뉘는데, 비행기테크놀로지의 경우 하드웨어란 비행기 그 자체를 가리키고, 소프트웨어란 정비·조종 등과 같이 비행기를 다루는 기술(know-how)을 가리킨다.

현대의 많은 물질문화는 테크놀로지에 의해 크게 좌우되고 있다. 테크놀로지의 원리들은 자연환경이나 정치적 이데올로기 또는 국경 따위를 초월하는 동일한 과학적 원리들이기 때문에 오늘날의 물질문화가 세계적으로 동일한 형태를 띠게 되는 것이다. 이러한 논리에 근거하여 일부 학자들은 세계가 산업화되고 정보화될수록 각 나라 간의 차이가 줄어들고 서로 유사하게 변해 갈 것이라고 주장하기도 하는데, 이러한 주장을 수렴이론(convergence theory)이라고 한다.

Ⅲ. 규범문화

규범문화란 인간의 공동생활에 필요한 인간행위의 도덕성을 보장하기 위하여 어떤 행위는 권장하고 어떤 행위는 억제함으로써 인간행위의 양식과 방향을 지시하는 문화적 요소를 말하며, 민습(folkways)·원규(mores)·법(law) 등이 여기에 속한다.[10]

---

9) Galbraith, Kenneth, 1956 참조.
10) Sumner, W. G., 1940 참조.

민습(民習)은 관습적인 행위의 양식으로서 타인(들)에 대한 예의·에티켓 등과 같은 가벼운 성질의 규범이다. 민습은 공동생활을 원만하고 조화롭게 수행하는 데 필요한 것이다. 만약 누가 민습에 어긋난 행동을 하더라도 이것은 상대방(들)을 불쾌하거나 불편하게 하는 정도에 그칠 뿐 공동생활에 그다지 큰 장해를 초래하지는 않는다. 따라서 민습의 위배자에 대한 사회적 제재도 없거나 가볍다.

민습에 비하여 **원규**(原規)는 공동생활을 영위하는 데 꼭 필요한 중요한 규범들을 말한다. 살인·폭행·방화·반역 등의 금지가 여기에 해당된다. 누군가 원규를 위배하면 공동생활의 안녕에 커다란 위해(危害)를 초래하게 되므로 원규는 누구나 반드시 지켜야 하는 것으로 기대되며, 따라서 원규의 위배자에 대해서는 그 제재 또한 엄격하다.

법은 원칙적으로 원규를 성문화(成文化)한 것이다. 원규의 성문화가 필요했던 이유는 사회가 발달하고 복잡해지면서 원규에 해당하는 규범의 내용도 복잡해져서 지켜야 할 규범을 명시해 둘 필요가 있기 때문이다. 또한 규범의 위반에 대해서는 어떠한 제재가 가해질 것이라는 것을 미리 분명히 해 둠으로써 규범위반에 대해 신속히 대처할 뿐 아니라 위반 자체를 예방하기 위해서였다.

인류역사상 가장 완전한 형태를 갖춘 최초의 법은 바빌로니아의 함무라비 대왕(1792~1750, B.C.) 시절에 만들어진 함무라비법전(Code of Hammurabi)이었다. 함무라비법전은 경제조항(가격·관제·교역·상업)과 가족법(결혼·이혼)과 범죄(폭행·절도) 및 시민법(노예·부채) 등을 포함하는 2백82개 조항으로 구성되어 있었다. 이것은 당시 주변의 여러 종족을 정복한 최강대국으로서의 바빌로니아가 다양한 문화를 지닌 다수인종을 통합적으로 다스리기 위한 장치였다.

사회의 발달과 병행하여 오늘날에는 법의 종류와 조항이 부지기 수에 이르러 법만으로도 방대한 학문체계를 이루고 있다. 그러나 원론적으로 말할 때 법은 문화의 일부, 그것도 규범적 문화의 일부라는 것을 유념할 필요가 있다. 따라서 법의 내용이 아무리 복잡하게 기록되어 있다고 하더라도 법은 그 사회의 문화적 맥락에서 이해되고 적용될 수 있는 것이다. 그러므로 "건전한 상식이 법이다"라는 말은 타당성을 지닌다 할 것이다.

문화는 오랜 세월에 걸쳐 수많은 사회구성원들의 상호 작용과정에서 자연스럽게 형성되는 데 비해, 법은 인위적으로 성문화되는 과정을 거치게 되므로 때로는 문화의 맥락을 벗어난 법이 제정될 수 있다. 다시 말하면 문화란 한 사회의 성원 모두가 공유하는 보편성을 지니는 것이지만, 법은 때때로 특정집단 '만'의 관심과 이해관계를 반영하여 제정될 수도 있다. 예컨대 미국에서 1919년에 제정되어(수정헌법 제18조) 1933년(수정헌법 제21조)까지 시행된 금주법(禁酒法)이 좋은 예이다. 금주법은 청교도출신 의원들의 관심을 반영한 것이었으나, 당시 미국사회 전체에 공유된 문화는 술을 배격하는 문화가 아니었다. 결과적으로 금주법은 실효성을 지니지 못했고, 오히려 이 기간 동안 알콜소비량이 더욱 증가하였다. 이러한 사실은 문화의 맥락을 벗어난 법이 제정될 수는 있으나, 이러한 법은 실효를 거두지 못하고 조만간 폐지되거나 개정될 수밖에 없다는 것을 보여 준다.

제 4 절 문화형태의 다양성과 동질화

문화에 관해 지금까지 말한 문화의 특징 · 기능 · 종류 등은 이 세상의 모든 문화가 공통적으로 가지는 보편적 성격에 관한 것이었다.

모든 문화는 그러한 보편적 성격을 가짐에도 불구하고 각 사회의 문화는 다양한 형태로 출발하여 아직도 많은 다양성을 지니고 있다. 그러나 각 사회의 현대화와 더불어 그것이 점점 동질화되어 가고 있다. 다양한 문화의 모습과 그 동질화의 이유를 알아보기로 한다.

Ⅰ. 문화형태의 다양성

문화의 다양한 모습을 열거하려면 한이 없지만, 몇 가지 예만 들어 보기로 하자. 예컨대 한국사람은 다른 사람을 손짓으로 부를 때 손바닥을 밑으로 향하게 해서 손목을 움직여 손짓을 한다. 이에 비해 백인들이 사람을 부를 때는 손바닥을 하늘로 향해서 손가락을 움직여 손짓을 한다. 백인이 손바닥을 아래로 향해서 손가락을 움직일 때는 '오라'는 신호가 아니라 '바이 바이'라는 작별의 신호이다.

한국인의 성씨를 보면 김(金, 귀금속) · 이(李, 오얏) · 박(朴, 순진)처럼 좋은

뜻을 가진 것이 대부분인 데 비해, 앵글로색슨족의 성씨에는 Smith(대장장이)·Tailor(양복장이)·Whitehead(백발)·Carter(짐수레꾼)·Little(꼬마)·Bush(덤불) 등 우스꽝스러운 뜻을 가진 것이 많다. 사람의 이름은 우습게 지으면서도 집에서 기르는 고양이나 개에게는 볼테르(Boltaire)·쇼팽(Shopin) 등 근사한 이름을 지어 준다.

한국여성에게는 일부다처(一夫多妻)란 '본능적으로' 견딜 수 없는 일로서 생각되고, 어떻게 한 부인이 남편을 다른 여자와 나누어 가지면서도 살 수 있는지 도저히 이해하지 못한다. 이에 비해 시베리아의 코랴크(Koryak)족의 부인은 어쩌면 남편을 한 여자에게 붙들어 맬 만큼 이기적일 수 있는지를 이해할 수가 없다. 코랴크족의 남편들도 '대범'한 점에 있어서는 마찬가지이다. 남편은 친구가 방문을 해 오면 자기 아내와 동침하게 하는 것이 예의이고, 만약에 친구가 이를 거절이라도 한다면 이것을 모욕적인 행위로 간주한다.[11)]

이와 같이 각 문화권이 독특한 문화를 가지고 있어 세계의 문화는 다양하다. 그 문화권의 문화를 이해하지 못하고 행동하면, 선의가 악의로 받아들여질 수도 있고, 예의를 차린다고 한 행동이 실례를 범하는 수도 있다. 문화의 차이는 가치관, 신념, 미의식, 물질에 대한 생각과 물질의 사용방법, 여러 규범에 이르기까지 대단히 광범위하다.

Ⅱ. 문화의 동질화

각양각색이던 세계의 문화들이 현대사회로 이행하면서 서로 동질화되는 경향을 보이고 있다. 웬 까닭일까?

옛날 동양에서는 가마를 탔고, 서양에서는 말을 주로 탔는데, 지금은 서양사람이나 동양사람이나 자동차를 주로 탄다. 일본인이나 미국인이나 필리핀인이나 같은 냉장고를 사용하고, 같은 전화기를 쓴다. 옛날에는 문화권에 따라 거리의 풍경과 주택·도구들이 완연히 달라 외국을 방문하면 그야말로 이국의 정취가 물씬 풍겼다. 그러나 오늘날에 와서는 서울 사람이 뉴욕을 방문했을 때 새삼스럽거나 놀라운 것이 없고, 서울이나 뉴욕이나 매양 한 가지인 것을 보게 된다. 이것은 우선 겉으로 드러난 물질적 문화가 동질화되어 가고 있음을 보여

11) Kluckhohn, Clyde, 1949 참조.

주는 것이다.

세계의 물질적 문화가 동질성을 띠게 되는 가장 큰 이유는 앞에서 잠깐 언급한 바와 같이 현대의 물질적 문화는 동일한 과학적 원리에 의존하는 테크놀로지에 의해 주로 결정되기 때문이다. 테크놀로지에 대한 의존도가 더 높은 현대사회일수록 그들끼리의 물질적 문화는 더 동질적이다.

비단 물질적 문화만이 동질성을 보이는 것은 아니다. 관념적 문화의 요소로서 자유·평등·인권과 같은 사상은 범세계적인 가치관 또는 신념으로 보급되어 있고, 미인에 대한 기준도 범세계적으로 유사해지고 있다. 또한 규범적 문화의 경우에도 에티켓이나 법률체계 등은 점점 더 동질화되어 가고 있다.

다시 말해 오늘날의 세계적인 문화현상은 물질적 문화만이 아니라, 관념적 문화·규범적 문화까지를 포함하는 문화 일반이 범세계적으로 동질화되고 있다고 할 것이다.

Ⅲ. 문화의 동질화이유

왜 문화에 동질화현상이 일어나는가? 이에 대해서는 여러 가지 설명이 있지만, 그 가운데 가장 설득력 있는 두 가지만 소개한다면, 첫째는 윌리엄 오그번(William Ogburn)의 테크놀로지결정론(technology determinism)이고,[12] 둘째는 랄프 린턴(Ralph Linton) 등이 주장하는 문화전파론(cultural diffusion theory)이다.[13]

첫째, 오그번의 **테크놀로지결정론**에 따르면 테크놀로지가 사람의 행동양식과 태도(의식)를 결정하므로, 사람들이 동일한 테크놀로지를 사용하게 되면 행동과 의식도 동일해질 수밖에 없다는 것이다. 예컨대 자동차라는 테크놀로지를 사용하게 되면, 전에는 대수롭지 않게 보았던 교통신호에 맞추어 출발·정지·선회 등을 민첩하게 수행하는 행동양식이 생겨나고, 이러한 행동양식이 몸에 배게 되면 교통법규준수라는 태도가 발달한다는 것이다.

오그번의 생각으로는 물질적 조건과 정신적 태도는 불가분의 관계에 있는 것이며, 과학의 발달에 의해 상상치도 못했던 새로운 테크놀로지가 대량으로

---

12) Ogburn, William, 1922 참조.
13) Linton, Ralph, 1936 참조.

쏟아져 나와 테크놀로지에 대한 우리의 태도를 정립하기도 전에 테크놀로지사용부터 하게 됨으로써 이에 따른 행동의 양식이 정해지고, 일단 행동하였기 때문에 그에 따라서 오히려 태도가 결정된다는 것이다.

사회심리학적 이론에 의하면 태도가 선행되어 행동을 결정하기도 하고, 행동이 선행되어 태도를 결정하기도 하는 두 가지 순서가 다 타당성을 가진다. 그러나 오그번은 현대사회에서는 물질의 발달이 워낙 왕성하기 때문에 물질이 행동을 결정하고, 행동이 다시 태도를 결정하는 순서를 밟는 것으로 인식하고 있다.

오그번은 새로운 도구의 사용이 행동과 태도를 즉각적으로 변화시키는 것이 아니라 서서히 순차적으로 변화시키게 되므로 테크놀로지의 수용과 태도변화 사이에는 시간적 차이가 있다고 주장하면서 이것을 **문화지체**(cultural lag) 현상이라고 했다.

예컨대 북한사람이 남한에 와서 남한사람들이 사용하는 물질을 모두 다 사용하게 되더라도 상당기간 동안은 북한의 인습적 행동양식을 유지하게 되며, 서서히 남한인의 행동양식과 비슷해진다. 그리고 행동양식이 남한인과 같아진 단계라 하더라도 아직 태도는 인습적인 그대로 유지되며, 이것은 더욱 뒤늦게 남한인의 그것과 비슷해진다는 것이다. 또한 새로운 도구가 발견·발명되어 이를 사용하게 될 때에도 문화지체현상이 따르게 된다. 그러므로 물질의 발달이 정지되지 아니하는 한 그 물질을 처음으로 개발한 사회의 사람들과 그 물질을 받아들여서 사용하는 사회의 사람들 사이에는 행동양식과 태도의 차이가 있게 될 것이다.

오그번의 테크놀로지결정론이 시사하는 바는 물질문화를 주도하는 사회의 행동양식과 태도가 결국은 세계인의 행동양식과 태도를 동화시킬 것이라는 점이다. 만약 그의 이 같은 설명이 타당하다면, 문화의 종류들 가운데서 가장 중요한 것은 물질문화라 할 것이다. 과연 그럴까?

오그번의 테크놀로지결정론은 존재(being)가 의식(consciousness)을 지배한다고 주장하는 마르크스의 유물론과 궤를 같이 하는 것이다. 그러나 마르크스가 사회의 변동에서 인간의 정신적인 요소를 전적으로 부정하지 않은 데 비해, 오그번은 사회의 변동을 초래하는 요소로서 테크놀로지의 위력을 더욱 결정적인 것으로 보고 있다. 이 문제에 대해서는 제13장 사회변동에 관한 논의에서 좀더 자세히 설명하기로 한다.

둘째, 린턴 등의 **문화전파론**은 문화의 동질화현상이 한 사회의 문화와 다른 사회의 문화가 상호 전파되기 때문이라고 주장한다. 문화의 전파는 여행·유학·선교에서처럼 사람에 의한 직접적 접촉으로 이루어질 수도 있고, 교역·출판물·영상매체 등을 통한 간접적인 접촉에 의할 수도 있다. 윌버트 무어(Wilbert Moore)는 특히 사람에 의한 직접적인 전파를 **문화이식**(acculturation)이라고 부른다.[14)]

문화전파론자들은 인류가 현재 공통으로 사용하는 물질적 도구만 보더라도 거의 전부가 전파에 의한 것이라고 실례를 열거하면서, 어느 한 사회의 고유한 문화란 사실상 존재하지 않는다고 주장한다.

> "우리가 사용하는 물질들 가운데 원래 우리의 것이란 거의 없다. 우리가 사용하는 유리는 원리 이집트에서, 고무는 중앙아프리카 인디언, 쟁반은 중국, 숟가락은 로마, 과자는 스칸디나비아, 파이프담배는 아메리카 인디언, 궐련은 멕시코, 직물옷은 근동, 나막신은 인도, 동전은 고대 리비아, 포크는 중세 이탈리아, 우산은 동남아, 수박은 아프리카, 하나님은 히브류인에 의해 발견·발명된 것이다"[15)]

비단 물질적 도구뿐만 아니라 사상·종교·문학·법률 등 관념적 및 규범적 문화도 전파되며, 문화의 전파는 교통과 통신 및 매스 미디어의 발달에 따라 더욱 급속히 이루어지고 있으므로 세계의 문화는 갈수록 동질화될 것이라고 한다.

제 5 절 은현문화

문화의 동질화현상은 부인할 수 없는 사실이다. 물질문화의 동질화는 빨리 이루어지고 관념문화의 동질화는 상대적으로 천천히 이루어진다는 오그번의 주장은 수긍할 만하다.

에드워드 홀은 문화의 동질화현상을 인정하면서도 관념문화 가운데는 결

---

14) Moore, Wilbert, 1963 참조.
15) Linton, ibid., pp. 326-327.

국은 동질화가 되겠지만 좀처럼 동질화되지 않는 요소도 있음을 지적한다. 이것은 각 문화권의 사람들이 갖는 독특한 심리적 반응에 기인하는데, 홀은 그러한 문화의 관념적 요소를 은현문화(Oculto : '보이지 않는'이라는 스페인語)라고 부른다.[16)]

Ⅰ. 시간·공간·우정

홀은 은현문화의 성격이 어떠한 것인지 보여 주기 위해 대표적인 세 가지의 관념, 즉 '시간'·'공간'·'우정'에 대한 관념을 예로 들고 있다. 홀에 의하면 이들 세 가지 관념은 문화권에 따라 매우 다른데, 그의 설명을 들어 보면 다음과 같다.

첫째, 시간에 대한 관념을 보면 북미사람들은 시간을 자존심(ego)과 연결시켜 생각한다. 그래서 누구를 기다리는 시간이 길면 길수록 시간을 약속한 양자 사이에 차등이 크다는 것을 의미한다. 사회적 지위가 높은 쪽이 낮은 쪽을 기다리게 한다. 상대방과 동등한 지위에 있다고 생각하는 사람에게 만약 5분을 기다리게 하였다면 가벼운 사과로서 족할 것이나, 30분을 기다리게 하였다면 늦어진 이유에 대해 긴 설명이 필요하며, 45분을 기다리게 하였다면 따귀를 맞을 각오까지 해야 한다.

그러나 라틴아메리카인의 시간에 대한 관념은 전혀 다르다. 가령 어떤 사업상의 문제로 라틴아메리카인과 오전 10시에 만나기로 약속하였다고 가정할 때, 그가 약속시간에 정확히 나타났다면 그 사업은 성사될 가망이 없다는 것을 의미한다. 이럴 경우에 그가 "내일 오전 10시에 다시 만납시다"라고 한다면, 기대할 수 있는 최선의 말이 될 것이다. 만약 그 라틴아메리카인이 11시 가까이나 되어 나타났다면, 사업이 성사될 징조라고 할 수 있다. 오래 기다리게 하면 할수록 이것은 그가 그 사업을 그만큼 더 진지하게 생각하고 있다는 증거이다.[17)]

둘째, 공간에 대한 관념도 문화권마다 다르다. 북미인이 아랍지역을 여행한다면, 건물의 배치나 건물내부 또는 사무실내부의 배치가 너무 빽빽하거나

---

16) Hall, Edward T., 1959 참조.
17) Marks, Stephen, 1977, p. 928.

혹은 휑하니 넓어서 이상하게 느껴질 것이다. 아랍의 공간배치방식은 북미와 매우 다르기 때문이다.

사람들이 마주 서서 대화를 할 때, 그들 사이에 거리를 얼마만큼 두느냐에도 차이가 있다. 북미인은 최소한 60센티미터 이상 떨어져 있어야 편안함을 느낀다. 이에 비해 라틴아메리카인이 편안하게 느끼는 거리는 20센티미터 정도이다. 그래서 북미인과 라틴아메리카인이 대화를 하게 되면, 후자는 자꾸만 다가서고 전자는 자꾸만 물러서게 되어 방안을 한 바퀴 돌게 된다. 라틴아메리카인은 북미인이 냉정하다고 느끼기 쉽다. 북미인은 자기에게 다가서는 것이 불편하게 느껴져 책상 뒤의 의자에 앉아 책상으로 바리케이드를 치면, 라틴아메리카인은 책상 위로 '기어 올라오거나' 몸을 구부려 얼굴을 맞붙여 이야기하려고 한다.[18)]

길을 물어 볼 때도 공간에 관련된 은현문화의 차이가 나타난다. 만약 미국에서 중앙청으로 가려면 어떻게 가느냐고 길을 묻는다면, 미국인은 현재 그들이 서 있는 지점으로부터 공간을 전개시켜 중앙청까지 이른다. 예컨대 그 미국인은 "이 길을 따라 세 블록을 내려가서 신호등이 있는 교차로에서 왼편으로 꺾어 다시 두 블록을 가면 오른쪽에 높은 건물이 보이는데 그것이 중앙청"이라고 일러 준다. 그러나 일본인에게 물었을 경우에 그의 대답은 "세종문화회관 건너편 건물이 중앙청"이라고 말할 것이고, 그래서 세종문화회관은 어떻게 가느냐고 다시 물으면 한참 생각하다가 "잘 모르겠는데요"라고 대답할 것이다. 북미인은 머리 속에서 공간전개를 할 때 공간의 단위와 단위를 연결적인 관계로 파악하는 데 비해, 일본인은 공간의 단위를 독립적인 고정된 단위로 파악하기 때문에 기념적인 건물을 중심으로 해서 거기서부터 연상을 펼친다. 일본에서는 교차로의 이름은 있어도 거리의 이름은 없다.

셋째, 우정에 대한 관념도 문화권에 따라 다르다. 미국에서는 보통 우정이 오래도록 지속되지 않는다. 미국인들은 금방 친구가 되지만 또한 쉽게 잊어버린다. 가령 학창시절의 우정이 졸업 후 서로 헤어진 후에까지 지속되는 경우는 매우 드물다. 따라서 우정에 의한 어떤 의무 같은 것은 거의 없다. 이에 비해서 라틴아메리카인들은 서로 친구가 되기 위해서는 오랜 시간이 걸리지만, 일단 친구가 되고 나면 그 우정은 거의 평생토록 지속된다.

---

18) Hall, ibid., p. 164.

또한 그들의 우정에는 의무가 따른다. 예컨대 친구가 사업 따위에서 실패하면 친구를 도와야 할 의무감을 강력히 느낀다. 어떤 개인적인 어려움 때문에 친구를 저버린다는 것은 용납될 수 없는 일이다. 세계의 많은 곳에서도 그러하지만, 특히 라틴아메리카에서는 친구와 가족은 일종의 사회적 보험과도 같은 것이다. 이런 것을 미국에서는 생각하기 어렵다. 미국인들의 친구 사이에서는 호의에 대한 대가가 은연중에 계산되고 있으며, 친구에게 호의를 베풀 때는 최소한 그것에 대한 감사의 표시라도 있기를 기대한다.

은현문화의 차이에 따른 관념의 차이는 비단 시간·공간·우정에 그치는 것이 아니다. 한두 가지 예를 더 들어 보면, 사업상의 일로 사람을 만날 때 북미인은 한 사람씩 따로 만난다. 그러나 라틴아메리카인은 여러 사람과 같은 시간에 만나기로 약속을 하여 한꺼번에 여러 명을 상대한다. 주제가 서로 다른 이야기를 이 사람 저 사람과 나누는 것이 그들에게는 예사로운 일이다. 북미인은 이러한 경우를 당하게 되면 모욕감을 느끼겠지만, 라틴아메리카의 은현문화를 이해한다면 전혀 모욕감을 느낄 필요가 없다. 북미인과 라틴아메리카인은 대화(discussion)에 대해서도 서로 다른 관념을 갖고 있다. 어떤 사업상의 일이 걸려 있다고 할 때 북미인에게 대화는 단순히 목적에 도달하기 위한 수단이다.

그러나 라틴아메리카인은 상대방과 사업관계에 들어가기 전에 상대방의 문화적인 관심·인생관들을 알고 싶어하며, 그래서 정교하고도 고상한 대화를 나눈다. 아마도 북미인들은 이런 대화를 나누기에는 너무 바쁘다고 생각할 것이다. 북미인은 어떤 사람을 한두 번 만난 후에는 그 사람을 잘 안다고 가정하는 버릇이 있고, 자기 집에 초대를 한다. 그러나 라틴아메리카인은 오랫동안 사귄 오직 '친구'만을 집에 초대하며, 사업상의 이유에서 사람을 집으로 초대하는 일은 절대로 없다.

이와 같이 각 문화권에는 쉽사리 포착되지 않는 은현문화가 있으며, 홀에 따르면 이 같은 은현문화는 일반적인 문화의 동질화현상에도 불구하고 매우 동질화되기 어려운 부분이다. 그러나 홀은 시간의 경과에 따라 각 문화권의 독특한 은현문화도 마침내는 소멸될 것이며, 시간·공간·우정 등에 대한 관념도 언젠가는 동질화될 것이라고 전망한다.

오그번의 견해와 마찬가지로 홀도 물질문화가 우세한 쪽의 문화를 관념

및 규범 문화까지 뒤따라 가는 방향으로 동질화가 이루어질 것으로 본다.[19]

제 6 절 문화에 관련된 주요 개념들

끝으로 문화에 관련된 중요한 개념을 몇 가지만 더 소개하고자 한다. 소개하려는 개념들은 일상용어로나 전문용어로서 흔히 문헌들에서 사용되는 '부분문화'와 '대항문화', 그리고 '민족중심주의'와 '문화적 상대주의'이다.

Ⅰ. 부분문화 · 대항문화 · 선택문화

일반문화와 일반문화 사이에는 문화의 차이가 있음을 보았다. 그런데 하나의 일반문화 '내부에도' 문화의 차이가 있다. 한 사회 내의 특정계층 또는 특정집단들은 각기 특수한 문화들을 가지는데, 우리는 그것을 통틀어 특수문화(partial culture)라고 부른다.

그런데 특수문화는 그 성격에 따라서 부분문화(sub-culture)와 대항문화(counter-culture), 선택문화로 구분된다. **부분문화**란 특수문화이기는 하지만, 일반문화와 모순이 되지 않는 특수문화를 말하며, 이와는 달리 **대항문화**란 특수문화이기는 하되 일반문화와 모순되는 특수문화를 말한다.[20]

예를 들어 우리가 흔히 말하는 한국의 '청년문화'라든가 '군인문화' 등은 한국의 청년층 또는 군인집단이 갖고 있는 특수문화들을 가리키는 말로서, 이들 문화가 한국의 일반문화의 맥락과 상충되지 않을 때는 이들을 부분문화라고 부른다. 그러나 1960년대 말에 미국에서 번졌던 히피운동(Hippie Movement)에서 보는 바와 같이 출세나 돈의 가치를 거부하고 일부일처의 남녀관계를 거부하여 혼음을 주장하며, 남루한 옷과 더러움을 좋다고 하는 등의 히피문화는 미국사회의 일반문화와 상치되는 '대항문화'에 해당한다.

'선택문화'란 개개인이 자신의 기호나 취향에 따라 가지는 다양한 형태의 문화를 말한다. 예컨대 의복이나 헤어스타일, 취미 – 여가생활, 기호식품 등이

19) Hall, ibid. 참조.
20) Yinger, J. Milton, 1960 참조.

다. 전통사회에서는 일반문화나 부분문화가 우세했지만, 현대사회에서는 선택문화의 비율이 갈수록 커지고 있다.

Ⅱ. 민족중심주의와 문화적 상대주의

민족중심주의(ethnocentrism)나 문화적 상대주의(cultural relativism)는 자기 나라의 문화와 남의 나라의 문화를 평가하는 태도에 관련된 용어이다.

민족중심주의는 자기 나라의 문화를 가장 훌륭한 것이라고 생각하고, 자기 나라의 문화와 성질을 달리하는 문화를 경시하는 태도이다. 이러한 태도에는 편견적인 가치관이 포함되어 있음은 물론이다. 제 2 차 대전의 종전 이전까지 문화들에 대한 태도는 주로 민족중심주의적이었다. 따라서 무력으로 남의 나라를 강점한 식민지종주국들은 식민지의 문화를 야만적 문화로 보거나 혹은 저질의 문화로 경시하였다. 이러한 발상은 자연히 타인종 또는 타민족에 대해 부정적인 편견을 수반하였으며, 민족중심주의자들은 자기네 문화를 전파·이식시키기 위해 노력하는 것이 다른 나라의 사람들을 돕는 길이라고 믿기도 하였다.

그러나 민족중심주의는 제 2 차 대전의 종료와 때를 같이 하여 유아독존적인 사고방식의 결과라는 비판을 받게 되었고, 이에 대치되는 문화적 상대주의가 대두되었다.

문화적 상대주의란 어느 사회의 문화이든지 그 사회의 자연환경과 사회적·경제적 맥락, 그리고 그 사회의 입장에서 이해(감정이입)해야 한다는 시각이다. 그리고 각 문화에는 제나름의 특질을 가질 수밖에 없는 필연성이 있으며, 따라서 문화들 사이에서 우열이란 있을 수 없다는 입장을 말한다.

예컨대 과거 중동의 이슬람문화권에서는 일부다처제(一夫多妻制)가 당연시되었는데, 일부일처제(一夫一妻制)를 따르던 유럽인들은 민족중심주의에 입각하여 이것을 도덕적 타락 또는 야만적 행태로 평가하였다. 그러나 문화적 상대주의 입장에서는 왜 중동의 아랍인들이 일부다처제를 채용하게 되었는지 아랍세계의 입장에서 이해하려고 노력한다.

문화적 상대주의자들에 따르면 과거의 아랍세계는 고온과 사막의 척박한 자연환경으로 말미암아 정착생활을 하지 못하고, 아랍인들은 씨족단위 또는 부족단위로 무리를 지어 이 곳 저 곳을 떠돌아다니는 유목생활이나 혹은 운송교

역인 대상(隊商) 생활을 영위하였다. 그래서 씨족 또는 부족의 결속은 강고하였으나 민족으로서의 통합은 이룰 수가 없었고, 희소한 자원을 둘러싸고 타씨족이나 타부족과 마주치면 호방한 웃음과 포옹의 제스처로써 인사를 나누면서도 서로 의심·경계하며, 빈번히 치열한 전투를 벌여 피비린내나는 살육이 많았다. 그래서 아랍의 역사는 씨족 또는 부족 간 전투의 역사였다. 그 결과로 성인남자들이 많이 전사하였고, 따라서 성비(性比)가 크게 불균형해져서 일부다처의 결혼형태를 성행시켰다는 것이다. 한 남자에 종속되는 다수의 아내들은 대개 자매들이거나 혹은 고모·조카 등과 같은 인척지간으로서 일부(一夫)는 이들 여성의 남편이자 수호자였다. 한 남자가 유능하면 유능할수록 더 많은 수의 아내를 거느리는 것이 이러한 맥락에서는 당연시되었으며, 아내의 수는 곧 남자의 능력과 지위를 나타내 주는 상징이기도 했다.

앞서 시베리아의 코랴크족의 남편은 친구가 방문하면 자기 아내와 동침하게 하는 관습이 있다고 소개한 바 있는데, 문화적 상대주의는 이러한 관습이 왜 생겼을까를 코랴크족의 입장에서 분석·이해한다. 시베리아는 추위로 말미암아 남자의 고환이 생식기능에 적합한 온도(32~33도)로 유지되기 어려워 생식이 잘 이루어지지 않기 때문에 종족번식의 기회를 높이기 위해 그 같은 관습이 생긴 것으로 설명한다.[21)]

오늘날은 적어도 학문의 세계에서는 더 이상 민족중심주의적 입장을 취하는 학자는 없지만, 현실의 세계에서는 여전히 민족중심주의적 편견이 남아 있음을 부인할 수 없을 것이다.

21) Kluckhohn, ibid., p. 362.

제5장

사회제도 · 가족제도

제 5 장

사회제도 · 가족제도

제 1 절 사회제도란 무엇인가?

앞 장에서 문화를 논할 때, 우리는 문화의 보편적 기능으로서 인간과 자연환경의 관계, 이성관계와 재생산, 분업과 자원배분, 의사소통의 방식, 공동의 목표, 개인적 목표달성을 위한 수단, 사회화, 감정표출과 긴장해소 등에 관한 지침을 제공한다고 했다.

사회제도(social institution)란 이러한 문화의 각 기능이 보다 더 구체적으로 조직화되어 특성을 갖는 영역들을 형성하여 인간의 사고와 행동을 지배하는 하나의 사회구조를 말한다(사회구조란 뒤에 다시 설명하겠지만, 인간의 사고와 행동을 지배하는 사회적인 힘을 의미한다). 예컨대 '이성(異性) 관계와 재생산' 등에 관련된 문화의 기능이 좀더 구체적으로 조직화된 것을 우리는 가족제도(family institution)라고 부른다.

'인간과 자연환경의 관계'나 '분업과 자연배분'에 관한 문화의 기능은 경제제도(economic institution)로, '공동의 목표'나 '개인적 목표달성을 위한 수단'에 관한 문화적 기능은 정치제도(political institution)로, '사회화'에 관한 문화적 기능은 교육제도(educational institution)로, '감정표출과 긴장해소'에 관한 문화적 기능은 종교제도(religious institution)로, '의사소통'에 관한 문화적 기능은 커뮤니케이션제도(communicational institution)로 조직화된다.

우리가 제도를 논할 때는 흔히 그 대표적인 것으로서 가족제도 · 종교제도 · 정치제도 · 경제제도 · 교육제도를 다루게 되는데, 각각의 제도는 그 사회의 문화적 기능이 영역별로 응결지어진 문화적인 본질을 기본요소로 하고 있다.

따라서 각 제도는 문화에서와 같이 명시적인 내용과 묵시적인 내용을 포함한다. 예컨대 가족제도에는 가족형성의 출발인 결혼식 · 폐백 등과 같은 의례적(儀禮的) 절차와 혼인신고 · 출생신고 등과 같은 법률적 절차, 그리고 가족구성원간의 행동양식·가족구성방식 등 우리가 의식하는 명시적 내용도 포함되지만, 무의식적으로 받아들이는 가족에 대한 가치관·신념·권리의무 등 묵시적인 내용도 포함된다. 우리가 정치제도라고 할 때에도 여기에는 정부의 조직, 권력자의 선출방식 등 법률적인 체계(system)뿐만 아니라, 정부와 권력의 운영방식, 국민과 정부의 관계에서 권리와 의무, 정치 및 권력에 대한 가치관, 신념 등 의식적·무의식적인 행동과 관념까지 포함된다.

Ⅰ. 사회제도의 분화

오늘날에는 가족제도·종교제도·정치제도·경제제도·교육제도 등 여러 제도가 각기 특징적인 영역을 보유하면서 병존하고 있으나, 원시시대에는 가족제도 하나밖에 없었다. 여기에서 원시시대라 함은 대개 구석기시대 이전의 시기로서, 아직 농경이 시작되기 전의 수렵채취시대를 말한다. 이 시기에는 가족제도 안에 종교·정치·경제·교육 등의 모든 기능이 융해(fusion)되어 있었다. 신앙, 주로 자연신앙에 따른 제의(祭儀)도 가족 내에서 이루어졌고, 권력의 행사도 가장 또는 족장에 의하여 이루어졌다.

가족은 또한 생산의 단위이자 소비의 단위로서 경제활동의 본거지였으며, 교육도 가족 내에서 실시되었다. 이와 같이 가족제도가 오늘날의 가족제도에서 보는 바와 같이 이성결합과 출산·양육을 중심으로 하는 기능뿐만 아니라, 종교적 기능·정치적 기능·경제적 기능·교육적 기능까지 동시에 수행하던 상태를 제도의 **원시적 융해**(primitive fusion)라고 부른다.

원시적 융해의 상태로부터 제도들이 사회의 발달과 더불어 하나씩 분화되어 나왔다. 인류학자들이 주장하는 통설에 따르면,[1] 가족제도로부터 맨 먼저 분화되어 나온 것이 종교와 정치에 관련된 요소였다. 이러한 분화는 주문(呪文)의 암송과 제무(祭舞)에 뛰어난 샤먼(Shaman)이라는 존재가 나타남으로써 이루어지기 시작했다. 종교와 관련된 의식행위가 그를 중심으로 결집되었고, 또한 그는 병자를 고칠 수 있는 주술의 능력과 귀신과 대화를 나눌 수 있는 능력을 가진 것으로 믿어졌다. 따라서 샤먼의 존재는 신비와 초자연적인 힘의 성장으로 간주되었고, 샤먼은 제의(祭儀)를 관장하며 공동체를 다스리는 정치

1) Gillin, John, 1948; Harris, Marvin, 1975; Wallace, Antony, 1966 참조.

적 권력까지 겸유하는 경우가 많았다. 그래서 이 시기에는 종교적인 요소가 포함된 신정일체(神政一體)의 제도(theocratic institution)가 가족제도로부터 분화되어 있었다.

신정일체적(神政一體的)인 제도에서 종교와 정치가 어떻게 분화되어 각기의 제도로 발전하였는지에 관해서는 학설이 구구하다. 그러나 인류학자들이 일반적으로 믿고 있는 바에 따르면, 외적과의 전투에서 용맹을 떨친 자가 무력으로 지배하며 정치적 권력을 행사하게 됨으로써 샤먼과의 갈등을 거쳐 종교제도와 정치제도가 서서히 별개의 제도로서 분리·발전하게 되었다.

경제제도로의 분화는 종래 가족단위의 경제활동이 점차 확대되어 물물교환이 이루어짐으로써 시작되었다. 물물교환이 이루어진다는 것은 가족단위와 가족단위 사이, 또는 부족과 부족 사이에 생산의 분업이 일어남을 뜻하는 것이기도 하다. 물물교환을 위해서는 교환의 균형에 관한 원리나 교환을 매개하는 화폐 및 교환의 장소와 절차 등이 필요하였다. 이러한 경제적 기능들이 합해져 경제제도의 영역으로 형성·발전하였다.

교육제도는 가장 늦게 분리·독립된 영역이다. 교육제도로의 분화는 '선생'이라는 존재가 나타나고, 그에게서 배우기를 바라는 학생이 모여들어 학교형태의 기관이 생겨남으로써 시작되었다. 인류역사에서 학교형태의 기관이 최초로 형성된 시기는 불과 기원 전 7~8세기였던 것으로 믿어지고 있다.

위에서 설명한 가족·종교·정치·경제·교육 제도는 근대 이전에 분화되었을 뿐 아니라 사회생활의 근간을 이루는 중요한 제도들이므로, 이들을 통틀어 원초적 또는 1차적 제도(primary institutions)라고 한다. 이들과 달리 근대 이후에 형성된 언론·여가·복지제도 등은 파생적 제도(derived institutions) 또는 2차적 제도(secondary institutions)라고 한다.

Ⅱ. 사회제도의 일반적 성격

어느 사회에서나 모든 제도가 공유하는 일반적 성격이 있는데, 이것을 요약하면 포괄성(all-inclusiveness)·침투성(pervasiveness/permeability)·지속성(stabi-lity) 등 세 가지이다.

첫째, **포괄성**이라 함은 제도가 사회에서 이루어지는 인간행위의 모든 부분을 포괄한다는 뜻이다. 사회구성원들의 모든 활동은 그 사회의 제도적인 틀 안에서 이루어지며, 이 틀에서 벗어날 경우에는 어떤 형태로든지 사회적 제재를 받게 된다.

둘째, **침투성**이란 제도를 이루는 지위와 역할, 규범 등이 그 사회의 모든 구성원과 집단, 그리고 모든 영역과 지역에까지 스며들어 있다는 뜻이다. 따라서 한 제도의 성격이 변하면, 침투의 효과에 의해 다른 모든 영역과 제도들의 성격도 영향을 받게 된다.

셋째, **지속성**이란 한 제도의 성격은 쉽게 파괴되거나 변화하지 않으며, 그 속성이 오랜 세월 동안 지속된다는 뜻이다. 따라서 외부적인 강제나 충격에 의해 쉽사리 소멸되거나 변화되지 않으며, 제도의 성격이 변화할 때에도 그 변화는 완만히 이루어진다. 제도의 지속성으로 인해 그 제도가 갖는 성격은 구성원들의 인격 가운데에 내면화되기 때문에 사회의 구성원들은 대개 자신들의 제도와 자기 자신을 동일시하게 된다.

제도를 논의할 때는 대개 가족제도·종교제도·정치제도·경제제도 및 교육제도를 취급하게 되나, 이 가운데서 가족제도가 가장 핵심적인 제도임은 두말 할 필요도 없다. 그러면 가족제도는 이 장에서 취급하고, 나머지 종교·정치·경제·교육 제도는 다음 장에서 한꺼번에 다루기로 한다.

제 2 절 가족제도

가족제도를 말하기 전에 우선 가족(family)이라는 개념부터 정의하면, 가족이란 원칙적으로 남녀의 성(性) 결합을 전제로 하는 혼인과 혈연으로 이루어진 집단을 말한다. 성결합이 없는 부부가 있을 수 있고, 혈연관계 이외에 양자(養子)의 경우처럼 가족을 구성하는 경우도 있지만 이것은 예외적인 것이다. 동물의 세계에서 조류 가운데는 암컷과 수컷이 거의 항구적으로 짝을 지어 새끼를 낳고, 얼마 동안은 어린 새끼를 함께 양육하며, 가족의 형태로서 생활하는 몇몇 종(種)이 있으나, 이 밖의 척추동물(vertebrate)이나 포유동물(mammal)에서는 유인원(antropoidape)을 제외하고는 가족의 구성을 찾아볼 수 없다.

우리의 관심을 끄는 유인원 가운데 성성이(orangutan)는 가족의 구성 여부가 확칠치 않으나, 고릴라(gorilla)와 침팬지(chimpanzee)는 한 마리의 수컷과 한 마리 또는 여러 마리의 암컷 및 각각 나이가 다른 한 마리 이상의 새끼로 구성되는 가족집단으로 살고 있으며, 아비 고릴라는 그의 가족을 방위하고 보호하며 가족을 위한 둥우리를 짓는 것으로 알려져 있다.[2)]

고릴라와 침팬지는 왜 암컷과 수컷이 교미기뿐만 아니라 새끼를 낳고, 난 다음까지도 함께 사는 것일까에 대한 대답은 그렇게 하는 것이 종(種)의 존속을 가능케 해 주는 좋은 방법이었기 때문에, 자연도태의 과정을 통하여 그러한 본능이 생성되었을 것으로 보고 있다. 여기서 **본능**이라는 말의 뜻은 자신의 생명과 새끼를 보존하고, 그렇게 함으로써 종 자체를 보존하려는 성향과 행동을 일컫는다.

Ⅰ. 가족의 기원

고릴라와 침팬지의 예에서 우리는 인간이 왜 가족을 구성하여 생활하는가에 대한 해답을 얻을 수 있다. 즉 인간 역시 종의 존속을 위해서 가족을 구성하게 되었다고 볼 수 있을 것이다. 인류학자들이 주장하는 통설에 따르면, 인간에게는 처음부터, 즉 인간이라는 존재가 이 세상에 출현하면서부터 가족이 있었다. 인간존재의 출현에 대해서는 진화론자가 주장하는 바와 같이 유인원의 일종으로부터 진화를 하였는지, 혹은 조물주의 창조에 의해 처음부터 인간으로서 만들어졌는지 아직도 확실한 정설(定說)은 없다. 가령 유인원의 일종으로부터 진화했다고 가정한다면, 인간의 가족은 인간으로 진화하기 이전의 유인원시절부터 갖고 있던 가족형태의 생활이 발전된 것이라 할 것이다.

인간이 종의 존속을 위해서 왜 인류생활의 시원(始源)부터 가족이 필요했던가는 인간의 신체적 조건에서 제 1 차적인 이유를 찾을 수 있을 것이다. 인간의 영아는 혼자서는 도저히 생존할 수 없는 취약한 신체적 조건을 가지고 이 세상에 태어난다. 어린이는 어머니의 보살핌에 의해서만 생존하고 성장할 수 있다. 또한 전적인 보살핌을 받아야 할 기간만도 최소한 5~6년이라는 긴 시간이다.

여성은 10명 이상의 자녀를 출산할 수 있는 생식력을 가지고 있으며, 회

2) Westermarck, E. A., 1929 참조.

임(懷妊) 기간은 약 9개월로서 매우 길다. 따라서 원시시대의 여성들은 성인기간의 거의 전부를 임신과 출산의 반복으로 보냈으며, 태어난 자식들의 다수가 어려서 사망하기는 했지만 여러 명의 자녀를 항상 곁에 두고 이들을 돌보는 데 거의 모든 시간을 써야 했다. 그러므로 어머니는 자신의 아이들을 부양할 양식을 구할 여력을 가질 수 없었다. 이러한 조건에서 인간이 존속하기 위해서는 어머니와 자녀의 생존에 필요한 양식과 보금자리를 공급하는 아버지의 존재가 불가피하였다.[3)]

다시 말해 원시시대의 아버지는 한 명 또는 여러 명의 여자와 항구적으로 성결합을 가지는 부부의 관계를 맺고, 그들 사이에서 태어나는 자녀들과 늙은 조·부모(祖·父母)를 포함하는 가족의 생계를 책임지는 존재였던 것이다. 이와 같이 부부를 중심으로 하는 가족의 단위가 형성되지 아니하였다면, 인간이라는 종(種)은 존속이 불가능하였을 것이다. 그런 까닭으로 인간생활에 있어서는 처음부터 가족이 있었던 것이고, 가족과 관련된 가족제도가 성립될 수밖에 없었다.

Ⅱ. 가족제도의 기능

인류가 시초부터 가족을 형성하여 삶을 영위한 근본적인 이유는 앞에서 설명한 바와 같이 인간이라는 종(種)을 보전하기 위한 것이었다. 종의 보전에 관련된 동물의 행위를 흔히 본능이라고 말하는데, 이런 의미에서라면 가족형성은 인간본능의 소산이라고 말해도 무방할 것이다. 따라서 인간생활에서 가족이라는 존재는 인류의 존속이라는 명제와 직결된 것이라고 볼 수도 있다.

가족을 중심으로 하는 가족제도의 기능은 이러한 인류의 존속이라는 명제에 기여하는 내용들과 관련되어 있다. 그 기능을 몇 가지로 나누어 살펴보면 다음과 같다.[4)]

첫째, 가족제도는 성행위를 규제한다. 생리적인 측면에서 볼 때 인간은 다른 동물과 마찬가지로 어떠한 이성과도 성결합을 할 수 있고, 또한 그러한 성적 욕구를 가지고도 있다. 그러나 부(父)와 모(母), 그들 사이에 태어난 자식으로 구성되는 가족을 유지해야 할 필요 때문에, 가족제도는 인간의 생리적 욕구

3) Lerner, Gerda, 1986 참조.
4) Van Den Berghe, Pierre L., 1979 참조.

를 규제하여 부부 사이에서만 성결합을 할 수 있도록 허용한다. 부부의 단위가 문화권에 따라서는 일부일처(一夫一妻)일 수도 있고 일부다처(一夫多妻) 혹은 일처다부(一妻多夫)일 수도 있겠으나, 어떠한 형식으로든 사회적으로 공인된 부부지간에서만 성결합이 가능하도록 규제한다. 부부관계에 대한 사회적 공인을 위해서 결혼식 등의 의식(儀式)이 필요하였고, 이러한 의식은 인류문화가 시작된 이래 처음부터 형성·유지되었다.

둘째, 가족은 사회적 재생산을 수행한다. 어떤 문화권이든 재생산은 부부에 의해 가족에서 이루어지도록 제도화되어 있다. 어린이의 양육을 위해서는 확인된 항구적인 부(父)의 존재가 필요하기 때문에 가족 이외에서의 재생산을 허용하지 않는 것이다. 여기서 가족에서의 재생산을 '사회적' 재생산이라고 말하는 것은 아이가 태어나는 곳은 가족이라고 하더라도 태어난 아이는 가족의 성원이 될 뿐만 아니라 사회의 구성원이 되기 때문이다. 다시 말해 사회적 존재인 인간을 가족이 맡아서 낳아 주는 것이다. 때문에 인간은 가족내부에서 지위를 가짐과 동시에 사회에서 지위를 가지게 되는 것이며, 그의 행위는 가족에 대해서뿐만 아니라 사회에 대해서도 책임과 의무를 지니게 된다.

셋째, 가족은 어린이를 양육하고 사회화한다. 가족은 어린이의 생존과 성장에 필요한 영양과 환경을 제공하고, 동시에 어린이로 하여금 사회성원으로서의 자질을 갖추도록 사회화한다. 이러한 사회화과정은 훈계·훈련·상벌부여 등 명시적 방법과 연장자모방·가족적 환경에 의한 자각과 경험 등 묵시적 방법을 포함한다.

넷째, 가족은 가족구성원 상호간에 보호와 정서적 지지를 제공한다. 가족은 외부의 사회적 또는 자연환경적 위험이나 위해로부터 가족구성원들을 보호하고, 가족구성원들이 겪는 희로애락(喜怒哀樂)을 공유·공감(共有·共感)하며, 서로 격려하고 위로함으로써 정서적 건강을 회복·유지할 수 있게 한다.

다섯째, 가족은 가족구성원에게 사회적 정체(social identity)와 귀속적 지위(ascribed status)를 부여한다. 사회적 정체라 함은 어떤 단수의 사람을 특정의 객체로서 인정하고, 본인 스스로도 그렇게 자각하는 것을 일컫는다. 사회적 정체가 최초로 부여되는 것은 가족에 의해서이다. 가족은 새로이 태어난 어린이에게 이름을 지어 줌으로써 그 어린이에게는 '내가 누구'라는 최초의 정체감(正體感)이 심어지기 시작한다. 가족 내에서뿐만 아니라 모든 사회인이 그의 이름으로 부르기 때문에 그의 정체(正體)는 처음부터 사회적인 것이다.

어린이에게는 누구네 집 몇 째 아들, 예컨대 부잣집 막내아들, 왕가의 황태자 등으로 지위가 부여되는데, 이와 같이 태어남으로써 획득되는 지위를 귀속적 지위라 한다.

여섯째, 가족제도는 또한 종교적 기능 · 정치적 기능 · 경제적 기능 · 교육적 기능을 지닌다. 가정 내에서는 함께 기도하거나 제사를 모시는 등 종교적 기능을 수행하며, 가정에서는 부(父) 또는 모(母)에 의한 강제력이 행사되고, 가족 성원이 공통의 목적을 위해 동원되는 등의 정치적 기능이 수행된다. 가정은 농업이나 어업에 종사하는 경우에서처럼 생산의 공동체가 되기도 하고, 최소한 소비의 공동체로서 경제적 기능을 수행한다. 또한 가정은 문자나 셈을 가르칠 뿐만 아니라, 예의범절과 행동양식 등을 가르치는 교육적 기능을 수행한다.

가족제도에는 아래에서 소개하는 것처럼 여러 유형이 있으나, 이상에서 여섯 가지로 나누어 서술한 가족제도의 기능은 모든 유형의 가족제도에 공통적으로 적용된다.

제 3 절 가족제도의 유형

모든 가족제도는 성(性)으로 결합된 남녀와 그 사이에서 태어나는 자녀들로 구성되는 '가정'이라는 집단을 근간으로 하며, 인류의 존속과 관련된 여러 가지 기능을 수행한다는 점에서는 공통적이다. 그러나 가족제도는 각 사회와 각 시대의 문화에 따라 다양한 유형으로 나타날 수 있다. 그러면 그 유형이 어떻게 다른가를 몇 가지 기준에서 소개하기로 하겠다.

Ⅰ. 유형의 분류

가족제도의 유형분류는 일반적으로 가족제도의 요소들인 배우자의 선정, 혼인 후의 거주지, 가족 내에서 권위의 소재, 배우자의 수, 가족의 구성방식 등을 기준으로 한다.[5)]

5) Levi-Strauss, Claude, 1969 참조.

첫째, 결혼이 자기네 집단내부에서 이루어지느냐, 외부집단과 이루어지느냐에 따라 족내혼(endogamy)과 족외혼(exogamy)으로 구분한다. **족내혼**은 인도인이 자기네 카스트(caste) 내부에서 혼인하는 것처럼 동일한 씨족 또는 동일한 사회적 지위집단 내에서 혼인하는 것을 말한다. 이러한 족내혼은 자기 집단의 경제적 및 정치적 재화와 문화적 동질성을 보존하려는 데에 그 목적이 있다고 설명된다.

다른 집단의 구성원과 혼인을 하는 **족외혼**은 자기 씨족집단내부의 평화유지뿐만 아니라, 다른 씨족집단과의 평화를 위해서 생겨난 제도라고 한다. 다른 씨족집단과의 혼인은 결과적으로 씨족집단들 사이에서 여자를 교환(system of marital exchange)하게 됨으로써 상호의존성이 커지고, 그들간에 분쟁과 갈등을 감소시킴으로써 서로 연합적인 협력(alliance)에 기여할 수 있기 때문이라고 한다(Levi-Strauss, 1969).

둘째, 결혼에서 남자쪽의 사회적 지위가 높은가, 혹은 여자쪽의 사회적 지위가 높은가에 따라 부혼제(hypergamy)와 앙혼제(hypogamy)로 구분한다. **부혼제**(負婚制)는 남자의 입장에서 볼 때, 자기보다 사회적 지위가 낮은 여자를 '내려다 보면서'(負) 혼인을 하는 것을 말하고, **앙혼제**(仰婚制)는 남자가 여자를 '올려다 보는'(仰) 결혼형태를 말한다. 부권(父權)이 강한 문화권에서는 부혼제가 일반적이며, 모권(母權)이 강하거나 일처다부제가 행해지는 모계중심의 사회에서는 앙혼제가 일반적이다.

셋째, 배우자의 숫자가 단수냐, 복수냐에 따라 일부일처제(monogamy)와 중혼제(polygamy)로 구분한다. 일부일처제(一夫一妻制)는 문자 그대로 한 사람의 남자와 한 사람의 여자가 부부단위를 이루는 형태를 말한다.

중혼제(重婚制)는 배우자의 어느 한쪽이 단수이고, 다른 한쪽이 복수인 형태로서, 중혼제는 다시 한 사람의 남편이 2명 이상의 아내를 두는 **일부다처제**(polygyny)와 한 사람의 아내가 복수의 남편을 두는 **일처다부제**(polyandry)로 구분된다.

일부일처제(一夫一妻制)는 서구산업사회에서 주로 시행되고 있고, 우리에게도 가장 친숙한 형태이지만, 세계 전체로 볼 때 일부일처제가 채용되고 있는 사회는 20%에 불과하다. 세계의 사회들에서 가장 흔한 형태는 일부다처제로서 약 80%의 사회에서 실시되고 있다.

배우자의 숫자는 그 사회의 경제력의 배분 및 성비(性比)와 밀접히 관련되어 있다. 경제력의 배분이 비교적 공평한 원시수렵채취사회나 현대산업사회에서는 일부일처제가 행해지며, 남자가 편중된 경제력을 소유하고 있거나 성인남자의 수보다 성인여자의 수가 많을 때에는 일부다처제가 시행된다.

현재 세계에서 80%의 사회가 일부다처제를 채용하고 있기는 하지만, 성비가 비슷한 사회에서는 소수의 상류계층만이 복수의 아내를 가질 뿐 대부분은 일부일처를 지키고 있다. 이는 성비가 비슷하다면 모든 남자가 복수의 여성과 결혼할 수는 없기 때문이다.[6]

일처다부의 결혼형태는 매우 희귀하여 0.5%의 사회에서만 행해지고 있다. 일처다부제는 여자 영아(嬰兒) 살해의 풍습이 있는 바간다족에서처럼, 또는 어떤 환경적·역사적 원인에 의해 여성의 수가 남자에 비해 현저히 적을 때 나타난다. 혹은 일부다처가 광범위하게 시행되어 여자의 수가 현저히 모자라게 될 때 최하류층에서는 일처다부제가 시행되는데, 이러한 경우 다부(多夫)는 대개 형제들인 경우가 많다.

넷째, 혼인한 부부의 거주지(居住地)를 어디로 하느냐에 따라 부가거주제(patrilocality)·처가거주제(matrilocality)·부외숙가거주제(avunculocality)·선택거주제(ambilocality)·별거제(natolocality)·신가거주제(neolocality)로 구분된다.[7]

부가거주제(夫家居住制)는 남편이 아내를 자기의 아버지집으로 데리고 와서 거주하는 제도로서, 세계 3분의 2의 문화권들에서 행해지고 있다.

처가거주제(妻家居住制)는 세계문화권들의 13%에서만 행해지고 있는데, 이 제도 아래에서는 아내가 남편을 자신의 확대가족 가운데로 데리고 가서 거주한다. 아메리카 인디언의 호피족(Hopi Tribe)이 그러하다.

부외숙가거주제(夫外叔家居住制)는 매우 드문 경우이기는 하지만, 혼인한 부부가 남편 어머니의 남자형제, 즉 외숙(外叔) 집에 들어가서 사는 제도이다.

선택거주제(選擇居住制)는 혼인한 부부가 부가(夫家)와 처가(妻家) 가운데서 어느 한쪽을 선택해서 거주하는 제도이다.

그리고 매우 희귀하지만 재미 있는 제도로서 **별거제**(別居制)는 혼인한 부부가 함께 살지 아니하고 원래의 자기의 집에 머물면서 떨어져서 사는 제도이다.

6) Fox, Robin, 1983 참조.

7) Queen, Stuart, et al., 1974, pp. 54-59 및 Ember, Melvin and Carol Ember, 1971 참조.

신가거주제(新家居住制)는 혼인한 부부가 부가나 처가에서 떨어져 나와 독립적인 거주지를 마련하여 거주하는 제도로서, 이는 산업사회 이전에도 가끔 발견되지만 주로 오늘날의 산업사회에서 행해지는 거주제도이다.

혼인한 부부의 거주지에 대한 이러한 제도들은 엄격히 준수되는 규율로서, 다음에 설명할 가계제(家系制 : lineage) 또는 다른 표현으로서 상속제(相續制 : lineal descent)와 밀접히 관련되어 있다.

다섯째, 한 가족의 계보와 재산이 누구를 통해 전승되는가에 따라 가족의 유형은 부계제(父系制 : partriliny 혹은 夫相續制 : patrilineal descent) · 모계제(母系制 : matriliny 혹은 母相續制 : matrilineal descent) · 양계제(兩系制 : birateraliny 혹은 兩系相續制 : birateral descent)로 구분될 수 있다.[8)]

부계제(父系制)는 가족의 계통과 재산이 남자들, 즉 아버지의 아버지의 아버지, 아버지의 아버지, 아버지의 아들들을 통해서 상속되는 제도로서, 세계문화권의 약 절반에서 행해지고 있다. 부계제에서는 아버지의 남자형제들, 자신의 남자형제들, 자신의 아들들로서 **상속집단**(descent group)이 형성된다. 대부분의 부계제에서 여자는 일단 결혼을 하면 출가외인으로서 남편의 가족(clan)으로 완전히 흡수된다. 여자는 아버지와 아들의 가계를 이어 주는 출산자로서의 중요한 위치를 차지한다. 일반적으로 아들은 어머니에 소속되기보다는 아버지에 소속된 것으로 간주되기 때문에, 부계제(父系制) 아래서는 대부분의 경우 여자는 상속집단에서 제외된다.

모계제(母系制)는 가족의 계통과 재산이 어머니들, 즉 어머니의 어머니의 어머니, 어머니의 어머니, 어머니를 통해서 상속된다. 부계제에서 여자는 상속집단에서 일반적으로 제외되지만, 모계제에서는 남자가 상속집단에서 무차별적으로 제외되지는 않는다. 어머니의 아들들은 상속집단의 일원으로서 어머니로부터 상속을 받게 된다. 그러니까 어머니의 남자형제와 자매, 어머니의 아들과 딸들로 상속집단이 형성되는 것이다. 다만, 모계제에서는 아버지만이 상속집단에서 제외된다. 다시 말해서 자식들은 어머니에 소속되고, 아버지에게 소속되지 않는다.

부계제에서 여자는 일단 결혼하면 출가외인이 되지만, 모계제 아래서는 결혼을 하더라도 평생토록 그의 어머니 가계에 소속된다. 모계제에서는 계통과

8) Queen, Stuart, et al., ibid. 참조.

재산이 어머니들을 통해 상속되기 때문에 남자는 남편이나 아버지로서가 아니라 여자의 남자형제로서, 즉 외삼촌 또는 오빠나 남동생으로서 가사에 관여한다. 따라서 남자는 그의 여자형제들의 아이들과 특별한 유대를 가지며, 그 아이들을 교육시킬 책임을 진다. 그 남자에게 모계를 통해 내려온 상속은 이들 조카들에게 전승된다.

양계제(兩系制)는 가족의 계통과 재산이 남자들과 여자들 양쪽 모두를 통해 상속되는 제도이다. 이러한 제도는 원시수렵채취시대와 오늘날의 서구산업사회에서 행해지고 있는 제도이다. 우리 나라에서도 오늘날 도시지역에서는 양계제에 가장 가까운 형태가 보이고 있다. 모계제에서는 소규모의 일가친척집단(kindred)이 아버지와 어머니 양쪽에 형성된다. 일가친척은 하나의 공동체단위로서 사고하거나 행동하는 일은 거의 없고, 특수한 경우에만 협력적인 행동에 초청된다.

여섯째, 가족 내에서의 권위가 부부 중 누구에게 있느냐에 따라 가족유형을 가부장제(patriarchy) · 가모장제(matriarchy) · 부부동권제(equalitarianism)로 구분할 수 있다.

가부장제(家父長制)는 주요 결정권이 아버지에게, **가모장제**(家母長制)는 어머니에게 있다. **부부동권제**(夫婦同權制)는 부부가 평등한 권리를 가지고서 공동으로 결정하는 형태이다.

가족 내에서 권위의 소재는 앞에서 살펴본 거주제 및 가계제와 밀접히 관련되어 있다. 예컨대 부가거주제와 부계제에서는 당연히 가부장제가 된다. 현대사회에서는 부부동권제가 일반적이라고 말할 수 있겠지만, 이러한 일반화는 각 가정의 계층과 특수사정에 따라 다르게 나타난다. 예컨대 남편이 막강한 경제력을 지닌 상류가정에서는 부부가 함께 맞벌이를 하는 중류가정에 비해 보다 가부장적이며, 미국의 하류 흑인가정에서처럼 대개 어머니가 자녀양육의 책임을 지고 있는 특수사정에서는 가모장적(家母長的)이다.[9)]

일곱째, 가족의 단위가 누구 누구로 구성되느냐에 따라 핵가족(nuclear family) · 확대가족(extended family) · 문중가족(coporate descent group)으로 구분할 수 있다.

핵가족제(核家族制)는 원칙적으로 부부와 그들의 미혼자녀들로 가족단위를

---

9) Frazier, E. Franklin, 1939, p. 129.

구성하고, 이들이 같은 지붕 밑에 살면서 하나의 단위로서 함께 행동한다. 이 같은 핵가족제는 원시수렵채취시대와 오늘날의 현대사회에서 가장 보편적인 형태이다.

확대가족제는 부계제에서는 생존해 있는 증조부·조부·부(모계제에서는 증조모·조모·모)를 중심으로 그의 자녀들과 그의 자녀들의 가족들이 한 지붕 또는 다른 지붕 밑에 살면서, 전체가 하나의 가족단위로서 결합하여 행동을 하는 형태이다. 산업사회 이전에는 확대가족제도가 대표적인 가족구성형태였다. 산업사회에 들어와서도 확대가족의 구성원들은 경제적으로나 다른 형태로 서로 돕거나 휴일이나 명절 때는 함께 행동하는 경우가 빈번하기 때문에, 하나의 '느슨한 단위'로서 사회적 의의를 지닌다.

문중가족제(門中家族制)는 공통의 조상 아래 태어난 씨족(kinship)의 개인들이 망(網)을 형성하여 하나의 가족단위로서 집합적으로 생활하며 행동하는 형태이다. 가장 규모가 크고 복잡한 형태인 이 문중제는 산업사회에서는 찾아보기 어렵지만, 옛날 원예사회(horticultural societies)에서는 가족단위의 가장 대표적인 형태였고, 농경사회에서도 흔했다. 문중가족제에서는 한 가족이 보통 수백 명 혹은 수천 명으로 구성되었다.

이상 일곱 가지의 기준으로 분류한 여러 형태는 가족제도의 유형에 관한 것이다. 그러므로 우리가 어느 한 사회의 가족제도를 말할 때는 이러한 분류기준들을 모두 살펴봄으로써 그 사회의 가족제도를 종합적으로 묘사할 수 있을 것이다. 예컨대 조선시대 우리 나라의 가족제도는 족외혼제이고 일부다처제이며, 부혼제이고 부가거주제의 부계제이며, 가부장제이고 확대가족제라고 말해야 하는 것이다.

그러므로 각 사회의 가족제도는 각 요소들의 형태가 조합되어 이루어지는 만큼 매우 다양한 모습으로 나타난다.

제 4 절 가족제도의 유형과 사회·경제적 원인

가족제도가 다양한 유형으로 나타나는 것은 우연이 아니다. 가족제도요소들의 각 유형에는 각기 그러한 형태가 되지 않을 수 없게 한 사회·경제적인 원인들이 있었다. 왜 어떤 사회에서는 부가거주제(夫家居住制)와 부계제(父系制)가 형성되고, 왜 다른 사회에서는 처가거주제(妻家居住制)와 모계제(母系制)가 형성되었는가? 또 왜 농경사회에서는 확대가족제가 대표적이었는데, 산업사회로 이행하면서 핵가족제가 주종을 이루게 되었는가? 여기에는 원인이 있다. 그러면 거주제(居住制) 및 가계제(家系制)의 원인과 확대가족제 및 핵가족제의 원인만을 살펴보기로 하겠다.

이들 원인들을 말하기 전에 여기서 한 가지 지적하고 넘어가야 할 것이 있다. 그것은 거주제(居住制)가 가계제(家系制)보다 먼저 생성되었을 것이라는 가정에 대해서이다. 키징(Roger M. Keesing) 교수 등의 주장에 의하면, 사람들은 상속의 방식을 정하기 전에 먼저 일할 수 있는 가구(家口)를 조직하지 않으면 안 되었을 것이라고 전제한다. 이러한 전제에서 본다면 가계제는 이미 형성된 거주제를 반영하는 것이고, 또한 그 거주제를 유효화시키는 것이다.[10] 그러나 우리가 생각해야 할 것은 가계제가 경우에 따라서는 거주제의 원인이 될 수도 있다는 점이다. 다시 말해 어떤 거주제는 이미 이루어진 가계제의 결과로 형성되었을 것이라는 말이다. 예컨대 부외숙가거주제(夫外叔家居住制)는 모계제(母系制)의 결과라고 이해하지 아니하고서는 다른 방식으로 이해하기 매우 곤란하다.

Ⅰ. 부가거주제(夫家居住制)와 부계제(父系制)의 원인

남자를 중심으로 하는 부가거주제와 부계제는 원예사회와 농경사회를 통해서 보편화되어 온 제도이다. 이러한 사회들에서는 근육이 강한 남자들이 압도적으로 생산을 주도해야 하기 때문에 일가의 남자들이 한 곳에 모여 협동적인 작업을 유지해야 할 필요가 있었고, 부계제는 그와 같은 거주형태에서 생겨난 결과였다.[11]

자연경제의 생산뿐만 아니라 이웃 부락과의 잦은 전투 또한 일가남자들의 동거를 조장하여 부가거주제를 성립시킨 원인이 되었다.[12]

10) Keesing, Roger M., 1975 참조.
11) Harris, Marvin, 1975 참조.
12) Martin, M. Kay and Barbara Voorhies, 1975 참조.

Ⅱ. 처가거주제(妻家居住制)와 모계제(母系制)의 원인

처가거주제와 모계제가 시행되고 있는 사회의 수는 전체사회의 약 13%에 불과하지만, 어떤 요소가 이 같은 제도를 생성시켰는가 하는 원인을 규명하는 것은 흥미로운 일일 것이다.

이에 대하여 가장 광범위하게 채택되는 통설에 의하면 어떤 집단이 근린 전투에 참여할 때는 부가거주제가 생겨나지만, 그들이 원정전투에 참여할 때는 뒤에 남은 여자들이 경제활동을 담당하게 되고, 이 결과로서 처가거주제가 생겨난다고 한다. 다시 말해 이러한 경우에는 여자들이 생계유지를 담당해야 하므로 여자혈족들이 함께 모여 공동작업을 할 필요가 있었다는 것이다. 그 예로서 미국 뉴욕주 서쪽에 거주했던 인디언 아이로퀴오스족(Iroquios)은 수백 마일 떨어진 곳으로 빈번한 출전을 하였는데, 이 종족집단에서는 처가거주제가 이루어졌다. 전투를 위한 남자들의 장기출전 외에도 남자들이 사냥 또는 상업을 위해 장기적으로 집을 비우는 사회에서는 처가거주제나 부외숙가거구제가 발달한다. 예컨대 미국남서부의 인디언인 나바호족(Navaho)에서는 여자들이 집 근처에서 양을 치는 반면, 남자들은 말을 기르거나 고용살이를 위해 멀리 출타하는데, 여기서는 처가거주제가 행해지고 있다. 또 다른 예로서 장사를 위해 남자들이 장거리여행을 나다니는 트로브리안드도(Trobriand Island)의 종족에서는 모계상속의 부외숙가거주제가 행해지고 있다.[13]

그러나 여자중심의 처가거주제나 부외숙가거주제는 가구의 구성원이 비교적 단출하고 재산의 축적이 미미할 때만 존속하는 것 같다. 가구의 구성원이 복잡해지고 재산의 축적이 커진 어느 시점에 이르면, 처가거주제(또는 부외숙가거구제와 모계(상속)제)는 내부적인 갈등에 빠지게 되어 서서히 소멸하여 부가거주제와 부계(상승) 제로 이행된다.[14]

Ⅲ. 확대가족제의 원인

확대가족제는 산업사회 이전 , 특히 농경사회에서의 전형적인 가족구성형

13) Ember, Melvin and Carol Ember, 1971 참조.
14) Fox, Robin, 1983 참조.

태였다. 이것은 확대가족제가 '농경'이라는 사회 · 경제적인 환경과 밀접히 관련되어 있음을 시사하는 것이다.

우선 농경사회의 특징들을 살펴볼 때 밭갈이나 모심기는 일정한 시기에, 일정한 기간 내에 일을 해치우지 않으면 안 되며, 또한 추수에도 시기가 있어서 그 시기를 놓치지 않고 일정한 기간에 일을 마감해야 했다. 농경을 위해서는 또한 한발과 홍수 등 자연의 재해를 극복하지 않으면 안 되었다. 이러한 조건들이 집단적인 노동을 필요로 하였다. 한꺼번에 여러 사람이 함께 나가서 파종을 하고, 홍수를 막고, 우물을 파고, 추수를 할 필요가 있었던 것이다. 여기에서는 개인이 아무리 힘이 세어 보았자 농경이 요구하는 노력(勞力)을 감당할 수 없기 때문에 개인의 존재는 중요하지 않으며, 집단의 공동작업이 가장 중요했다. 따라서 상부상조와 협동이 최고의 덕목이었다.

집단노동을 위해서는 집단을 통솔할 권위가 필요하였다. 권위는 농경에 관해 가장 지혜가 많은 자에게 돌아가는 것이 집단 전체를 위해 유익할 것이었고, 그래서 집단통솔의 권위는 경험이 풍부한 연장자에게 돌아갔다. 이로써 연령의 순서에 따른 권위체계가 생성되었다.

이러한 농경의 조건에서는 일족이 한 지붕 밑이나 이웃에서 집단적으로 거주하는 것이 생산활동에 유리하였다. 농토의 용량이 사람들을 부양할 수 있는 범위 내에서는 식구 수가 많으면 많을수록 유리하였다. 여기서 확대가족제가 성립되었다.

농경사회에서는 개인의 존재가 중요하지 않았고, 따라서 오늘날과 같은 개성의 발휘라든가, 이기심과 같은 관념이 희박한 대신에 협동과 조화가 높은 가치관으로 내면화되었다. 그래서 한 집안에 여러 식구가 사는 것이 심리적인 부담이나 갈등을 일으키기보다는 심리적인 지지를 제공하는 면이 더욱 컸다. 요컨대 농경사회에서는 확대가족제의 형태가 가장 유리하였기 때문에 이것이 생성되고 발전되었던 것이다.

이러한 이유로 생성 · 발전된 확대가족제의 특징을 보면, 이미 시사된 바와 같이 집단노동의 협력과 가족집단을 위한 가족성원들의 분업으로 가족성원 상호간의 유대가 강하며, 과거의 경험과 관계를 중시하는 보수주의와 장유유서(長幼有序)의 권위체계 등이 가족제도내부에 성립되어 있었다.

Ⅳ. 핵가족제의 원인

핵가족제는 원시수렵채취사회와 현대산업사회에서의 전형적인 가족구성형태이다. 수렵채취시대와 산업사회는 여러 측면에서 현저한 차이가 있음에도 불구하고, 두 시대에 공통되는 성질 중의 하나는 수렵과 채취를 하기 위해서든 산업체에서의 일을 찾아서든 자주 이동해야 한다는 사실이다. 그러면 수렵채취시대에 대해서는 논외로 하고, 왜 이동이 잦은 산업사회에서 핵가족제가 생성되는가를 살펴보기로 하자.[15)]

우선 산업사회의 사회·경제적 환경을 보면 산업사회에서는 주로 공장이나 사무실 등 이른바 직장에 취직해서 일하며, 거기서 나오는 임금으로 생활한다. 공장과 사무실이 위치하는 곳은 대개 대량의 인구가 밀집해 사는 도시지역이다. 이러한 조건이 핵가족제를 생성시킨 원인이 되었다.

좀더 구체적으로 말하면 첫째, 산업사회에서 잦은 직장의 이동은 대가족들을 동반하기 어렵게 한다. 둘째, 임금에 의지하는 소득으로써 대가족을 부양하기가 어렵다. 셋째, 도시의 주거비가 매우 비싸기 때문에 대가족을 수용할 수 있는 주거지 마련이 어렵다. 이와 같은 이유로 말미암아 도시에서 취업한 직장인들은 확대가족의 다른 가족들은 농촌에 남겨둔 채 자기의 배우자와 직계자녀만을 데리고 살림을 꾸리기 시작하였다. 산업화의 진행과 더불어 도시취업인구가 증가됨에 따라 핵가족의 수가 증가하여 급기야는 핵가족형태가 제도적인 요소로서 보편화되었다.

제 5 절 핵가족제의 특징과 위기

핵가족제는 현재 우리가 경험하고 있는 가족구성의 형태이다. 우리 나라에서는 1970년대 이후 핵가족제가 급속히 확산되었으며, 2010년 우리나라의 평균 가구원수가 2.8명으로서[16)] 핵가족제가 일반화되어 있느니 만치 핵가족의

15) Mace, D. R., 1975 참조.

16) 통계청, 2011, '인구주택총조사보고서 : 가구원 수별 및 평균 가구원수'. 우리나라의 평균 가구원수는 1980년 4.5명, 1990년 3.7명, 2000년 3.1명, 2010년 2.8명으로서 꾸준히 줄어왔다.

특성 및 문제점을 좀더 구체적으로 살펴보기로 하자.

Ⅰ. 핵가족제의 특징

핵가족제는 전래의 확대가족제와 비교해 볼 때, 다음과 같은 특징을 가진다.

첫째, 가정의 기능이 축소되었다. 과거 농경사회의 확대가족제에서는 가정이 바로 일터로서 가옥주변의 논밭에서 추수한 곡식을 가옥의 마당으로 거두어들였으며, 전가족이 생산에 참가하였다. 가정은 또한 자녀들을 교육시키는 교육장이었으며, 종교적인 의식도 가정에서 주로 이루어졌고, 가족원들에 대한 보호와 감독도 가족 사이에서 이루어졌다.

그러나 산업사회로의 이행과 더불어 직장이 가정으로부터 분리되었다. 남편은 아침에 직장으로 출근하여 하루 중에서 가장 요긴하고도 긴 시간을 거기에서 보낸다. 그 아내는 남편이 어느 직장의 어떤 직위에 있다는 것과 직종이 무엇이라는 것을 알 뿐 남편이 구체적으로 무슨 일을 하며, 사회적 관계가 어떠하며, 어떠한 곤란과 긴장을 겪으면서 어느 크기의 업무를 수행하는지 알지 못한다. 만약에 아내가 직장을 가졌을 경우에는 그의 남편도 마찬가지이다.

아이들에 대한 교육은 이제 학교에서 맡아 실시하기 때문에 가정의 교육기능도 많은 부분 떨어져 나가 부모는 아이들이 어떤 세계에서 살고 있는지 잘 모른다. 종교적 기능은 교회나 사찰에서 실시한다. 가족에 대한 보호와 감독도 경찰이 맡음으로써 이것들에 대한 가정의 기능 또한 축소되었다.

둘째, 가족성원 각자의 자기 주장과 개성이 강하다. 산업사회에서는 대부분의 직장이 공장이거나 사무실이다. 공장과 사무실에서의 작업은 분업화·전문화되어 있어서 각자는 자기 고유의 작업에 종사한다. 그 작업은 그 개인의 기술과 지식에 의존한다. 예컨대 공장에서 어떤 기계가 고장나면 종업원들이 집단적으로 나가 고치는 것이 아니라 1~2명의 전문기술자가 그것을 고친다.

그러므로 산업사회에서는 개인의 능력과 기능이 중요시되며, 개인의 능력과 기능에 따라 그의 호봉과 승진이 크게 좌우된다. 이러한 조건에서는 자연히 개인주의가 발달하게 되며, 각자의 전문성과 개성이 중요시된다. 이는 학교교육에도 반영되어 개인의 소질과 취향이 존중된다. 이러한 사회적 조건들은 가정 내에서 가족성원들로 하여금 각자의 주장과 개성을 자유로이 발현하게 한다.

셋째, 가정 내에서 남녀의 지위가 동등해진다. 산업사회에서는 생리적인 체력의 강약보다 기능과 지식이 더 중요하므로, 남자이거나 여자이거나를 막론하고 사회가 필요로 하는 기능과 지식을 가진 사람이 사회에서 좋은 대우를 받을 수 있다. 따라서 과거 농경사회에 비해 남녀가 거의 평등하게 고등교육을 받는다. 이 결과 과거에 비해 여성의 취업이 증가하고, 경제적으로도 자생력이 증가함으로써 남녀간의 평등이 구체화된다.

넷째, 적은 수의 자녀를 갖는다. 과거 농경사회에서는 가족의 수가 많은 것은 풍부한 노동력을 의미하는 것이었고, 가정의 번영과도 관련되었으므로 많은 자녀를 선호하였다. 그러나 산업사회에서는 자녀에 대한 장기간의 공식교육과 그에 따른 비용이 크게 들기 때문에 적은 수의 자녀가 선호된다.

핵가족제의 특징을 보면 가족성원들이 서로 개성을 존중하고 동등한 권리로써 가정을 꾸려 가며, 자녀들을 소질과 취미에 맞춰 이상적으로 양육하고, 부부간의 애정표현을 비교적 자유롭게 하는 편이다. 이로써 각 가정이 특색을 가지면서 생활을 영위할 수 있게 된다. 이러한 핵가족의 성격을 자유주의적·개방주의적 가치관에 입각하여 평가할 때는 매우 바람직한 모습이라 말할 수 있을 것이다.

Ⅱ. 핵가족제의 위기

핵가족제의 바람직한 모습에도 불구하고 가정의 안정성이라는 관점에서 보면, 핵가족제는 다른 어떠한 가족제에 비해서도 가장 취약한 본질을 가진다. 다시 말해 핵가족제에서는 가정의 해체가 용이하게 일어난다.

현재 핵가족제가 보편화되어 있는 서구산업사회에서는 이혼율이 50% 전후에 이르러 있으며, 핵가족화가 급속히 진행된 우리 나라에서도 급격히 이혼율이 증가하여 2010년 35.8%에 이르러 있다.[17]

이처럼 높은 비율의 가족해체는 과거 어떠한 가족제에서도 찾아볼 수 없었던 현상이다. 이러한 현상을 두고 혹자들은 가족제도 자체가 붕괴되어 가고

17) 통계청, 2011, '인구동태통계연보 : 혼인, 이혼', 우리나라의 이혼율은 1980년 6.0%, 1990년 11.8%, 2000년 35.9%, 2010년 35.8%로서, 2000년 이래 증가가 정지되어 있다.

있다고 극단적인 진단을 내리기도 한다.

그러면 왜 핵가족제에서는 이러한 가족해체의 위기가 나타나는가? 이에 대한 결론부터 먼저 말한다면, 핵가족제의 특징 그 자체가 위기의 요소를 내포하고 있기 때문이다. 앞서 핵가족의 특징으로서 가족기능의 축소와 개인주의 및 남녀동등, 그리고 적은 자녀 수를 들었다. 바로 이러한 핵가족의 특징이 가족해체를 용이하게 만드는 적극적인 요소로서 작용한다.

가족기능의 축소는 가족성원 사이의 유대를 현저히 약화시켰으며, 여성의 경제적 자생력은 이혼에 따른 여성들의 불안을 경감시켜 주었다. 개인주의는 자식을 위한 희생보다는 자신의 행복을 우선시하는 관념을 갖게 했으며, 적은 자녀 수는 부(父) 또는 모(母)의 어느 한쪽이 자식을 맡더라도 양육할 수 있을 것이라는 자신감을 높여 주었다. 이러한 요소들은 부부 사이에 심각한 갈등이 야기되었을 경우 쉽사리 이혼을 결정하게 만들기 때문에 핵가족에서 전대미문(前代未聞)의 가족해체가 일어나고 있는 것이다.

제 6 절 가족제도의 변이현상

핵가족제 이전에는 결혼이란 한번 하면 죽을 때까지 지속되는 것이며, 따라서 결혼이란 남녀의 영구적인 결합을 사회가 보증하는 신성하고도 엄숙한 것이었다. 또한 가족은 분리된 개체들의 연합이 아니라 통합적인 유기체로서, 개개의 가족구성원들은 가족이라는 집단을 위해 존재하는 부분이라는 관념이 지배적이었다.

그러나 핵가족제 등장 이래의 빈번한 가족해체는 결혼이 영구적인 남녀의 결합도 아니요 신성한 것도 아니며, 개인이 가정유지에 희생되어야만 할 이유가 없다는 새로운 관념을 배태시켰다. 이에 따라 결혼과 가정에 대해 종래와는 다른 행동을 취하는 새로운 변이현상이 빚어지고 있다.

Ⅰ. 독신·동성연애·동거·집단결혼·친인척 가족

핵가족제가 깊이 진행된 산업사회에서 결혼과 가정에 관련하여 새로이 나타나는 변이현상은 독신생활 · 동성연애 · 단순동거 · 집단결혼(group marriage) · 친인척 가족 등이다.

이러한 변이현상이 핵가족제의 가족해체위기에만 기인한다고 말할 수는 없다. 피임과 낙태를 자유롭게 만든 의학의 발달에 의한 성개방풍조라든가, 대량생산에 의한 향락적 소비생활 등 여러 가지 산업사회의 요소가 부가적으로 작용한 결과라고 볼 수 있다. 요컨대 산업사회와 관련하여 출현한 핵가족제는 가족제도로서의 구속력을 많이 상실하고, 이 같은 새로운 변이현상을 허용하게 되었다. 그 동안 이러한 현상들은 주로 서구국가들에서 나타나는 것으로만 간주해 왔으나, 이제는 한국에서도 결코 무시하지 못할 정도의 사회현상이 되고 있다.

변이현상들의 각각을 좀더 구체적으로 살펴보면 다음과 같다.

첫째, **독신생활**은 과거라면 결혼을 했어야 할 연령과 조건을 갖춘 남자나 여자가 그의 가치관 또는 신념에 의해 결혼을 하지 않고, 주로 주거지를 단독으로 사용하며 혼자서 생활하는 것을 말한다. 이들 독신자들이 금욕생활을 하는 것은 아니지만, 이성과의 관계에서 어떤 구속을 받거나 장기간 동거하는 것을 거부한다. 예컨대 현재 미국에서는 남녀 각각 약 1천만 명 이상의 독신자가 있으며, 이들만을 위한 주택단지가 널리 조성되어 있다. 독신자가 증가하는 이유는, 미국의 경우, 적당한 결혼상대자를 만나지 못하기 때문으로 알려져 있는데, 한국의 경우에도 적용될 것이다. 제시 버나드(Jessi Bernard)에 따르면[18] 여성들은 결혼상대자를 고를 때 자신보다 나이, 교육수준과 수입정도가 좀 더 높은 남자를 원한다. 그래서 (1) 부유하고 높은 교육을 받은 여성과, (2) 가난하고 교육수준이 낮은 남자들은 짝을 구하기가 어렵다는 것이다. 한국에서도 1980년 이래 미혼 독신자들이 현저히 늘어나고 있다. 2010년 전체 1,733만 가구 중 독신가구가 23.9%를 차지하고 있다. 이것에는 노령 독신자를 포함하고 있어 미혼 독신자 가구만을 나타내는 숫자는 아니지만, 미혼자 독거이든, 노인 독거이든 간에 사람들이 가족관계로부터 점점 고립되어 혼자사는 숫자가 급증하고 있는 것이 사실이다.[19]

---

18) Bernard, Jessi, 1972 참조.

19) 통계청, 2012, '한국의 사회지표'. 전체가구중 독시가구의 비율은 1980년 4.8%, 1990년 9.0%, 2000년 20.0%, 2010년 23.9%로 증가 해왔다.

둘째, **동성연애**(homosexuality)는 남자가 남자를, 여자가 여자를 배우자로 삼아 동거하는 생활이다. 남자동성연애자를 게이(gay)라 부르고, 여자동성연애자를 레스비언(lesbian)이라고 부르거니와 이들이 이성 대신에 동성과 연애생활을 하는 이유로는 그들의 설명에 따르면 '귀찮은' 자녀를 출산하지 않아서 좋고, 동성이기 때문에 체력이나 정서가 유사하여 더욱 깊은 일체감과 큰 협력 가운데서 살 수 있다는 것이다.[20)]

셋째, **단순동거**(living together)는 남녀가 결혼식이라는 절차를 거치지 아니하고 짝을 지어 함께 사는 것을 말한다. 동거는 1년 이상 장기간 지속될 수도 있고, 또는 1~2개월 단기간으로 끝날 수도 있는데, 한 대상자와 헤어지면 다른 대상을 만나 또다시 동거하는 것이 보통이다. 현재 구미사회에서는 젊은이들 사이에 동거생활이 만연되어 있어서 학부 2학년 이상 연령으로서 3개월 이상 동거생활의 경험을 가진 자의 수가 약 40%인 것으로 보고되어 있다.

이들은 동거생활을 결혼의 예비단계로 생각하는 경향이 있다. 마가레트 미드(Margaret Mead)는 이것을 "실험결혼"(Trial Marriage)라 부르고 실험결혼을 통해 서로가 잘 맞으면 정식결혼으로 이행하는 2단계 결혼을 제안하기도 하였다.[21)]

넷째, **집단결혼**은 복수의 남자와 복수의 여자가 공동으로 부부관계를 맺고 한 지붕 밑에서 함께 생활하는데, 이러한 집단을 미국에서는 커뮨(commune)이라고 부른다.

커뮨에서는 보통 남녀의 한쪽이 3명 내지 7명의 범위인데, 남녀가 반드시 동수일 필요는 없다. 혹시 이들 사이에서 어린이가 태어날 경우에는 모든 남녀가 아버지들과 어머니들이 된다. 커뮨생활을 하는 그들의 주장에 의하면, 이러한 결혼형태는 비록 이탈자가 생긴다고 하더라도 가족이 보다 항구적으로 존속할 수 있고, 일부일처제에서라면 이혼의 경우에 어린이가 부모로부터 떨어져야 할 불행을 집단결혼에서는 방지할 수 있다는 것이다. 미국에는 수 천개 이상의 커뮨이 있는 것으로 알려져 있다.[22)]

다섯째, 친인척 가족은 미국의 흑인 빈민촌에서 나타나는, 일가친척이 한

---

20) Mace, D. R., 1975 참조.
21) Mead, Margaret, 1966 참조.
22) Hunt, M., 1973 참조.

가족으로서 생활하는 형태를 말한다. 이것은 확대가족 보다도 훨씬 규모가 크고 복잡한 일종의 문중가족으로서 오늘날 산업사회의 도시지역에 예외적으로 존재한다. 즉 미국의 극빈층 흑인들 가운데 일가친척이 같은 빈민촌에 모여 비싸고 부족한 주거공간을 공용하며 한가족으로서 살아간다.

식사는 이 집에서 하고, 잠은 저 집에서 자고, 아이는 또 다른 집에 맡기는 식으로 여러 집을 들락날락하면서 일과를 치루는데, 그들은 그들이 드나드는 집들 모두를 "우리집"이라고 말한다. 실직때는 '가족' 중 취업자에게서 돈과 생필품을 빌려 쓰고, 나중에 취업하면 갚는 등으로 '가족'들 사이에 튼튼한 상호부조의 망을 형성하고 있으며, 이로써 가난을 극복해 나간다. '가족'을 구성한 이들 일가 친척들은 철저한 유대감과 소속감을 갖고 있다.[23)]

Ⅱ. 미래의 가족제도

핵가족제에서의 높은 이혼율과 집단결혼과 같은 변태적인 새로운 현상에 직면하여 일부 미래학자들은 미래사회에서는 제도로서의 가족이 소멸하는 이른바 '가족의 사망'(death of family)이 도래할 것이라고 주장한다.[24)]

그러나 이 같은 속단은 현재 나타나고 있는 가족해체현상을 지나치게 확대해석하거나 민감히 받아들이는 데에 기인하는 것 같다. 구미산업사회에서도 비록 한때 독신생활이나 동성연애생활 등을 경험했던 사람들까지 포함하여 전체인구의 90% 이상이 결혼을 하며, 이혼자의 80% 이상이 재혼을 희망하며, 그 가운데서 남자가 조금 더 높은 비율로서 실제로 재혼을 한다.

이것은 인간에게 일정한 이성과의 성결합을 통해 자신의 일족을 형성·유지하고자 하는 강렬한 생리적 성향이 있기 때문이다. 사회생물학자들은 이러한 성향을 **혈족선호**(kin selection)라고 부른다.[25)]

인간의 혈족선호는 이스라엘의 집단농장인 키브츠(Kibbutz)의 결혼생활에서 잘 나타난다. 금세기 초에 키브츠를 건설할 때, 그들의 이상은 정치적·경제적·성적인 평등을 완전히 구현하려는 것이었다. 이에 따라 키브츠에서는 결

23) Stack, Carol B., 1974 참조.
24) Crosby, J. F. 1975 참조.
25) Ember, Melvin and Carol Ember, 1971 참조.

혼과는 상관없이 남녀의 자유로운 동거를 허용하였고, 키브츠에서 태어나는 어린이는 키브츠의 영아원과 유치원이 맡아서 공동으로 양육하고, 또한 그 어린이를 공동의 자녀로 취급하였다. 이러한 원칙은 종래의 일족제(一族制)는 여성으로 하여금 가정에 묶이게 하고, 종속적인 성적 불평등을 모면할 수 없게 한다는 견지에서 여성들을 해방시키기 위해 마련된 것이었다.

키브츠에서 평등의 원칙은 정치적·경제적인 면에서는 성공을 거두었으나 가족관계에서만은 성공하지 못했다. 키브츠의 성인들은 대부분 결혼하기를 원하여 결혼을 하였고, 결혼생활을 지속시켰다. 자신들의 사이에서 태어난 어린이를 자신들의 자식으로 인지하였으며, 자신이 낳은 어린이를 더 자주 방문하고, 더 자주 데려와서 일가로서의 오락과 작업 등 공동행동을 하기를 좋아하였다.

그뿐만 아니라 키브츠의 2세대·3세대까지 내려온 오늘날에 있어서는 확대가족의 성원들까지도 남과의 관계와는 다른 일족으로서의 유대를 가지고 정치적·경제적으로 제휴하고 있다. 다시 말해 가족집단이 재건되어 있는 것이다.[26)]

키브츠에서의 가족재건이 예시하는 바와 같이 비록 핵가족에 이르러 가족제도가 흔들리고 있다고 하더라도 인간은 육체적·정신적으로 상호 의존해야 하는 본질을 지닌 존재이기 때문에, 어떤 형태로든 간에 가족제도는 보전될 것이라는 것이 다수의 견해이다.[27)]

현재의 핵가족제도는 산업사회에서 보편화된 가족형태이다. 이제 산업사회가 정보사회로 이행되면서 여러 사회제도나 가치관 및 행동양식에 획기적인 변화가 일어나고 있다. 따라서 가족제도 또는 해체되거나 없어지지는 않겠지만, 새로운 형태 또는 다양한 모습으로 변할 것이라는 사실은 분명해 보인다.

---

26) Tiger, L.. and J. Shepher, 1975 참조.

27) Pickett, R. S., 1975 and Campbell, A., 1975 참조.

제6장

종교 · 정치 · 경제 · 교육제도

제 6 장

종교 · 정치 · 경제 · 교육제도

제 1 절 종교제도

종교가들이나 신앙심이 깊은 신도들은 우주의 삼라만상뿐만 아니라, 인류의 역사와 개인의 생활까지를 주관하는 초자연적인 절대자의 존재를 실재로서 인정하고, 자연현상만이 아니라 사회현상의 제 1 원인(primary cause)까지도 절대자에게서 찾는다. 이러한 믿음의 내용이 진리인지 아닌지는 차치하고, 이러한 믿음은 비경험적인 초자연의 세계에 관한 것이기 때문에, 현실의 증거에 입각하여 사회와 인간의 문제를 규명하려고 하는 사회학의 범위를 넘어서는 것이다.

따라서 사회학은 신학적 주장이나 신앙인의 주장에 대해 가부를 말하지 아니한다. 다만, 종교에 대한 사회학의 입장은 종교에 관련된 인간의 신념 및 행위들을 하나의 사회현상으로 파악하려고 한다. 이러한 사회학의 입장을 전제로 하여 종교제도를 논의하기로 한다.

Ⅰ. 종교제도의 특징

모든 종류의 종교는 세 개의 요소를 지니는데, 성스러운 존재(sacred being)와 의식(ritual)과 회중(會衆 : congregation)이 그것이다. 첫째, 인간은 세상적인 것(profane)을 초월하면서, 세상적인 것을 지배하는 **성스러운 존재**가 실재한다고 믿고, 이것을 존경 · 사랑 · 두려워한다. 둘째, **의식**은 성스러운 존재를 대상으로 그에 대한 찬양 · 경배 · 자복하는 일련의 행동들로서, 여기에는 설교 · 노래와 춤 · 기도 · 참선 · 세례 · 금식 · 고행 등이 포함된다. 셋째, **회중**은 성스러운 존재를 중심으로 하는 교리에 대해 동일한 신념을 가지면서 종교의식에 공동으로 참여하는 사람의 무리를 말한다. 그러므로 성스러운 존재를 믿고, 그에 대한 의식을 행한다고 하더라도 그것이 어느 개인 혼자의 신념과 행동이라면 종교라고 말할 수 없다.

따라서 종교제도란 이 같은 종교의 3요소와 이 요소들과 관련된 신념체계·행동체계 및 조직체계를 포괄하는 특별한 사회현상이라고 정의할 수 있을 것이며, 그 가운데서도 종교제도의 핵심적 요소는 '성스러운 존재'이다.

혹자는 종교를 조금 더 광범하게 정의하여 국가를 신성시하는 애국주의나 지상낙원을 예언하는 공산주의 등도 종교의 범주에 포함시키고 있으나, 애국주의는 초현실적이 아닌 현실적인 국가를 대상으로 하고 있고, 공산주의 또한 현실에 대한 분석적 이론에 근거를 두고 있기 때문에 이들을 종교의 범주에 포함시키는 것은 무리이다. 그래서 차라리 애국주의나 공산주의 같은 것은 **현세종교**(civil religion)라는 이름을 붙여 종교와 구별하는 것이 좋을 것이다. 다시 말해서 종교에서의 성스러운 존재는 초현실적인 대상인 데에 비하여, 현세종교에서의 성스러운 대상은 현실적인 것인 점이 서로 다르다.

종교는 또한 마술(magic)과도 구별된다. **마술**은 사람이나 동물 또는 물건 등 현실적인 재료를 사용하여 마치 초현실적인 듯한 현상을 만들어 내는 조작이다. 종교는 비경험적(초현실적)인 대상을 비경험적으로 처리하는 데에 비해, 마술은 경험적(현실적)인 대상을 비경험적인 방식으로 처리하는 점이 서로 다르다.

종교의 유형은 종교제도의 핵심적인 요소인 '성스러운 존재'가 무엇이며, 어떠한가에 따라 분류된다. 예컨대 성스러운 존재가 태양이나 천둥 혹은 나무 등에 내재하는 영일 때에는 **자연신교**(nature deism), 성스러운 존재가 '여호와'(기독교)·'알라'(마호메트교)일 때처럼 수적 기준에서 단수일 때는 일신교(monotheism), 그것이 복수일 때는 다신교(polytheism) 등으로 분류된다.

동일한 '성스러운 존재'를 대상으로 하더라도 그 종교의 신념체계나 조직체계를 달리할 경우에는 교파가 갈라진다. 예컨대 성스러운 존재로서 동일한 '여호와'를 경배하는 기독교의 경우, 사제를 경유하여 여호와와의 교통을 교리로 하는 카톨릭과 개인과 여호와와의 직접 교통을 교리로 하는 개신교, 그리고 예수를 그리스도로서 인정하지 아니하는 유대교 등으로 그 교파가 분류된다.

Ⅱ. 종교의 발생원인

종교의 발생원인에 대하여서는 대체로 세 갈래의 견해가 있는데, 본서는 그것들을 편의상 인간고통설·집단의지설·허위의식설이라 부르기로 한다.

첫째, **인간고통설**은 인간의 고통이 종교를 발생시킨 원인이라고 설명한다. 이러한 견해를 가진 학자들은 현대까지 존속하는 대표적인 종교들은 거의 모두가 인간생활을 위해서는 가장 조건이 열악한 환경에서 발생했다는 사실을 지적한다. 예컨대 기독교를 탄생시킨 유대민족은 집단노예생활과 강대국에 의한 침탈과 식민지라는 악조건 가운데서 생활해 온 사람들이었다. 예수가 나타난 갈릴리지방은 부재지주에 의한 착취로 말미암아 최소한의 연명조차 위협받는 처참한 고장이었다. 당시 유대민족은 로마의 식민지백성 가운데서도 가장 천시되던 민족으로서 이들에게는 십자가처형이라는 끔찍한 형벌이 적용되는 형편이었다. 또 다른 예로서 마호메트교가 발생한 아라비아지방은 열대의 사막으로서 낮에는 섭씨 50도의 고온 때문에 천막 밑에 웅크리고 있다가 해가 질 무렵에야 목축이나 장사를 위해 끊임없는 유랑과 이웃 부족과의 잦은 전쟁 가운데서 목숨을 이어야 하는 곳이었고, 또 불교가 발생한 인도는 고온다습지역으로서 말라리아·문둥병·트라코마 등 이 세상의 고약한 병균이란 병균은 다 들끓어 이 지역에서 태어난 사람들은 계속 앓거나 병신이 되어 시달리다 죽는 것이 예사였다.

기아와 억압과 소외로 고통받는 사람들은 그렇지 않은 사람들에 비해 인간은 왜 살며 삶의 출처와 종말이 무엇인가에 대해 더 많은 의문을 갖게 되며, 구원과 새로운 희망을 갈구하게 된다. 이러한 의문과 바람에 대한 해답으로 초자연적인 세계를 상정하게 되고, 그것에 대한 의지로써 현세의 고통을 덜며, 위안을 얻는 종교를 생성시킨 것이다.[1] 이러한 관점에 비추어 생각한다면, 우리 나라에서 일찍이 위대한 종교가 발생하지 아니하였음은 우리 나라가 그만큼 살기가 좋았다는 뜻이 될 것이다.

둘째, **집단의지설**은 종교사회학의 대가인 뒤르껭에 의해 주장된 견해로서, 인간사회의 종교현상은 인간들이 불가피적으로 상호 의존하면서 영위해야 하는 공동생활을 원만히 수행하고자 하는 의지에서 비롯된 것이라고 한다. 뒤르

1) Wallace, Anthony, 1966 참조.

껭은 그가 직접 뉴질랜드에 체류하면서 그 곳 원주민들의 종교생활을 관찰한 후 이 같은 결론을 내리고 있는데, 그에 따르면 인간이 공통의 초자연적인 대상을 섬기는 공통의 신념과 공통의 의식행위를 통하여 그 집단은 하나의 도덕적인 공동체로서 결속되며, 이로써 집단생활이 순조롭게 영위될 수 있게 된다는 것이다. 그래서 뒤르껭은 종교현상을 인간들이 자신들의 공동체를 유지·보전하고자 하는 집단생활에의 의지가 '초월적인 힘에 대한 한 묶음의 신념과 의식의 형태'로 형상화된 것이라고 말한다.[2)]

셋째, 허위의식설은 반종교적인 이데올로기에 입각하여 종교를 평가한 마르크스에 의해 주장된 견해로서, 인간이 자기의 현실적 처지를 올바로 인식하지 못하고, 잘못된 의식으로 현실의 소외를 모면하려고 하는 일련의 심리적 작용이 종교현상을 빚어 낸 원인이라고 주장한다. 마르크스는 인간이 자신의 구체적 현실과 걸맞지 않는 관념을 가지고 있을 때 그것을 허위의식(false consciousness)이라고 불렀는데, 종교적 신념 역시 일종의 허위의식이며, 종교적 신념에 따른 행위는 허위의식에 의해 오도된 행위라고 본다.[3)]

이상에서 종교의 발생원인에 관한 세 가지 견해를 소개하였거니와 이 가운데서 어느 한 가지 견해가 전적으로 타당하고 다른 견해들은 타당하지 못하다고 말할 수는 없을 것이며, 각 견해가 부분적인 타당성을 지니면서 종교현상을 상호 보완적으로 설명해 주고 있다고 말할 수 있을 것이다.

Ⅲ. 종교의 기능과 역기능

종교가 사회와 인간을 위해 기능적이냐, 또는 역기능적이냐 하는 문제에 대해서는 종교의 발생원인에 대해 어떠한 견해를 가지고 있는가에 따라 또한 견해를 달리한다.

종교의 발생원인을 인간의 고통과 집단에의 의지로 보는 학자들은 종교가 사회와 인간을 위해 기능적이라고 평가하는 반면, 종교의 발생원인을 허위의식에 두고 있는 학자는 종교가 사회와 인간을 위해 역기능적이라고 평가한다.

먼저 종교를 기능적으로 평가하는 입장에 따르면, 첫째 종교는 삶과 죽음

2) Durkeim, Emile, 1915 참조.
3) Marx, Karl, 1848/1956 참조.

에 대한 인간의 관심에 대해 궁극적인 의미를 부여하며, 둘째 종교는 다른 것으로서는 이해할 수 없는 사회적·물리적 환경을 해석하는 일련의 신념을 제공하고, 셋째 종교는 사회의 성원들로 하여금 자기집단과의 일체감을 갖게 하며, 넷째 인간이 불안과 좌절과 공포와 소외에 직면하였을 때 정서적인 위안을 주고, 다섯째 인간의 공동생활을 영위하는 데에 필요한 도덕적인 원리들을 제공한다.

특히 뒤르껭은 종교의 기능을 요약적인 다른 용어로서 표현하여 첫째 결속의 기능(cohesive function), 둘째 활력의 기능(revitalizing function), 셋째 황홀감의 기능(euphoria function), 넷째 훈계적 기능(disciplinary function), 다섯째 예비적 기능(preparatory function)을 가진다고 열거하고 있다.[4]

이와는 대조적으로 종교를 역기능적으로 평가하는 마르크스의 입장에 따르면, 종교는 사회의 지배자들이 민중의 초현실적 관념을 교묘히 이용하여 민중의 관심을 사회적 현실로부터 비현실체계로 돌려 놓음으로써 현존하는 사회적 불평등을 정당화시키고, 따라서 기존 지배계급의 정치적·경제적 특권을 영속화시키는 도구로써 이용되는 것이라고 주장한다. 이러한 논거에서 마르크스는 종교를 '민중의 아편'(opiate of people)이라는 말로 표현한다.[5]

Ⅳ. 세속화와 종교의 미래

인간생활에 대한 종교의 영향력은 과학과 기술의 발달과 더불어 현저히 감소되어 왔다. 농경사회에서는 종교가 인간의 사고방식과 행동양식을 크게 지배하였으나, 과학과 기술의 발달은 과거에는 풀지 못했던 많은 문제들을 해결해 줌으로써 인간들은 자연과 사회에 대한 초자연적이거나 수사학적(修辭學的)인 종교의 해석에 의존하기보다는 점점 더 과학과 기술에 의존하여 자신들의 생활을 영위해 가는 소위 세속화(securalization)의 길을 착실히 걸어 왔다.

한때 정치와 예술 및 문학에 있어서 주종을 이루었던 종교적인 주제나 표현이 이제는 이들 영역에서 거의 사라져 가고 있어 1960년의 신학자들의 '신의 사망'을 선언한 것도 우연한 일이 아니다.[6]

---

4) Durkeim, Emile, 1915 참조.
5) Marx, Karl, 1848/1956, p. 27.
6) Yinger, J. Milton, 1963 참조.

산업사회 이후의 이러한 세속화경향에 비추어 종교의 미래가 어떠한 것인가에 대해서 사회학자들은 두 가지 갈래에서 예측하고 있다.

첫째, 왈러스(Anthony Wallace)와 같은 사회학자는 과학과 기술의 발달로 말미암아 하나의 제도로서의 종교는 소멸하고 말 것이며, 종교는 하나의 흥미로운 역사적인 기억이 될 것이라고 주장한다.[7]

이에 반해 잉거(J. Milton Yinger)와 같은 학자는 종교가 비록 그 영향력이 크게 감소하기는 하겠지만, 종교는 여전히 잔존할 것이라고 주장한다. 그 이유로서 종교는 궁극적인 질문에 대한 해답을 제공하고 있기 때문에 아무리 과학과 기술이 발달한다고 하더라도 과학과 기술이 궁극적인 질문에 대한 해답을 제공할 수 없을 것이기 때문에, 종교는 인간과 더불어 영원히 존재할 것이라는 것이다.[8]

그런데 한국에서는 산업화와 더불어 기독교가 매우 급속히 보급되는 현상을 보이는 것은 흥미롭다. 서구에서는 산업화가 곧 세속화라는 등식으로 기독교영향력의 감소를 가져왔으나, 한국에서는 그 반대의 현상을 보이고 있는 것이다. 통계에 의하면 1960년 국민의 7% 미만이던 기독교도가 2005년 현재 55.1%(개신교 34.5%, 천주교 60.6%) 증가하였다.[9] 이에 대한 종교가들의 해석은 논외로 돌리고, 사회학적 견지에서 우리는 대개 다음과 같이 가설적으로 해석할 수 있을 것이다. 즉 한국의 급격한 산업화는 40년 전까지 수천 년 동안 견지되어 온 농업사회를 구조적으로 붕괴시켰으며, 이와 더불어 농업사회의 정신적 지주였던 유교적 원리들도 동시에 와해되기 시작하였다. 예컨대 개인적 기능과 지식을 중시하는 산업사회에서는 유교에서의 장유유서의 권위체계가 적용될 수 없고, 산업사회에서의 이기주의와 개성강조는 유교적 원리의 하나인 인격적 주종관계가 적용될 수 없게 되었다.

유교적 원리가 사회적 구속력을 상실함에 따라 한국사람들은 개인적으로 정신적인 혼란 내지 공백을 갖게 되고, 사회 전체적으로는 도덕의 부식(moral decay) 내지 뒤르껭이 말하는 무규범상태(anomie)가 조성되었다. 이러한 상황에서 새로운 종교가 쉽사리 침윤할 수 있는 여건이 형성되었는데, 이 가운데서

7) Wallace, Anthony, 1956 참조.
8) Yinger, ibid. 참조.
9) 통계청, '한국의 사회지표', 2011, p. 497.

도 미국을 배경으로 하여 전래된 기독교가 가장 큰 세력을 떨치게 된 것이라 할 것이다.

한국에서 산업화와 더불어 기독교가 진흥되고 있다는 역설적인 현상은 산업화가 곧바로 세속화를 결과시킨다고 하는 단순한 일반론에 대해 이의를 제기시키는 것이기도 하다. 다시 말해 과학과 기술의 발달이 인간사회에 새로운 충격을 던질 때는 인간이 도리어 종교의 품에 안기는 경향을 갖게 하는 것이 아닌가 하는 가설을 상정하게 한다. 이러한 관계에 대해서는 앞으로의 실증적인 연구를 통하여 밝혀져야 할 것이다.

제 2 절 정치제도

정치제도의 핵심적인 요소는 권력(power) 현상이다. 여기서 **권력**이란 베버의 정의에 따르면, "남들이 좋아하건 싫어하건 간에 나의 의지를 남에게 강제할 수 있는 힘"을 말한다.[10] 이러한 권력현상은 작게는 가정내부에서 혹은 어떤 집단이나 조직에서, 크게는 국가나 국제사회에서 매일 발견되는 것이지만, 권력현상이 가장 확실하게 나타나는 곳은 국가라는 사회이기 때문에 정치제도는 국가사회에서의 권력현상과 관련되어 발달되었다.

Ⅰ. 정치제도의 특징

정치제도란 국가사회에서의 권력현상을 둘러싼 가치관과 신념 및 공식·비공식의 행동체계와 조직체계를 포괄적으로 지칭하는 것이라고 정의할 수 있을 것이다.

그러면 권력현상의 본질을 좀더 규명하기 위해서는 권력이 왜 발생하였는가부터 생각해 볼 필요가 있을 것이다. 권력의 발생에 대해서는 크게 두 가지의 견해가 있는데, 하나는 기능론자들의 견해이며, 다른 하나는 갈등론자들의 견해이다.

기능론자들은 권력은 집단이 공통의 목적을 지향하고, 집단 내에서의 분

10) Weber, Max, 1946, p. 64.

쟁을 해결하기 위해 생겨난 것이라고 주장한다. 그러하기 때문에 권력은 집단생활을 위한 필요불가결의 요소일 뿐만 아니라, 인간의 집단생활에 도움을 주는 기능적인 것이다.

이에 비해 갈등론자들의 견해는 권력이란 무력 또는 부를 통해서 일단 강한 지위를 획득한 개인 또는 집단이 다른 개인들이나 집단들을 억압·착취하기 위한 수단으로서 고안된 것이라고 주장한다.

이 두 가지 견해 중 어느 것이 좀더 타당하고 덜 타당한지는 어떤 국가사회에서 권력이 어느 쪽의 목적에 더 치중하여 행사되는가에 따라 판가름나겠으나, 두 견해 모두가 부분적인 타당성을 가진다고 할 수 있을 것이다.

그런데 이 두 가지 견해는 공통점을 갖고 있는데, 그것은 권력이란 '소수에 의한 다수의 지배'라는 형태로서 행사된다는 것을 시사하고 있는 점이다. 좀더 자세히 말하면 권력을 집단을 위한 집단통합의 수단으로 보는 기능론자의 견해에는 권력은 소수의 손에 쥐어지는 것임을 시사하고 있다. 만약에 다수의 손에 권력이 쥐어진다고 한다면, "사공이 많은 때는 산으로 올라간다"고 하듯이 집단통합의 목적이 달성될 수 없기 때문이다. 또한 권력을 억압 및 착취의 수단으로 보는 갈등론자의 견해에 있어서도 권력은 소수자의 손에 쥐어지는 것임을 시사하고 있다. 만약에 다수의 손에 권력이 쥐어진다고 한다면 권력자들이 억압과 착취의 효과를 크게 볼 수 없을 것이다. 왜냐하면 착취는 소수가 다수를 착취할 때라야만 그 착취의 양이 크고 영속적이 되기 때문이다.

그러므로 기능론자이거나 갈등론자이거나를 막론하고, 권력이란 소수에 의한 다수의 지배라는 형태로 행사된다는 점에 있어서는 그 견해가 일치되고 있는 것이다.

Ⅱ. 정치제도의 유형

정치제도에 있어서 핵심적인 요소는 권력현상이다. 그러나 권력을 "누가·언제·어떻게·무엇을 위해 획득하고 행사하는가?"(Who get power when, how and what for?)는 사회와 시대에 따라 다르다. 그래서 정치제도의 유형은 '누가'·'언제'·'어떻게'·'무엇을 위해'라는 요소의 상이에 따라 여러 유형으로 구분된다.

예컨대 '왕이' '언제든지' '세습으로' '왕 자신을 위해' 권력을 잡고 행사한다면, 그것은 절대군주제로 분류된다. 만약 '공산당원이' '분위기가 성숙하였을 때' '폭력혁명을 통하여' '프롤레타리아트의 독재를 위해' 권력을 잡고 행사한다면 그것은 전제주의독재로서, 또 '정당원이나 개인이' '법정시기에' '선거에 의한 경쟁을 통해' '전체국민을 위한다'는 대의(代議)의 명분으로 권력을 잡고 행사한다면 이것은 대의민주주의제로 분류된다.

이와 같은 방식으로 정치제도의 유형은 여러 가지로 또한 여러 다른 용어로서 분류될 수 있으나, 여기에서는 현대의 중요한 정치제도의 두 가지 유형인 대의민주주의제(representative democracy)와 전체주의독재제(totalitarian dictatorship)만을 좀 구체적으로 소개하겠다.

1. 대의민주주의제

대의민주주의제는 선진산업 자본주의사회들에서 발견되는 대표적인 정치제도의 유형이다. 여기에서 민주주의라고 하는 용어는 '국민에 의한, 국민을 위한, 국민의 정부'라는 의미로 통용되고 있으나, 이것은 어디까지나 문자상의 개념일 뿐 실제에 있어서는 지상 어디에도 그러한 정부가 있는지 의심스럽다. 오히려 민주주의는 다음과 같은 세 가지의 특징을 가진다고 말하는 것이 보다 타당할 것인데, 첫째 정부의 주요한 관리들이 선거에 의해 결정되고, 그들은 국민의 이익을 위해 활동하는 대표로서 간주되며, 둘째 어떤 종류의 의회는 대통령이나 수상의 권력으로부터 독립적인 권력을 보유하며, 셋째 국민들에게는 개인의 권리와 자유가 허용되며 존중된다.

영국과 프랑스에서 태동한 대의민주주의제의 기원을 돌이켜볼 때, 영국에서는 17세기 중엽 왕의 전비조달을 위한 과세문제를 둘러싸고 의회와 왕이 갈등을 빚었고 그로 인한 시민전쟁(English Civil War)의 결과로 당시 의회의 다수를 차지한 농업자본가들이 세력을 장악하게 되었었다. 다시 말해 영국 시민전쟁의 결과는 대의민주주의와 자본주의의 결합을 가져왔고, 그것의 승리를 가져왔었다.

프랑스에서는 18세기 말의 대혁명(French Revolution)을 통하여 민주주의가 도입되었는데, 대혁명은 시민의 법적 평등과 사유재산권이라는 기치 아래, 그 때까지 존속해 온 왕과 토지귀족 중심의 구체제를 완전히 파괴하였다. 이것은 부르주아지의 경제권장악과 민주주의의 승리를 위한 시발점이 되었었다.

영국과 프랑스에서와 마찬가지로 미대륙에서도 대의민주주의제가 출현하였는데, 치만스키(Albert Szymanski)가 분석한 바와 같이 미국에서의 민주주의의 성장은 자본주의의 확산에 그 근거를 두고 있다. 독립전쟁(Revolutionary War)이 끝날 무렵에는 부유한 상류층이 지배적인 요직을 독차지하였고, 이들 자본가세력은 미국의 정치가 장차 어떠해야 할 것인지 그 방향에 대해 영향력을 행사할 수 있었다. 이들의 영향력에 의하여 미국의 헌법구조는 자본가의 이익을 위한 방향으로 제정되었다.[11)]

미국의 남북전쟁은 미국 민주주의의 자본주의적 기반을 더욱 강화시켰다. 북부 산업자본가와 남부 노예소유자 사이의 경제적 갈등에서 빚어진 남북전쟁은 북의 승리로 끝남으로써 산업자본주의체제가 크게 확장될 수 있는 전기가 되었었다.

전체적으로 말해서 서방에서의 대의민주주의제의 출현은 자본주의적 시장경제의 출현에 의해 가능하였다. 그러면 왜 자본주의의 성장이 대의민주주의제를 동반하는가라는 질문이 당연히 제기될 것인데, 이에 대한 대답은 자본가들이 시장에서 추구하는 그들의 사적인 이익을 극대화하기 위해서는 그들의 활동에 대한 정부의 개입을 중화(neutralization)시킬 필요가 있었기 때문이었다. 그러한 중화를 위해서는 사유재산의 자유로운 활용을 보장하여 주는 대의민주주의적인 정부가 가장 적합한 것이었다.

자본가들의 활동에 대한 정부의 개입을 최소화하는 이러한 대의민주주의제의 원형은 그 후 시대의 변천에 따라 미국의 뉴딜정책과 영·불의 사회보장제도 도입에서 보는 것처럼 경제에 대한 정부의 개입이 강화되는 등 어느 정도의 변모가 일어났지만, 대의민주주의제는 자본주의를 근간으로 하여 앞서 말한 세 가지 특징, 즉 선거에 의한 관리의 선택, 의회에의 권력분산, 개인의 권리 및 자유의 보장이라는 기본골격은 그대로 유지되고 있다.

2. 전체주의독재제

현대의 전체주의독재제는 잔존한 몇 개의 공산주의국가들에서 가장 전형적으로 나타난다. 공산주의국가들은 1917년의 볼셰비키혁명(Bolshevik Revolution)

---

11) Szymanski, Albert, 1978 참조.

이후 소련에서부터 출현하였다. 그러므로 전체주의독재제를 이해하기 위해서는 혁명 이전의 러시아가 어떠한 정치적·경제적 조건에 놓여 있었던가를 고려해 볼 필요가 있다.

19세기 이래 서구에서는 상업주의가 대두하여 이것이 자본주의와 산업발달을 촉진시킨 데에 비하여 러시아에서는 상업주의가 부족하였으며, 또한 서구에서는 농노제가 폐지된 데에 비하여 러시아에서는 20세기 초까지 오히려 농노제가 더욱 강화되어 왔었다. 이러한 억압적이고도 착취적인 조건 아래서 농민계급의 고통이 극도에 도달해 있던 그러한 시점에 도시에서는 어느 정도의 산업자본주의적 생산이 시작되었는데, 도시 공장노동자 또한 심한 착취를 당하였다. 다수의 피압박 농민계급과 상당한 크기의 도시 공장노동자계급이라는 두 요소가 합치하여 20세기 초기에는 폭발적인 상황을 조성하였고, 이러한 상황의 궁극적인 결과가 볼셰비키혁명이었다.

그런데 볼셰비키혁명은 자본주의국가에 항거한 것이 아니라, 대지주들을 지원해 온 전체적 절대왕정에 항거한 것이었다.[12] 볼셰비키혁명이 농업귀족을 몰아 낸 점에 있어서는 프랑스혁명과 마찬가지였지만, 프랑스혁명이 자본가계급의 지배적인 진출을 가져와 민주주의의 길을 닦았던 것과는 달리 볼셰비키혁명은 새로운 종류의 전체주의, 다시 말해 국가가 경제를 독점하는 전체주의적 산업국가체제를 결과시켰다. 그 이유는 혁명 당시에 러시아에는 강력한 자본주의가 존재하지 않았기 때문이다.

자본주의국가들에 포위되어 자강책을 강구해야 했던 혁명 후의 소련은 당 주도에 의한 급속한 산업화를 추진하게 되었다. 당은 모든 권력을 중앙에 집중시키고, 반대자들에 대해서는 가차 없는 탄압을 가했다. 그 결과 국가의 수뇌부는 밀로반 질라스(Milovan Djilas)의 말을 빌리면, "사상 유례 없는 만인 위에 군림하는 권력을 가진 새로운 계급"(New Class)으로서 사회 전반의 모든 활동을 지배하였다.[13]

오늘날에도 잔존 공산주의 국가들에서는 이들 관료엘리트들이 실제에 있어서 모든 경제활동을 장악하고, 당노선에서 이탈된 일체의 이데올로기나 행동을 용납하지 아니한다.

---

12) Anderson. P., 1974 참조.
13) Djilas, Milovan, 1957 참조.

제 3 절 경제제도

경제제도는 인간의 물질생활에 관련된다. 인간의 물질생활은 필요한 물건의 생산과 생산된 물건을 사회구성원에게 도달시키는 분배와 도달된 물질을 사용하는 소비가 핵심적인 요소이다. 그러므로 경제제도는 생산과 분배와 소비에 관련된 인간의 가치관·신념·활동·조직 등을 포괄하는 제도라고 정의할 수 있을 것이다.

Ⅰ. 경제제도의 특징

경제제도의 특징을 들면 다음과 같다.

첫째, 경제제도는 생산·분배·소비에 관련된 신념체계·행동체계·조직체계를 포함하지만, 그 가운데서 가장 중요한 것은 생산에 관련된 체계들이다. 왜냐하면 생산이 분배와 소비의 전제가 되기 때문이다.

둘째, 인간이 필요로 하는 물질은 가장 구체적인 형태의 희소가치로서, 언제나 인간의 욕구에는 미달하는 경우가 대부분이기 때문에 인간생활에서 물질을 둘러싼 투쟁과 착취는 피하기 어려운 국면이 되어 왔다. 따라서 경제제도는 다른 어느 제도에 비해 이해관계를 달리하는 사회 내의 각 집단이 자신들에게 가장 유리한 방향으로 생산·분배·소비를 조직하려는 욕구가 작용하고, 그 결과 각 집단의 상대적인 세력의 크기가 반영되어 경제제도의 성격이 형성된다. 다시 말해서 경제제도는 사회적 불평등을 반영하는 것이며, 일단 성립된 경제제도는 그 불평등관계를 보위하는 구실을 한다. 비유해서 말하면 인위적으로 조성된 높낮이가 다른 성토(成土)가 흘러내리거나 무너지지 않도록 막아 주는 축대(築臺)와도 같은 구실을 한다. 그렇기 때문에 경제적으로 불리한 입장에 있는 집단으로부터는 기존의 경제제도가 저항의 대상이 되며, 따라서 경제제도에는 긴장이 수반된다.

셋째, 경제제도에는 사회집단간의 이해관계가 개입되기 때문에 경제제도의 변화는 순조롭지 못하고, 충격적인 형태로 이루어지는 경우가 많다. 축대의 수선과 보수를 통해서 성토(成土)가 유지될 수도 있겠으나, 때로는 토사(土沙)

에 떠밀려 축대가 일시에 붕괴되는 것과 마찬가지이다.

경제제도에 변화가 일어나면 제도의 침투성에 의해 다른 제도들에도 변화를 초래할 것은 물론인데, 경제제도의 변화가 충격적으로 일어나면 다른 제도들에도 그 충격이 파급되어 제도 전반에 걸친 급격한 변화를 초래한다. 인류역사를 통해 경제제도에 대해 끊임없이 제기돼온 핵심적인 문제는 사유재산에 대해서였다. 즉 사유재산을 인정하느냐 않느냐? 사유재산제도 선(善)이냐, 악(惡)이냐? 인정을 한다면 어느 한계까지 인정하느냐? 하는 문제였다. 이 문제에 대한 결정을 경제제도 자체만이 아니라, 다른 모든 제도들에도 영향을 미치기 때문에 국가의 정체성(National Identity)까지를 결정한다.

Ⅱ. 경제제도의 유형

생산·분배·소비의 각 양식이 어떠한가에 기준을 두고서 경제제도의 유형을 대개 네 종류로 구분한다. 즉 원시공동경제·봉건경제제도·자본주의제도·국가사회주의제도로 나눈다.

원시공동경제는 아직 경제영역이 독립된 제도로서 채 발달하기 이전의 형태로 생산·분배·소비가 한 집단(주로 씨족집단)의 공동사업으로 실시되었으며, 집단과 집단과의 사이에는 소규모의 물물교환이 있었다.

봉건경제제도는 소수의 귀족이 대규모의 토지를 영지(manon)로서 소유하고, 생산은 영지에 소속된 다수의 농노(소작인)들이 담당하였다. 농노들은 생산한 농산물의 절반정도를 공물(貢物)로서 영주에게 바치고, 나머지로 생계를 유지하였다. 도시에서는 장인들에 의해 '제조된' 물건들이 생산되었으며, 이것이 농산물과 거래되었다. 그러나 봉건경제에서의 생산은 주로 '사용하는 데에'(production-for-use) 목적이 있었다.

자본주의경제제도는 생산수단을 자본가가 사적으로 소유하면서 이익추구를 위하여 고용된 노동자의 노동력에 의존하여 물건이나 서비스를 교환을 위한 상품으로서 생산을 하며, 분배는 시장을 통한 자유로운 구매로서 하고, 소비는 가족단위 또는 개인단위로 자유로이 하는 경제제도의 유형이다.

그리고 **국가사회주의경제제도**는 모든 개인들이 전체인민을 위해 생산할 것을 이념으로 하여 생산수단뿐만 아니라, 생산된 물건을 전체인민의 소유라는 이름으로 국가가 독점하면서 생산·분배·소비활동을 원칙적으로 계획에 의해 수행하는 유형이다.

이들 네 가지의 경제제도유형 가운데서 현대사회에서 가장 중요한 유형인 자본주의제도와 국가사회주의제도에 대해서는 아래에서 각 제도의 전개를 좀 더 살펴보기로 하겠다.

1. 자본주의제도의 전개

자본주의제도는 15세기 봉건경제가 붕괴된 후 16~17세기의 상업자본주의를 거쳐 18세기 말엽의 산업혁명이 있은 이후 산업자본주의로 변모하여 20세기부터는 독점자본주의의 형태로 전개되어 왔다.

봉건제도의 붕괴는 14세기 중엽부터 15세기 전반까지 여러 차례 구라파를 휩쓴 흑사병의 유행으로 영지에서 일할 노동력이 격감되자, 영주들은 지금까지 누려 온 영화를 계속하기 위해 주로 두 가지 수단을 사용하였는데, 토지를 소작인들에게 현금을 받는 조건으로 대여하거나 또는 영주가 직접 영농을 관리하게 되었다. 그 결과 농업생산이 시장에서의 교환을 목적으로 하는 **상업농업**(merchant farming)이 시작되었다.

이로 인해 시장이 발달하고 상인계급이 대두하여 상인들은 막대한 부를 획득하고, 도브(Dobb, 1963)의 표현을 빌리면 '새로운 상인귀족'으로서 경제를 장악하였다. 상인들은 국내외의 교역에 종사하였을 뿐만 아니라, 가내공업체(cottage industries)에 뒷돈을 대어 주면서 팔기 위한 제품을 생산시키는 소위 **출자하청제**(putting-out system)를 실시하여 공산품의 생산까지도 장악하였다. 16세기부터는 상업자본가의 해외진출을 위한 식민지가 개척되고, 17세기에 들어서면서는 정부들이 무역업자들에게 독점권을 부여하는 소위 중상주의(merchantilism)정책을 실시하여 **상업자본주의**가 만개하였다.[14)]

18세기 가장 많은 식민지와 가장 활발한 교역활동으로 세계경제의 종주국이 된 영국은 그들의 부를 더욱 확장하기 위해서는 대량생산이 필요하였고, 대량생산을 위한 기계와 기관의 발명에 투자를 할 수 있는 부력(富力)이 있었기 때문에, 영국에서 산업혁명이 맨 먼저 일어나 구미지역에 급속히 확산되었다.[15)]

---

14) Dobb, Maurice, 1963 참조.
15) Beaud, Michael, 1983 참조.

산업혁명은 지금까지의 농업위주의 생산으로부터 공장체제에서 이루어지는 제품위주의 생산으로 생산양태가 바뀐 **산업자본주의**를 출현시켰다. 공장이 생산의 기초적인 사회단위가 되었고, 노동력이 공장체제 가운데로 재조직되었다. 경제적 생산성이 유례 없이 높아지고, 노동자에 대한 저임금은 대량의 산업프롤레타리아트를 만들어 냈다. 테크놀로지의 계속적인 발전과 더불어 산업자본주의는 더욱 확대되었다.

제1·2차 대전을 경유하면서 세계경제의 주도권은 미국으로 옮아갔다. 20세기의 자본주의는 자본주의적 경쟁에서 성공한 소수의 회사들이 자본의 집중과 규모의 확장을 통해 시장을 지배하는 소위 **독점자본주의**(monopoly capitalism)라는 새로운 성격을 띠게 되었다. 독점자본주의의 또 다른 성격은 핵심 자본주의국가들에 의한 해외투자의 증가였다. 20세기 중엽에 이르자 **다국적기업**(multinational corporation)이라는 새로운 경제단위가 세계경제체제의 주역이 되었다. 다국적기업은 여러 나라에 생산공장을 두고 있는 회사로서, 과거라면 그의 생산품을 세계시장에 내다 팔았을 것을 이제는 수매자의 곁에서 국제적으로 생산을 하는 것이다. 이것은 관세장벽이라는 부담을 면탈하고, 동시에 외국의 저렴한 노동력을 이용하는 방법이다. 다국적기업은 그 매출량으로 규모를 짐작할 수 있는데, 예컨대 2005년 미국의 월-마트(Wal-Mart) 회사가 판매한 매출량은 스웨덴의 국민총생산(GNP)과 같고, 일본의 도요타 자동차(Toyota Motor) 회사의 매출량은 파키스탄과 칠레의 GDP를 합친 것보다 그 규모가 컸다.[16)]

21세기말부터 유럽연합(EU), 동남아시아국가연합(ASEAN), 북미지역에서 역내(域內) 국가들끼리 체결하여 관세율 등에서 상호특혜를 제공하던 자유무역협정(Free Trade Agreement)들이, 21세기에 들어와서 자유무역지역(Free Trade Area)이라는 새로운 개념의 FTA로 변모하였다. 자유무역지역협정을 체결한 국가간에는 관세 및 기타 수입쿼터와 같은 무역장벽을 완전히 철폐, 상품거래에서의 국경을 개방한다.

FTA는 자본주의 세계의 시장통합과 세계화를 한 걸음 더 진전시킨 현상이다. 한국은 2011년 현재 30개 국가와 FTA를 체결하고 있다.

---

16) Schaefer, Richard T., 2009 참조.

2. 국가사회주의경제제도

국가사회주의경제는 1917년 볼셰비키혁명 이후 소련에서 최초로 채택된 경제제도의 유형이다. 제 2 차 대전 이후 소련에 의해 창설된 동구 및 북한과 같은 공산국가들도 소련의 유형을 모방하고 있다. 그러나 20세기 마지막 10년 기간에 동구에서 공산주의가 붕괴되고, 소련연방도 해체된 후, 이 지역들에서도 자본주의 체제가 도입됨으로써 현재 지구상에서 국가사회주의경제제도를 유지하고 있는 나라는 북한을 포함하여 다섯 개 이내이다. 이러한 현실을 감안한다 하더라도, 국가사회주의 경제제도는 아직도 이론상으로 유효하고 반자본주의자들은 그들의 이상을 국가사회주의에 찾고 있기 때문에 국가사회주의 경제제도에 대해 좀 더 언급하기로 한다.

국가사회주의경제는 자본주의를 비판한 마르크스 경제이론에 근거를 두고 있다. 마르크스는 산업혁명 이래 19세기 중간까지의 산업자본주의를 분석하면서, 산업혁명 이전의 상업자본주의가 매매의 차액에서 부를 형성했던 것과는 달리 산업자본주의는 노동자를 착취함으로써 부를 창출한다고 주장했다. 자본가는 생산된 상품을 가지고서 시장에서 자본가끼리 경쟁을 해야 하기 때문에 경쟁에 이기기 위해서는 노임착취가 불가피하며, 자본가가 획득하는 상품의 원가와 판매가격과의 차액은 교환인 만들어 낸 이익이 아니라 노동자로부터 착취한 잉여부분이라고 하였다. 자본주의에 의한 노임착취는 결과적으로 사회적 구매력의 저하를 가져오게 되어 시장에는 많은 상품이 적재되어 있으면서도 상품이 팔리지 아니하는 소위 **공황**(depression) 사태를 '필연적'으로 야기하는 자체모순에 빠지게 되어 자본주의는 '필연적'으로 망한다고 보았다. 이 같은 자본주의의 모순은 생산수단의 사유와 시장을 통한 분배체제에 맹점이 있기 때문이라고 주장하고, 생산수단의 공유와 계획에 의한 공평분배를 포함하는 사회주의경제가 필연적으로 실현될 것이라고 예견하였다.

이와 같은 마르크스 경제이론은 사회적 · 경제적 불평등을 시정하려는 볼셰비키혁명가들의 이론적 무기로서 수용되었다. 혁명 이후 소련정부는 경제의 방향에 대한 통제력을 완전히 장악하고서 생산수단의 사유를 전면적으로 폐지하고, 오직 예외적으로 소비품에 대해서만 사유를 인정했다. 광산 · 건설 · 철도 · 통신 · 전기 · 도시상업 · 농장 · 수산업 · 산림 등 모든 중요한 산업들이 국유화되어 국가의 경제계획에 의해 운영되며, 모든 노동력은 국가의 인력계획에 따라 종업원으로서 편성되었다. 소규모의 공산품생산과 그것을 판매하는 개인기업을 허용하고, 집단농장노동자들에게는 개인경작이 가능한 소규모의 사유지를 허용하였지만 경제의 개인부문은 매우 한정되어 있다.

오늘날 잔존한 공산주의 국가들은 자본주의제도의 여러 요소를 채용하는 경향을 보이고 있다. 그들도 사기업의 범위를 넓힘과 동시에 시장제도를 부분적으로 도입하고 있으며, 직위와 직종에 따른 차등적 대우와 노동형태로서의 분업 등 자본주의 산업사회와 비슷한 양태를 취하고 있다. 그러나 생산성을 포함한 경제적 효율의 측면에서 볼 때 국가사회주의는 자본주의사회의 그것에 훨씬 미달하고 있다. 현재 남한과 북한 사이의 경제력(실질 GDP) 격차는 2010년 기준으로 42대 1이다.[17)]

제 4 절 교육제도

인간의 문화는 생리적으로 유전되는 것이 아니라 배워야 한다는 사실과 어린이는 어른에 의한 돌봄과 가르침이 없이는 퍼스내리티를 형성할 수 없을 뿐만 아니라 생존하기도 어렵다는 사실 때문에 교육은 필수적인 것이다. 교육제도는 교육과 교육에 관련된 교육의 내용, 교육의 체계, 교육의 방법, 교육에 대한 가치관 및 신념, 교육을 위한 조직체계 등을 포함한다.

Ⅰ. 교육제도의 특징

가정이나 종교로부터 분리된 독자적인 교육제도로서의 원형은 고대 중국의 공자(孔子, 551~478 BC)와 같은 유객(遊客)선생에 의한 강론과 문답이나, 고대 그리스의 플라톤(Plato, 427~347 BC)에 의해 설립된 아카데미아(Academia)에서 찾아볼 수 있다.

교육제도의 핵심적 요소는 가르치는 자로서의 선생과 배우는 자로서의 학생의 존재이다. 거기에는 가르치고 배운다는 기능으로 말미암아 존경과 사랑이

17) IHS, 2001 참조.

라는 인간관계가 하나의 요건으로서 개입된다. 선생과 학생 사이의 상호 작용의 성립은 비공식적이든, 공식적이든 '학교'라는 집단이 형성된 것을 의미한다. 따라서 교육제도는 학교를 근간으로 하는 신념·가치관·행동·조직체계 등을 포함한다.

교육제도가 수행하는 기능으로는 다음의 네 가지를 들 수 있겠다.

첫째, 한 사회의 문화를 전수시킨다. 교육은 아직 사회생활을 할 준비가 안 된 젊은 세대에게 어른 세대가 그 사회의 가치관·태도·규범·기술 및 지식체계를 가르치는 것이라고 말할 수 있다. 이렇게 함으로써 교육은 어린이들을 사회가 요구하는 육체적·정신적·도덕적 수준으로 키우며, 이로 말미암아 두르껭의 표현을 빌리면 "사회가 영속할 수 있는 조건을 재창조한다".[18]

둘째, 특히 공식적인 학교교육은 교육과정을 통하여 사회의 각 지위가 요구하는 가장 '적합한' 인간을 암암리에 선별하는 구실을 한다.

셋째, 학교교육은 과학과 기술의 혁신을 가능케 하는 기초지식을 제공함으로써 사회의 테크놀로지변화를 촉진시킨다.

넷째, 학교교육은 권력·부·위광 등의 현재의 상태(status quo)를 보전시키는 수단이 된다.

Ⅱ. 교육제도의 유형

교육제도는 역사적으로 세 가지의 유형으로부터 발전하여 현대의 교육제도를 형성시켰다. 역사적인 세 가지의 유형은 실질적 기술교육(practical skill education)·지위집단교육(status-group education)·관변교육(官邊教育 : bureaucratic education)을 말한다.

첫째, **실질적 기술교육**은 어떤 직업이나 다른 활동을 수행하는 데에 꼭 필요한 기술을 가르치는 것을 말하는데, 그 전형적인 형태는 장인과 도제(徒弟 : master-apprentice)의 관계이다. 이러한 장인-도제의 관계는 중세시기의 전형적인 교육의 형태였고, 현대산업사회에서는 공식적인 학교교육에 흡수되었으나 그 원형이 어느 정도 남아 있기도 하다.

둘째, **지위집단교육**은 계층의 분화가 심한 사회에서 지배층이 자신들의 권

18) Durkeim, Emile, 1956 참조.

위와 특권을 상징·재강화할 목적으로 실시한 주로 의례와 심미에 관련된 교육을 말한다. 이러한 교육은 물질적인 생산과는 완전히 구별되는 것으로서, 옛날 중국 사대부계급의 연예회(宴藝會)나 구라파 상인계급들의 시작회(詩作會)나 고전인용(古典引用) 모임 등이 이에 해당한다.

셋째, **관변교육**은 관료를 선발하거나 승진시킬 목적과 일반 민중들로 하여금 정치에 순응하도록 훈련시킬 목적으로 조정(朝廷)에 의해 마련되었던 교육을 말한다. 이러한 교육은 앞서의 실질적 기술교육과 지위집단교육에서와는 달리 출석과 시험 및 점수와 등급이 강조되었다. 관변교육은 과거 중국처럼 중앙집권화되고 관료화된 국가들에서 실시되었다.

현대의 교육제도는 그와 같은 세 가지의 교육유형 가운데서 관변교육의 유형이 주류를 이루면서 여기에 실질적 기술교육과 지위집단교육의 유형이 결합되어 발전한 것이다.

19세기를 통해 구라파에서 형성된 현대교육제도는 국가들이 교황청으로부터 독립하여 강력한 관료제를 실시한 결과였다. 국가들은 과거 관변교육의 유형을 확대·재조직하여 교회의 라틴어보다 국민언어를 가르쳤고, 공립학교설립의 선도역이었던 프러시아 같은 나라는 대학졸업증을 가진 청년들 가운데서 관료를 선발했다.

이 같은 경로로 발달해 온 현대산업사회의 교육제도는 그 유형을 두 가지로 분류할 수 있는데, 하나는 보증진학체계(sponsored-mobility system)이며, 다른 하나는 경쟁진학체계(contest-mobility system)이다.

보증진학체계는 중학교수준(14~15세)을 마치면 장차 대학으로 진학할 것인지 혹은 기술학교로 진학할 것인지를 엄격히 구분하여 중학교 이상 상급학교의 교육통로를 지정하는 체계로서, 독일·프랑스·영국 등에서 실시되고 있다. 이에 비하여 **경쟁진학체계**는 그 같은 교육통로의 구분 없이 누구나가 경쟁시험을 통해 대학에 들어갈 수 있도록 개방되어 있는 체계로서, 미국·소련·일본 등에서 실시되고 있다. 우리 나라의 것도 후자에 속한다. 일반적으로 말해 계층구조가 경직되어 있는 사회에는 보증진학체계가 채택되어 있고, 계층구조가 유연한 사회에서는 경쟁진학체계가 채택되어 있다.

Ⅲ. 현대교육체계에 대한 평가

학교라는 관료적 조직체를 통해서 출석·시험·학점·학위가 강조되면서 교육이 실시되는 현대의 교육체계에 대해서 이론들은 서로 다른 평가를 내리고 있는데, 두 개의 대표적인 이론인 기능주의이론과 갈등이론의 평가만을 소개하기로 하겠다.

첫째, 기능이론은 현대의 교육제도는 산업사회가 요구하는 기술과 지식을 가장 효율적으로 학생들에게 제공함으로써 사회와 개인에 기여한다고 주장한다. 산업사회에서는 저급수준의 기술에 대한 요구는 점차 감소하는 반면에 고급기술에 대한 요구가 증가하고, 또한 동일한 업종 내부에서도 기술수준이 계속적으로 향상되기 때문에 직업을 위한 교육적 요구가 계속적으로 증가한다. 이러한 마당에 공식적인 학교교육이야말로 그 같은 요구에 가장 적절히 반응하는 기능을 수행하고 있다는 것이다.[19)]

둘째, 갈등이론은 기능이론에 반대하여 20세기를 통한 고등교육의 증가는 산업사회의 요구에 의한 것이라기보다는 기득계급의 이익을 위해 교육이 이용된 결과라고 주장한다. 갈등론자의 주장에 따르면 학교를 일류학교·이류학교 등으로 등급화하고, 또한 동일한 학교 내에서도 학년별 등급화와 학점별 등급화는 기존 사회의 불평등한 계급관계를 정당화시키는 사회화의 수단이며, 또한 대개 상류층이 그들의 자녀에게 다른 계층의 자녀보다 더 높은 교육을 시킴으로써 사회의 기득지위를 전수시키게 된다는 것이다. 이와 같이 교육이 지적 탐구에 대한 개방보다는 기존의 이데올로기를 주입시키고, 기존의 계급관계를 강화시키는 방향으로 왜곡되어 있기 때문에 학교교육은 지적·정서적 충족보다는 불만과 소외를 확산시키는 역기능을 수행하고 있다고 그들은 주장한다 (Collins, 1977; Bowles and Gintis, 1976).[20)]

1. 과다교육

현대교육체계의 성격이 기능론자가 평가하는 바와 같이 산업사회의 요구에 대한 기능의 수행인지, 혹은 갈등론자의 평가와 같이 계급이익의 반영인지

---

19) Hebding, Daniel E. and Leonars Glick, 1981 참고.
20) Jencks, Christopher, et al., 1973 참조.

는 각 사회의 교육실정에 따라 각 이론의 타당성의 정도가 달라질 것이다.

그러나 우리가 여기서 한 가지 지적하고 싶은 것은 현대교육체계의 결과라고 할 수 있는 과다교육(overeducation) 현상이다. 과다교육현상을 정의해서 말하자면, 사람들의 교육수준에 합당한 일자리가 그 사회에 상대적으로 적은 것을 의미한다.

그러면 과다교육현상은 왜 일어나는가? 이에 대한 통상적인 설명에 따르면 사회의 직종들이 어떤 수준의 학력과 자격증을 요구함에 따라 그 직종을 바라는 수많은 젊은이들이 그 수준까지의 교육을 이수하게 되며, 그 이후 그 직종에 선발되지 못한 젊은이들은 자신의 교육수준까지가 필요하지 않은 저급의 직종을 마지못해 받아들이거나, 그렇지 않으면 교육을 더 받으면 자기가 원하는 직종에 취업하게 될 것이라는 희망으로 더 높은 교육에로 진학을 하기 때문에 과다교육현상이 빚어진다. 한번 과다교육현상이 시작되면 그 다음부터는 학력과 자격증에 대한 기준도 높아져 점점 더 과다교육이 연쇄적으로 일어나게 된다. 과다교육의 연쇄적 발생을 **교육인플레**(educational inflation)라고도 부른다.

이러한 교육인플레는 1950년대 이래 전세계에 걸쳐 일어났으며, 따라서 고등교육기관도 이 시기 이후 급격히 증가하였다. 이러한 현상은 한국에서도 현저하였다. 1995년 남녀평균 대학생의 수가 전체인구 1만 명당 419.1명이던 것이 2010년엔 634.3명으로서 28.2%가 증가하였다. 단기간 동안의 이 같은 대학생 수의 급증은 특히 여자대학생의 수가 1995년의 285.5명에서 2010년에는 507.1명으로 두 배 가까이 증가한데에 주된 이유가 있다.[21] 여자들의 교육수준 증가는 여자의 취업증가와 직결된다. 취업전선에 뛰어든 여자수의 급증으로 남녀 모두에게 취업경쟁이 더욱 치열해지고 따라서 교육인플레도 더욱 심해지고 있다. 이로 말미암아 많은 젊은이가 '상급학교로! 상급학교로!' 교육의 사닥다리를 기어오르기 때문에 하급학교는 다음 번 상급학교에 진학하기 위한 입시예비학교의 성격을 띠게 되고, 젊은이들은 점점 더 긴 세월 동안 학교에 머물게 된다.

21) 통계청, 2011, '한국의 사회지표', 1995년부터 2010년 까지 전체인구의 증가는 4,509만 명에서 4,941만 명으로 1.0%에 불과하다.

제7장

집 단

제 7 장

집 단

제 1 절 집단과 인간생활

집단이란 어떤 특수한 사회관계에 의하여 결합된 두 명 이상의 사람이 모인 것을 말한다. 이것을 좀더 풀어서 말하면 집단은 다음과 같은 특징을 갖는다. 첫째 구성원들 사이에는 특수한 사회관계가 있고, 둘째 구성원들은 서로 의존하며, 셋째 각 구성원의 행위는 다른 구성원들과 관련이 있으며, 넷째 같은 구성원이라고 하는 감정을 갖는다.

모든 사람은 극히 예외적인 경우를 제외하고는 다른 사람들과 더불어 집단을 이루어 집단에 소속하여 살아간다. 동물들 가운데는 단독으로 살아가는 독행성동물(獨行性動物)이 있다. 대개 체력이 월등한 사자나 호랑이 같은 짐승은 혼자서 생활한다. 그러나 체력이 약한 얼룩말이나 사슴·산양 같은 동물은 무리를 지어사는 군집성동물(群集性動物)이다. 약한 짐승은 외침으로부터 자기 종의 희생을 줄이려는 본능에 의해 군집생활을 하고, 인간은 인간의 본질적인 상호 의존성 때문에 타인들과 더불어 생활을 하는 군집생활의 이유가 서로 다르지만 외형만을 말하면 인간도 군집성동물의 일종이라 할 수 있을 것이며, 실제로 인간의 생활은 집단을 떠나서는 거의 불가능하다.

앞 장들에서 이미 언급한 바와 같이 인간은 우선 신체적 특성으로 말미암아 어릴 때는 타인에 전적으로 의존해 살아야 하고, 이와 관련하여 종의 보전을 위해서는 가정의 형성이 불가피하며, 또한 인간활동의 분업으로 말미암아 타인의 존재를 전제로 하지 않고서는 자신의 생활이 불가능한 것이 '인간의 조건'이다. 그래서 인간은 집단 가운데서 타인과의 상호 작용을 통해 삶을 영위하게 된다.

Ⅰ. 집단의 세 가지 기본유형

개인의 몸은 비록 하나라고 하더라도 그는 여러 집단에 소속한다. 그는 어떤 가정에 소속하고, 동시에 어느 회사에 소속하며, 동시에 어느 교회에 소속하고, 동시에 어느 동창회에 소속하며, 또한 대한민국이라는 국가에 소속한다. 그가 소속해 있는 각 집단들은 조금씩 집단의 성격이 다르지만, 그것을 크게 세 가지의 기본유형으로 나눌 수 있다.

첫째는 가정과 같이 구성원들 사이에 전인격적인 유대가 맺어져 있는 원초집단(primary group)과, 둘째는 회사와 같이 어떤 목적 아래에서 구성원들 사이에 공식적인 관계가 설정되어 있는 2차 집단(secndary group)과, 셋째는 개인이 소속한 광역의 정치적·문화적인 공동체인 국가라는 집단이다.

한 개인은 가정이라는 원초집단에서 가족들과 아침식사를 하고, 회사에 출근하여서는 2차 집단에서 낮시간을 보내며, 퇴근 후에는 국가라는 집단의 구성원으로서 시장에서 물건을 구입한다. 그는 그가 소속한 이 세 가지 유형의 집단들에 들랑날랑하면서 매일의 생활을 영위한다.

그러면 원초집단과 2차 집단과 국가라는 집단이 어떻게 그 성격이 서로 다른지, 이것부터 좀더 알아보기로 하자.

1. 원초집단

'원초집단'(primary group)이라는 용어는 상징적 상호작용이론가인 쿨리가 만든 것으로서, 그의 표현을 빌리면 "원초집단은 인간본질의 온상(nursery of human nature)으로서"[1) 가정이 그 대표적인 예이다. 가정 이외에도 코흘리게 시절에 어울린 또래집단 같은 것도 원초집단의 범주에 속한다. 원초집단은 어떤 의도에서 인위적으로 만든 집단이 아니라 '자연의 의지'(natural will)에 의해 저절로 형성된 집단이다. 원초집단은 소규모이고 대면적이며, 제 3 장의 사회화에서 본 바와 같이 개인의 퍼스낼리티형성에 결정적인 영향을 미치는 집단이다.

원초집단을 앞으로 말한 2차 집단 및 국가집단과 비교하기 위해 라벤과 루빈(B. Laven and J. Rubin)이 제시한 몇 가지 기준에서 그 특징을 살펴보기로

1) Cooley, Charles Horton, 1909, p. 23.

하겠다.[2] 라벤과 루빈이 제시한 기준들은 '결속'(solidarity) · '목적'(purpose) · '충원'(recruitment) · '중요 규범'(central norm) · '통제'(control) · '의사소통'(communication pattern) · '사회적 지리'(social distance) · '물질적 조건'(material condition) 등인데, 편의상 이념형으로서의 가정을 예로 삼아 원초집단의 특징을 설명하겠다.

첫째, '결속'의 면에서 가정의 성원들 사이에서는 전인격적인 결속이 이루어진다. 따라서 가정에서는 '우리'라는 관념이 크게 지배하며, 동고동락의 감정이 지배적이다.

둘째, 가정의 '목적'은 가정외부의 어떤 목적을 위해 가정이 수단으로서 존재하는 것이 아니라 가정 그 자체가 목적이다. 그래서 가정 내에서는 접촉이 즐거운 것이며, 그 접촉은 대개 영구적이다.

셋째, '충원'은 운명적으로 이루어지며, 가족의 일원이 되는 것도 어렵고, 또한 탈퇴하는 것도 매우 어렵다. 어느 개인이 그 가정에 태어나고 싶어서 태어난 것이 아니며, 부모와 형제자매를 그가 선택한 것도 아니다. 남녀의 결혼도 따지고 보면 운명적으로 만나 운명적으로 결합된 것이며, 그들이 낳는 자녀의 형질도 그들이 선택하는 것이 아니다.

넷째, 가정에서의 '중요 규범'은 물질적 · 정신적으로 서로 돕고 의존하는 상부상조이다.

다섯째, 가정내부에서 '통제'는 어떤 정형이 없이 비공식적으로 이루어진다. 꾸지람을 한다든가, 냉담한 태도를 취한다든가 하는 방식으로 그 때 그 때의 상황과 성원의 개성에 따라 통제가 이루어진다.

여섯째, 가족성원들 사이의 '의사소통' 양식은 매우 자기 노출적이다. 꾸밈과 조작이 없이 자신의 내부세계까지를 그대로 드러낸다.

일곱째, '사회적 거리'란 사회적 지위의 차이에 따른 인간 사이의 거리를 말하거니와 가족성원들 사이에서는 '사회적 거리'가 무시되거나 축소된다. 가령 어머니가 초등학교 교사이고 아들이 국민학생이라 할 때, 그 어머니와 아들 사이에서는 교사와 학생이라고 하는 사회적 거리가 존재하지 않는다.

마지막으로, 가정에서 '물질'은 공유되며, 물질적 조건이 가정의 행 · 불행을 좌우하는 결정적인 요소는 될 수 없다.

2) Laven, B. and J. Rubin, 1977 참조.

〈우정〉 여기서 우정에 대해 말해 보자.

우정은 원초집단적인 사회관계에 기초를 두고 있는 사람들 사이의 상호작용이다. 원초집단안에서는 개인들이 전인격(whole person)이 될 수 있다. 나는 모든 종류의 감정을 나타낼 수 있고, 외부타인들에 대한 나의 감정까지도 이야기할 수 있다. 원초집단은 안전감과 복잡한 사회로부터 보호되고 있다는 감정을 갖게 한다. 원초집단은 개인을 지지하고 떠받들어주는 기능을 가진다. 이념형으로 말할 때 우정이란 바로 그와 같은 원초집단의 특징을 가지는 사회관계이다.

친밀한 친구사이에서는 공적인 사회에서는 찾아볼 수 없는 특별한 관용과 신뢰와 사랑이 요구된다. 친구 사이에서는 다른 외부사람들은 잘알지 못하는 특별한 버릇, 육체적 정신적 결함등이 노출되기 때문에 특별한 관용과 신뢰가 우정의 기본이 되는 것이다. 우정을 통해서 우리는 프라이버시(privacy)와 고독과 죄의식으로부터 벗어나고, 자기를 표현하며, 자기행동에 대한 지지를 얻는다. 우정은 또한 사회적 역할에 부응해야 하는 공적인 부담으로 부터도 사람을 자유롭게 한다. 그러나 우리는 친구의 부담을 나눌 것을 요구하는 친밀의 부담으로 벗어날 수 없다.

이론적으로 말해서, 순수한 프라이버시에 대한 개인의 필요를 허용하지 않으며, 또한 친구의 요구에 대해서는 자기중심적인 반응을 유보할 것을 요구한다. 그러나 이와 같은 순수한 우정은 이념형적인 우정을 말하는 것이며, 실생활에 있어서는 우정의 깊이와 우정의 기초가 서로 다른 여러 종류의 친구관계가 있다. 편의를 위한 우정, 단순한 사교, 보충적인 성격에 대한 즐거움, 적에 대한 공동의 적대감등이 우정이라는 이름으로 불리워 지기도 한다.

2. 2차 집단

2차 집단은 회사·학교·경찰서 등과 같이 '자연의 의지'에 의해서 만들어진 집단이 아니라 의도적으로, 다시 말해 '인위적 의지'(artificial will)에 의해 만들어진 집단이다. 2차 집단은 한두 가지의 특정의 목적(unibonded purposes)을 가지고 있으며, 이 목적(들)을 달성하기 위해 사람들을 의도적으로 끌어모아(deliberately aggregated) 이들을 권위체계를 통해 조정함으로써(coordinated by authority) 기능을 발휘하는 집단이다.

2차 집단의 특징을 회사를 예로 삼아 같은 레빈과 루빈의 기준에 의거하여 살펴보기로 하자.

첫째, '결속'의 면에서 회사동료들 사이에는 전인격적 결속 대신 공식적 관계에 의해서 부분적 또는 피상적인 결속이 이루어진다. 그들 간의 접촉은 상대적으로 말해 일시적이다.

둘째, 회사의 '목적'은 이윤의 추구로서 이윤의 발생지는 회사의 바깥에 있으며, 회사라는 집단은 그 목적을 달성하기 위한 수단으로서 존재한다. 그렇기 때문에 회사의 구성원들을 목적달성을 위한 수단의 구성분자들로서 회사의 목적에 종속된다.

셋째, 회사구성원의 '충원'은 인위적이며 또한 용이하다.

넷째, 회사에서의 '중요 규범'은 회사의 목적에 기여하는 효율성(생산성)이다. 따라서 회사의 구성원들은 효율성을 둘러싼 상호 경쟁관계에 있다.

다섯째, 회사에서의 '통제'는 규정과 규율에 의거하여 태만자나 일탈자에 대해 경고·감봉·강등·해임 등의 형태로 공식적으로 이루어지며, 또한 회사 내 상위감독자의 리더십의 유형에 따라 설득에 의한 통제, 솔선수범에 의한 통제 또는 강압에 의한 통제 등 여러 형태로 나타난다.

여섯째, 회사에서의 '의사소통' 양식은 공동의 관심사를 주로 하여 피상적 또는 일방적으로 이루어진다. 회사성원들은 동료로서의 결속을 가지기도 하지만, 한편으로는 상호 경쟁관계에 있기 때문에 '의사소통'에서의 완전한 자기개방은 유보된다.

일곱째, 회사에서는 '사회적 거리'를 명시적으로 나타낼 뿐만 아니라, 때로는 그것을 의식적으로 증폭시킨다. 사회적 거리는 그 집단의 목적에 따라 진폭이 달라지는데, 군대처럼 명령체계가 요구되는 곳에서는 '사회적 거리'를 극대화시키며, 개인적 순발력과 성원 상호간의 조화가 필요한 연극단체 같은 곳에서는 그것을 좁히게 된다.

마지막으로, 회사는 회사에 대한 구성원들의 기여도를 물질의 형태로 평가하고 보상한다. 따라서 물질적 조건은 그 회사와 그 회사구성원들의 가치를 대변하는 척도로서 매우 중요하다.

3. 국　　가

국가라는 집단은 예외적으로 개인이 선택하는 경우도 있지만, 일반적으로는 그가 소속한 국가는 그의 의지와는 관계 없이 그를 포용하는 광역의 정치적·문화적 단위로서 주어지는 집단이다.

국가라는 집단의 특징을 같은 기준에서 보면 다음과 같이 설명되겠다.

첫째, '결속'의 면에서 국가는 구성원들인 국민이 결속할 것을 직접적 또는 간접적으로 강요한다. 만약에 이러한 강요에 공공연히 반발할 때는 처벌의 대상이 되기도 한다. 그러나 실제에 있어서 국민들이 어느 정도로 결속되어 있는가는 국민들 사이의 문화적 동질성, 계층의 분포, 사기(士氣) 등에 따라 결정된다.

둘째, 국가의 '목적'은 국가라는 공동체를 내부적 또는 외부적 파괴의 위험으로부터 보호·유지시키며 발전시키는 것이다.

셋째, 국가의 국민이 되는 '충원'은 가정의 충원에 비해서는 쉽지만, 회사의 충원보다는 훨씬 어렵다.

넷째, 국가는 다수의 국민이 공생하는 터전이기 때문에 국가에서의 '중요 규범'은 사회질서이며, 사회질서를 위해 국가는 수많은 법령과 법령집행기관을 설치해 두고 있다.

다섯째, 국가의 '통제'는 국가권력에 의해 공식적으로 이루어진다.

여섯째, 국가라는 광역사회에서의 '의사소통'은 언론매체를 통해 간접적으로 이루어진다. 그렇기 때문에 국민과 국민 사이, 국민과 정부 사이에는 의사현실(擬似現實 : pseudo reality)이 전달될 수밖에 없기 때문에 의사의 전달이 왜곡되거나 가감된다.

일곱째, 현대국가에서는 '사회적 거리'를 법률적으로 인정하지 아니한다. 모든 국민은 법 앞에서 평등한 권리와 의무를 갖는다. 그러나 실제에 있어서는

〈표 7-1〉 3개 기본집단의 성격적 비교

기 준	원초집단	2차 집단	국 가
결 속	전인격적 결속	부분적 결속	강요된 결속
목 적	집단 자체	집단외부의 목적	국가의 유지·발전
충 원	자연적	인위적	자연적+인위적
중요 규범	상부상조	효율성	사회질서
통 제	비공식적	규정·리더십	권력에 의한 강제
의사소통양식	자기 개방적	피상적·일방적	간접적
사회적 거리	무시 또는 축소	명시적	인정치 않음
물질적 조건	공유, 중요치 않음	보상의 수단, 중요	중 요

계층의 차이에 따른 사회적 거리가 엄연히 존재한다.

마지막으로, 국가에서의 '물질적 조건'은 그 나라의 강·약과 선·후진을 가름하는 필수조건 중의 하나로서 매우 중요하다.

Ⅱ. '게마인샤프트'와 '게젤샤프트'

이상에서 원초집단과 2차 집단 및 국가라는 세 가지 기본유형의 집단이 각각 그 성격이 어떻게 다른가를 짐작하였을 것이다. 이러한 세 가지 유형의 집단은 오랜 옛날부터 존재해 왔으나 산업 이전 사회까지는 원초집단의 성격이 사회 전체의 분위기를 지배하였고, 산업화 이후에는 점점 더 2차 집단의 성격이 사회 전체의 분위기를 지배해 가고 있다. 다시 말해서 산업화 이전에는 원초집단적인 성격이 2차 집단과 국가까지도 침윤하였고, 산업화 이후에는 2차 집단적인 성격이 원초집단과 국가에까지도 침윤하고 있다.

독일의 사회학자 퇴니스(Ferdinand Tönnis, 1853~1936)는 원초집단적인 성격이 강한 사회를 '게마인샤프트'(Gemeinschaft : 정의의 사회)라고 부르고, 2차 집단적인 성격이 강한 사회를 '게젤샤프트'(Gsellschaft : 이익의 사회)라고 불렀다.[3]

'게마인샤프트'와 '게젤샤프트'에 대한 퇴니스의 보충설명을 들어 보면, **'게마인샤프트'**는 기본적으로 원초집단적인 관계에서 이루어진 공동체로서, 여기에서는 사람들이 세대에 걸쳐서 서로 알며 비공식적인 방법으로 결합되어 있다. 이에 비해 **'게젤샤프트'**는 좀더 사무적이며 제한된 사회관계로 이루어져 있으며, 여기에서 사회적 결합은 어떤 목적달성을 위한 합리적인 이해타산에 기초를 두고 있다.

우리가 좋아하건 싫어하건 상관없이 사회는 '게마인샤프트'로부터 '게젤샤프트'로 변화해 가고 있는데, 다시 말하면 따뜻하고도 친밀한 통합적인 사회로부터 비인간적이고도 분열적이며 목적지향적인 사회로 변화해 가고 있다. 왜 '게마인샤프트'로부터 '게젤샤프트'로 옮아가는가에 대해서는 '공식적 조직체'를 다룰 때 자세히 설명하겠지만, 여기서는 사회가 **비인간화**(dehumanization)되어 가는 사실(史實)만을 지적해 두기로 한다.

3) Toennis, Ferdinand, 1959 참조.

Ⅲ. 지위와 역할[4)]

인간의 생활은 운명적으로 집단 가운데서 이루어진다. 인간이 집단 가운데서 생활을 하게 되면 인간은 지위를 갖게 된다. 예컨대 A라는 개인은 가정이라는 집단에서 가장이라는 지위를, 또 회사에서는 과장이라는 지위를, 또 국가에서는 시민이라는 지위를 갖는다. 따라서 **지위**(status)란 개인이 집단 내에서 차지하는 자리(position)라고 정의하면 될 것이다. 지위는 집단에 의해 부여되는 것이며, 집단에 소속해 있기 때문에 지위가 존재하는 것이다. A가 10개의 집단에 소속해 있으면, 그에게는 10개의 지위가 있다. A가 아무 집단에도 소속해 있지 않다고 한다면, 그에게는 아무 지위도 없다.

지위에는 가장·과장·교회집사·동창회 회장·국민 등 여러 종류가 있지만, 지위를 크게 두 가지의 유형으로 나누면 귀속지위(ascribed status)와 성취지위(achieved status)가 그것들이다. **귀속지위**는 어느 개인이 집단 가운데서 태어남으로써 저절로 획득되는 지위로서 예컨대 남자, 여자, 나이, 누구의 맏아들, 누구의 동생, 대한민국 국민 등의 지위가 여기에 해당한다. **성취지위**는 후천적으로 자신의 노력이나 타인의 도움으로 획득된 지위로서, 회사의 과장·교회집사·남편·아내·누구의 아버지 등이 여기에 해당한다. 개인이 가진 여러 가지의 지위 가운데서도 그를 사회적으로 가장 잘 대표해 주는 지위를 **주지위**(master status)라고 한다.

그러면 지위와 관련된 역할이란 무엇을 말하는가? 사회는 A가 아버지라는 지위에 있을 때는 아버지로서의 행동을 해 주기를 기대하고, 그가 과장의 지위에 있을 때는 과장으로서의 행동을 해 주기를 기대한다. 이와 같이 사람의 지위에 따라 사회가 그에게 기대하는 행동양식을 **역할**(role)이라고 한다. 역할이 어떠해야 한다는 것은 이미 사회로부터 그 처방이 나와 있기 때문에 우리는 그것을 **역할처방**(role prescription)이라고 부른다.

한 사람이 그가 소속한 여러 집단들에서 가지는 지위들과 지위들에 따른 역할들은 그로 하여금 역할처방에 따라 행동할 것을 사회는 요구한다. 이러한 사회의 요구는 그의 행동을 규제하는 하나의 사회적인 힘이다. 인간의 사고와 행동양식을 규제하는 사회적인 힘을 **사회구조**(social structure)라고 부르거니와

4) Babbie, Earl R., 1977, pp. 110-114; pp. 135-138.

지위와 역할은 개인에게 부과되는 가장 전형적인 사회구조인 것이다.

개인은 여러 개의 다른 지위를 동시에 가지기 때문에 그의 역할도 여러 종류일 수밖에 없다. 한 개인이 여러 개의 역할을 수행하노라면 몇 가지 개념으로 분류할 수 있는 사태들이 일어날 수 있는데, 그 개념들부터 먼저 말하면 역할준행(role conformity) · 역할혼란(role donfusion) · 역할갈등(role conflict) · 역할긴장(role strain)이 그것들이다.

첫째, **역할준행**(役割準行)이란 개인이 자신의 지위들에 따른 역할들을 그 때 그 때에 원만히 수행해 내는 것을 말한다. 가령 그의 지위가 군대의 전투사령관이라고 할 때, 그가 일단 군대에 출근하면 엄격한 지휘관으로서 부대를 통솔하면서도 가정에 돌아오면 자애로운 남편과 아버지로서 역할을 수행하고, 교회에 나가면 봉사하는 집사로서 — 예컨대 연보바구니를 들고 다닌다고 하면 — 이와 같은 그의 행동양식을 우리는 역할준행이라고 부른다.

둘째, **역할혼란**이란 이쪽 지위의 역할을 다른 쪽 지위의 역할에다 잘못 적용하는 경우를 말한다. 예컨대 군대의 사령관이 교회에 예배보러 가서 교직자와 신도들로 하여금 자기에게 경례를 하도록 명령을 내린다든가, 혹은 군대사령관실에서 가정에서처럼 파자마차림을 하고 있다면, 그는 그의 역할을 수행함에 있어 혼란을 일으키고 있는 것이다.

셋째, **역할갈등**이란 그의 복수의 역할이 어떤 상황에서 서로 상충을 일으킬 때를 말한다. 예컨대 한 젊은 여성이 애인으로부터 결혼을 요구받고 있는 마당에 그 여성의 어머니는 그 청년과의 결혼을 한사코 반대할 때, 그 여성은 애인으로서의 역할을 수행하기 위해서는 결혼에 응해야 하지만, 딸로서의 역할을 수행하기 위해서는 그 청년과 단교를 해야 한다. 즉 그 젊은 여성은 역할갈등에 놓여 있는 것이다.

넷째, **역할긴장**이란 한 가지의 역할이 내용상 서로 모순되는 요구가 제기되는 상태를 말한다. 예컨대 한 어머니가 값비싼 물건을 사달라고 조르는 아이들의 요구에 직면하여 그 물건을 사주고 싶으면서도 한편으로는 아이들의 장래를 위해 돈을 아껴 두어야 할 상황에 처할 때, 그 어머니는 어머니로서의 역할이 긴장에 빠지게 된다.

위에서 역할의 수행에 관련된 네 가지 개념을 살펴보았거니와 이것을 사회의 일상적인 개념에서 말할 때는 역할준행은 원숙한 행위로 인식되고, 역할혼란은 분별 없는 행위로 인식된다. 따라서 그러한 행위의 행위자는 원숙한 사람(the matured)으로서 존경되고, 반면에 다른 한 사람은 덜된 사람(the prematured)으로서 간주된다.

역할갈등과 역할긴장은 인간의 심리적 고통의 원천이 되며, 심한 경우에는 모든 지위를 벗어남으로써 고통으로부터 면제되기 위해 자살에까지도 이르게 된다. 역할갈등과 역할긴장은 인간이 지위들을 가짐으로써 치러야 하는 값비싼 대가라고도 할 수 있을 것이다.

Ⅳ. 준거집단

개인이 소속한 원초집단·2차 집단·국가집단 등과 같은 집단들은 개인에게 지위들과 그에 따른 역할들을 부여하는 등 개인생활에 매우 심각한 영향을 미치는 사회적 구조들이다.

그런데 개인에게는 그가 실제로 소속한 이와 같은 가시적인 집단 이외에도 관념적으로만 소속하는 불가시적인 또 하나의 이상한 집단이 있다.

이 이상한 집단이 하버트 하이만(Herbert Hyman)에 의해 개념화된 준거집단(reference group)이다.[5] **준거집단**은 어느 개인이 실제로 어떤 집단에 소속해 있건, 소속해 있지 아니하건 상관없이 그가 머릿속으로 그 집단에 소속한다고 생각하는 그 집단을 말한다. 예컨대 군대에서 상사의 계급을 가진 사람이 자신은 영관급에 해당한다고 생각하고 있다면, 그의 준거집단은 영관급이다. 만약에 그 사람이 자신은 실제로 자신이 속한 상사급이라고 생각한다면 그의 준거집단은 실제 집단과 동일하며, 만약에 그가 자신은 병졸에 속할 사람인데 운이 좋아 상사가 되어 있다고 생각한다면 그의 준거집단은 병졸집단이다.

자기가 실제로 소속한 실질집단들에서의 그의 지위가 그의 사고와 행동을 규제하듯이 머릿속의 준거집단도 그의 사고와 행동에 커다란 영향을 미친다. 어느 개인의 준거집단이 그의 실질집단과 다를 때, 그는 그 준거집단의 바깥에 위치하면서도 그 집단이 그의 준거집단이기 때문에 그는 그 집단의 행위와 관점을 쉽게 이해할 수 있게 된다. 이것은 준거집단이 개인에게 미치는 인지효과의 측면이다.

---

5) Hyman, Herbert, 1942 참조.

한편 준거집단은 인간을 행·불행하게 만드는 심리적 효과의 측면을 가진다. 그의 준거집단이 그의 실질집단보다 허위의 것일 때는 자신의 처지에 만족하게 되며, 상위의 것일 때는 그는 자신의 현실에 대해 불만을 갖게 된다. 후자의 경우에는 마치 자신이 당연히 받아야 할 보상을 박탈당한 듯한 느낌을 갖게 된다. 그래서 베블렌(T. Veblen)은 이것을 **상대적 박탈감**(relative deprivation)이라고 불렀다.[6] 그러므로 어느 사람의 준거집단이 그의 실질집단보다 높으면 높을수록 그의 상대적 박탈감은 그만큼 더 커진다.

준거집단이 실질집단보다 상위인 것과 성취동기(achievement motivation)가 높은 것과는 구별된다. **성취동기**가 높은 것은 현재 자기가 소속해 있는 실질집단이 무엇이라는 것을 정확히 인식하고 이것을 시인하면서, 미래에는 자신의 노력으로 더 높은 상위집단으로 옮아가려는 의지를 가리킨다. 이에 비해 준거집단이 실질집단보다 높다는 것은 자신이 처한 현실적 위치를 무시하고, 자신의 현 위치를 주관적으로 상승시켜 놓고 있는 의식의 상태이다.

어느 개인의 준거집단이 실질집단보다 높은 것을 일상적 개념으로 말할 때는 그것을 허영(vanity)이라 부르고, 준거집단이 실질집단과 너무 동떨어지게 높을 때는 그것을 '정신이상'이라고 부르기도 한다.

제 2 절 집단의 역학

'집단의 역학'이라는 말이 좀 거창하게 들릴지는 모르지만, 이것은 거창한 의미가 아니다. 예컨대 집단의 구성원 수가 적으면 그 집단은 오순 도순하고, 수가 많으면 규율이나 분업이 생겨나 관료적 성격을 갖게 되며, 구성원들 사이에 결속이 강하면 집단이 강해지고, 결속이 약하면 집단이 약해지며, 자신이 소속한 집단에는 애착을 갖지만 소속하지 아니한 집단에는 무관심 내지 적대감을 갖는 것 등의 관계를 집단의 역학이라고 말한다.

다시 말해 집단의 역학이란 집단의 규모 등을 포함하는 집단의 구조와 집단 내에서의 상호 관계 등을 포함하는 집단의 과정에 관련된 개념이다.

---

6) Veblen, Torstein, 1919, p. 392.

Ⅰ. 집단의 구조와 과정

집단의 구조에 있어서 중요한 요소는 구성원의 성격과 집단의 가치·규범·관습·행동기준 및 집단의 크기이다.

집단의 과정은 집단의 구조적 요소들을 기초로 하여 구성원들 사이의 상호 작용과 그 결과가 어떠한가를 의미하는 것인데, 여기서는 구조와 과정을 결부시켜 설명하기로 하겠다.

게오르그 짐멜(Georg Simmel, 1858~1918)은 집단의 크기를 집단구조의 중요한 요소로 보고, 집단의 크기에 따라 구성원의 상호 작용에 미치는 영향이 다르다는 것을 밝히고 있다.[7] 가장 작은 집단의 단위는 연애중인 한 쌍과 같이 두 사람으로 구성되는 2인조(dyad)일 것이다. 2인조에서는 '두 사람이 한 사람인 것처럼 느낄 수 있는' 친밀한 정보의 교환이 있고, 두 사람이 서로 전적으로 개입하는 기회가 가장 크고, 또한 싸울 수 있는 가능성도 가장 크다.

이 2인조는 또한 가장 쉽게 해체된다. 두 사람 중 한 사람이 상대방에 대한 매력을 상실하거나 두 사람의 공통문제에 대한 관심이 적어지면, 한 사람이 떠남으로써 2인조는 해체된다.

세 사람으로 구성되는 3인조(triad)는 2인조에 비해 훨씬 안정적이다. 3인조는 2인조에 비해 상호간의 매력과 친밀히 덜 함에도 불구하고, 세 사람 사이에는 분업이 더 복잡하기 때문에 더 상호 의존적이다. 두 사람이 단합하여 나머지 한 사람에 대항하는 경우도 있지만, 그 단합은 유동적이기 때문에 세 사람의 결속은 유지되며, 어느 한 사람도 3인조를 지배하지 못한다(1950).

집단 내에서의 상호 작용에는 세 가지의 중요한 과정이 있는데, 협동(cooperation)·경쟁(competition)·갈등(conflict)이 그것이다. 협동은 집단의 목표나 공동의 이익을 달성하기 위한 구성원들 사이의 상호 작용을 말한다.

경쟁은 구성원들이 집단의 목표를 달성하기 위해 각기 힘을 쏟을 때에 일어난다. 일반적으로 말해 집단 내에서 목표나 가치가 여럿일 때는 구성원들 사이에 협동이 일어나기 쉽고, 목표나 가치가 한 둘일 때는 경쟁이 일어나기 쉽다. 경쟁은 단순히 집단의 목표를 달성하려는 것이기 때문에 경쟁상대자를 해치려고 하지 않는다.

---

7) Simmel, Georg, 1930 참조.

경쟁과는 달리 갈등은 집단 내에서 한 명 혹은 두 명 이상이 패를 지어서 목표를 달성하려고 노력하는 과정에서 의식적으로 다른 패들을 방해하고 패배시키려고 한다. 집단 내에서의 경쟁과 갈등은 많은 경우에 그 집단을 분열시키게 된다.

집단에 대한 애착은 구성원들 사이의 상호 작용의 횟수와 관계가 있다. 구성원들의 상호 작용이 잦으면 잦을수록 그만큼 더 집단의 가치·규범·관습·행동기준을 공유하게 된다. 이렇게 되면 구성원들은 그 집단에 더욱 끌리게 되어 집단의 가치·규범 등은 더욱 강화된다. 따라서 집단에 대한 애착과 구성원의 상호 작용은 순환적 과정이라 할 것이다.

이와 관련하여 어떤 사람이 성격이 다른 집단들 — 예컨대 가정과 친구집단 — 에 동시에 소속해 있는데, 그 집단들의 가치관이 서로 다를 경우, 그 사람은 자기에게 가장 직접적인 보상(자기를 알아 주거나, 동반자가 되어 주거나, 참여하거나 하는 보상)을 주는 집단을 선택함으로써 불편을 해결한다. 예컨대 청소년시기에 가정과 친구집단의 가치가 서로 다를 때, 가정에 대해 반항을 하면서 친구집단과 더욱 긴밀해진다. 그리고 가정에 대해 친구집단들이 내리는 정의, 예컨대 가정은 "구식이다"라고 하든가, 혹은 가정은 개성의 성장을 방해한다고 하는 정의를 받아들인다.

Ⅱ. 내집단과 외집단

내집단(in-group)이란 문자 그대로 그것이 원초집단이든 2차 집단이든 국가이든 자신이 소속한 집단을 말하고, **외집단**(out-group)이란 자신이 소속하지 아니한 집단을 가리킨다. 섬너(William Graham Sumner)에 의한 이러한 분류는 자신의 소속 여부에 따라 그 집단에 대한 감정과 행동이 크게 달라지기 때문에 의미를 지닌다.[8)]

사람들이 사회적 활동에 직접 참여하여 내집단을 형성하게 되면 구성원들은 강력한 정체감을 가지며, 그 집단을 찾아온 낯선 사람들은 외부인취급을 받는다. 내집단은 '우리'가 소속한 집단이며, 외집단은 '그들'이 소속한 집단이다. 내집단에서의 결속이 강할수록 외집단에 대해서는 그만큼 더 적대적이 되는데,

8) Sumner, William Graham, 1940 참조.

이러한 적대는 자신들이 제일이라고 하는 신념에 근거한다. 무엇보다도 자신이 옳으면 다른 사람은 틀렸다는 신념이다.

내집단과 외집단에 대한 강한 감정은 경쟁을 강화한다. 예컨대 운동경기 때 자기들 팀에 대한 열띤 응원과 때로는 상대편을 모욕하거나 폭력을 행사하기까지 하고, 자기 팀이 졌을 때는 심판의 착오라고 생각하는 등 그 패인을 외부의 탓으로 돌린다.

제 3 절 비인간화와 휴머니즘운동

앞서 잠깐 언급한 바와 같이 산업화가 진행됨에 따라 점점 더 2차 집단적인 성격이 사회 전체의 지배적인 분위기가 됨에 따라 사회가 비인간화(dehumanization)의 길을 걷게 되었다. 여기서 비인간화라는 개념에는 원초집단적인 성격을 '인간적'(human)이라고, 그리고 2차 집단적인 성격을 '비인간적'(inhuman)이라고 하는 평가가 전제되어 있다.

이러한 평가가 가능한 것은 우리가 인간으로서의 최초의 사회화가 가정이라는 원초집단에서 이루어졌기 때문이다. 어릴 때 어머니가 끓여 준 된장맛이 어른이 된 이후에까지도 가장 맛있는 된장맛으로 미각에 기억되고, 어릴 적부터 김치에 입맛을 들였기 때문에 자라나서 외국생활을 한다든가 하는 경우에 김치가 그리운 것과 마찬가지로 인생에서 최초의 경험들은 인간의 본질적인 모습(인간적)으로 생각되고, 그것으로부터 이탈된 나중의 경험들은 비본질적인 모습(비인간적)으로 생각되는 것이다. 그래서 인간은 부득이 2차 집단에 몸을 담고 살고는 있지만, 원초집단적인 삶을 끊임없이 동경하게 된다.

이러한 동경이 사상적으로 체계화되거나 또는 행동으로 구체화된 것이 현대의 소위 휴머니즘운동(humanism movement)이다.[9] 휴머니즘운동은 "잃어버린 인간성을 회복하자"는 데에 목적을 두고 있다. 원초집단에서처럼 전인격적으로 교류하며, 사회적 지위와 경제력의 차이에 상관없이 서로가 동등한 인격체로 대우하며, 가식이나 조작 없이 솔직담백하게 자기를 표현하고, 물질을 나누어 쓰며, 관용과 이해와 사랑을 추구하자는 것이다. 다시 말해 원초집단에서와 같

9) LeMasters, E. E., 1975 참조.

은 사회관계를 일반 사회생활에서도 추구하려는 것이다.

그러나 휴머니즘운동은 기존의 사회체제를 전복하려는 의도는 갖지 않는다. 2차 집단이 지배적인 사회체제는 그대로 인정하더라도 이 가운데서나마 "인간성을 회복하자"는 것이 그들의 의도이다.

그렇기 때문에 휴머지즘운동은 거창한 사회운동이나 정치운동으로는 팽배할 수가 없고, 개인적 차원에서나 소규모집단의 차원에서 전개된다. 그 예들로서는 구미에서 행해지는 '이웃선술집 모임' · '만남의 친목회'(encounter group) · '노인센터' 등인데, 이러한 집단들은 외부세상의 비인간적인 처우로부터 회원들을 보호한다. 예컨대 위스콘신주(州) 그린베이에 있는 "오아시스"라는 선술집을 거점으로 하는 '선술집모임'은 주로 노동자들과 그들의 가족들이 회원들인데, 이 곳은 회원들의 사교중심지로서 회원들은 이 곳에서 나오는 수입을 갈라 갖고 또 문제가 생길 때는 부담을 나누어지며, 장례식에 함께 참석하고, 병원을 서로 방문하며, 돈이 필요한 가정을 위해 모금을 하기도 한다. 회원들은 거의 매일 "오아시스"에 모여 그 다음 날 일터로 나가기 전에 그들의 경험을 나누고 서로를 받아들인다.

그러나 이와 같은 모임이 원초집단을 형성하지는 못하고 있으며, 원초집단과 2차 집단의 중간쯤에 해당하는 면모를 보여 주고 있다.[10)]

제 4 절 공식적 조직체

지금까지 회사와 같은 집단을 '2차 집단'이라고 불러 왔었는데, 2차 집단이 바로 **공식적 조직체**(formal organization)이다. 2차 집단을 조직의 구체적 측면에 주안점을 둘 때는 2차 집단이라는 용어보다는 공식적 조직체라는 용어를 흔히 쓴다. 2차 집단을 이 밖의 다른 용어로도 표현하여 복합적 조직체(complex organization) 또는 관료적 조직체(bureaucratic organization)라고 부르기도 한다. 그러니까 '2차 집단' · '공식적 조직체' · '복합적 조직체' · '관료적 조직체'는 다 같은 의미이다.

앞 절에서 이미 논급한 2차 집단을 '공식적 조직체'라는 용어를 써서 여기

10) LeMasters, ibid. 참조.

서 다시 논하는 것은 오늘날에 와서는 공식적 조직체가 사회의 대표적인 집단이며, 또한 개인들은 대부분이 공식적 조직체가 사회의 대표적인 집단이며, 또한 개인들은 대부분이 공식적 조직체에 소속하여 하루의 가장 중요한 시간을 거기서 보내며, 또한 거기에서 주 지위를 얻고, 거기로부터 얻는 급료로써 생활을 하는 현대의 인간생활과 불가분의 관계를 가지고 있는 만큼 좀더 공식적 조직체의 내막을 알아 둘 필요가 있다고 생각되기 때문이다.

윌리엄 와이트(William Whyte)는 현대인이 공식적 조직체와 관련을 짓지 않고서는 살아갈 수 없는 운명이라고 해서 현대인을 '조직의 사람'(organization man)이라고 부르기도 했다.[11)]

그러면 앞서 '2차 집단'을 언급하면서 정의를 내린 바 있지만, 다시 한번 공식적 조직체를 정의한 후 우리의 논의를 계속하기로 하자. "공식적 조직체란 권위체계의 조정을 통해 한정된 목적을 추구하기 위하여 의도적으로 설립된 사회적인 단위 또는 집합체이다."

Ⅰ. 공식적 조직체의 등장과 구조적 특징

공식적 조직체는 인간생활에 비인간화를 가져오는 장본으로서 별로 바람직하지 못한 것처럼 보이는데, 왜 공식적 조직체가 등장하여 오늘날에 이렇게 번성하게 되었는가?

농업사회 때에도 관료집단이나 상비군과 같은 공식적 조직체가 존재하지 아니한 것은 아니지만, 공식적 조직체가 본격적으로 등장한 것은 산업혁명 이후이다. 그렇다면 공식적 조직체는 산업혁명과 불가분의 관계가 있다는 것을 의미하는데, 산업혁명의 무엇이 공식적 조직체를 등장시켰는가?

산업혁명의 중요한 결과 중의 하나는 기계적 생산방식의 도입이었다. 과거 주로 근육에 의존하던 생산에 비해, 기계에 의한 생산은 대량생산을 가능하게 하였다. 이것은 인간에게 풍부한 물질의 공급을 약속하는 청신호였다.

그런데 청신호를 가리우는 새로운 사태가 산업혁명의 결과로 동시에 나타났는데, 그것은 다름 아닌 인구의 폭발적인 증가였다. 산업혁명이 왜 인구의 폭증을 가져왔는가는 제11장의 인구론에서 설명하기로 하고, 요컨대 구라파에

11) Whyte, William, 1956, p. 2.

서는 18세기 말 산업혁명이 시작된 이후 인구가 폭증하여 100년 사이에 인구가 2배로 증가하였다.

이러한 상황에서 인간이 당면한 과제는 어떻게 하면 증가된 기계적 생산력을 이용하여 폭증한 인구를 먹여 살리는가 하는 문제였다. 이러한 과제에 대한 반응은 무엇보다도 기계적 생산력을 극대화시키는 방향으로 작업을 조직하는 일이었고, 그 결과로 생겨난 것이 공식적 조직체의 구조적 특징이었다.

베버가 열거한 공식적 조직체의 구조적 특징은 ① 작업과정에서의 분업과 통합, ② 작업에 관한 규칙과 절차의 명시, ③ 고용·승진에 있어서의 실력주의, ④ 원자재·시장·고객에 대한 분류화와 범주화, ⑤ 비작업분야에 대한 전문요원의 배치 등이다.[12] 이러한 구조들은 모두 생산의 극대화와 생산의 안정을 보장하는 데에 초점이 모아져 있는데, 왜 이런 구조들이 생산의 극대화와 생산의 안정에 기여하는 것인지 하나씩 살펴보기로 하자.

첫째, 작업과정에서의 **분업과 통합**은 한 물건을 완성시키는 데에 필요한 일련의 작업과정을 여러 토막으로 나누어서 일하게 하고, 분업에서 만들어진 작품들을 완성품으로 조립하기 위해 상위단계에서는 차차 통합의 일을 해 나가는 것을 말한다. 왜 이러한 작업방식이 고안되었는가 하면, 분업이야말로 생산성의 왕자임을 발견했기 때문이다. 즉 분업체계는 한 노동자가 땜질·나사박기 등 한두 가지의 공정만을 전문적으로 실시한 후, 그 물건을 다음 공정으로 넘기게 됨으로써 각 노동자는 자기가 맡은 한두 가지 일에 전문화되어 그의 기능이 초인간적으로 보이리만큼 극대화된다. 과학과 기술의 발달에 의해 구조가 복잡한 상품이 개발됨에 따라 분업의 과정은 더욱 세분화되고, 이와 더불어 통합의 과정도 더 여러 단계를 거치게 된다.

작업과정에서의 분업과 통합의 체계는 자연히 공장(회사)의 조직구조에 반영되어 공장의 조직구조는 피라미드형의 **위계체계**(hierarchy)로 짜여진다. 위계체계 아래에서 모든 하위부서는 상위부서에 의해 통제와 감독을 받으며, 또한 상위부서에 대해 책임을 진다. 조직체의 규모가 크면 클수록 분업과 통합의 과정이 복잡하기 때문에 결정권(권위)이 상층부에 더욱 집중된다.

둘째, 작업에 관한 **규칙과 절차**를 명시해 두는 것은 작업장내부에서 발생할지도 모르는 변화에 의한 충격을 줄이기 위해 고안된 방법이다. 가령 어느 한

12) Weber, Max, 1946 참조.

노동자가 불의의 사고로 결근을 하게 되었다고 하면, 분업의 연결체계에 구멍이 생겨 모든 공정을 중단해야 할지도 모른다. 이러한 사태를 방지하기 위해 그 노동자가 배치된 부분의 작업내용이 무엇이며, 어디로부터 물건을 넘겨 받아 어디까지 손을 대서 어디로 넘겨야 하는가 하는 규칙과 절차를 미리 규정해 둠으로써 그 빈 자리를 다른 사람에게 대체시키려는 것이다. 이것을 현대적 생산에 있어서의 **인원의 대체성**(substitution of personnel)이라고 말하는데, 규정과 절차의 명시는 인원의 대체성을 위한 것이다. 또한 작업이 규정과 절차에 의해 이루어지기 때문에 정실이나 편파는 배제된다. 작업의 분담·내용·방법·절차 등을 기록한 규정집을 과거 구라파의 회사들은 붉은 끈으로 묶어 걸어 두었기 때문에 그 규정집(規定集)을 '붉은 끈'(red tape)이라고 부르기도 한다.

셋째, 고용과 승진에 있어서의 **실력주의**도 물론 높은 생산성을 위해서이다. 실력이 없는 사람을 정실 등으로 채용하거나 승진시킬 경우에는 생산에 지장이 초래될 것이기 때문이다.

넷째, 원자재·시장·고객에 대한 **분류화**와 **범주화**는 외부에서 발생할지도 모르는 환경의 변화에 의한 충격을 줄이기 위해 고안된 방법이다. 외부로부터 반입해야 할 원자재가 품귀현상을 빚을 수도 있고, 공급과잉이 될 수도 있으며, 시장에서의 과당경쟁이나 물가상승이 일어날 수도 있으며, 고객의 수요변동에 따라 선호하는 상품의 종류와 규모가 달라질 수도 있다. 이러한 외부환경의 변화는 갑자기 일어나기 때문에 생산업체에서는 미리 원자재의 구입선이나 품질을 등급화해 두고, 시장의 범위와 위치 및 고객의 범위와 대상도 구분해 둔다. 이와 같이 원자재·시장·고객 등을 분류화·범주화해 둠으로써 환경의 변화에 신속히 적응하여 분류화·범주화된 어느 대상을 표적으로 하여 생산을 조정한다. 분류화·범주화는 끊임없이 시행되며, 이것은 생산의 계속을 보장하기 위한 수단 가운데의 하나이다. 생산업체에서는 분류화·범주화를 기록한 서류들을 비둘기집과 같이 생긴 서랍에 보관하기 때문에 분류화·범주화를 '비둘기칸 넣기'(pigeonhole)라고 부르기도 한다.

다섯째, 비작업분야에 대한 **전문요원**(staffs)의 배치는 넷째와 비슷하게 외부적 환경의 변화를 예견하고, 그것에 대응하기 위한 조처이다. 예컨대 환율의 변동이라든가, 법률의 변경, 금융의 변화 등은 생산에 지대한 영향을 미칠 것이므로 환율·법률·금융 등 각 분야에 대한 전문가를 필요로 하게 된다. 외부

사회가 복잡해지면 복잡해질수록 더 많은 전문가를 필요로 할 것인데, 실제로 생산업체 내에서 이러한 전문가의 수는 계속적으로 증가해 왔다. 이러한 현상을 전문가의 증폭(proliferation of staffs)이라고 부른다.

이와 같은 공식적 조직체의 구조적 특징들은 생산의 극대화와 생산의 안정성을 보장하기 위한 조처의 결과였다.

이 같은 구조적 특징은 생산조직체에서부터 나타났으나, 그 유효성이 발휘됨에 따라 생산조직체 아닌 다른 모든 조직체들도 동일한 모형을 따르게 되었다. 그래서 학교·병원·군대 등을 막론하고 모든 공식적 조직체는 그와 같은 구조를 갖게 되었다.

베버는 공식적 조직체의 이와 같은 구조적 특징을 관찰하고서는 만약에 공식적 조직체가 그러한 구조적 특징을 갖지 않았다면, 수많은 인구의 생존에 필요한 요구들을 도저히 감당할 수 없었을 것이라고 생각하였다. 그래서 그는 공식적 조직체를 일컬어 '현대의 천재'라고 불렀다. 그는 이 같은 구조적 특징의 조직체를 '공식적 조직체'라는 이름 대신에 **'관료적 조직체'**(bureaucratic organization)라는 이름으로 부르면서, '관료적 조직체'가 갖는 위와 같은 특징들을 하나의 성격으로 뭉뚱그려 이것을 **관료제** 또는 **관료주의**(bureaucracy)라고 일컬었다. 그는 조직체의 규모가 크면 클수록 관료제의 성격이 더욱 더 분명해진다고 지적했다.[13)]

베버는 관료제가 야기할 수 있는 역기능적인 측면을 간과하지는 않았지만, 원칙적으로 그는 관료제를 인간의 합리성의 결과로 보고 이것을 궁극적으로 높이 평가하였다. 많은 인구가 살아 남기 위해서는 이 같은 조직형태 이외에는 다른 별 수가 없었을 것이라는 생각에서였다. 2차 집단이 비인간적인 요소를 지님으로써 사회가 비인간화되고 있다고 말한 바 있는데, 그러한 비인간화는 결국 인간이 '살아 남기 위한 가치'(value of survival)를 위해 다른 가치들이 희생된 것이라고 말할 수 있을 것이다.

리처(George Ritger)교수는 베버가 말한 관료적 조직체의 특징을 실현하고 있는 회사가 햄버거 식당을 운영하는 「맥도날드」라고 지적하고 조직체의 관료화 현상을 '맥도날드화(化)'(McDonaldization)이라고 명명하였다.[14)] 맥도날드회

13) Weber, Max, 1968 참조.
14) Ritzer, George, 2002 참조.

사는 식자재의 준비부터, 햄버거 하나에 넣을 케찹과 머스타드의 양, 승차판매(drive-in pick up) 창구에서의 포장방법까지 일일이 규정하고 있으며, 사람에 의한 자의적 요소는 전적으로 배제된 비인간적 사업운영의 전형이라고 분석하였다.

Ⅱ. 공식적 조직체의 기능과 역기능

공식적 조직체가 어떠한 기능을 가지는가에 관하여는 이미 시사된 바와 같이 고도의 생산성, 업무의 안정과 지속성, 대인관계의 공정성 등을 들 수 있다.

첫째, 고도의 생산성(productivity)은 분업에서 비롯된다. 비록 단순한 물건의 생산이라고 하더라도 한 사람이 모든 공정을 숙지하기는 어려운 일이기 때문에 한두 가지의 특수기능을 수행하는 전문화에 의해 고도의 생산성이 보장된다.

둘째, 업무의 안정과 지속성은 모든 작업이 규정과 절차에 의해 수행되기 때문에 인원을 대체할 수 있을 뿐만 아니라, 변칙작업에 의한 재난을 모면할 수 있고, 작업을 예측할 수 있음으로써 보장된다. 또한 안정과 지속은 외부환경에 대한 분류화와 범주화 및 전문요원의 배치로서 보강된다. 따라서 공식적 조직체는 사회가 필요로 하는 물품을 지속적으로 공급함으로써 한 사회의 경제적 안전에 기여한다.

셋째, 대인관계의 공정성은 규정과 절차에 의한 업무집행과 실력본위의 채용 및 승진에서 비롯된다. 여기서는 정실이나 특혜 또는 압력에 의한 특별대우나 차별대우가 배제됨으로써 구성원들에게는 실력위주의 성취동기가 높아져 작업의 사기와 기술이 향상되고, 결과적으로는 생산성의 증대와 사회발전에 기여한다.

공식적 조직체의 역기능에 관해서는 여러 국면에 걸쳐 여러 학자들에 의해 지적되어 왔는데, 우선 그 항목들을 소개하면 '목적과 수단의 전도현상', '무능수준의 진급', '할당시간까지의 작업지연', '퍼스낼리티의 경직화', '정보의 왜곡', '과두화(寡頭化) 현상', '소외' 등이다.

첫째, 로버트 머톤(Robert Merton)이 지적한 **목적과 수단의 전도현상**(goaldisplacement)이란 까다로운 규정과 절차에 얽매인 형식(redtapery)으로 말미암아 그러한 규정과 절차가 원래 의도하였던 목적과는 달리 오히려 목적달성에 지장을 초래하는 경우를 말한다.[15] 예컨대 응급환자를 병원에 데리고 갔을 때, 병원이 요구하는 입원서류를 기입하고 입원수속절차를 밟는 사이에 환자가 죽어버리는 경우가 그와 같은 현상이다.

둘째, **무능수준의 진급**(promotion to his/her level of incompetence)이란 어떤 사람이 공식적 조직체 내에서 진급을 함에 있어서 그의 능력의 한계점까지 진급하면 더 이상 진급하지 못하고 그 자리에 머물게 되는 현상을 말한다. 이렇게 될 때, 그는 그의 하위자 가운데서 잠재력이 그보다 더 우수한 사람의 건의나 아이디어를 이해할 수 없으므로 그것을 묵살하거나 방해하게 되어 조직 전체의 유익을 저해하게 된다. 무능수준의 진급현상은 피터 로렌스(Peter Laurence) 교수가 지적하였기 때문에 그것을 **'피터의 법칙'**(the Peter Principle)이라고 부르기도 한다.[16]

셋째, **합당시간까지의 작업지연**이란 분업체계에서는 혼자서 일을 빨리 처리해 보았자 전체과정에서 효과를 거둘 수 없을 뿐더러 자칫하다가는 동료의 빈축을 살 우려마저 있기 때문에 할당된 시간이 찰 때까지 작업을 지연시키는 경향을 말한다. 이러한 경향을 지적한 사람이 파킨스(C. N. Parkinson) 교수이기 때문에 이것을 **'파킨슨의 법칙'**(Parkinson's Law)이라고도 부르다.[17]

넷째, **퍼스낼리티의 경직화**란 공식적 조직체에 종사하는 사람은 장기간에 걸쳐 규정과 절차에 자신을 맞추고 또한 그것을 따지면서 생활을 하다 보면, 융통성과 재량의 능력이 사라지고 딱딱한 인간형으로 변모하는 것을 말한다. 이러한 퍼스내리티경직화는 머톤이 지적을 하였는데, 퍼스낼리티의 경직은 돌발적 사건이나 새로운 사태가 벌어졌을 때는 그것에 대해 적절한 대응을 할 수 없게 한다. 베블렌은 그러한 사람을 가리켜 '훈련된 무능력자'(trained incompetent)라고 불렀다.[18]

다섯째, **정보의 왜곡**이란 공식적 조직체의 의사전달통로를 통해 정보가 상달 또는 하달될 때, 통로의 각 단계를 경유할 때마다 담당자의 주관이나 편견

15) Merton, Robert, 1975 참조.
16) Peter, Laurence, 1968, pp. 1-5 참조.
17) Parkinson, Cyril Northcote, 1958, p. 2.
18) Veblen, Torstein, 1919, p. 106.

또는 선호에 따라 정보가 조금씩 가감되거나 왜곡되어 결국에는 원래의 정보와는 상당한 거리가 있는 정보로 변질되는 것을 말한다.

여섯째, 과두화의 현상이란 공식적 조직체의 상층부를 차지하고 있는 간부들은 자신에게 개인적 이익이 돌아오는 방향으로 조직을 운영하려는 강한 경향을 가지는 것을 말한다. 공식적 조직체의 규모가 크면 클수록 권력이 중앙에 집중되기 때문에 과두화현상은 더욱 두드러지게 된다. 과두화의 현상을 지적한 학자는 독일의 사회학자인 로베르트 미켈즈(Robert Michaels)로서, 그는 이것을 '과두화의 철칙'(the Iron Law of Oligarchy)이라고 불렀다.[19]

일곱째, 소외(alienation)란 공식적 조직체에 종사하는 근로자들이 경험하게 되는 심리적인 무력감과 고독감을 말한다. 소외라는 개념은 원래 마르크스에 의해 도입된 것인데, 그는 노동자들의 소외는 노동을 팔아야 하는 자본주의적인 생산양식으로 말미암아 자기가 만든 물건이면서도 자신의 통제를 벗어난 자본가소유의 상품으로서의 생산이 소외를 가져오는 원인이라고 보았고, 자본주의를 타파하면 소외도 사라질 것이라고 예언하였다.

그러나 그 이후 소외에 관한 연구들에 의하면, 소외는 자본주의체제거나 사회주의체제거나를 막론하고 분업에서 비롯되는 것으로 밝혀지고 있다. 노동자가 분업의 단순작업에 장기간 종사하게 되면, 생산으로부터의 소외(estranged), 생산품으로부터의 소외, 타인으로부터의 소외, 급기야는 자기 자신으로부터의 소외를 갖게 되어 극도의 무력감과 고독감에 빠지게 된다. 소외의 정도는 일반적으로 조직체 내에서의 지위와 반비례하는데, 지위가 낮을수록 소외의 정도는 더 크고, 지위가 높으면 소외가 적다.[20]

Ⅲ. 비공식집단

위에서 공식적 조직체의 구조와 움직임을 살펴봄으로써 공식적 조직체가 대개 어떠한 모습과 성격을 갖는가를 묘사하였다. 그러나 그것이 공식적 조직체의 전부가 아니다.

공식적 조직체는 극단적으로 구조화되고 관련화된 면을 가짐과 동시에,

---

19) Michaels, Robert, 1962 참조.
20) Erikson, K., 1986 참조.

그 내부에는 비공식집단(informal group)과 심지어는 눈에 띄지 아니하게 서로 교우하는 짝패들이 있는 것이다.

비공식집단은 공식적 조직체가 지시하거나 종용해서 만들어진 것이 아니고, 구성원들의 소수가 끼리 끼리 모여 자발적으로 사회적·개인적 관계를 맺음으로써 형성된 집단이다. 이러한 비공식집단은 생산업체뿐만이 아니라 병원·군대·형무소 등 모든 공식적인 조직체 내에 생성되어 있다.

왜 공식적 조직체 안에 비공식집단이 생기는가 하는 이유에 대해서는 긴 설명이 필요없겠지만, 스나이더(Schneider) 교수의 설명을 빌리면 "톱니바퀴에 불과한 개인들이 자신의 불만과 불안과 소외를 덜고, 우정과 놀이를 나누며, 자신들의 이익을 도모하려는 동기에서 비롯된 것이다"[21]

학교의 동창관계라든가, 취미가 같다든가, 종교가 같다든가, 동향이라든가 하는 주로 한두 가지의 동질적인 요소를 기초로 형성되는 비공식집단은 그 나름대로의 가치관·신념을 공유하며, 구성원들과 구성원들의 행동에 영향을 미친다. 비공식집단에 대한 인식이 부족했던 1940년대 이전까지는 노동자들을 고립된 개인들로 간주하였었지만, 노동자들은 실제에 있어서 고립된 개인으로서가 아니라 비공식집단의 일원으로서 행동을 한다. 신입사원들이 들어오면 그들은 곧바로 비공식집단들에 의해 암암리에 교육을 받는데, 그 대표적인 교육내용은 "너무 많이 일하지 말고, 너무 빨리 일하지도 말라"는 규범이다. 이 밖에도 동료노동자에게 불리한 결과가 돌아올 일에 대해서는 '상급자에게 고자질하지 말 것' 등을 가르친다. 만약에 이러한 비공식집단의 규범을 어기는 사람이 있으면 야유를 보내거나 때로는 물리적인 폭행을 가하기까지 한다.

이러한 비공식집단의 규범은 자신들의 안녕을 되도록 많이 보전하려는 데에 목적을 두고 있다. 노동자들은 다른 어떤 동료가 일을 너무 많이 하거나 빨리하면(rate-busting) 모두가 더 많은 일을 해야 하는 압력이 되기 때문이다.

비공식집단의 존재가 궁극적으로 공식적 조직체에 도움을 주느냐 해를 끼치느냐에 대해서는 학설이 구구하나, 객관적으로 생각할 때 양면의 효과를 다 가진다고 할 것이다. 예컨대 작업의 지연 같은 일은 공식적 조직체의 이익에 반하는 것이라고 할지라도 노동자가 비공식집단의 동료들에 대한 애정 때문에 직장생활에 재미를 느끼고 사기를 유지할 수 있다면, 이것은 공식적 조직체의

21) Schneider, E. V., 1957, p. 156.

이익에 반하는 역기능적 존재라고 하더라도 비공식집단은 공식적 조직체에 형성되어 있는 불가분의 부분으로 파악되어야 한다.

우리가 어떤 공식적 조직체를 깊이 있게 이해하기 위해서는 그 조직체 내에 있는 비공식집단들의 종류와 성향과 활동들을 간과해서는 안 될 것이다.

Ⅳ. 관료주의의 장래

한국에서도 관료주의는 1960년대 이래 한국사회의 영속적인 구조의 일부로서 확대되어 왔으며, 그 결과 관공서·회사·학교 등 우리가 일하는 직장들은 공식적 조직체의 구조적 특징들을 거의 다 갖추고 있다. 베버가 관료주의의 부정적인 면을 일컬어 '철장'(iron cage)이라고 표현하였듯이 우리들은 우리가 통제하거나 변경시킬 수 없는 합리적·비인간적인 배열 가운데에 갇혀 있는 듯한 느낌을 갖는다. 정부와 기업들이 점점 더 규모가 커지고 복잡해짐에 따라 조직의 구조는 그만큼 더 관료화되어 있다. 그러면 이러한 추세는 앞으로 계속 심화될 것인가?

이에 대해 한국에서는 아직 뚜렷한 징조가 없으나, 관료화가 좀더 일찍부터 시작된 산업사회들에서는 최근 들어 탈관료화(debureaucratization) 현상을 나타내고 있다. 예컨대 군대에서는 명령에 의해서라면 무조건의 복종을 요구하던 권위일변도의 체계로부터 요즈음은 무엇을 할 것인가에 대해 설득과 집단합의의 방향으로 전환하고 있으며, 좀더 창조적이고 상상력이 풍부하고 순발력이 좋은 장교들이 더 높은 지위로 진급하는 경향을 보이고 있다.[22]

토플러(Alvin Toffler)는 관료제가 포함하는 영속성·위계질서·전문성 등 세 가지 특성들이 모두 최근에는 약화되고 있다고 지적한다.[23] 위계질서는 테크놀로지의 변화로 일상업무에 자동기계가 채용됨에 따라 일을 딴 사람에게 맡길 수도 있고, 근무시간을 조정도 할 수 있는 등 조직에서의 융통성이 크게 증가되고 있다. 또 다른 추세로는 '전무가'들의 고용이 확대되고 있는 점으로서, 집단작업에서 일하는 전문가들은 위계적인 명령식에 의해 일을 하기보다는 다른 동료와의 합의를 거쳐 일을 결정하는 수가 많다. 이와 같은 참여적인 방

22) Janowitz, Morris, 1971 참조.
23) Toffler, Alvin, 1970 참조.

식은 의사소통을 진작하고, 또한 일의 효율성을 높인다는 것이 밝혀지고 있다. 이러한 현상을 관료제의 분권화(decentralization of bureaucracy)라고도 한다.[24)]

현재까지의 징조에 의하면 관료주의는 정보사회를 출현시킨 급속한 사회변동과 더불어 통제에 역점을 두었던 전통적인 관료주의로부터 문화다원화에 걸맞는 창조성과 구조적 융통성을 고무하는 방향으로 정책과 실천이 이루어지고 있다.[25)]

---

24) Kochen, Manfred and Karl W. Deutsch, 1980 참조.
25) Rothschild, Joyce and Raymond Russell, 1986 참조.

제8장

사회계층 · 사회이동 · 성계층

ology Sociology Sociology Sociology Sociology Sociology Sociology Sociology Sociology

제 8 장

사회계층 · 사회이동 · 성계층

제 1 절 사회의 계층현상

역사이전 시대부터 어떠한 사회이거나를 막론하고, 물질을 더 많이 가진 자와 덜 가진 자, 높은 지위를 차지한 자와 차지하지 못한 자, 존경을 더 받는 자와 덜 받는 자, 더 아름답다고 인정을 받는 자와 덜 인정을 받는 자 등으로 계층(stratification) 현상을 보여 주고 있다. 현대의 국가들이 만민의 평등을 이상으로 삼고 있지만, 모든 사회에서는 예외 없이 불평등의 계층현상이 존재한다.

Ⅰ. 계층현상의 원인

모든 사회에서 계층현상이 생겨난 원인은 무엇일까? 이에 대해서는 많은 이론들 중에서 갈등이론이 가장 설득력 있는 이론을 제공하고 있다. 갈등이론에 따르면 이 세상의 귀중한 재화들(resources) 가운데 대부분의 재화는 그것을 갖고자 하는 인간의 욕구에 비해 매우 부족하다. 물질 — 예컨대 돈이라고 하자 — 은 그것을 갖고자 하는 욕구에 비해 한정되어 있다. 지위도 예컨대 대통령이라는 자리는 하나뿐인데, 대통령을 하고 싶은 사람은 여럿이기 때문에 항상 부족하다. 존경도 그렇다. 누구나가 존경을 받고 싶어하지만, 존경을 하는 쪽에서는 소수만을 존경하고 나머지는 존경을 하지 않기 때문에 존경도 받고 싶다고 해서 모든 사람이 다 존경을 받을 수는 없다. '미인'이라는 칭오 역시 소수인에게만 부여되기 때문에 '미인'의 칭호도 욕구에 비해 부족하다. 이러한 가치로운 재화의 부족을 '가치의 희소성' 또는 **'희소가치'**(scarce value)라고 부르거니와 계층현상은 바로 가치의 희소성에서 비롯되는 것이다.[1)]

모든 사람이 재화를 갖고자 욕구함에도 불구하고 그 재화가 희소하기 때

1) Dahrendorf, Ralf, 1957 참조.

문에 결과는 항상 어떤 사람은 그것을 갖거나 혹은 더 많이 갖고, 다른 어떤 사람은 그것을 갖지 못하거나 덜 갖게 된다. 그래서 계층이 생성되는 것이다.

만약에 재화가 충분하다면 계층은 생겨나지 않을 것이다. 예컨대 공기는 매우 귀중한 재화이지만, 공기는 인간의 공기에 대한 욕구를 채우고도 남을 만큼 풍부하기 때문에 공기를 둘러싼 계층은 생기지 않는다. 물이 풍부한 지역에서는 물을 둘러싼 계층현상은 일어나지 않지만, 물이 부족한 곳에서는 물을 둘러싼 첨예한 불평들이 생기게 마련이다. 따라서 재화의 부족이 있는 한 계층현상이 발생하는 것은 필연적이다.

그래서 우리는 계층을 이렇게 정의할 수 있을 것이다. 즉 **계층**이란 희소자원의 불평등한 배분에 따른 인간 사이의 사회적 불평등현상이라고 말할 수 있을 것이다.

그런데 계층이 있는 곳에는 언제나 갈등이 있기 마련이다. 왜냐하면 가진 자나 더 가진 자라고 하더라도 그 가진 정도가 그의 욕구를 완전히 충족시켜 주는 정도는 못 되기 때문에 가진 자도 더 가지려고 하고, 못 가지거나 덜 가진 자도 가지려고 하기 때문에 집단적 또는 개인적으로 갈등이 일어난다. 대부분의 인간은 욕구의 충동에 좇아 행동을 하는 것이 보통이며, 그 욕구의 대상이 희소하면 희소한 것일수록 더욱 첨예한 갈등을 빚게 된다. 그러므로 계층현상은 사회적 불평등이라고 하는 외부적 현상과 함께 갈등이라고 하는 내부적 잠재성을 포함한다 할 것이다.

제 2 절 계층의 효과

계층현상은 개인에게 뿐만 아니라, 사회 전체에도 지대한 영향을 미친다. 개인적으로 볼 때, 그가 어느 계층에 속하게 됨으로써 그의 운명은 절대적은 아니라고 하더라도 크게 좌우된다. 가령 지금 이 순간에 지능과 건강과 용모가 동일한 두 아기가 태어났다고 할 때, 한 아기는 상류층의 부유한 부모 밑에서 태어나고, 다른 아기는 하류층의 유복자로서 태어났다면 두 아기가 걸어갈 인생의 길이 일반적으로 말해서 현저히 차등적으로 다를 것이다.

또한 사회적으로 볼 때 싱가포르와 베네수엘라는 전체적인 평균국민소득이 비슷하지만, 계층간의 격차가 덜한 싱가포르는 평화의 분위기가 지배적인데 비하여, 계층간의 격차가 심각한 베네수엘라는 폭동의 분위기가 지배적으로서 두 사회의 여러 움직임이 크게 다르다.

한 사회의 계층현상이 개인과 사회에 결과시키는 영향이 매우 크기 때문에 계층의 문제는 사회학의 핵심을 이루는 부분이다. 그러면 계층현상이 개인 및 사회에 미치는 효과를 좀더 구체적으로 살펴보기로 하겠다.

Ⅰ. 개인에 미치는 계층의 효과

계층이 개인에 미치는 효과를 우선 항목별로 열거하면 계층의 차이는 '삶의 기회'(life chance), '가치관의 지향'(value orientation), '행동의 지향'(behavior orientation), '상호 작용의 지향'(interaction orientation) 등에 차이를 가져온다.[2)]

첫째, 삶의 기회란 베버가 최초로 사용한 용어로서, 한 인간의 생애에서 일어날 수 있는 여러 가지 기회의 가능성을 의미한다.[3)] 삶의 기회의 요소들로는 수명 · 지능 · 배우자 · 출산율 · 사회적 보호 · 사후의 대우 등을 들 수 있을 것이다.

수명과 계층과의 관계를 보면 상류층이 하류층에 비해 더 오래 산다. 그것은 건강에 대한 관심과 건강을 돌볼 수 있는 여유가 더 있기 때문이다.

지능(IQ) 역시 상류층의 자녀가 더욱 높게 발달한다. 지능은 타고난 선천적 계수와 후천적인 훈련에 의한 계수의 합으로 결정되는데, 비록 타고날 때는 상류층의 자녀와 하류층 자녀의 선천적 계수가 동일하였더라도 조기교육에 의해 두뇌를 개발하느냐 사장시키느냐에 따라 후천적 계수가 달라짐으로써 지능에 차이가 생기게 된다. 어린이의 두뇌개발을 위해서는 부모의 관심과 경제적 뒷받침이 필수요건일 것인데, 하류층은 정신적 · 경제적 여유의 결핍으로 말미암아 그들의 자녀에게 적절한 시기에 적절한 훈련을 부여하기가 어렵기 때문이다.

배우자선택에 있어서는 일반적으로 말해서 상류층일수록 선택의 여지가 더 크다.

출산율은 하류층이 가장 높고, 중류층이 가장 낮으며, 상류층이 중류층보

2) Hyman, Herbert H., 1942 참조.
3) Weber, Max, 1946 참조.

〈그림 8-1〉 뱅크의 J곡선

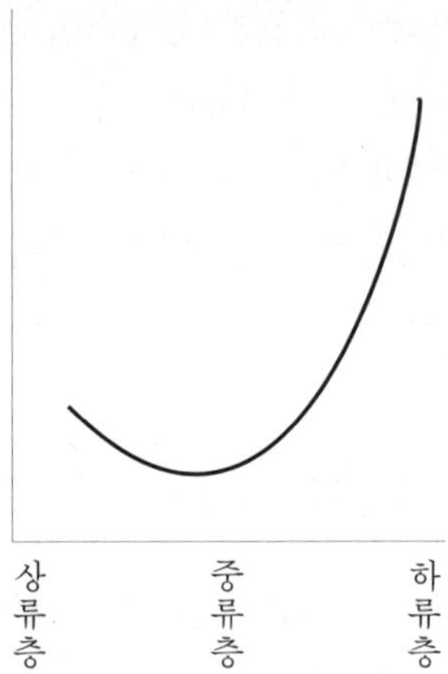

다 약간 높다. 하류층이 출산율이 가장 높은 이유는 '원치 않는 아이'(unwanted child)를 낳을 경우가 많기 때문이며, 상류층은 아이를 부양할 경제적 여유가 크기 때문에 중산층보다 아이를 좀더 낳는다. 이것을 도표로 나타내면 J의 모양이 되기 때문에 이러한 관계를 발견한 뱅크(Bank) 교수의 이름을 따서 '뱅크의 J곡선'(Bank's J-curve)이라고 부르기도 한다.[4)]

사회적 보호도 계층이 상위일수록 더 많이, 더 신속히 받는 것이 현실이다. 경찰, 소방차, 응급구급차량의 출동, 경찰의 감호조처, 법원의 판결 등도 계층에 따라 차등적으로 이루어진다는 것이 통계적으로 밝혀지고 있다.

계층의 차이는 살아서 뿐만 아니라 사후의 대우까지를 다르게 한다. 사자의 계층에 따라 장례식의 규모와 무덤의 크기까지 다르다.

둘째, 계층의 차이에 따라 **가치관의 지향**이 다르다. 예컨대 전통적인 상류층은 미래보다는 과거지향적이며, '무엇을 하느냐'보다는 '누구이냐'를 더 강조한다. 개인보다는 혈통에 더 많은 관심을 갖는다. 이에 비해 신흥상류층은 미래지향적이며, 일가친척에 대해서는 관심이 적고 자녀들에 관심을 두며, 성취동기를 고무한다. 하류층은 복지정책에 관해서만은 정치적으로 진보적이나, 전체적으로 볼 때는 다른 계층보다 더 보수적·더 권위주의적이고, 더 자기제일주의(ethnocentrism)이다. 하류층은 종교적으로는 근본주의자(fundamentalism)가 많

4) Peterson, William, 1975 참조.

으며, 남녀관계에 있어서는 남성지배적으로서 남자들에게는 '남자다움'이, 그리고 여자들에게는 순결과 복종이 강조된다.

셋째, 계층의 차이에 따라 **행동의 지향**이 다르다. 상류층은 미래를 통제하기 위해 행동을 하는 반면, 하류층은 현재를 통제하기 위해 행동을 한다. 예컨대 어린 자녀가 심하게 자주 운다고 할 때 상류층에서는 "저 아이가 장차 가수가 될지 모르겠다"고 생각하고 울게 내버려 둔다면, 하류층에서는 시끄러우니 조용하게 만들기 위해 울음을 그치게 한다.

넷째, 계층의 차이에 따라 **상호 작용의 지향**이 다르다. 사무적인 일 이외의 사교적인 상호 작용에 있어서 상류층은 상대방으로부터 호감을 사는 데에 잠재적인 목적을 두고 있으며, 하류층은 소외 즉 무력감과 고독감을 감소시키는 데에 잠재적인 목적을 두고 있다.

위의 예들에서 본 것처럼 계층이 다르면 삶의 기회, 가치관, 행동, 상호 작용의 지향에까지 차이가 난다. 다시 말해 계층의 차이는 삶과 사고방식 및 행동양식 등 모든 면에 걸친 차이를 수반한다. 그렇기 때문에 계층이 다른 사람끼리 어울리게 되면, 마치 외국인을 상대할 때처럼 대화와 감정이 잘 통하지 않으며 쉽게 피로해진다. 다시 말해 계층이 다르면, 하위문화(subculture)가 서로 다른 것이다.

Ⅱ. 사회에 미치는 계층의 효과

한 사회에서는 계층 사이의 격차가 크면 클수록 그 사회는 그만큼 더 긴장이 높다. 동일한 계층에 속하는 사람들은 비슷한 이해관계와 생각과 행동양식을 가지기 때문에, 계층들 사이의 격차가 크다는 것은 여러 계층이 함께 거처하는 사회를 분할적으로 만듦을 의미한다. 이 분할성 속에는 잠재적인 갈등이 개재되어 있기 때문에 사회는 친화와 관용보다는 적대감이 기조를 이루게 된다.

이러한 사회에서는 사회의 질서가 도덕적 합의에 의해 유지되기보다는 강제력에 의해 유지된다. 다시 말하면 계층간의 격차가 큰 곳에서는 독재권력이 출현할 가능성이 매우 높다.

독재권력은 사회의 질서유지라는 측면에서 모든 갈등과 저항을 억누르게 되는데, 독재가 실시될 때는 강압된 질서 아래서 득을 보는 계층과 손해를 입는 계층이 있게 마련이다. 기존의 계층관계에 대해 저항의 경향이 높은 하류층이 손해를 입는 계층이 되며, 따라서 하류계층은 계층관계에서의 불이익과 정치권력관계에서의 불이익을 한꺼번에 받아야 하는 이중고를 겪게 된다.

이러할 때 피압박계층은 과격한 저항이나 혁명을 꿈꾸게 된다. 제정러시아가 다른 서구국가와 달리 19세기 말에 농노제를 더욱 강화하였을 때, 러시아의 농민들은 1875년부터 1910년 사이에 무려 500회의 농민반란을 일으켰고, 1917년 볼셰비키의 계급타파혁명으로 연결되었다.

그러나 사회의 불평등이 있다고 해서 반드시 사회적 적대감과 무질서를 가져오는 것은 아니다. 사람들은 분배의 규칙이 공정하다고 생각하는 한 불평등을 참는다. 불평등이 공정치 못한(inequitable) 분배에 의한 것이라고 생각할 때, 갖지 못한 자들은 폭동에 나설 것을 생각하게 된다. 중남미의 사회적 불안은 부의 현저한 편제와 관련돼 있다.

간추려 말하면 배분이 공정한 사회는 성원들 간의 동류의식이 높고 ── 따라서 공동체의식이 높고 ── 동의에 의한 도덕적 질서가 유지된다. 이와는 반대로 배분이 공정하지 못한 사회는 계급간의 갈등이 심하며, 강제력에 의해 사회질서가 고통 가운데서 유지되든가 아니면 소요·폭동 등의 사회불안을 겪게 되고, 계급타파를 주장하는 혁명세력이 등장할 가능성이 높아진다.

제 3 절 계층의 분류

위에서 막연히 상류층·중류층·하류층이라는 용어를 사용해 왔으나, 어떠한 기준에 의해 상류층·중류층·하류층 등으로 계층이 분류되는가에 대해서는 아직 언급이 없었다. 그러면 여기서 계층을 분류하는 몇 가지 기준을 살펴보기로 하자.

우선 계층분류의 첫째 고전적 방법으로서는 마르크스의 분류방법과 베버의 분류방법이 있고, 둘째 현대적 분류방법으로서는 주관적 방법·평가적 방법·객관적 방법 등 세 가지의 방법이 있다.

Ⅰ. 고전적 분류방법

1. 마르크스의 분류방법

마르크스는 오직 한 가지 기준에 의하여 계층을 분류한다. 즉 생산수단의 소유 여부를 기준으로 하여 생산수단을 소유한 자를 **부르주아지**(bourgeoisie)로, 소유하지 못한 자를 **프롤레타리아트**(proletariat)로 분류한다. 그의 계층분류는 생산수단의 소유 여부라는 오직 경제적인 일원적 기준에 의거했다. 마르크스가 말하는 생산수단이란 자본 · 토지 · 공장을 가리키는데, 이 가운데서 한 가지 이상을 소유한 부르주아지는 마르크스에 따르면 자본으로부터는 이자를, 토지로부터는 임대를, 공장으로부터는 이윤을 획득한다. 부르주아지가 획득하는 이자 · 임대 · 이윤은 그가 말하는 **잉여가치**(surplus value)로서, 원래는 프롤레타리아트에게 돌아가야 할 것을 부르주아지가 차지하는 소위 착취의 부분에 해당한다는 것이다.

마르크스는 부르주아지와 프롤레타리아트의 중간에 위치하는 계급으로 쁘띠부르주아지(petit bourgeoisie)와 룸펜프롤레타리아트(lumpen proletariat)를 인정하였으나, 이들 계급은 오직 잠정적으로만 존재하는 계급으로 보았다.

쁘띠부르주아지는 자본이나 토지 또는 공장을 보유하기는 하되 그 규모가 작아서 남을 고용하지 못하고, 자기 스스로나 가족노동으로 생산을 하는 사람들을 말한다. **룸펜프롤레타리아트**는 실제로는 노동밖에 팔 것이 없는 프롤레타리아트이면서도 노동을 팔지 않고, 빌붙어 먹고 살거나 중개업 등에 종사하는 자를 말한다. 마르크스는 이러한 중간위치의 계급들은 부르주아지의 세력이 커감에 따라 모두가 프롤레타리아트화하고 말 운명에 놓여 있다고 보았기 때문에 궁극적으로 계급은 부르주아지와 프롤레타리아트 둘밖에 없으며, 자본주의의 진행과 더불어 부는 소수의 부르주아지의 수중에 더욱 집중됨으로써 두 계급의 관계는 양극화(bipolarize)될 것이라고 예견하였다.

그런데 마르크스는 계급의 성격을 두 가지의 부류로 나누어 하나는 '계급 자체'(Klasse an sich)라 부르고, 다른 하나는 '진정한 계급'(Klasse für sich)이라고 불렀다.

계급 자체란 '누구는 부르주아지이고 누구는 프롤레타리아트'라고 하는 단순히 객관적으로 소속된 계급을 말하는데, 계급 자체만으로서는 아직 진정한 의미의 계급은 아니라고 마르크스는 주장한다. 그에 의하면 진정한 계급이기 위해서는 '계급 자체'에 '계급의식'(class consciousness)이 첨가되어야 한다. 예컨대 프롤레타리아트계급이 자신은 부르주아지로부터 착취를 당하는 계급이며, 부르주아지계급을 자신들의 적으로서 타도를 하여야만 프롤레타리아트계급의 유토피아가 도래할 수 있다는 의식(consciousness)으로 무장이 될 때에 그는 비로소 '진정한 계급'으로서의 프롤레타리아트계급이 된다는 것이다.[5]

여기에서 우리는 마르크스가 유물론자이면서도 의식, 즉 정신적인 요소를 중요시하였음을 알 수 있다. 이 점에서 마르크스는 기계적인 유물론자가 아니라, 인간의 의지와 주체적인 결단이 역사변혁의 중요한 요소임을 인정하고 있다. 오늘날 공산주의국가들이 정신적 요소를 크게 강조하는 것도 마르크스의 이러한 계급이론에 근거를 두고 있는 것이다. 아이러니컬하게도 오늘날에 와서는 공산주의자들이 자본주의사회에서보다 더욱 정신위주로 기울고, 자본주의 사회가 더욱 유물론적으로 사물을 파악하고 있는데, 이것은 마치 상대방의 칼을 빼앗아 서로 찌르기를 하는 거와 같다.

2. 막스 베버의 분류방법

베버는 마르크스가 일원적 기준에 입각했던 것과는 달리 세 가지의 기준에 종합적으로 의거하여 계층을 분류한다. 베버는 마르크스와 같은 일원적 기준에 의한 분류로서는 계층의 현실을 왜곡하게 될 것이라고 비판하면서, 재산(property)·위광(prestige)·권력(power) 등 세 가지의 기준에 의거할 것을 권유하였다.[6]

재산의 기준은 마르크스와 마찬가지로 생산수단의 소유 여부로 하되, 그러나 이것만이 아니라 비록 어떤 사람이 생산수단을 직접 소유하지는 않았다고 하더라도 그가 자신의 수입을 위해서 생산수단을 이용할 수 있는 능력을 가졌을 때에는 그를 유산자로 분류할 것을 베버는 주장한다.

위광은 인품이나 직업·생활양식 또는 업적 등으로 말미암아 타인으로부터 받는 존경을 말하는데, 예컨대 테레사수녀 같은 사람은 재산도 권력도 갖지 않

5) Marx, Karl, 1956; 1969 참조.
6) Weber, Max, 1946 참조.

았지만 남으로부터 크게 존경받는 높은 위광이 있기 때문에 그녀를 계층으로 분류함에 있어서는 위광이 중요한 요소로서 감안돼야 할 것이라는 것이다.

권력은 베버 자신의 정의에 따르면 "자기의 의사를 남에게 강제할 수 있는 힘"을 말하는데, 권력의 소유 여부와 권력의 크기는 계층분류의 요소로서 포함되어야 한다는 것이다.

그래서 베버는 어느 한 사람의 계층을 분류하는 데에 있어서는 재산(property) · 위광(prestige) · 권력(power) 등 세 가지의 요소를 종합적으로 고려하여 그의 계층을 분류할 것을 주장한다. 이 세 요소에는 모두 P라는 첫글자가 들어 있기 때문에 우리는 이것을 '베버의 3 P'(Weber's three Ps)라고 부르기도 한다.

Ⅱ. 현대적 분류방법

현대의 사회학에서 흔히 사용하는 계층분류방법은 앞서 언급한 바와 같이 주관적 방법(subjective method) · 평가적 방법(reputational method) · 객관적 방법(objective method) 등 세 가지 방법이 있다.7)

1. 주관적 방법

주관적 방법은 어떤 사람의 계층을 그 본인에게 물어 보아서 분류하는 방법이다. 대개 계층을 상상 · 상중 · 상하, 중상 · 중중 · 중하, 하상 · 하중 · 하하 등 아홉 등급으로 구분하여 제시하면서 본인이 자신은 어느 계층에 속한다고 대답하면(selfranking), 그 대답대로 그 사람의 계층을 분류한다. 이러한 방법은 분류하기가 매우 쉽다는 점과 어떤 사람의 계층의식(계급의식)을 알아보는 데에 특히 유용하다는 점이 큰 장점이다. 이 분류에서 한 가지 주목할 점은 누구나 자신을 극단에 위치하는 상상 또는 하하라고 대답하는 경우는 매우 드물다는 사실이다. 우리가 객관적으로 보았을 때, 상상이나 또는 하하에 해당될 것으로 보이는 사람들도 대개는 자신을 상중 또는 하중으로 평가하는 경향이 강하다.

우리 나라에서는 통계청이 2011년에 주관적 방법으로 국민들의 계층의식을 조사해 본 바에 따르면 국민의 52.8%가 스스로를 '중산층'이라고 대답했으며, '상류층'이라는 대답은 1.9%, '하류층'은 45.3%로 나타나 있다. 이것은

7) Lenski, Gerhard, 1966 참조.

1988년의 통계와 비교할 때 그 동안 계층의식이 전반적으로 하강이동된 것을 나타낸다. 1988년의 계층의식으로는 '중류층'이 60.7%, 상류층이 2.4%, 하류층은 36.9%였다.[8)]

2. 평가적 방법

평가적 방법은 어떤 사람의 계층을 분류함에 있어서 본인에게 묻는 것이 아니라, 그를 잘 아는 이웃 사람이나 친구에게 그가 어느 계층에 속하는가를 물어서 그의 계층을 분류하는 방법이다. 이러한 방법은 가령 작은 마을에서 누가 가장 위광이 높은가, 또는 누가 가장 권력이 큰가를 알아 내는 데에도 도움을 준다. 평가적 방법은 작은 마을이 흩어져 있는 미국 같은 곳에서 선거운동을 위해 흔히 이용된다.

3. 객관적 방법

객관적 방법은 사회계층을 결정하는 데에 있어서 세 가지 요소, 즉 수입 · 직업 · 교육수준을 종합하여 계층의 서열을 매겨 분류하는 방법이다. 이러한 객관적 방법에 의해 분류된 개인의 계층적 지위를 '사회경제적 지위'(Social Economic Status : SES)라고 한다.

객관적 방법은 대규모 조사가 가능하고, 계층을 정확히 분류할 수 있는 장점이 있기 때문에 현대의 사회학에서 가장 널리 사용되는 방법이다. 그러나 이 방법의 결점은 20년 전에 중학을 중퇴한 자와 금년에 중학을 중퇴한 자에게 같은 값을 매기는 등의 모순이 있는 점이다.

4. 지위일관성과 지위비일관성

수입 · 교육 · 직업 등 세 요소를 이용하는 객관적 방법과 관련하여 우리가 알아 두면 좋을 개념으로서, 지위일관성(status consistency)과 지위비일관성(status inconsistency)이라는 것이 있다.

지위일관성이란 수입 · 교육 · 직업의 세 요소가 각각 비슷한 수준일 때, 예컨대 수입도 중간정도이고, 교육도 중간정도이며, 직업의 위광도 중간수준의 것일 때를 말한다.

---

8) 통계청, 2011, '계층의식 (가구주)' 및 경제기획원, 1988, '한국의 사회지표' 참조.

지위비일관성이란 수입은 높은데 교육은 낮다든가, 교육은 높은데 직업이 없다든가 하여 세 요소가 일관되지 못한 것을 뜻한다.

특히 지위비일관성은 인간의 사고와 행동에 관련되기 때문에 흥미롭다. 가령 A는 교육을 많이 받았으나 수입이 적은 지위비일관성의 사람이고, B는 교육을 거의 못 받았으나 수입이 많은 지위비일관성의 사람이라고 할 때, 이 두 사람이 만났을 경우 교육수준이 높은 A는 자기의 교육수준을 염두에 두고 B를 상대하며, 돈이 많은 B는 수입을 염두에 두고 A를 상대한다.

또 A와 B가 객관적 분류방법에 의해 결과적으로 동일한 계층으로 분류되었다고 할 때, 누가 더 행복할 가능성이 높은가 하면 수입이 많은 쪽인 B이다. 일반적으로 말해 교육수준이 높으면서 사회적 지위가 낮은 사람은 사회에 대해 불평과 불만을 더 많이 가진다.[9)]

Ⅲ. 지위의 단서와 지위의 상징

우리는 일상생활에서 어떤 사람을 만났을 때 그 사람의 사회적 지위가 나보다 상위인가, 비슷한가, 하위인가를 재빨리 알아차리고, 그 사람의 지위에 따라 우리가 각각 다르게 행동한다.

다른 사람의 위광서열이 어디인가를 알아차리는 것은 **지위의 단서**(status cues)에 의하는데, 모든 사람들은 사실상 지위의 단서를 낚는 데는 매우 능숙하다. 대개 지위의 단서가 되는 것은 성·나이·말씨·옷·헤어스타일 등이다. 그 사람에게 '선생님'이라고 부를 것인지, '아저씨'라고 부를 것인지 '여보게'라고 부를 것인지를 지시해 주는 것이다. 또한 이러한 지위에 대한 고려는 대면관계에서 누가 먼저 말을 시작하고, 누가 대화를 끝내며, 누가 다른 사람의 공간을 침해할 수 있는가 등 헤아릴 수 없이 많은 구체적인 행동들에 영향을 준다.

지위상징(status symbol)이란 사회적 위치를 바깥으로 드러낸 징표들을 말하는데, 사람들은 이 징표들로서 자신이 남에게 주는 인상을 관리한다. 이웃 사람을 상대할 수단을 적게 가졌다는 것이 드러나면 곧바로 위광이 훼손된다. 사람이 고급수준의 소비를 하면, 남의 눈에 지위가 높은 것으로 비치게 된다. 그래서 소비형태는 어떤 사람의 사회적 지위를 측정하는 척도로써 이용되기도

9) Hebding, Daniel and Seonard Glick, 1981 참조.

한다. 이러한 소비형태를 다른 말로 **생활양식**(life-style)이라고 표현하기도 하는데, 생활양식은 수입에 의해서보다는 교육수준과 직업위광에 의해 영향을 더 크게 받는다.[10)]

제 4 절 계층구조

계층구조란 한 사회에서의 계층의 짜임새를 말한다. 계층구조는 시대와 사회에 따라 물론 다르다.[11)]

Ⅰ. 시대별 계층구조

우리가 시대별로 계층구조를 대략 그림으로 나타내면 다음과 같다. 〈그림 8-2〉에서 높이는 계층의 상하간의 거리를, 그리고 면적은 그 계층의 크기를 나타낸다.

첫째, 사람의 손을 주로 사용하여 수렵과 채취로서 생산을 삼던 원시공동체에서는 계층구조가 매우 단순하였다. 추장·족장 및 그 일족이 상층부를 구성하고, 그 다음이 성인남자들이며, 하층부는 여자와 어린이로 구성하였는데, 계층의 상하간의 거리는 그다지 크지 않았다.

둘째, 곡괭이·삽·가래 등 간단한 농기구를 사용하던 초기농경사회에서는 이미 계층구조가 복잡해져 계급사회의 면모를 여실히 나타냈다. 최상층부는 왕과 왕족, 바로 그 밑의 계층은 왕을 보좌하는 관리들과 군인들로 구성되었으며, 상인·장인·농민이 중간위치의 계층을 형성하였는데, 그 가운데서 농민이 부농에서부터 빈농까지 상하간의 거리가 컸고, 또한 가장 광범위하였다. 최하위계층은 노예로 이루어졌다.

셋째, 동물과 바퀴달린 수레를 농경에 사용하던 후기농경사회는 인류역사를 통해 ―― 오늘날의 산업사회를 포함하여 ―― 상하간의 계층분화가 가장 우심하였다. 상층 지배계급은 호화의 극치를 누리는 한편, 최하층 노예계급은 그 비

10) Hyman, Herbert H., 1942 참조.
11) Lenski, Gerhard, 1966 참조.

〈그림 8-2〉

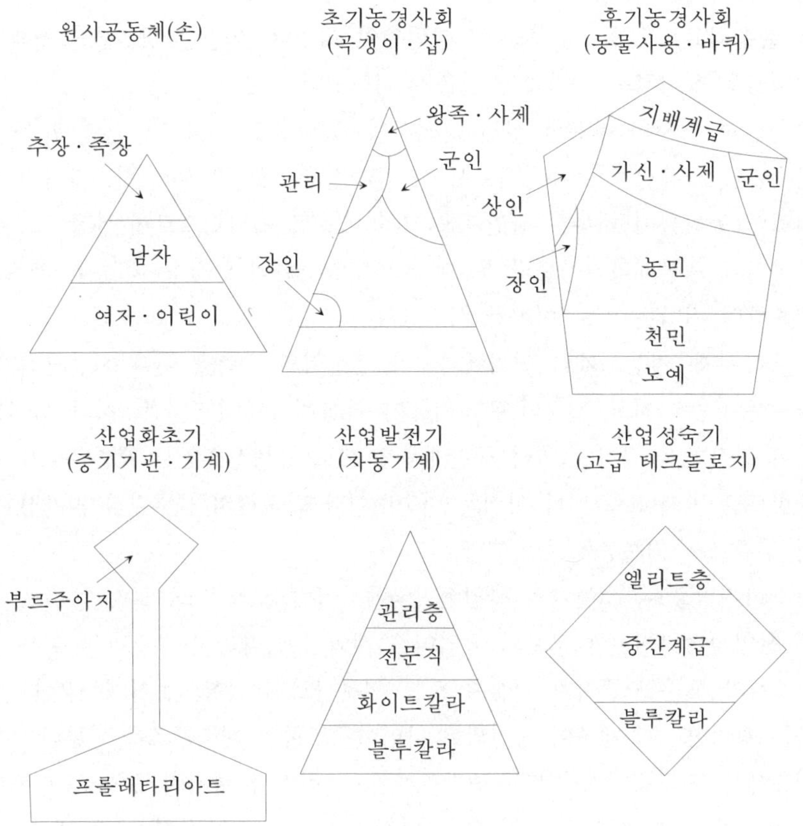

참함이 형언할 수 없었다. 이 시기에는 상부계층에 의한 잔인무도한 사형(私刑)과 고문이 예사롭게 행해졌었다.

최상부층은 지배계급, 그 밑은 지배계급에 봉사하는 가신이나 제의(祭儀)를 담당한 사제들로 구성되었다. 상인들의 일부(구라파의 경우)는 가신이나 사제에 버금갈 세력을 가졌으나 수는 적었다. 가장 광범위한 농민이 중간위치의 계급을 형성하였고, 소수의 장인들도 여기에 속했다. 농민 밑에는 잡역에 종사하는 천민계급이 있었고, 최하층은 노예였다.

넷째, 기계와 증기기관의 출현으로 대표되는 산업화초기는 후기농경사회의 계층구조를 뒤흔들어 놓았다. 기계가 설치되어 도시에 공장이 건설되는 한편, 농촌에도 기계가 도입됐다. 농촌에 양수기·탈곡기 등의 기계가 들어가자 많은 소작인들이 농토로부터 쫓겨나서 도시로 이주하여 일부는 공장의 노동자로 흡수되고, 또 일부는 도시의 부랑인이 되었다. 이들은 광범한 프롤레타리아트계급을 형성하여 사회의 저변을 차지하였다.

한편 도시의 부유한 상인들과 상업·농업으로 돈을 번 일부 귀족들이 생산수단을 소유한 부르주아지로서 사회의 상층부를 형성하였다. 과거의 중간층이었던 농민들이 대부분 산업프롤레타리아트로 전락함으로써 계층구조는 부르주아지와 프롤레타리아트의 두 계급으로 양극화의 양상을 띠었다. 마르크스가 생존하던 시기는 바로 이러한 시기였다.

다섯째, 자동기계와 전기에너지가 생산력의 주축을 이룬 산업발전기는 기술수준이 높아지고 조직의 관리기능이 복잡해짐에 따라 전문직과 화이트칼라층이 등장하게 되어 오히려 중간계층을 새로이 형성하면서 계층구조가 피라미드형으로 변했다. 그러나 아직은 비숙련이나 반숙련의 블루칼라가 가장 광범위한 부류로서 최하층을 형성했다.

마지막으로, 오늘날의 산업선진국에서처럼 고급테크놀로지를 주로 사용하는 산업성숙기에는 대부분의 작업이 기계화됨에 따라 블루칼라의 수가 줄어들고, 거의 모든 노동자가 기술자 또는 전문가로서 상향이동하게 되었다. 그 결과는 광범한 중간계층이 형성되어 다이아몬드형의 계층구조를 이룬다. 이 중간계층에는 전문직·엔지니어·중간관리인·서비스업 종사자 등이 포함된다. 이렇게 됨으로써 계급간의 갈등은 상대적으로 감소되고 사회가 안정된다.

우리가 여기서 생각해야 할 점은 시대에 따른 계층구조의 변화는 각 시대의 주요 생산력이 무엇이었느냐와 밀접히 관련되어 있다는 사실이다.

Ⅱ. 계층구조와 마르크스이론

계급문제를 철저히 다루었고, 그 자신이 산업화초기에 생존하면서 계급의 새로운 분화를 직접 체험했던 마르크스는 산업사회에서는 자본주의의 필연적 원리에 의해, 사회의 계층은 부르주아지와 프롤레타리아트 두 계급으로 양극화되어 마침내 두 계급을 잇는 중간위치의 계급이 전멸함으로써 계층구조의 허리가 부러져 프롤레타리아트계급만이 존재하는 **계급 없는 사회**(classless society)가

도래될 것이라고 예측하였었다.

그러나 산업이 좀더 발전하여 산업발전기에 들어서면서 전문기술직과 사무직의 화이트칼라계층의 등장으로 마르크스의 예측과는 달리 계층구조의 허리가 끊어지는 것이 아니라 오히려 중간계층이 성장하기 시작하였고, 나아가서 산업성숙기에는 중간계층의 대량증대로 계층구조는 다이아몬드형을 보임으로써 마르크스의 예측과는 정반대의 현상으로 나타나고 있다.

그러면 여기서 잠깐 우리는 시대에 따라 계층구조를 그같이 변화시킨 주요 원인(driving force)이 무엇이었던가를 생각해 볼 필요가 있다. 그것은 다름 아닌 각 시대의 주요 생산력의 형태였다. 원시공동체에서는 주요 생산력이 손(手)이었고, 초기농경사회에서는 손이 사용하는 간단한 괭이·삽 등이었으며, 후기농경사회에서는 동물의 근육과 수레 등이었다. 마르크스가 살았던 산업화 초기 시절의 주요 생산력은 기계와 증기기관이었다. 현대적 관점에서 보면 당시의 기계수준은 매우 조잡하고 단순하였다. 따라서 그러한 기계를 조작하는 데에 있어서는 큰 기술이 필요하지 않았기 때문에 비숙련노동자와 반숙련노동자가 최대의 생산주체들이었다. 마르크스는 기계의 발달이 충분한 단계에 도달해 있다고 생각한 것 같으며, 더 이상의 발달과 발달의 유형에 대해서는 별로 예견을 못한 것 같다. 즉 그는 그 당시의 기계적 수준을 고정적인 것으로 보고, 계급관계의 변동을 추론했던 것이다.

그가 기계의 발달을 예측치 못하였기 때문에 계층구조의 변모양상을 잘못 추측하였지만, 생산력의 변화가 생산관계의 변화를 가져와 마침내는 사회 전체의 변동을 가져온다고 하는 그의 기본명제는 타당성을 보여 주고 있다.

그러므로 우리가 마르크스를 이해할 때는 그의 학문적 원리들과 그의 현실에 대한 추론을 구별할 필요가 있고, 비록 그의 현실에 대한 추론에 오류가 있다고 하더라도 그의 학문적 원리들 가운데는 지금도 설명력을 지니고 있는 부분이 있다는 것을 인정할 수 있다.

제 5 절 계층현상에 대한 이론

계층현상에 대한 이론으로서는 계층현상을 긍정적으로 평가하는 구조기능이론과 이것을 부정적으로 평가하는 갈등이론이 대조적이다.

Ⅰ. 기능이론과 갈등이론

계층에 대한 기능이론의 대표자는 킹슬리 데이비스(Kingsley Davis)와 윌버트 무어(Wilbert Moore)로서, 우리는 흔히 이 두 학자를 묶어 데이비스-무어(Davis-Moore)의 이론이라고 부른다.[12)]

데이비스-무어의 견해에 따르면 이 세상에는 보다 중요한 자리가 있고, 그 자리를 위해서는 장기간의 훈련이 필요하기 때문에 그 자리를 차지한 사람에 대해서는 보다 나은 보상을 주는 것이 당연하다는 것이다. 이러한 보상의 차이가 있어야만 사람들은 보다 열심히 일을 하게 되어 결과적으로는 사회 전체에 도움을 준다는 것이다. 가령 어떤 학자가 새로운 의약품을 발명함으로써 그는 개인적으로 특허를 내거나 혹은 노벨상을 타는 등의 보상을 받게 되지만, 그의 발명의 결과는 그의 개인적 보상에 그치는 것이 아니라 결국은 사회의 모든 사람이 그 약품의 혜택을 입게 될 것이므로, 계층의 존재는 사회를 위해 기능적이라는 것이다.

이에 반해 갈등론자들은 전적으로 그 견해를 달리한다.

계층에 관한 대표적인 갈등론자로는 멜빈 투민(Melvin Tumin)을 꼽을 수 있는데, 그는 다음과 같은 이유를 들어 기능론을 반박한다. 그에 따르면 계층의 차이는 사유재산제도에 기초를 두고 있는 지배계급의 힘과 강압에 의해 유지되는 현상이라고 주장한다. 다시 말해 기득계급이 자신들의 이익을 영속시키기 위해 자신들의 계급에 더 많은 보상을 주도록 제도를 그렇게 만들었다는 것이다. 투민은 주장하기를 기득계급은 의사를 청소부보다 더 중요한 지위로 간주하며 더 많은 보상을 줄 것을 제도화하고 있지만, 실제에 있어서 국민건강을 위해서는 청소부는 의사에 못지않게 중요하다는 것이다. 투민은 또한 기능론자들이 장기간의 훈련을 필요로 하는 지위는 보상을 더 받아야 한다고 주장하는 것은 인간성을 왜곡시킨 주장이라고 반박한다. 투민은 장기간의 훈련 그 자체가 정신적 희열을 가져다 주는 등 이미 보상을 받고 있는 것이라고 주장하고, 어려운 훈련과 보상을 연계시키는 것은 인간의 본성을 이기적인 것으로

---

12) Davis, Kinsley and Wilbert Moore, 1945 참조.

만 파악하는 편견이라고 주장한다. 갈등론자들은 따라서 직업과 직종의 종류에 따른 모든 불평등보상을 없앨 것을 주장한다.[13]

Ⅱ. 기능이론과 갈등이론의 접근

기능이론자와 갈등이론자 가운데는 원래의 대립적인 주장으로부터 한 걸음씩 물러서서 서로가 비슷한 주장을 펴는 학자들이 있다.

기능론자 중의 한 사람인 게르하르트 렌스키(Gerhard Lenski) 교수는 계층의 차이가 가져오는 긍정적인 측면을 인정하지만, 귀속적으로 얻어지는 계층은 사회에 아무런 도움을 줄 수 없다고 주장하고, 귀속적 지위의 철폐를 위한 사회개혁이 바람직하다고 제안하고 있다.[14]

한편 마르크스주의의 입장을 따르는 갈등론자인 폴란드의 사회학자 스타니로프 오솝스키(Stanilow Ossowski)는 마르크스의 이론을 재해석하면서, 마르크스가 말한 '계급 없는 사회'란 생산수단의 사유가 없는 사회를 의미하는 것이지 보상의 차등이 없는 사회를 의미하는 것은 아니라고 주장하고, 지위와 기능에 따른 차등적인 보상을 옹호하고 있다. 이러한 주장이 나오게 된 배경에는 소련과 중국 등 공산국가에서 평등보상을 실시해 본 결과 생산성이 현저히 저하된 현실적 경험이 깔려 있다. 그래서 공산국가들도 생산성의 제고를 위해 차등적 보상을 부활하였고, 그 결과 성과를 거두었었다.[15]

렌스키의 주장과 오솝스키의 주장은 결국 비슷하게 수렴되어 두 주장이 큰 차이가 없다. 즉 귀속적 지위는 인정할 수 없지만, 개인의 노력과 능력에 따른 계층현상은 사회를 위해 바람직하다는 것이다. 다시 말해 계층간의 격차의 폭이 작은 상대적 평등을 그들은 이상적이라고 보았던 것이다.

---

13) Tumin, Melvin M., 1985 참조.
14) Lenski, Gerhard, 1966 참조.
15) Ossowski, Stanislaw, 1966 참조.

제 6 절 사회이동

사회이동(social mobility)이란 다른 쉬운 말로 표현하면 계층이동을 뜻한다. 사람이 일평생 동안 동일한 계층에 속해 있을 수도 있겠지만, 많은 경우에 그 사람은 사회이동(계층이동)을 한다. 하류층에서 중류층, 중류층에서 상류층으로 이동할 수도 있고, 상류층에서 하류층으로 이동할 수도 있다. 또한 농업에 종사하다가 공업으로 옮길 수도 있고, 공업을 하다가 상업으로, 농업을 하다 상업으로 옮길 수도 있다. 이와 같이 사회이동은 **수직이동**(vertical mobility)과 **수평이동**(horizontal mobility)으로 구분할 수 있는데, 수직이동이 더 중요한 의미를 갖는다.

수직이동은 낮은 계층으로부터 높은 계층으로 올라가는 **상승이동**(upward mobility)과 높은 계층으로부터 낮은 계층으로 떨어지는 **하강이동**(downward mobility)으로 구분된다.

그러면 어떤 조건에서 사회이동이 일어나는가를 살펴보는 것은 흥미로운 것이다. 첫째로 사회이동은 그 사회의 사회구조와 관련이 있고, 둘째로는 개인의 요소들과 관련이 있다.

Ⅰ. 사회구조와 사회이동

사회이동에 큰 영향을 미치는 사회구조로는 계층제도·공업화·정치적 변혁 등을 손꼽을 수 있을 것이다.

첫째, 계층제도와 사회이동과의 관계부터 보기로 하자. 이 세상에는 크게 나누어 대개 세 가지 유형의 제도가 있는데, 카스트제도(caste system)·신분제도(estate system)·개방적 계급제도(open class system)가 그것이다.[16)]

카스트제도는 인도에서 전형적으로 나타나는 계층제도로서, 사회적 계급이 여러 계단으로 엄격하게 나누어져 어느 한 계급(카스트)으로 태어나면 죽을 때까지 그 계급에 속하게 된다. 인도의 경우는 최상위의 승려계급(Brahmana)부터 시작하여 장군·지도자·지주계급(Rsjanya 혹은 Kschatriya), 상인계급(Vaishya),

16) Dollard, John et al., 1939 참조.

c(Shidra), 천민계급(Pariah) 등으로 구분되고, 동일한 계급 내에서도 다시 몇 가지 계급으로 더욱 세분된다. 이런 카스트제도의 사회에서는 사회이동이 오직 수평이동만 가능하고, 수직이동은 전혀 일어나지 아니한다.

과거 이조시대 때의 우리 나라에서처럼 **신분제도**를 계층제도로 하는 사회에서는 귀족·상민·천민 등의 신분이 법적 또는 관습적으로 규정되어 그 신분에 따른 권리와 의무가 각각 부여되어 있다. 이런 신분제도 아래서는 상류층과 중류층 사이에서는 수직이동이 실제에 있어 일어나지만, 하류층에서는 수평이동만이 일어난다.

개방적 계급제도는 현재의 우리 나라와 같은 사회에서처럼 계층 사이에 장벽이 없이 하류층에서부터 상류층까지 상하수직이동이 가능한 제도를 말한다.

이상에서 세 유형의 계층제도를 단순하게 설명하였으나, 각 사회의 계층제도를 하나 하나 뜯어 본다면 외형은 개방적 계급제도이면서도 실제로는 카스트제도에 가까운 사회가 있고, 또 같은 개방적 계급제도의 사회라고 하더라도 어떤 사회는 상류계층과 중류계층 사이의 벽이 높은 사회도 있고, 다른 어떤 사회는 중류계층과 하류계층 사이의 벽이 높은 사회도 있다. 일본과 영국은 카스트적인 성격이 강한 사회이며, 미국은 신분제도적인 성격이 강하며, 공산주의국가에서는 상층부에 배타적인 귀족계급이 형성되어 있기 때문에 중하층들이 상층부로 이동한다는 것은 사실상 거의 불가능하다.

우리 나라는 2011년 현재, 1988년과 비교하여 사회이동의 개방성이 많이 경색된 것으로 나타나고 있다. 2011년의 조사에 따르면 국민의 41.7%가 자녀들이 상승이동할 가능성이 '높다'고 생각하고 있었으며, '낮다'고 생각한 사람은 43.0%이다. 당대에서의 상승이동 가능성에 대해서도 28.8%가 '높다'고 보는 반면, '낮다'는 58.8%이다. 1988년 조사에서는 자녀들의 상승이동가능성이 '높다'가 64%, '낮다'가 5.5%에 불과했으며, 당대상승이동 가능성도 '높다'가 53.6% 낮다가 12.2%였다.[17)]

둘째, 산업화는 대량의 사회이동을 야기시킨다. 산업화는 다수의 농민으로 하여금 공업으로 옮아가게 함으로써 광범한 수평이동이 일어난다. 이와 더불어 활발한 수직이동도 수반하게 되는데, 산업화는 직업에 대한 새로운 수요와 가

17) 통계청, 2011 '사회이동에 대한 19세 이상 가구주 의식조사 및 경제기획원', 1988, '한국의 사회지표'.

치를 부여하기 때문에 공업화과정에서는 특별히 이득을 보는 수혜자들이 생기기 때문이다.

셋째, 전쟁·쿠데타·혁명과 같은 정치적 변혁도 대량의 사회이동을 수반한다. 이러한 정치적 변혁은 특히 권력의 소재에 변동이 일어나는 것을 의미하는데, 권력의 장악 또는 상실이 당사자뿐만 아니라 그와 관련된 집단들에게도 영향을 미쳐 그들의 사회이동을 유발한다.

Ⅱ. 개인과 사회이동

개인의 사회이동에 중요한 영향을 미치는 요인들로는 아버지의 SES나 본인의 교육수준과 같은 계량가능한 요인들 이외에도 본인의 꿈(이상)·욕구충족의 연기(deferred gratification)·지능(IQ)·배우자의 인격·운(fortune) 등 계량이 어려운 요인들도 포함된다.

블라우와 던킨(Blau, Dunkin) 교수는 미국인의 사회이동에는 '아메리칸 드림'이 중요한 요소가 되어왔다고 주장했다. 귀속적 지위보다는 성취적 지위를 더 중시하는 미국인의 보편적 가치관은 사회이동의 조건이라고 두 교수는 말했다.[18)]

욕구충족의 연기란 인간의 내면적 태도 중의 하나로서 장래의 목적을 달성하기 위해 당장의 욕구에 대해서는 이를 연기시키는 것을 말한다. 이 욕구충족의 연기는 성취동기를 실현시켜 줄 수 있는 구체적인 실천적 태도라고 사회학자들은 말한다. 예컨대 취업시험에 합격할 때까지는 놀고 싶은 욕구를 억제하고, 공부에 정진하는 행위가 이에 해당한다.

지능이 교육수준과는 별도로 사회이동에 영향을 미친다. 머리가 좋은 사람은 타인들과 상황에 대한 기민한 인식으로 상승이동의 가능성이 더 크며, 머리가 둔한 사람은 그 가능성이 적다.

결혼으로 맞이한 배우자의 인격은 가정의 행·불행에 큰 영향을 미칠 뿐 아니라, 배우자의 성취동기를 고무 또는 좌절시키는데에도 영향을 미치기 때문에 결혼상대자가 누구냐에 따라 그의 계층에 상승 또는 하강이동이 일어난다.

운이란 개인으로서는 통제할 수 없는 것이지만, 사회에서 발생한 사건이

18) Blau, Peter and O. D. Duncan, 1967 참조.

〈그림 8-3〉

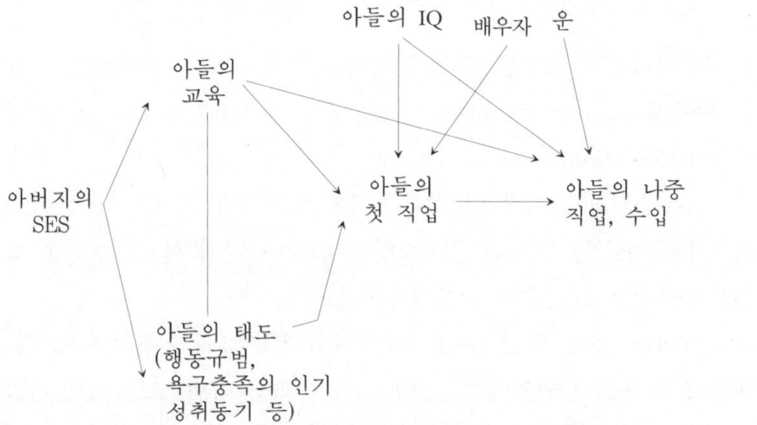

그에게 유리(행운) 또는 불리하게(불운) 작용하는 것을 말한다. 운에 따라 사회이동이 일어날 수 있다.

젠크스(Jencks) 교수 등은 사회이동에 영향을 미치는 위와 같은 개인적 요소들을 종합하여 "누가 출세를 하는가"에 대한 〈그림 8-3〉과 같은 모형을 제시하고 있다.

젠크스 교수의 결론을 들어 보면 다음과 같다.

> "가족적 배경, 특히 아버지의 사회경제적 지위는 아들의 교육수준과 아들의 행동규범에 영향을 미친다. 아버지의 지위가 괜찮은 집안은 아들에게 대개 4 년제 대학을 마쳐 준다. 대학의 학점보다는 졸업장이 중요하며, 실제로 얼마나 지적이냐 보다는 겉보기에 영리하게 보이는가가 중요하다. 아들의 교육과 아들의 행동규범 등은 아들의 첫직업을 결정한다. 이 첫직업과 그의 교육수준은 나중의 직업을 결정하는 중요한 요소가 된다. 이 과정에서는 본인의 꿈, IQ나 운 또는 배우자의 인격과 같은 특수한 요소들이 가미된다"[19]

과거 교육이 보편화되기 전에는 가족적 배경이 아들을 교육시킬 수 있는지 여부의 관건이었기 때문에 아들의 장래를 결정하는 가장 중요한 요소는 가족적 배경이었다. 그러나 오늘날 대학진학이 보편화됨에 따라 가족적 배경의 중요성은 상대적으로 감소되었다.

19) Jencks, C. et al., 1973, p. 72.

Ⅲ. 사회이동의 하위개념들

사회이동의 내용을 좀더 구체적으로 나타내는 하위개념들로서 '절대적 사회이동'(absolute social mobility)·'상대적 사회이동'(relative social mobility)·'세대간 이동'(intergenerational mobility) 등이 있다.

절대적 사회이동이란 아들의 지위를 아버지와 비교했을 때 사용하는 용어이다. 가령 아들의 교육·수입·직업의 위광이 아버지의 그것들을 능가할 때, 우리는 이를 두고 절대적 상승이동이라고 말한다.

그러나 교육·직업·수입 등이 사회 전반의 구조적 상향에 의해 아들이 아버지를 능가하게 되었다면, 그의 지위가 과연 아버지보다 상승하였는지를 판단하기가 어렵기 때문에 동일한 세대에 속하는 옆사람과 비교하는 것이 타당할 것이다. 이와 같이 동일세대의 옆사람과 비교했을 때를 **상대적 사회이동**이라고 부른다.

또한 부모의 지위와 성인자식의 지위를 비교할 때 **세대간 이동**이라고 부르고, 한 사람의 일생에서 처음의 지위와 마지막 지위 사이를 비교할 때, **세대내 이동**(intragenerational mobility) 혹은 **경력이동**(career mobility)이라고 부른다.

제 7 절 성 계 층

거의 범세계적인 현상으로서 남자가 여자보다 아는 것도 많고, 일도 잘하는 것으로 간주된다. 이러한 생각이 성계층(gender stratification)의 근거이다. 다시 말하면 **성계층**은 생리적인 성에 근거를 두고 개인들을 차별적으로 평가하고, 이로 인해 귀중한 재화도 불평등하게 배분되는 현상을 말한다. 그래서 남자가 더 많은 권력과 위광과 재산에 대한 더 큰 통제권을 향유한다. 산업사회에서는 남녀간에 상대적인 평등을 보여 주는 경우도 있으나, 어떠한 사회를 막론하고 여성이 남성보다 더 큰 사회적 힘을 가진 증거는 찾아볼 수 없다.

성계층의 두 번째 현상으로서 전통적으로는 여자들에게는 아이 돌보기와 집안 일이 맡겨지고, 대조적으로 남자에게는 본거지로부터 멀리 떠나 때로는 위험까지도 감수해야 할 역할이 맡겨진다. 이러한 분업의 배경에는 어머니는 갓난아기를 가까이서 돌보아야 할 필요가 있기 때문이며, 남자에게 위험부담을 지우는 것은 재생산과도 관련이 있어 보이는데, 후세를 재생산하는 데는 남자가 소수만 있어도 가능하기 때문이다.[20]

남녀의 생리적인 차이에 기초한 분업은 성계층을 결과시킨 필요조건은 될 수 있겠지만, 권력과 위광과 재산에 있어서의 불평등을 가져올 충분조건은 될 수 없을 것이다.

Ⅰ. 남녀불평등의 문제

남녀간에 불평등을 가져온 유래는 무엇인가? 소규모의 집단을 이루어 남녀가 함께 먹을 것을 모으고 작은 짐승을 잡던 원시시절에는 남자도 아이들을 돌볼 때가 많았고, 물질은 모든 구성원이 공유하였으며, 결정도 어른들이 함께 내렸다. 큰 동물을 잡기 이전의 이 시기에는 성계층현상이 거의 없었다.

그러다가 큰 동물을 잡기 시작하면서부터 성에 대한 분업이 심화되었다. 여자는 갓난아기를 데리고 있는 시간이 많았기 때문에 남자가 사냥꾼이 되었다. 기술과 지식의 차이에 따라, 또한 최초의 사유재산형태인 도구와 무기의 차이에 따라, 또한 최초의 사유재산형태인 도구와 무기의 차이에 따라 사냥의 성과가 달라졌다. 이러한 차이가 성에 기초를 둔 것이었기 때문에 성계층이 발달하였다. 가족들이 소유한 사유재산, 예컨대 가축·땅·어린이 등에 비례하여 남성지배가 강화되었다. 그러한 재산들은 아버지로부터 아들을 통해 상속되었고(부계제), 목축 및 농경사회에서는 부계제가 절정에 달했다.[21]

현대사회에서는 남녀평등주의를 지향하는 것이 일반적인 추세이기는 하지만, 이 추세는 평탄치 못하다. 공식적으로는 평등을 선언하고 있지만, 위광과 권력과 재산의 실제적인 분배는 그렇지가 않다. 현대사회에서는 많은 여자들이 직장을 갖고 있고, 의사와 같은 고급기술직에까지 종사하고 있음에도 불구하고, 여자들에게는 그다지 큰 위광을 부여하지 않고 있다. 법률적 평등이 평등화의 첫걸음으로서 중요하기는 하지만, 이것이 성계층체제를 반드시 철폐시키는 것은 아니다.

---

20) Lerner, Gerda, 1986 참조.
21) Huber, Joan, 1986 참조.

서방 민주주의국가들은 의식적으로 평등을 추구하고 있으나, 모든 사람들이 관습적인 행동을 바꾸지는 아니한다. 노르웨이에서는 예컨대 성계층에 반대하는 강력한 법률을 제정해 두고 있으나 여성들은 아직 직장에서 동등한 혜택을 받지 못하고 있으며, 노르웨이가족들은 전통적인 가부장적 규범에 뿌리를 두고 있다.[22)]

아시아·아프리카·중남미의 일부 국가 등 제 3 세계에서의 여성의 처지는 더욱 불리하다. 제 3 세계가 산업화됨에 따라 여성의 사회적 지위가 향상되고 있을 것이라고 가정하고 있으나, 실제에 있어서는 그렇지가 않다. 오히려 과거 전통사회 때에는 여성이 통제하던 일조차도 남자들의 손으로 넘어가 버렸다. 새로운 테크놀로지가 도입됨에 따라 남자들의 경제력이 여자의 그것에 비해 상대적으로 더 증가하였다. 농업용 기계와 농업훈련은 남자들에게만 부여되었고, 한때 독립적이던 중남미의 여성무력업자들은 현대적인 무역업체에 의해 대체되었다.[23)] 여성들이 취직하는 직장은 대부분이 봉제공장이라든가, 전자제품공장 등과 같이 저임금으로 땀을 흘려야 하는 곳들(sweat shops)이다.[24)]

중국에서는 이데올로기적으로 성의 평등을 주창하고 있음에도 불구하고, 가부장적인 가족제도에는 거의 변화가 없다(Gohnson, 1983).[25)] 성의 평등을 위해서는 이데올로기적인 지지뿐만 아니라 사회구조적인 지지가 필요한데, 특히 어린이를 돌보는 일과 식사준비 등에 대한 구조적인 전환이 필요할 것이다. 또한 '재생산'이 '생산'에 못지않은 가치를 갖는 것으로 재평가되어야 하는 것이다.

그러나 산업의 발달과 더불어 성의 평등을 가져올 수 있는 기회는 많다. 특히 여성의 교육향상과 저출생률은 여성의 지위향상을 위한 전제조건이 된다.

우리나라의 경우, 2010년 여성의 대학진학률이 80.5%로서, 남학생의 77.6%를 능가하였고, 합계출산력도 세계최저수준인 1.23명으로서 여성의 지위는 교육·건강·경제참여·정치권한 등 모든 분야에서 지난날에 비해 눈에 띄게 향상되었다. 그러나 한국여성의 평균적 지위는 남성에 비해 현저히 미달되는데, 예컨대 여성근로임금자의 임금수준은 남성의 66.9%이며, 판검사 등 여성법조

22) Holter, Harriet (ed.), 1984 참조.
23) Blumberg, Rae Lesser, 1978 참조.
24) Nash, June and Maria Patricia Fernandez-Kelly (eds.), 1983 참조.
25) Johnson, Kay Ann, 1983 참조.

인의 비율은 13.3%이고, 4급 이상 여성공무원수는 전체 공무원의 4.7%에 불과하다.[26] 남녀의 평등정도를 나타내는 국제비교를 보면, 우리나라는 2010년 세계 138개국 중 20등이다. 네덜란드가 평등에 가장 가까운 1등, 스웨덴이 3등, 독일이 7등, 일본이 12등, 영국이 37등, 미국이 38등이다.[27]

Ⅱ. 성계층에 대한 이론

성계층에 대한 대표적인 두 이론은 구조기능이론과 갈등이론이다.

첫째, 구조기능이론은 성계층현상을 사회의 생존에 도움을 주는 기능적인 것이라고 주장한다.

구조기능론자의 주장에 따르면, 성의 차이에 따른 분업은 자연의 법칙이기 때문에 남자와 여자가 이것을 따를 때 개인적인 만족을 달성할 수 있다는 것이다. 더욱이 남자는 그에게 의존한 부인과 아이들을 보육해야 하기 때문에 직업을 유지하면서 열심히 일할 동기를 부여받는다. 만약에 여성이 집 바깥에서 남성과 경쟁을 한다면, 남자는 남자로서의 책임과 일에 대한 집념을 상실하게 될 것이다. 남자와 여자가 별개의 세계에 종사함으로써 남녀 사이의 시기(猜忌)가 배제되는 것이다.[28]

구조기능론자들은 또한 남자와 여자의 성향은 서로 보완적이라고 주장한다. 즉 독립심과 의존심, 일을 수행하는 도구적인 성향(instrumental orientation)과 마음을 표출하는 표현적인 성향(expressive orientation), 외향성과 내향성은 남녀가 타고난 본질적인 성격이라는 것이다. 또한 이들은 비록 그러한 성격이 본질적인 것이 아니라고 하더라도 여성이 아이를 출산·양육하려는 일념의 헌신과 처자를 위해 일을 해야 한다는 남자들의 책임감이 사회를 유지시키는 데 크게 기여하고 있기 때문에 성계층은 바람직한 현상이라고 주장한다.

둘째, 갈등론자들은 모든 다른 불평등현상과 마찬가지로 성계층현상 역시 생산수단 및 생산품에 대한 차별적 접근에 그 원인이 있다고 주장한다. 다시

---

26) 통계청, 2011, '통계로 본 여성의 삶' 참조.

27) UNDP, 2010, 'Human Development Report'. 이 보고서는 성불평등지수(GII)에 의거 하였다. 한편, 성격차지수(GGI)에 의거한 'World Economic Forum'의 보고서에 의하면 우리나라의 남녀평등수준은 134개 나라중 104등이다.

28) Parsons, Talcott, 1951 alc Gilder, George, 1981 참조.

말해 성계층현상은 남성들이 경제력을 장악하는 데에서 비롯된다.

갈등론자들의 주장에 따르면 경제력의 차이는 성에 대한 분업과 여성에 대한 남성의 지배를 정당화시키는 신념을 낳고, 이러한 신념은 다시 성계층현상을 강화한다. 다시 말해서 불평등의 원인이 무엇이었든, 일단 서열이 성립되면 이러한 서열을 유지시키려는 강력한 기제(mechanism)가 나타나 장기간에 걸쳐 그 서열을 재강화한다는 것이다.

가장 최근의 갈등론의 주장으로는 소위 '노동력의 사회적 재생산(social reproduction of labor power)에 대한 여성의 책임'이라는 개념이야말로 남녀불평등을 낳은 원인이라는 것이다. '노동력의 사회적 재생산에 대한 여성의 책임'이라는 개념은 기능론자들이 사용한 것인데, 여성은 다음 세대의 노동력을 낳고 길러야 하며, 현재의 노동력을 유지시키기 위해 잘 먹이고 격려해야 할 책임을 지고 있다는 의미이다. 갈등론자들은 이러한 일을 위해 여성만이 책임을 져야 한다면, 여성들은 다른 영역에는 충분히 참여할 수도 없을 뿐더러 참여하는 것도 달갑게 여겨지지 않을 것이기 때문에 불리한 위치로부터 벗어날 수가 없다는 것이다.[29)]

Ⅲ. 결혼·취업에 대한 태도변화

동양과 서양을 막론하고 결혼에 대한 전통적인 관념은 여성은 남편을 내조하며 자녀를 훌륭히 키우는 것이 여성의 본질적인 임무이며, 남편은 '초야에서 무덤까지' 아내를 책임지는 것이 남편이 지켜야 할 본질적인 임무로 보았다. '현모양처(賢母良妻)'·'여필종부(女必從夫)'의 유교철학이나 "네 남편 섬기는 것을 주님 섬기듯이 하라"는 기독교의 교리는 결혼에 있어서의 아내의 역할을 지시하는 것이었고, '권농제가(勸農齊家)'·'경친애처(敬親愛妻)'나 "아내 사랑하기를 네 몸을 사랑하는 것과 같이 하라"는 등의 교의(敎義)들은 남편의 역할을 지시하는 것이었다.

결혼에 대한 이러한 생각들은 부부를 유기적인 일체(henosis)로 간주하며, 각각 '유별'의 역할을 수행함으로써 상부하는 하나의 통합된 단위로 보았던 것이다. 이러한 관념은 수천 년 동안 지켜져 왔고, 또한 그러한 결혼생활에 인생

29) Hess, Beth B. et al., 1988 참조.

〈표 8-1〉 여성취업에 관한 태도(1991년과 2009년 비교) (단위 : %)

	가정에만 전념	결혼 전까지 취업	자녀성장 후 취업	결혼 전과 자녀 성장 후 취업	가정과 관계 없이 취업
〈1991〉					
전 국	21.1	20.2	22.4	22.5	13.7
시 부	19.8	18.6	23.7	23.7	14.2
군 부	25.0	24.9	18.7	19.3	12.1
남	25.7	22.9	20.9	20.2	10.3
여	17.0	17.8	23.9	24.6	16.7
15~19세	12.2	28.5	12.6	26.7	19.9
20~29	12.2	21.7	18.8	31.3	16.0
30~39	20.5	13.9	33.5	21.5	10.7
40~49	23.3	17.7	27.8	18.6	12.5
50~59	25.8	23.1	20.1	18.4	12.6
60+	42.0	19.9	15.4	12.4	10.4
〈2009〉					
전 국	9.3	4.9	11.5	23.3	53.5
시 부	8.1	4.8	13.4	23.7	50.6
군 부	8.0	4.4	17.0	22.5	50.6
남	9.7	5.4	15.3	23.0	47.8
여	6.3	4.1	13.0	23.9	53.1
15~19세	3.5	7.4	6.2	16.3	60.0
20~29	4.2	5.1	6.8	20.9	57.2
30~39	7.2	3.4	14.3	29.1	44.7
40~49	8.2	3.9	18.0	26.2	47.5
50~59	9.3	4.8	17.1	23.2	49.8
60+	13.2	5.1	18.2	20.5	50.3

자료 : 통계청, 「사회통계조사」, 1992/2011.

의 본질과 행복이 있는 것으로 믿어져 왔었다.

그러나 사회들이 산업화되면서부터 여성들의 교육수준이 향상되고, 취업 기회가 확대됨에 따라 결혼과 남녀관계 및 취업 등에 대한 태도에 현저한 변화를 가져오고 있다.

우리 나라의 경우 여성은 가정과 육아에 전념하는 것이 좋다고 하는 전통적인 관념은 거의 붕괴되었다. 통계에 따르면 2009년 현재, 여성이 결혼을 하더라도 '가정과 관계없이 취업'을 하는 것이 좋다고 생각하는 사람이 전국남녀 평균 53.5%이며, '가정에만 전념'하는 것이 좋다고 생각하는 사람은 9.3%이다. 이 같은 분포는 연령별로도 큰 차이가 없다. 여성의 취업과 가사에 관한 2009년의 국민의식은 1991년의 그것과 큰 차이가 있다. 1991년에는 여성은 '가정에만 전념'하는 것이 좋다고 생각하는 사람이 '가정과 관계없이 취업'하는 것이 좋다고 생각하는 사람보다 그 수가 더 많았다(〈표 8-1〉 참조).

여성들의 취업에 대한 지지의 증가는 그들의 지위를 어머니와 아내로서의 지위뿐만 아니라 사회적 지위를 가질 수 있는 자로 보는 데에 주요한 동기가 있는 것으로 밝혀지고 있다. 취업에 대한 여성의 지지도는 여성이 교육을 많이 받았을수록 높게 나타나고 있는데, 이것은 단순히 '가정을 위해' 경제적인 수입을 얻으려는 것보다는 남편에 대한 경제적 의존으로부터 벗어남으로써 사회로부터의 존경과 자신의 자존심을 높이자는 데에 동기가 있음을 말해 주는 것이다. 20년이란 짧은 기간 동안에, 여성들 자신만이 아니라 국민의식이 연령의 고하나 남녀를 불문하고, 남편과 아내가 아이들과 가사를 함께 돌보며, 여성이 취업하는 것이 좋다는 쪽으로 크게 바뀌었다.

이러한 경향은 세계적인 추세인데, 취업을 지지하는 여성들은 여성이 사회의 일과 가사를 겸하는 것은 '역할의 과중'(role overload)을 가져올 것이라는 것을 인정하면서도 자기의 역할을 광범위한 가운데서 선택할 수 있다는 것은 결혼여성의 정신적 건강을 향상시키는 것이라고 믿고, 그래서 보상이 된다고 생각한다.[30]

이러한 관념의 변화는 부부를 유기적인 일체로 보던 관념으로부터 독립적인 개체의 연대로 보는 관념에로의 변화를 뜻한다. 결혼에 대한 태도의 변화 추세는 제 5 장에 논의한 핵가족문제와 관련된 국면임은 두 말할 필요도 없을 것이다.

30) Patterson, Joan M. and Hamilton L. McCubbin, 1984 참조.

제9장

사회적 일탈

제 9 장

사회적 일탈

제 1 절 동조와 일탈

사람은 사회에서 매일 행동을 하며 산다. 사람의 행동은 대부분의 경우 남들이 하는 행동과 비슷한 행동을 한다. 남들이 극장매표소 앞에서 줄을 서면 자기도 줄을 서고, 운동경기장에서 남들이 응원을 할 때는 자기도 응원을 한다. 그러나 가끔은 줄을 서는 대신 매표구 앞으로 바로 끼어들거나 남들이 응원을 하는 데 '시끄러워!'라고 소리를 치는 행동도 있다.

남들이 줄을 설 때 자기도 줄을 서면 이것은 동조하는 행동이며, 남들이 줄을 서서 기다리는 데도 자기만 새치기를 하면 이것은 일탈된 행동이 된다. 사회는 규범을 가지는 도덕적인 공동체라는 점에서 일탈은 사회적인 관심의 대상이 된다.

그러면 우선 동조와 일탈이 무엇인가를 사회학적인 관점에서 정리하기로 하자. **동조**(conformity)라는 말은 사회가 일반적으로 기대하는 규범에 부합되는 행동을 뜻하고, 그러한 행위자를 동조자(cnformist)라고 부른다. 이와는 반대로 **일탈**(deviance)이란 사회가 일반적으로 기대하는 규범으로부터 벗어난 행동을 말하며, 그러한 행위자를 일탈자(deviant)라고 부른다. 그러므로 동조와 일탈은 붙어다닌다. 어느 집단에 규범 — 용납되는 행동에 관한 규칙 — 이 성립되면, 다른 한쪽으로는 자동적으로 용납될 수 없는 행동의 범주가 생겨나는 것이다. 이와 같이 동조와 일탈은 어떤 범위의 안과 밖의 문제로서 동조의 범위가 없이는 일탈도 없다.

동조의 범위를 보통 **관용한계**(tolerance limit)라고 부르는데, 일탈이란 다른 말로 하면 관용한계를 벗어난 행동이라 할 수 있을 것이다.

Ⅰ. 규범의 구조

동조는 규범에 부합되는 행동이라고 말했었는데, 그렇다면 규범은 어떻게 형성되는가? 이에 대해서는 1935년 셰리퍼(Muzafer Serif) 교수가 실시했던 고전적 실험의 결과가 해답을 시사해 주고 있다. 셰리퍼 교수는 피실험자들을 캄캄한 방에 넣어 놓고, 예측할 수 없는 모든 방향으로 신속히 움직이는 작은 불빛을 잠깐 동안 보여 주었다. 그리고는 피실험자를 한 사람씩 불러 불빛이 얼마나 빠른 속도로 어떻게 움직였는가를 물었다. 피실험자들의 대답은 가지각색이었다. 그 후 피실험자들을 한 곳에 모아 놓고 불빛의 속도와 방향이 어떠했던가를 결정해 줄 것을 요구하자, 조금 전까지만 해도 가지각색이던 대답이 한 가지로 통일되어 나왔다.[1)]

이 실험의 결과가 시사하는 바는 규범은 상호 작용을 통한 타협의 산물로서 인간의 생각과 행동을 규정하는 것이다. 기존의 규범이 없는 상황일 경우에는 집단의 구성원들이 불확실성을 완화해 주고 행동의 지침을 제공해 주는 규칙들을 신속히 만들어 낸다는 것이다.

다시 말하면 규범은 불확실성에 대한 불안을 덜기 위해, 그리고 행동의 지침을 갖기 위해 사회의 구성원들이 동의함으로써 생성되는 것이다. 구성원들은 규범을 위해서는 자기의 개인적인 생각을 양보하고, 다른 사람으로부터 받는 압력에 굴복하며, 서로 서로가 동의하기로 마음을 정한다는 것을 의미한다. 그러므로 인간의 동조는 집단생활에서 비롯되는 하나의 본질적인 요소이다.

그런데 오늘날의 복잡한 사회에서는 규범적인 동의(normative agreement)가 쉽지 않게 되었다. 왜냐하면 상호 경쟁적인 가치들이 제각기 일리를 가지고 다투기 때문이다. 예컨대 자연을 보호하고 싶어하는 사람들은 개발의 확장사업에 반대를 할 것이며, 또 다른 예로서 여성의 권리를 강조하는 사람들은 합법적인 낙태를 열렬히 지지하는가 하면, 태아의 생명을 존중하는 사람들은 극렬히 반대를 한다. 이와 같이 이해관계와 가치관이 상반되는 복잡한 사회에서는 어떤 연유로 어떤 규범이 다른 규범들보다 더 중요해지는가?

그 해답은 첫째, 힘이 센 세력이 지지하는 규범이 더 중요해져서 사회 전체의 규범이 된다. 규범은 타협의 산물이라고 설명한 바 있는데, 경쟁적인 세

1) Lemert, Edwin M., 1967 에서 재인용.

력들 사이의 상호 작용에서는 세력의 크기가 반영된 타협이 이루어져 결국 힘이 센 세력이 지지하는 규범쪽으로 낙착된다.

둘째, 개인적인 복리에 관계되는 규범보다는 집단의 복리에 관계되는 규범이 더 중요한 규범이 된다. 예컨대 “하루 칫솔질을 두 번씩 하라”는 규범보다는 “너희 부모의 체면을 생각하라”고 하는 규범이 중요시된다.

셋째, 규범에는 “하지 말라”는 금지적 규범(proscriptive norm)과 “하라”는 장려적 규범(prescriptive norm)이 있는데, 금지적 규범이 더욱 중요시된다.

따라서 더욱 중요한 규범을 어긴 일탈에 대해서는 더 큰 처벌이 내려진다.[2)]

Ⅱ. 일탈의 구조

일탈이란 사회가 일반적으로 기대하는 규범으로부터 벗어난(deviated) 행동이라고 말했다. 따라서 이론적으로 따지면 ‘관용한계’를 벗어난 행동은 그것이 나쁜 성질의 것이든, 좋은 성질의 것이든 다 일탈이 된다. 예컨대 사업가가 뇌물을 주고 계약을 따낸다든가, 학생이 남의 시험지를 베낀다든가 하는 부정적인 행동뿐만 아니라, 자수성가로 백만장자가 되었다든가, 대학생이 4년 동안 A^+학점만 받는다든가 하는 좋은 쪽의 극단도 사회가 일반적으로 기대하는 행동으로부터 벗어나기 때문에 또한 일탈이다. 그러나 사회적으로 문제가 되는 것은 부정적인 일탈이기 때문에 일반적으로 일탈이라고 할 때는 부정적인 일탈만을 의미한다.

일탈은 대학생이 삭발을 하거나 두루마기를 입고 등교하는 것과 같이 애교적인 것에서부터 방화·살인 같은 흉악한 행동에 이르기까지 여러 수준이 있는데, 특히 법률로써 금지한 일탈을 범죄라고 한다. 즉 범죄는 일탈의 일부분이다.

그러면 어디서 어디까지의 범위가 관용한계이며, 어디부터가 일탈이 되는가? 여기에 대해서는 정해 둔 기준이 없다. 관용한계는 그 사회가 관용한계로서 받아들임으로써 관용한계가 된다. 다시 말해 관용한계는 사회적 정의에 의한다.

---

2) Simmons, J. L., 1965 참조.

그러므로 관용한계는 시대와 장소에 따라 다르다. 예컨대 일본에서는 아버지와 아들이 맞담배를 피우는 것이 관용한계에 속하지만, 한국에서는 일탈에 속할 것이다. 우리 나라에서도 100년 전이라면 미혼남녀가 한 자리에 앉아 수업을 받는다면 일탈일 것이지만, 지금은 한 자리에 앉기를 거부하는 것이 일탈인 것이다.

관용한계의 범위에 대해 매우 일반적인 대답을 한다면, 사회적 분화가 크면 클수록 관용한계의 범위가 넓고, 사회가 미분화되었을수록 관용한계는 좁다. 산업화에 의해 여러 종류의 직업과 서비스가 개발되어 사회의 이질성이 높거나 또는 여러 민족 또는 종족이 섞여 있어서 다양한 문화가 공존할 때, 우리는 그것을 사회적 분화가 크다고 말한다. 그러므로 사회적 분화가 큰 사회에서는 일탈이 아닐 행동도 사회적 분화가 적은 곳에서는 일탈이 될 수 있다.

한 사회의 관용한계가 넓건 좁건 간에 모든 사회에서는 그 사회 나름대로 웃음을 자아내는 작은 일탈에서부터 범죄에 이르는 큰 일탈들이 있다.

제 2 절 일탈의 역기능과 기능

일탈의 역기능과 기능은 일탈이 갖는 사회적 의미가 될 것이다. 인간이 상호 의존관계인 사회에서는 조화와 질서가 요구되고, 따라서 사회의 조화와 질서를 중요시한다면 일탈은 원칙적으로 사회를 위해 역기능적이다. 그러나 일탈이 모든 사회현상이 그러하듯이 기능적인 경우도 있다. 그러면 역기능부터 보기로 하자.

Ⅰ. 일탈의 역기능

어떤 사회에서 큰 일탈들이 빈번히 발생한다면, 그 사회의 사람들은 불안과 공포 가운데서 살아야 할 것이다. 또한 많은 사람이 사회적 규범을 위반하는 일탈자들이라고 하면, 사람들은 서로 신뢰하고 살기가 어려울 것이다.

일탈이 만연화되어 있는 상태를 뒤르껭은 아노미(anomie) 상태라고 표현하고 있는데, 대부분의 사람들이 일탈을 일삼는다고 한다면 그러한 사회는 개인적 규범은 있을지 몰라도 '사회가 일반적으로 기대하는 규범'은 차라리 없는 상태, 다시 말해 관용한계조차 없는 사회라고 할 것이다.

아노미상태도 정도의 차이가 있겠으나, 일반적으로 말해 아노미상태에서는 사회해체(social decay) 현상이 뒤따른다. 사회에서 서로 신뢰·교류·상호 의존하는 결합의 망(網)이 부식(腐蝕)하는 사회해체현상은 사회를 혼란 속으로 몰아넣게 한다.

이러한 상황에서는 사회해체를 막기 위한 수단으로서 폭력적인 강제력이 등장하게 되는데, 사회적 혼란이 독재권력을 출현시켜 온 사실(史實)이 이것을 증명해 준다.

Ⅱ. 일탈의 기능적 측면

일탈은 원초적으로 사회에 대해 역기능적이라고 말하였다. 그러나 소규모의 일탈이나, 작은 일탈 혹은 어떤 종류의 일탈은 사회에 대해 기능적이다. 그러면 일탈의 기능적인 측면을 몇 가지로 나누어서 살펴보기로 하자.[3]

첫째, 일탈은 기존의 사회규범을 재확인·강화시켜 준다. 예컨대 어떤 사람이 일탈을 하여 처벌을 받게 되면 나머지 사람들은 그것을 보고 규범이 무엇인가를 깨닫게 되고, 자기는 그러한 일탈을 하지 않도록 스스로를 경계하게 된다.

법원의 재판행위는 이러한 관점에서 범죄자에 대한 처벌이나 사회로부터의 격리 또는 교화에 큰 의의가 있다기보다는 사회에 대한 경고에 더 큰 의의가 있는 것이라고 해석하는 것이 옳을 것이다.

둘째, 어떤 종류의 일탈은 예방의 효과를 가진다. 그 전형적인 예로서 매음행위는 분명히 일탈이지만, 매음행위를 완전히 금지시켰을 때는 사회적으로 성범죄와 성폭행이 더욱 심해진다는 것이 역사적 경험이다. 매음행위가 있음으로 해서 정상적인 방법으로는 성적 욕구를 해소할 수 없거나 자제력이 없는 자들에게 출구를 제공하게 되어 대다수인의 성적 순결과 신성을 지켜 주는 효과를 가진다.

셋째, 약간의 일탈은 사회를 활성화시켜 준다. 만약에 모든 사람이 너무

3) Durkeim, Emile, 1956, pp. 103-4.

규범적이고 동조적이기만 하다면, 사회는 권태롭고 단조로운 것이다. 그래서 신기한 행동이나 신기한 모양의 일탈은 개인과 사회에 생기를 불어넣을 수가 있다.

일탈이 적은 규범적인 사회에서는 일탈을 영화나 스포츠 등을 통해 간접적으로 경험하기를 즐긴다.

넷째, 일탈은 사회개조의 첨병역할을 한다(Durkheim, 1956). 일탈행동을 하는 일탈자(deviant)는 다시 비동조자(nonconformist)와 탈선자(aberrant)로 구분할 수 있다. **비동조자**는 의식적으로 일탈행동을 하는 사람을 말하고, **탈선자**는 일탈이 나쁘다고 인정하면서도 일탈행동을 한 사람을 말한다.

사회개조를 가져오는 일탈은 특히 비동조자에 의한 것인데, 예컨대 코페르니쿠스(Nicholas Corpernicus, 1473~1543)의 지동설(地動說) 같은 것은 자연과학의 발달을 위해 충격적인 기여를 하였다. 탈선자의 일탈도 때로는 사회발전에 자극을 줄 수 있다. 예컨대 청소년비행이 빈발하게 일어나면, 사회는 그 예방책과 대책에 부심하게 되고, 그 결과로 사회의 발전을 가져올 수 있다.

제3절 주요 일탈의 유형

사회로부터 백안시당하는 주요 일탈의 유형으로는 범죄 · 정신부조(精神不調) · 자살 등을 들 수 있을 것이다. 일탈 가운데서도 현대사회에서 새로이 문제가 되는 화이트칼라 범죄(white collar crime)와 청소년비행(juvenile delinquency)은 특별한 사회적 관심의 대상이 되고 있다.

Ⅰ. 범 죄

범죄란 우리가 법이라고 부르는 특수형태의 규범에 대한 위반을 말한다. 법률위반에 대한 기소가 있으면 위반자에게는 제재와 처벌이 적용되어 벌금으로부터 투옥, 심지어는 극단적인 사형까지가 부여된다. 법률적으로 절도 · 살인 · 강도 · 강간 · 폭행 · 상해 · 방화와 같은 심각한 가해행위를 **주요 범죄**(felonies)라고 하고, 과실범죄나 풍속사범 또는 교통위반 등과 같이 비교적 덜 심각한 가해행위를 **경범죄**(misdemeanors)라고 한다.

우리 나라에서는 산업화과정 및 후기산업화 과정을 단기에 겪으면서 다른 나라가 경험한 바와 비슷하게 주요 범죄의 급증추세를 보여 주고 있다. 대검찰청이 발표한 「범죄분석」에 따르면 우리 나라의 주요 범죄는 2010년 94만 4900건으로서 인구 10만 명당 192명이다. 이 수치는 2000년의 60만건 — 인구 10만 명당 128명에 비교하면 10년 동안에 33.3%가 증가하였다. 주요범죄가 총범죄건수에서 차지하는 비율은 약 절반이다. 우리 나라에서는 2010년 현재 주요 범죄에 대한 신고율이 20.4%에 불과하고, 또한 모든 범죄를 적발할 수도 없는 어려움 등을 감안할 때 실제의 범죄는 이 통계수치보다 훨씬 더 많을 것으로 짐작된다.[4)]

Ⅱ. 화이트칼라 범죄

범죄학자인 슈더랜드(Edwin H. Sutherland)에 의해 연구되기 시작한 소위 **화이트칼라 범죄**는 "사회로부터 존경을 받고 사회적인 지위가 높은 사람들이 그의 직업을 수행하는 과정에서 범하는 범죄"를 말한다. 화이트칼라 범죄의 유형으로는 특허위반 · 가격조작 · 크레디트 카드사기 · 보험사기 · 부당거래 · 허위광고 · 산업간첩 · 부당금융 · 종업원절도 · 근로자부당처우 · 횡령 등 그 가짓수가 다양하다.[5)]

우리 나라에서도 산업화와 더불어 산업연계가 복잡해짐에 따라 화이트칼라 범죄는 급격히 증가되고 있을 것임이 분명하다. 우리 나라에서는 화이트칼라 범죄에 의한 사회적 손해가 얼마나 되는지 아직 통계가 없고 또한 그 범죄를 완전히 추적도 못하고 있는 실정이지만, 화이트칼라 범죄는 현대산업사회의 신종범죄로서 급격히 증가되고 있다.

화이트칼라 범죄는 소동 없이 조용히 이루어지는 것이지만, 이것이 경제질서에 대한 신뢰를 파괴하는 점에서는 가공할 만하다. 화이트칼라 범죄가 성공하는 이유는 공무원의 부패에 크게 기인하는 것으로 알려져 있다.

어떤 회사들은 화이트칼라 범죄에 의해 손해를 입은 경우에도 자기 회사

---

4) 대검찰청, 2011, '범죄분석, 2010' 참조.
5) Sutherland, Edwin H., 1949 참조.

에 대한 신뢰의 상실과 증권에 미칠 악영향을 우려하여 피해신고를 꺼리는 경향이 크기 때문에 범죄적발을 어렵게 만들기도 한다.

한국에도 수년 전부터 크레디트 카드가 도입됨에 따라 크레디트 카드를 사용하는 사기행위가 급증하고 있는데, 카드에 의한 가장 큰 피해는 카드를 잃어버리거나 도둑맞는 데서 비롯된다. 가계수표에 의한 부도와 사기는 상인들이 당면한 새로운 문제이다.

화이트칼라 범죄가 번성하는 미국의 경우를 잠깐 언급하는 것은 이 범죄의 심각성에 대하여 참고가 될 것이므로 몇 가지를 예를 들어 보기로 하겠다.

미국에서는 1970-80년대에 화이트칼라 범죄에 의한 연간 손해액이 적발된 것만 약 440억달러에 이르며, 적발되지 않은 부분은 얼마나 되는지 추정조차 못하고 있다. 컴퓨터조작으로 인한 손해액은 약 1억 달러로서 440억 달러에서 차지하는 비중은 미미한 셈이다. 미국에서 1985년 현재 화이트칼라 범죄만을 전담하는 1,250명의 요원을 연방수사국(FBI)에 두고 있는데, 이 숫자는 전체수사요원의 약 15%에 해당한다. 이들 요원이 사용하는 예산만 해도 연간 약 6,500만 달러이다.

미국에서 소비자를 속이는 800가지 이상의 방법이 사용되고 있는데, 가짜 기부, 가짜 세일즈, 불필요한 주택수리, 학위위조, 의사의 가짜 처방으로 더 큰 돈이 드는 치료를 받도록 병을 악화시키는 행위 등 그 종류가 다양하다. 미국의 점포들에서는 재고의 약 15%가 종업원들에 의해 도둑맞는 것으로 통계가 나와 있다. 이러한 손실분은 가격의 인상으로 소비자들에게 부담이 전가된다.[6)]

Ⅲ. 청소년비행

청소년비행은 19세 이하 나이의 청소년들에 의한 법률위반을 말한다. 법률적으로 말하면, 만약에 어른들에 의해 저질러졌다면 범죄로 간주될 모든 행동이 포함된다. 청소년비행에는 또한 청소년들만이 특히 범하는 무단결석·고집·가출·무단출입 등도 포함된다.

우리 나라에서는 청소년들에 의한 주요범죄가 전체 주요범죄에서 차지하는 비율이 별로 높지 않다. 2010년 전체 주요범죄에서 청소년에 의한 것은 7.4%

6) Nation Business, 1987 참조.

이며, 청소년 주요범죄의 유형별로는 재산범(절도, 장물, 사기, 횡령)이 48.1%, 폭력범(폭행, 상해, 공갈)이 27.4%, 강력범(살인, 강도, 강간, 방화)이 4.5%이다. 청소년 범죄자들은 60% 이상이 초범자들이다.[7)]

청소년비행에 대한 철학과 사법적 처리는 처벌이라는 관념보다는 보호·지도·재활이라는 관념에 역점을 두고 있기 때문에 비행청소년들은 성인범죄자와는 다르게 취급되고 있다. 청소년비행에 대한 철학은 그들은 나이가 어리기 때문에 남을 반드시 악의적으로 해치려는 범죄의도를 갖기가 불가능하다는 논리에 근거를 두고 있다. 그러나 그러한 철학에 의한 조처는 비행청소년을 처벌하는 것도 아니고, 교정하는 것도 아니어서 청소년비행방지에 도움을 주지 못한다고 주장하는 사람들이 많다. 그래서 비행청소년을 보다 적극적으로 교화를 하기 위한 자애적 조처를 강구하든가, 혹은 보다 엄격한 처벌을 함으로써 비행을 억지시켜야 한다는 것이다.[8)]

Ⅳ. 정신부조

사회학자들은 정신부조(mental disorder)에 의한 행동을 또 다른 주요한 일탈행동의 유형으로 보고 있다. 과거에는 정신부조를 질병의 일종으로 간주하였고 오늘날에도 그렇게 생각하는 사람이 많지만, 사회학과 심리학에서는 정신부조를 일탈의 일종으로 보고 있다. 왜냐하면 정신부조는 남들의 기대에 벗어나는 과격행동을 취하는 예외적인 규범위반(residual rule breaking)의 유형을 선명하게 대표하기 때문이다.[9)] 그래서 정신부조란 용어는 그러한 규정위반에 붙여진 이름이라고 보는 것이 옳으며, 어떤 정신질환의 발병이라고는 볼 수 없다는 것이다.

정신부조라는 이름이 붙여진 일탈의 특징을 보면 과도한 공격, 비합리적인 말투와 말의 내용, 인간관계로부터의 철수, 강요적인 행동, 환상, 공포증, 의기소침, 대인관계에서의 일반적인 어색함 등이다.

정신의학용어로는 정신부조를 크게 두 가지 범주로 나누는데, 하나는 신

7) 대검찰청, 2011, '범죄분석, 2010'. 범죄유형분류로서 재산범은 절도, 장물, 사기, 횡령/ 폭력범은 폭행, 상해, 공갈/ 강력범은 살인, 강도, 강간, 방화 등이다.
8) Kassebaum, Gene, 1974 참조.
9) Scheff, T. I., 1963 참조.

경증(neurosis)이며, 다른 하나는 정신증(psychosis)이다.

신경증은 정신분열의 매우 경미한 형태를 말하며, 대인관계도 어느 정도 원만히 해낸다. 신경증에는 물이나 높은 곳을 두려워하는 공포증, 신경성고혈압이나 궤양, 어떤 위협적인 상황에 대한 강박관념, 하루에도 여러 번씩 얼굴을 씻는 따위의 현상이 포함된다.

정신부조의 좀더 심각한 유형인 **정신증**은 가끔 대인관계에서 심각한 문제를 야기시킨다. 정신증은 또다시 두 가지 유형으로 나뉘는데, 생리적 정신증(organic psychosis)과 기능적 정신증(functional psychosis)이 그것이다. **생리적 정신증**은 유전이나 두뇌부상·뇌세포이상 등에 의한 두뇌기능의 불완전에서 오는 것이며, **기능적 정신증**은 남과의 대인경험에서 가진 갈등·긴장·압박 등으로부터 오는 것이다.

기능적 정신증에는 세 가지 유형의 기능적 부조가 있는 것으로 설명되고 있다. 첫째는 환상·환각(hallucination), 현실로부터의 도피를 포함하는 **정신분열증**(schizophrenia : 조발치매증)이며, 둘째는 자기가 위대하다는 환상이나 박해를 받는다는 환상을 포함하는 **편집증**(paranoid disorder)이고, 셋째는 지나치게 의기소침하거나 지나치게 의기양양하거나 또는 이 둘을 합친 증세를 포함하고 있는 **조울증**(affective disorder) 등이다.

오늘날과 같은 복잡한 사회에서는 정신부조에 의한 일탈이 증가하는 것이 일반적 추세로서 정신부조는 전문가의 치료를 받으면 도움을 받을 수 있다.

V. 자 살

자살은 자발적으로 그리고 의도적으로 자신의 생명을 끊는 행위를 말한다. 오늘날 자살은 주요한 일탈로 간주되지만, 자살에 대한 사회적 반응은 시대와 사회에 따라 달랐다.

동양사회들에서는 특수한 상황에서는 자살이 용인될 수 있는 것으로 간주되었다. 과거 중국인들 사이에서는 적에 대한 보복의 이유로 이루어지는 자살은 허용되었다. 일본에서는 무사가 적에게 포로가 되기보다는 할복자살(하라기리)할 것이 기대되었다. 제 2 차 대전중에 일본의 '자살항공대'들은 그들의 자살비행에 앞서 기념행사를 갖고 무공훈장을 수여받았다.

이와는 달리 서유럽과 미국과 같은 서양사회에서는 전통적으로 자살에 강력히 반대해 왔다. 유대교와 기독교는 자살을 금지하고 있다. 11세기 영국에서는 자살을 범죄로 규정하였고, 중세의 전기간과 비교적 근세까지도 서양에서는 자살을 중대한 죄악으로 취급하였다. 자살한 시체는 교회묘지에 매장할 수 없었고, 자살자의 재산은 국가에 의해 몰수되었다. 자살미수는 1950년대까지도 미국의 일부 주와 영국에서는 범죄로서 처벌의 대상이 되었다.

우리 나라의 자살률은 2005년 현재 인구 10만 명당 24.7명으로서 세계에서 4번째로 자살율이 높다. 우리보다 더 높은 나라는 리투아니아(38.6명), 헝가리(26.0명), 슬로베니아(25.1명) 등 3나라이며, 일본은 우리와 비슷한 24.2명이다. 나머지 나라들은 모두 우리보다 낮으며, 프랑스 17.6, 미국 11.0, 스웨덴 7.8, 멕시코 4.1 등이다.

우리나라 자살율은 급격히 증가하고 있는데 2010년의 자살율은 31.2명인 것으로 집계됐다. 다른 나라들의 통계가 나오면, 아마도 우리나라가 세계 1-2위인 것으로 확인될 것이다. 한국의 자살율증가는 10년 단위로 2배로 증가해 왔다. 즉 1987년의 7.8명이 1999년에는 15.0명으로 다시 2010년에는 31.2명으로 증가하였다.[10)]

우리나라를 포함한 세계 모든 나라에서 나타나는 자살의 일반적인 경향으로서 나이가 많은 사람들이 젊은 사람들보다 자살을 더 많이 하며, 자살의 비율은 나이와 정비례하여 증가한다. 또한 자살률은, 자녀를 갖고 결혼생활을 하는 사람이 가장 낮고, 미혼자와 배우자가 죽었거나 이혼한 독신자가 높다.

자살에 관한 연구로는 뒤르껭의 「자살론」(*Suicide*)이 매우 유명한데, 그에 따르면 자살은 개인이 집단이나 사회에 어느 정도로 결속되어 있는가와 밀접히 관련된다. 자살은 개인이 집단이나 사회에 적절히 결속되어 있지 못할 때나, 반대로 지나치게 결속되어 있을 때 발생할 가능성이 높다.[11)]

그는 자살을 세 가지의 유형으로 분류하여 '이기적 자살'(egoistic suicide) · '무규범자살'(anomic auicide) · '애타적 자살'(altruistic suicide)을 지적하고 있다.

첫째, **이기적 자살**은 자기중심적(self-centered)인 형태의 자살로서 개인이 집단에 충분히 참여하지 못하고, 감정적으로 결속감이 부족할 때 흔히 발생한다.

---

10) 통계청, 2009, '사망원인통계' 및 WHO, 2011, 'Motality Database' 참조.

11) Durkeim, Emile, 1951 참조.

신교도가 가톨릭교도보다 독신자가 기혼자보다 자살률이 높은 것은 이것을 뒷받침한다. 신교의 교리는 성경에 대한 개인적인 탐구와 개인적인 구원을 강조하기 때문에, 성경에 대한 신학적 해석과 교회를 통한 구원을 강조하고 있는 가톨릭교리에 비해 훨씬 개인주의적이다.

둘째, **무규범자살**은 개인이 집단과의 결속이 부족한 데에 기인하는 것이 아니라, 집단이나 사회 자체의 규범과 가치가 붕괴한 결과로 일어나는 자살이다. 정치적 위기의 기간이나 경제적 불황의 기간이 자살률이 높아지는 것은 이를 뒷받침한다.

마지막으로, **애타적 자살**은 집단의 규범과 목적만이 문제가 될 뿐, 개인은 전혀 문제가 되지 않을 정도로 개인이 지나치게 집단과 결속되어 있을 때 일어난다. 일본무사들의 할복자살이나, 인도의 미망인이 남편의 장례식 때 자살을 하는 것은 이러한 유형에 속한다.

제 4 절 일탈에 관한 이론들

일탈에 관해서는 여러 갈래의 이론들이 있다. 이론들을 접근법에 따라 개인적 접근법에 의한 이론들과 구조적 접근법에 의한 이론들 등 두 가지 범주로 분류해서 소개하기로 한다.

Ⅰ. 개인적 접근법에 의한 이론

개인적 접근법에 속하는 일탈에 관한 이론들로서는 생물학적 이론과 심리학적 이론이 있다.

1. 생물학적 이론

생물학적 이론은 일탈행동(특히 범죄)을 사람의 신체적 요인에서 찾으려고 한다. 19세기 후반 이탈리아의 의사였던 롬부로조(Cesare Lombroso, 1836~1909)는 범죄자는 타고날 때부터 범죄자라는 소위 **생득적 범죄인설**(生得的 犯罪人說 : born criminals theory)을 주장하였다. 그는 당시 형무소에 수감되어 있는 죄수들의 두상(頭相)을 관찰한 결과, 범죄인들은 두개골의 뼈가 고르지 못하고 원숭이와 비슷한 얼굴 생김새 등 몇 가지 독특한 두상을 가진다고 주장하였다. 그의 학설은 널리 믿어져 범죄수사 등에 이용되기도 하였으나, 영국의 의사인 찰스 고링(Charles Goring)에 의하여 배척되었다. 고링은 롬부로조가 범죄인들만의 두상을 관찰하였을 뿐 일반인들의 두상과 비교하지 않았음을 지적하면서, 일반 인들 가운데서도 그러한 모양의 두상을 가진 사람이 얼마든지 있음을 증명하였다.[12]

한편 윌리엄 셸던(William Sheldon)은 사람의 체형을 비만형(endomorphs)·척신형(瘠身型 : ectomorphs)·투사형(mesomorphs) 등 세 종류로 나누고, 투사형의 체형을 가진 사람이 범죄자가 될 확률이 높다고 주장하였다. **비만형**은 부드럽고 둥그스름하며 뚱뚱한 체형이며, **척신형**은 키가 크고 가늘며 가슴이 납작한 체형이며, **투사형**은 가슴이 두텁고 근육질이며 탄탄한 느낌을 주는 체형을 말한다. 최근의 연구에 따르면, 엽기적 살인이나 연쇄살인 등을 저지르는 흉악범들은 염색체에 이상(chromosome abnormality)이 있음이 발견되고 있다. 일반 남자들은 XY의 염색체를 갖는 데 비하여, 흉악범은 XYY의 염색체를 갖는다고 한다.[13]

2. 심리학적 이론

심리학적 이론은 개인의 사회화과정에서 퍼스낼리티가 비정상적으로 발달한 데에 일탈의 원인이 있다고 주장한다. 프로이드는 자아(self)의 형성에 있어서 '이드'(id)를 억제할 수퍼에고(superego)가 어떠한 연유로 인해 제대로 발달하지 못하여 '이드'가 제멋대로 발휘된 결과가 일탈이라고 설명한다.

한편 존 달라드(John Dollard)는 일탈행동 가운데 특히 폭언·폭행·살인 등 공격적 행동을 연구하여 인간의 모든 좌절은 공격을 유발하며, 공격의 크기는 좌절의 크기와 정비례한다고 주장한다. 그리고 좌절의 크기는 어떤 욕구와 그것에 대한 억압의 승이라고 했다. 그의 주장을 공식화해서 표현하면 '공격≒좌절=욕구×억압'이 될 것이다. 그러므로 큰 욕구가 큰 억압에 의해 좌절될수록 공격의 정도는 커질 것이다. 극단적인 공격이 내부로 향할 때는 자살이 될

---

12) Sutherland, Edwin H. and D. R. Cressey, 1970에서 재인용.
13) Sutherland and Cressey, ibid.에서 재인용.

것이고, 외부로 향할 때는 살인이 될 것이다.[14)]

이상에서 소개한 개인적 접근법에 의한 이론들은 일탈의 원인이 개인에게 있는 것으로 보고 있다. 따라서 일탈의 책임도 개인에게 있음을 시사한다. 그러나 일탈을 개인에게 귀속시키는 이러한 이론들은 왜 전시와 같은 특정시기에, 그리고 빈민층과 같은 특정장소에서 일탈이 많이 발생하는가를 설명하지 못한다. 이와 같은 개인적 접근에 의한 이론들만으로는 일탈에 대한 설명이 부족하기 때문에 구조적 접근법에 의한 이론들도 살펴볼 필요가 있다.

Ⅱ. 구조적 접근법에 의한 이론

1. 가치기회이론

가치기회이론(value-opportunity theory)은 머톤에 의해 주창된 이론으로서, 사회가 인정하는 '가치'(values)에 개인이 접근할 수 있는 '기회'(opportunities)가 부족하기 때문에 일탈이 일어난다고 본다.[15)] '가치'란 쉬운 말로 표현하면 인생이 추구하는 '목표'(goals)를 의미하며, '기회'란 목표에 도달하기 위한 '수단'(means)을 의미한다.

좀더 자세히 말하면 사회는 예컨대 명예·돈·지위·권력 등에 가치를 부여하고, 개인이 이것을 성취하면 훌륭한 것으로 인정한다. 그래서 개인들은 그러한 가치들을 획득하고자 하는 목표를 갖는다. 개인이 그러한 가치에 정상적으로 도달하기 위해서는 사회가 인정하는 수단들, 예컨대 좋은 학교, 부모의 유산 등을 이용할 수 있어야 하는데, 모든 사람들에게 그러한 수단들이 허용되는 것은 아니다.

그래서 사람들 가운데는 사회가 인정하지 않는 비정상적인 수단들, 예컨대 사기·위조·도둑질 등의 수단을 이용하여 사회적 가치들을 획득하려고 한다. 이러한 비정상적인 수단의 사용이 바로 일탈이다.

또한 어떤 사람들은 사회가 인정하는 가치에 도달할 자신이 없거나 또는 그것에 대해 혐오감을 가짐으로써 그러한 가치들을 부인해 버린다. 사회가 인정하는 가치를 부인하는 사람들 가운데는 히피들처럼 가치뿐만 아니라 그것에

14) Dollard, John et al., 1939 참조.
15) Merton, R. K., 1957 참조.

〈표 9-1〉 머톤의 일탈자유형

분 류	유 형	목 표	수 단
동조자	동조자	+	+
일탈자	개량주의자	+	−
	의례주의자	−	+
	패배주의자	−	−
	반역자	− +	− +

자료 : Merton, 1957, p. 140.

도달하는 사회가 인정하는 수단까지도 부인해 버리는 사람이 있는가 하면, 어떤 사람은 가치만을 부인하고 수단은 인정을 하는 사람도 있다.

또 어떤 사람은 '가치'와 '수단'을 부인하는 데 그치는 것이 아니라, 자기(들) 나름대로 그것들에 대처할 새로운 가치와 수단을 설정하여 자신들이 설정한 새로운 가치에 새로운 수단을 통해 도달하려고 노력하는 사람도 있다.

머톤에 따르면 사회가 인정하는 '목표'와 '수단' 둘 다에 충실하는 사람만이 동조자라 할 수 있고, '목표'와 '수단' 둘 중에서 어느 한 가지나 또는 둘 다를 부인하는 사람은 사회로부터 일탈자로 간주된다. 어느 사회의 사회적 가치와 수단이 획득하기 어려운 것일 때는 사람들의 규범이탈(anomie)이 불가피하다고 보기 때문에 혹자는 머톤의 이 이론을 **아노미이론**(anomie theory)이라고 부른다.

머톤은 일탈자의 종류를 분류하여 목표에는 충실하면서 수단에는 충실치 아니한 일탈자를 **개량주의자**(innovationist)라 부르고, 예컨대 사기꾼 같은 사람이 이에 해당하며, 목표에는 충실치 않으면서 수단에만 충실한 일탈자를 **의례주의자**(ritualist)라 부르고, 그 예로 무능관료 같은 사람이 이에 속하며, 목표에도 수단에도 충실치 않은 일탈자를 **패배주의자**(retreatist)라 부르고, 예컨대 알콜·마약 중독자 같은 사람이 이에 속하며, 기존의 목표와 수단 둘 다를 부인하고, 그 대신 새로운 목표와 수단을 설정한 일탈자를 **반역자**(rebellion)라 부르고, 그 예로 혁명가 같은 사람이 이에 해당한다고 하였다.

2. 사회생태이론

사회생태이론(social ecological theory)은 동물과 식물이 생태계를 이루어 서식하듯이 인간의 거주지도 일종의 생태계를 이루고 있다고 보고, 일탈도 특정한 생태계의 영향을 받아 발생하는 것이라고 주장한다. 이 이론은 슈더랜드(Edwin Sutherland) · 쇼우와 맥케이(Shaw and Mckay) 등에 의해 주장되었다.[16)]

동식물계를 보면 일정한 범위의 지역에는 동종이 서식한다. 사람도 이와 마찬가지로 부자는 부자끼리, 가난한 사람은 가난한 사람끼리, 범죄인은 범죄인끼리 동종의 사람들이 무리를 이루어 일정한 범위의 지역에서 산다. 그 범위의 집단에서는 그 나름대로의 독특한 문화가 통용되는 소위 하위문화(subculture)를 형성한다는 것이다. 그 하위문화권에 사는 사람들은 그 문화의 내용을 배우게 된다. 범죄 역시 배워서 하는 행위라는 것이다. 예컨대 마약을 밀매하는 빈민촌에서 자라나는 청소년들은 어릴 적부터 마약을 전달하는 심부름을 하며, 경찰의 눈을 피하는 법과 거짓말하는 법을 배운다. 청소년들은 위법이 자신에게 이익이 되고, 준법을 하면 불리하다는 인식을 갖게 된다. 그 결과 특정지역에는 범죄의 발생이 높고, 또한 우범자의 수가 많아진다는 것이다. 슈더랜드는 이러한 현상을 다른 말로 표현하여 인간이 하위문화권에 따라 접촉하는 대상이 다르기 때문에 우범자를 많이 접촉하는 사람이 우범자가 된다고 주장한다. 그래서 슈더랜드의 이 이론을 **접촉차이이론**(differential association theory) 이라고 부르기도 한다.

쇼우와 맥케이는 범죄성을 띤 하위문화가 전달된 결과 범죄가 재생산된다는 점을 강조하기 때문에 이들의 이론을 **문화전달이론**(cultural transmission theory)이라고도 부른다.

3. 낙인이론

낙인이론(labeling theory)은 일종의 갈등이론으로서, 일탈이란 그 자체의 속성이 원래 나쁜 것이 아니라 남들이 일탈이라고 낙인을 찍었기 때문에 일탈이 된 것이라고 주장한다. 낙인이론은 베커(H. Becker, 1963) · 러머트(Edwin

---

16) Sutherland and Cressey, ibid.에서 재인용.

Lemert, 1967) 등에 의해 주장되었다.[17)]

좀더 자세히 설명하면 예컨대 사람을 죽인 동일한 행위에 대해서도 전쟁에서 죽이면 무공이 되고, 다른 상황에서는 살인이 되는 것은 사회가 그렇게 이름을 붙인(낙인을 찍은) 결과라는 것이다.

그러면 구체적으로 누가 누구에게 낙인을 찍는가? 사회에서 세력이 큰 집단이 적은 집단에게, 세력이 큰 개인이 적은 개인에게 낙인을 찍는다. 다수가 소수에게, 지배자가 피지배자에게, 어른이 어린이에게 낙인을 찍고, 남자가 여자에게 낙인을 찍는다. 그러한 낙인이 성공적으로 이루어지면 일탈이 되고, 일탈자가 된다.

그러므로 사회의 세력관계가 변화하면, 일탈의 내용도 달라진다는 것이다. 이러한 관점에서 낙인이론가들은 일탈자로 취급을 받는 사람들은 사회세력관계의 희생자들이라고 말한다.

그러나 사회의 세력관계가 완전히 평등하다고 하더라도 일탈자가 없으리라는 보장은 없기 때문에, 일탈자를 사회세력의 희생자라고만 말하기에는 무리가 있을 것이다.

제 5 절 사회통제

사회통제(social control)란 사람들로 하여금 규범에 대한 동조를 증가시키고, 일탈을 억제하기 위해 사람들을 가르치고, 설득하고, 강제하는 계획적 혹은 비계획적인 노력을 말한다.

사회집단이 유지되기 위해서는 그 사회의 성원들이 거의 항상 예측할 수 있는 방식으로 행동하는 것이 중요하기 때문에 동조에 대해서는 보상을 주고, 일탈에 대해서는 제재를 가하는 것이 사회생활의 중요한 한 국면이다.

Ⅰ. 사회통제의 방식

사회통제(social control)는 비공식적(informal)으로 이루어지거나 공식적

17) Becker, H. S. 및 Lemert, Edwin M., 1967 참조.

(formal)으로 이루어진다. **비공식적 통제**는 '중요한 타인'이 행위자의 어떤 행위에 대해 찬성을 하거나 불찬성을 하는 표현이 포함된다. 중요한 타인이 나타내는 찬성 · 불찬성의 표현은 행위자로 하여금 규범을 내면화시키는 하나의 관건이다.

규범의 내면화를 통해 사람의 마음에 양심이 심어지면, 이 양심은 가장 효과적이고도 가장 비용이 적게 드는 사회통제의 기제가 된다. 그러나 사람이 어떠한 시간과 장소에서도 항상 규범으로부터 벗어나지 않는 행동을 할 수 있을 만큼 자기 통제를 철저히 하기는 어렵다. 사람이 자기 통제를 벗어나려고 할 때, 중요한 타인이 눈짓을 한다든가, 얼굴을 붉힌다든가, 응시한다든가 하는 비공식적인 단서를 제공하게 되면, 그 사람은 자기 통제로 되돌아오게 된다. 중요한 타인의 사랑이나 승인을 잃게 되지 않을까 하는 두려움은 더 이상의 일탈을 막아 주기에 충분하다.

비공식적 제재가 실패하였을 때 사회통제의 공식적 기관들에 의한 **공식적 통제**가 이루어진다. 통제를 위한 공식적 기관들은 규범을 준수시킬 임무를 띠고 있는 사람 또는 조직체로서, 예컨대 정신과의사 · 사회사업가, 때로는 성직자 · 경찰 · 검찰 · 법원 등이 이에 속한다. 이들 공식기관들은 각종의 보상과 처벌을 통해 일탈을 감소시키고, 동조를 강화하기 위해 노력한다.

사회통제의 마지막 수단으로는 어떤 사람의 행동이 도저히 예측할 수도 용납할 수도 없어서 사회질서를 위협할 때는 그를 사회로부터 추방하는 것이다. 그런 사람을 감금하는 이외에는 다른 방법으로는 통제할 길이 없을 때, 일반인들의 생활을 보호하기 위해 감옥이나 정신병원 등에 격리시키게 된다. 규범의 위반자를 처벌함으로써 용납될 수 있는 행동의 한계가 어디인가가 명백해진다.

모든 사회가 공식적 통제를 실시하고 있지만, 앞서 말한 바와 같이 용납될 수 있는 행동의 범위와 또한 일탈에 대한 처벌의 강도는 서로 다르다. 커리(Currie)는 공식적 통제의 유형을 두 가지로 분류하는데, 하나는 탄압적 통제(repressive control)이고, 다른 하나는 억제적 통제(restrained control)이다. **탄압적 통제**는 사회통제의 기관들이 비상한 권력을 갖고, 광범위하게 규정해 놓은 금지된 행위를 적발하고, 또한 제재를 가하는 방식이다.[18)]

18) Currie, Elliott, P., 1968 참조.

탄압적 통제의 실례로는 주민들을 거주지방의 경계를 넘지 못하도록, 이동의 자유를 박탈하고 있는 일부 잔존 공산국가의 정책이나, 아시아·아프리카·남아메리카의 독재국가들이 실시하는 비밀경찰활동을 들 수 있다.

이와는 대조적으로 억제적 통제는 통제기관들에 의한 개인의 사생활침해를 제한하고, 규범에 대한 동조의 범위(관용한계)를 매우 폭넓게 잡아 웬만한 행동은 통제의 대상이 되지 않도록 하는 방식으로서, 예컨대 스웨덴·미국 등의 공식적 통제방법이 이에 속한다.

Ⅱ. 사회통제의 기능과 역기능

일탈이 원칙적으로 사회에 대해 역기능적이라면, 사회통제는 원칙적으로 사회를 위해 기능적이다. 만약에 규범을 강화하고 일탈을 방지하려는 사회통제가 없다면, 살인·폭행·절도·강도 등 각종 범죄로부터 사회를 보호할 수가 없을 것이다. 비단 범죄로부터의 사회보호뿐만 아니라, 규범의 준수는 인간의 행위에 대한 예측성을 높이는 것이기 때문에 인간이 좀더 안심하고 좀더 편하게 사회생활을 할 수 있게 된다.

그러나 사회통제는 역기능을 갖기도 한다. 그 역기능을 몇 가지의 항목으로 나누어 소개하면 아래와 같다.

첫째, 통제는 변화를 억압한다. 원래 규범은 기존의 사회질서를 기초로 하여 그것을 옹호하는 내용으로 구성되기 때문에, 변화를 모색하는 새로운 사상이나 새로운 행동은 일탈로 간주되기가 쉽다. 때문에 통제는 사회의 발전에 상응하는 변화까지를 억압함으로써 모순을 잠재시키게 되고, 이것이 누적되어 일정한 시점에 도달하게 되면 폭발적인 방법으로 변화가 초래되어 오히려 통제의 기능을 상실케 만든다. 다시 말해 통제는 순조로운 변화를 방해하는 역기능을 갖는다.

둘째, 통제는 일탈을 창출할 수 있다. 만약에 어떤 행동에 대해 통제를 가하지 않고 내버려 두었으면 동조로 간주될 수도 있는 것을 통제를 가함으로써 일탈이 되어 버린다. 예컨대 남자의 장발을 단속한다고 하면, 장발의 남자들이 졸지에 일탈자가 되어 버리는 것이다.

가령 어떤 정부가 사회의 기강을 세운다는 목적 아래 규범을 엄격히 하여 관용한계를 좁게 설정을 하게 되면, 그 범위를 벗어나는 행동은 모두가 일탈이 되어 버리기 때문에 도리어 대량의 일탈자를 창출하는 결과를 낳는다. 그러므로 사회통제정책에 있어서 관용한계를 어디까지로 할 것인가를 결정하는 것은 매우 중요하다.

셋째, 통제는 사회의 불평등을 구체화시킨다. 일탈자의 전부는 아니라고 하더라도 상당부분의 일탈자는 사회적 구조의 피해자들이거나 소외계층에 속하는 사람들이다. 이러한 일탈자들이 통제에 의해 처벌을 받게 되면, 그 처벌로 인해 그들은 더욱 불리한 입장에 빠지게 됨으로써 사회적 불평등이 구체화된다.

넷째, 통제가 정치적 수단으로 이용될 때는 인권의 유린과 사회기강의 붕괴를 가져온다. 공식적인 통제는 대부분이 정부의 통제기관에 의해 수행되기 때문에, 정부를 장악한 권력집단이 그들의 '사적인' 이익을 위해 통제기관을 이용하여 정치적 경쟁자를 탄압하는 등 편파적인 통제를 실시하는 경우도 있다. 이러한 경우에는 공정성이라는 보편적 규범이 파괴될 뿐만 아니라, 통제행위 자체가 대규모의 횡포로 변질하기 때문에 피치자는 정부의 통제행위를 불신하게 된다. 그 결과는 사회적 일탈을 억제할 수 있는 사회적 통제의 기제(機制)가 실종되어 버리는 현상을 빚어 일탈을 더욱 증폭시키게 된다.

제10장

집합행동

제10장

집합행동

제 1 절 집합행동이란?

집합행동(collective behavior)은 다중이 일으키는 행동이라는 점이 기본적인 특색이다. 그러나 공식적 조직체의 종업원들이 업무를 수행하는 것과 같이 조직적 · 체계적인 다중의 행동을 의미하는 것은 결코 아니다. 집합행동이란 예컨대 유명 배우의 귀경(歸京)에 때맞추어 10대 소녀들이 공항에 모여 들어 "오빠!" "오빠!"를 외치는 행동이라든지, 운동경기를 관람하던 사람들이 경기의 결과에 불만에서였든지 병과 돌멩이를 던지고 거리로까지 무리를 지어 나와 난폭한 행동을 하는 따위를 의미한다.

집합행동의 범주에 포함되는 다중의 행동유형이 매우 다양하고 또한 광범하기 때문에 집합행동을 명쾌하게 정의하기는 쉽지 않으나, 대체로 정의를 하면 **집합행동**이란 '비교적' 불특정다수인이 비조직적 · 비체계적으로 어떤 원인이나 계기에 의해서 '비교적' 우발적으로 일으키는 행동을 의미한다.

Ⅰ. 집합행동의 유형

사회학에서 집합행동에 포함시키는 유형으로는 대중히스테리 · 공황(panics) · 루머 · 폭동 · 여론 · 유행 · 데모 · 개혁운동 · 혁명 등이다. 이 가운데서 앞쪽에 열거된 것일수록 더욱 비조직적 · 비체계적인 집합행동이고, 뒷쪽으로 열거된 것일수록 좀더 체계적이고 조직적이며 사전계획적인 요소가 더 많이 내포되어 있는 유형들이다.

어디서 어디까지가 '우발적'이고 어디서부터가 '계획적'이냐를 명확히 구분하기는 어렵지만, '우발성-계획성'의 정도에 따라 집합행동은 크게 세 가지 유형으로 구분될 수 있을 것이다. 즉 우발성의 정도가 가장 높은 것을 군중행동(crowd behavior)으로, 그 다음 중간수준의 것을 공중행동(public behavior)으로, 그리고 계획성의 정도가 좀더 높은 것을 사회운동(social movement)으로 구분하고자 한다.

이러한 구분에 따라 대중히스테리·공황·루머·폭동은 우발성이 가장 높은 행동이기 때문에 군중행동의 범주로 취급하고, 여론과 유행은 우발성-계획성의 정도가 중간수준이며, 또한 '공중'의 성격을 지닌 다중에 의해 일어나는 행동이기 때문에 공중행동의 범주로 취급하며, 데모와 개혁운동 및 혁명은 사전계획적·체계적인 요소가 크기 때문에 이들은 사회운동의 범주로 취급하고자 한다.

제 2 절 군중행동

군중행동은 군중(crowd)이 전제가 되어서 일어나는 행동이다. **군중**(crowd)이란 공동의 대상이나 공동의 관심을 갖고 있는 일시적으로 모딘 불특정다수인을 말한다. 군중행동이 일어나기 위해서는 이러한 군중이 있어야 한다는 말이다. 그러므로 군중행동을 논의하기 위해서는 우선 군중이 무엇이며, 군중의 유형은 어떠한가부터 이야기를 할 필요가 있다.

I. 군중의 유형

군중이란 불특정다수인의 일시적 모임이라는 동일한 성격을 지니지만 그들이 모이게 된 동기와 관심에 따라 군중의 성격이 조금씩 달라지는데, 블루머(Herbert Blumer)는 그것을 우연적 군중(casual crowd)·인습적 군중(conventional crowd)·표현적 군중(expressive crowd)·능동적 군중(acting crowd) 등 네 가지 유형으로 나눈다.[1)]

첫째, **우연적 군중**은 호기심 때문에 일시적으로 모인 군중을 말한다. 교통사고현장이라든가, 화재현장에 모여든 군중이 여기에 속한다. 금방 모였다가 금방 헤어지는 것이 특징이며, 감정의 개입은 매우 낮고, 행동하고 싶은 생각

1) Blumer, Herbert, 1960 참조.

은 거의 없다.

둘째, **인습적 군중**은 행동의 어떠한 방식이 바람직한가를 의식하고 있는 군중이다. 극장의 관중이라든가, 운동경기의 관람자가 이에 속한다. 정숙허다든가, 또는 박수를 친다든가 하는 행동의 양식이 문화적 규정에 의해 구조화되어 있다.

셋째, **표현적 군중**은 자유롭게 자신들을 표현할 수 있는 군중이다. 그들은 신체적 활동을 통해 그들의 감정과 긴장을 발산시킬 수 있다고 생각되는 행동을 추구할 수 있다. 그 발산은 웃거나, 울거나, 뛰거나, 춤을 추는 방법으로 이루어진다. 이러한 행동은 어떤 종파의 '신성무용'이나 록 콘서트의 모임 등에서 찾아볼 수 있다.

넷째, **능동적 군중**은 어떤 관심을 끄는 사건에 자극을 받아 자신들이 무엇을 해야 한다는 목적의식은 없으면서도 여러 사람이 서서히 모여들어(milling) 이루어지는 군중이다. 예컨대 아파트단지에서 전날 밤에 큰 강도사건이 발생했다든지, 예고나 설명 없이 단수(斷水)가 장시간 계속된다든지 할 때 모여든 군중이 여기에 속한다.

위에서 네 가지 군중의 유형을 말했는데, 일단 어느 유형의 군중이든 군중이 형성되면 어떤 조건과 계기가 주어졌을 때 군중들은 행동으로 옮아가는데, 이것이 군중행동이다. 네 가지 유형 가운데서 능동적 군중이 가장 행동으로 옮아가기가 쉬우나, 다른 유형의 군중들도 조건과 계기가 충분하기만 하면 행동을 일으킨다. 다시 말하면 군중행동은 군중을 이룬 개인들로서는 예기치 못한 가운데 우발적으로 만들어 낸 행동이지만, 그러한 행동의 발생은 우연이 아니라는 말이다. 다시 말해 군중행동이 일어날 수 있는 필요하고도 충분한 조건과 계기가 있었기 때문에 군중행동이 발생하게 된 것이다. 그러면 군중행동을 가능케 하는 조건과 계기는 어떠한 것인가?

Ⅱ. 군중행동의 조건과 계기

군중행동이 일어날 수 있기 위해서는 다음과 같은 조건과 계기가 있어야 한다.

첫째, 상황의 부조리가 전제되어야 한다. 차별대우 · 억압 · 가난 · 단조로움

등과 같은 환경으로 말미암아 사회적 불만이나 좌절이 깔려 있어야 한다. 스멜즈(Neil Smelser, 1963)는 이것을 '구조적 긴장'(structural strain)이라는 말로 표현하기도 한다.[2)]

둘째, 상황의 부조리에 대한 공감과 그에 대한 분노나 스트레스의 감정이 군중들 가운데 확산되어 있어야 한다.

그러나 상황의 부조리나 분노, 긴장의 감정이 군중들 사이에 확산되어 있다고 해서 이것만으로 군중이 행동으로 옮아가는 것은 아니다.

셋째, 촉발요인이 있어야 한다. 비명이라든가, 선동 · 싸움 · 체포 · 폭발 · 발포와 같은 도발적 사건이 촉발요인이 될 수 있다.

그러나 첫째, 둘째에 덧붙여 셋째의 촉발요인까지 있었다고 하더라도 아직은 군중이 반드시 행동으로 옮아가지 않는다.

넷째, 감정적인 전염과 암시성이 순간적으로 군중 가운데 순환해야 한다. 촉발요인으로 말미암아 "나가자!," "뛰어라!"든가 하는 정서가 순간적으로 전염(contagion)되어 군중의 구성원들이 서로 자극 - 반응함으로써 그러한 정서의 강도가 갑자기 증가하고, 또한 무언가 해야 한다는 암시성(suggestibility)이 순간적으로 돌아 자극에 대해 무비판적으로 반응하게 됨으로써 행동이 터져나온다.[3)]

Ⅲ. 군중행동의 특징

군중행동은 조직적인 체계에 의한 행동이나 일상적인 개인적 행동과는 확연히 구별되는 특징을 가지는데, 군중행동은 매우 비이기적이고 난폭하며 비이상적인 것이 특징이다. 일단 군중행동에 돌입한 참가자들은 자신에게 닥칠지도 모르는 신체적 위험이나 물질적 손실에 대해 대범하고, 동시에 공격대상에 대해 난폭하며, 사리분별 없이 행동을 한다.

왜 군중행동이 비이기적이고 난폭하며, 비이성적이라는 특징을 갖는가에 대해서는 프랑스의 사상가 구스타브 르봉(Gustave LeBon)이 잘 설명해 주고 있다. 르봉은 사람들이 일단 군중 속에 포함되면, 개인의 마음에 의해서가 아니라 군중의 마음(collective mind)에 의해서 행동하게 된다고 한다. 군중의 정서

2) Smelser, Neil J., 1963, p. 17.
3) Turner, Ralph, 1964 참조.

적 전염성은 참가자들의 교육과 문화의 차이를 없애버림으로써 군중 속의 개인은 야만인이 된다는 것이다. 왜냐하면 군중 속에서는 개인의 익명성이 유지됨으로써 자기가 하는 행동은 그 책임이 자신에게 있는 것이 아니라, 군중의 책임으로 돌아가기 때문에 평소에 인습과 문화적 제재에 의해 억제되었던 본능적 공격성이 유감 없이 발휘된다는 것이다.

또한 르봉에 따르면 인간은 막강한 힘에 대해서는 달콤한 감상(sentiment toward invincible power)을 갖는 경향이 있는데, 개인이 군중 속에 있을 때는 군중이 뿜어 내는 막강한 힘에 대해 쾌감과 애착을 느끼게 됨으로써 그 군중을 떠나고 싶지가 않은 것이며, 군중이 움직이는 대로 자신을 내맡기게 된다. 그래서 자신에 대한 염려를 망각할 뿐 아니라, 분별력도 상실하여 비이기적·비이성적 행동을 하게 된다는 것이다.[4]

여기에 덧붙여 랄프 터너(Ralph Turner)는 군중행동이 한 동안 진행되면, 군중이 언제까지나 우발적인 행동의 주체로 남아 있는 것이 아니라 군중 가운데 상황을 정의하고, 행동을 규율하는 규범이 생겨나며, 행동에 대한 합리화와 행동방식에 대한 합의가 이루어진다고 주장한다.[5]

제 3 절 군중행동의 유형

군중행동에 해당하는 유형들로는 대중히스테리·공황·루머·폭동 등이 있다. 이들은 극히 우발적이고 또한 지속시간이 짧고, 표현적이며 분명한 목적이 없다는 것이 공통적인 성격이다.

Ⅰ. 대중히스테리

대중히스테리(mass hysteria)는 다중에 의한 감정의 폭발을 의미하는데, 대개 권태로운 환경의 압박(stress)에 그 원인이 있는 것으로 알려지고 있다. 17세기에 미국 뉴잉글랜드의 10대 여학생들이 자신들이 마녀에게 사로잡혀 있다고

4) LeBon, Gustave, 1986 참조.
5) Turner, Ralph, 1964 참조.

떠들자, 그 학교의 수백 명 남녀학생들이 마녀로 알려진 늙은 독신녀의 집으로 쳐들어가 그녀를 불태워 죽인 일이 있다. 일반적으로 집단히스테리의 표적이 되는 사람은 아무나 마구잡이로 되는 것이 아니라, 사회에서 잘 용납되지 않으면서 사회적으로 무력한 사람들이다.

오늘날에는 집단히스테리는 권태에 빠진 학생들이나 지겨운 단순노동에 종사하는 소외된 부인들에 의해 '비합리적' 행동이 용인되는 분위기에서 종종 일어나는데, 그들은 히스테리의 발작을 통해 기분전환을 하고, 그들의 일에 다시 열중하는 경향을 보인다.[6]

Ⅱ. 공 황

공황(panics)은 갑작스런 공포에 사로잡힘으로써 일어나는 행동을 말한다. 사람들이 불타는 건물이나 침몰하는 배에 갇혀 있을 때와 같은 경우에 공황이 일어난다. 공황은 현장의 한 사람이 공포에 사로잡히면, 급속히 공포의 이미지가 다른 사람에게 전달됨으로써 발행한다. 이러한 경우에는 서로 가까이 있다는 근접성(proximity)이 감정적 전염에 영향을 미친다.

실제의 공포와 불안이 다른 계기에 의해 전이됨으로써 공황이 일어날 수도 있다. 그 고전적인 예로서 1938년 뉴욕과 뉴저지 지방에서 수백만 명의 시민들이 외계로부터 화성인이 침입해 왔다고 믿고 도망을 친 대규모의 공황이 일어난 적이 있다. 그 공황은 한 방송국이 기획한 "우주전쟁"(The War of the Worlds)이라는 과학공상 프로그램에서, 아나운서였던 오슨 웰슨(Oson Welson : 나중에 영화감독 및 배우가 됨)이 '화성인과 미국군대와의 전투'를 마치 전투현장의 실황중계를 하듯이 묘사함으로써 비롯되었다. 그것이 과학공상 프로그램이라는 것을 번연히 알면서도 시민들은 공황에 빠져 집을 뛰쳐나갔는데, 해석자들은 당시 경제공황(depression)과 독일에서의 나치스출현 등으로 시민들이 갖고 있던 공포와 불안이 전이되어 폭발한 것으로 보고 있다.[7]

---

6) Smelser, Neil J., 1963 참조.
7) Smelser, ibid., p. 84.

Ⅲ. 루 머

루머는 익명의 출처에서 나온 확인되지 않은 정보가 사람과 사람을 통해서 신속히 전파되는 현상을 말한다. 루머는 사람들의 상호 작용에 의존하는 집단의 산물이다. 어떤 루머는 의도적으로 심어지는 경우도 있지만, 대부분은 기존의 불안과 편견을 강화하는 방향으로 정상적인 커뮤니케이션이 무의식적으로 왜곡된 것이다.

루머에 대한 알포트 교수와 포스트만 교수(Allport and Postman)의 분석에 따르면 루머는 전파되는 과정에서 세 가지 성격을 갖는 내용으로 변질되는데, 첫째는 쉽게 이해될 수 있도록 내용이 간결(leveling)해지고, 둘째는 내용에 담긴 구체적 사실이 한두 가지로 축약(sharpenning)되며, 셋째는 루머를 듣고 전하는 사람의 일반적 정서에 부합(assimilation)되는 내용으로 바뀐다.[8]

Ⅳ. 폭 동

폭동(riot)은 폭도(mob) 에 의해 일어나는 군중행동이다. 폭도는 폭력을 행사하고 싶은 감정에 가득찬 군중을 말한다. 이 감정은 일반적으로 하나의 표적에 집중된다. 선동가는 폭도의 행동에 방향을 제시하고, 폭도의 행동을 강화시킨다. 폭도들이 공격적·파괴적 행동을 하게 되면 폭동이 된다. 좋은 예로서는 20 세기 초 미국에서 린치를 일삼던 폭도들인데, 1천8백 명의 흑인들과 2 백 명의 백인들이 린치를 당하였다.

1960년대에 미국에서 일어났던 인종폭동들은 재산을 약탈·파괴하는 쪽이었으며, 다른 한편 1919년 시카고에서 일어난 인종폭동은 사람에 대해서 폭행을 가하는 쪽이었는데, 흑인과 백인 부락의 구성원들이 서로 살상하였다. 폭동은 또한 아이레의 가톨릭교도와 기독교도 사이에서 일어나는 사례처럼 종교적인 성격에 기인한 것도 있다.

8) Allport, G. W. and L.. J. Postmand, 1965 참조.

제 4 절 공중행동과 그 유형

공중에 의해 일어나는 행동을 공중행동(public behavior)이라고 한다. 공중(public)이란 같은 시간에 같은 장소에 모여 있지는 않지만, 공통의 이슈에 대해 비슷한 반응을 보이는 다수의 사람을 말한다. 공통의 이슈는 주로 정치적 사건이라든가, 사회적인 문제, 지도자의 사생활, 영화나 TV의 공연물, 의복, 장신구 등과 같이 여러 사람의 관심을 끌어 입에 오르내리게 된 것들이 된다.

그러므로 이슈가 없으면 공중도 없다. 또한 각 이슈는 각각의 공중을 가진다. 복잡한 사회에서는 많은 이슈가 있기 때문에 많은 공중들이 있다. 어떤 공중은 예컨대 주한미군의 유지 또는 철수에 주요 관심을 두고 있고, 다른 어떤 공중은 부동산시세에 주요한 관심을 두고 있다.

공중은 한 자리에 모여 있는 것이 아니기 때문에 공중의 구성원들은 이슈들에 대해 미디어를 통해 의견을 나누거나 토의를 한다.

공중행동의 대표적인 유형은 여론과 유행이다.

Ⅰ. 여 론

"일반적으로 중요한" 어떤 이슈에 관련하여 공중의 구성원들이 의견을 어느 한 방향으로 형성하거나 어떤 태도를 갖게 되면, 이것이 여론(public opinion)이다.[9] 가치체계가 복잡한 도시사회에서는 여론이 중요한데, 여론에 큰 영향을 미칠 수 있는 사람들은 상당한 정도로 사회를 지배할 수 있기 때문이다.

그러면 여론은 어떻게 형성되는가? 여론을 조작하는 수단을 모르고서는 복잡한 도시사회가 어떻게 움직이는가를 이해할 수 없을 것이다. 여론의 형성과 통제는 우연에 맡겨져 있는 것만은 아니다. 여론의 형성과 통제는 정보통제에 영향을 받는다. 정보의 통제는 발생하고 있는 문제들에 대해 해석을 내리거나, 또는 어떤 공중 가운데 이미 형성되어 있는 경향에 호소를 하는 등의 방식에 의한다.

여론은 상당한 정도로는 선전(propaganda)에 의해 내용이 정해진다. 선전이

9) Hennessey, Bernard, 1975, p. 5.

란 의도적으로 커뮤니케이션을 이용하여 개인들로 하여금 어떤 생각과 행동을 더 좋아하도록 개인들을 설득하는 것을 말하는바, 따라서 선전에 의해 현안문제가 조작·해석될 여지가 많다.

여론의 형성과 통제를 위한 기술은 일찍부터 개발되어 왔는데, 리(Lee and Lee) 부부 교수가 지적한 선전기술의 항목을 보면 다음과 같다.[10)]

> 첫째, **이름짓기**(name-calling)　　사람들로 하여금 실상을 알아보지도 않고 어떤 아이디어에 대해 혐오감이나 또는 호감을 갖도록 하기 위해 그 아이디어에 대해서 나쁜 이름을 붙이거나 좋은 이름을 붙인다.
>
> 둘째, **전 이**(transfer)　　어떤 아이디어를 존경 혹은 혐오를 받는 사람이나 또는 이미지나 상징에 결부시킴으로써 사람들로 하여금 그 아이디어 자체의 본질과는 상관 없이 그 아이디어를 받아들이거나 거부하도록 한다.
>
> 셋째, **추 천**(testmonial)　　사랑받거나 혹은 미움을 받는 사람을 내세워서 어떤 아이디어에 대해 지지 또는 비난하게 한다.
>
> 넷째, **민 의**(plain folks)　　'국민들이' 지지하기 때문에 그 아이디어는 좋은 것이라고 공중을 설득한다.
>
> 다섯째, **과 시**(cardstacking)　　힘들여서 선택한 것인 양 보이게 함으로써 지지를 얻으려고 한다.
>
> 여섯째, **동 참**(band wagon)　　"모든 사람이 그렇게 하고 있다"고 떠듦으로써 당신도 거기에 뛰어들지 않으면 안 된다는 식으로 유도한다(1939).

셰퍼(Richard T. Schaefer) 교수는, 산업사회에서는 일방적인 대중매체와 대중교육으로 인해서 공중이 대중에 대체되어 공중이 점점 사라지고 개인은 군중속의 고독한 존재로 되어갔으나, 정보사회로 이행하면서 공중이 다시 살아나기 시작하였다고 주장한다. 정보사회의 사람들은 발달된 컴퓨터 매체를 이용하여 비슷한 생각을 가진 사람들끼리 공중을 다시 형성하고 있으며, 각각의 공중들이 만들어 내는 여론은 다른 어느 시기보다도 강력해지고 있다고 지적한다.[11)]

---

10) Lee, A. M. C. and B. E. Lee, 1939 참조.
11) Schaefer, Richard T., 2009, pp. 409-419 참조.

Ⅱ. 유 행

유행(fashion)은 동일한 유형의 몸차림새가 여러 사람에게 전파되는 현상을 말한다. 유행은 여론에 비해 지속성이 크다. 유행은 유행을 만드는 사람에 의해 주도되는 경우가 많은데, 그들은 무엇을 만들 것인가를 결정하고, 영향의 망(network of influence)을 통하여 메시지를 전달한다. 영향의 방향은 '디자이너'가 만든 옷을 복사해 좀더 싸게 만드는 것과 같이 하향식일 수도 있고, 거꾸로 캐주얼 의복처럼 상향식일 수도 있다.

옷과 장신구는 한 사람의 사회적 지위를 나타내 주는 일종의 정보이다. 세습적 귀족제도가 없는 사회에서는 사회적 지위가 높다는 것을 나타내기 위해서는 낮은 신분과는 구별이 되는 몸차림이 필요하였기 때문에 사람들은 상류층의 몸차림을 쫓게 되어 유행이 형성된다. 신분의 차이가 차림새의 차이 없이도 분명히 나타나는 카스트제도의 나라에서는 유행이 일어나지 않는다.[12)]

거꾸로 대량다종생산에 의해 많은 사람들이 파카나 간편한 캐주얼 의복을 사용하게 되어 계층의 실질적 차이가 가리워지게 되면, 상류층도 그 의복을 채용하게 되어 상향식의 유행이 이루어진다. 이러할 때 상류층은 다른 방법, 예컨대 주택의 규모·자동차 등으로 그들의 신분을 나타내고자 한다.

제 5 절 사회운동

사회운동은 집합행동 가운데서도 "사회나 어떤 집단의 변화를 가져오거나 혹은 변화에 저항하기 위해 상당한 지속성을 갖고 비교적 조직적·체계적으로 이루어지는 다중에 의한 운동이다".[13)] 과거의 사회운동은 군중의 우연적인 행동에 그 연원을 두고 있는 경우가 많았으나 정보사회에서의 사회운동은 계획적인 전략으로서 컴퓨터 매체를 통해 동원되는 경우가 많으며, 표출로서는 흔히 군중행동을 수반한다.[14)]

12) Rubinstein, Ruth, 1986 참조.
13) Turner, Ralph. and L. M. Killian, 1987, p. 7.
14) Schaefer, Richard T., 2009, p. 403.

사회운동은 어떤 목적의식을 갖고 행동을 하는 것이기 때문에, 산업화나 도시화 따위와 같이 사회과정의 복합적 결과인 '사회적 추세'나 장기간에 걸쳐 사회생활 전반에 변화가 약간씩 일어나는 '문화의 흐름'(cultural drifts)과는 구별된다. 사회운동은 사회적 추세나 문화의 흐름보다는 좀더 조직적 · 한정적이다. 여성을 위한 기회의 평등을 지향하는 장기적인 발전은 '추세'라고도 말할 수 있겠으나, 우리가 말하는 사회운동은 여러 집단과 조직체들이 여성의 권리를 위해 싸움에 참여할 때 이것을 말한다.

Ⅰ. 사회운동의 발생조건

사회운동은 우연히 일어나는 것이 아니라, 사회운동이 발생할 만한 사회적 조건이 전제된다. 스타크데일(Stockdale)은 사회운동이 일어날 수 있는 사회적 조건들로서 사회적 불만, 구조적 봉쇄, 구성원 상호간의 접촉, 운동효과에 대한 기대, 운동의 이데올로기 등을 들고 있다.[15)]

첫째, 사회적 운동은 현재의 생활에 대한 사회적 불만(social discontent)과 새로운 체제의 생활이 가능할 것이라는 바람과 희망이 있을 때 배태된다.

둘째, 사람들이 그들의 환경을 개선하기 위하여 노력했음에도 그것이 구조적으로 봉쇄(structural blockade)될 때 사회운동이 일어난다. 예컨대 환경을 개선하기 위해 노력함에도 불구하고 복지 · 고용 · 주택 등에 걸쳐서 편견과 차별로 그 노력이 봉쇄되는 경우가 이에 해당한다.

셋째, 불만집단의 구성원들의 접촉(contact)이 사회운동을 일으키는 전제가 된다. 구성원들에 의한 집단적 저항은 그들의 '상당한 숫자'가 빈번히 접촉할 때에 일어난다. 정보사회에서는 접촉이 주로 사이버 공간에서 이루어진다.

넷째, 불만자들이 제안하는 행동이 그들의 불만을 해소시키는 데에 효과가 있을 것이라는 기대가 있어야 사회운동이 일어난다.

다섯째, 제안된 행동을 지지하고 정당화시켜 주는 가치 및 신념체계로서의 이데올로기가 사회운동의 전제가 된다.

위에서 말한 다섯 가지 사회적 조건들이 전제되어 있을 때는 사회운동이 거의 필연적으로 발생하게 된다.

15) Stockdale, J. D., 1970 참조.

Ⅱ. 사회운동의 성장과정

사회운동은 일반적으로 말해서 네 가지의 단계를 거쳐서 성장·발전하는데, 이에는 초동단계·대중단계·공식화단계·제도화단계가 그것이다.[16)]

첫번째의 **초동단계**(preliminary stage)에서는 사회적·문화적 상황에 대해 많은 사람들 가운데서 불만이 성장한다. 사회적 불평등이나 좌절 등에 기초를 둔 사람들의 불만과 불안은 사회운동을 태동시키는 필연적 요소가 된다. 그러나 불만과 불안이 있다고 해서 항상 사회운동을 결과시키는 것은 아니다.

두 번째의 **대중단계**(popular stage)에서는 사람들이 남들도 자기들과 마찬가지로 어떤 문제에 대해 불만을 갖고 있다는 것을 깨닫게 되고, 불만의 원천이 되는 조건들에 관심이 모아지며, 그러한 부정적인 조건을 제거하기 위해서는 무언가를 해야 한다는 감정을 키운다. 이 단계에서 개혁을 주장하는 지도자가 출현한다. 지도자는 운동의 이데올로기를 간략하게 정리하고, 추종자들의 관심을 문제에 집중시키며, 계획과 해결방법을 발전시킨다.

세 번째의 **공식화단계**(formal stage)에서는 운동의 구성원들이 공식화되며, 운동의 방향과 목표가 설정된다. 이데올로기가 추가적으로 개발되며, 공식적인 조직의 구조가 생긴다. 이 구조는 지도부와 간부 및 역할분담부서가 나뉘어진 위계체계이다.

네 번째의 **제도화단계**(institutional stage)는 운동이 성공하여 운동의 목표들이 사회에 의해 수용된 때를 말한다. 사회운동은 사회의 일부분이 되고, 운동의 계획과 목표들이 제도화된다. 이 네 번째의 단계에 도달하기까지에는 시간이 걸리는데, 운동의 목표가 복잡하게 얽혀 있을수록 시간이 더 걸리며, 운동의목표가 간단할수록 더 빨리 수용된다.

Ⅲ. 사회운동에 대한 통제

사회운동은 그것이 시작되고 수행되었다고 해서 반드시 성공을 거두는 것은 아니다. 사회운동의 성공 여부는 세력집단들이 그것을 지지하느냐, 반대하느냐, 다른 사회·경제적 여건들이 운동의 전개에 유리하게 작용하느냐 혹은

16) Hopper, R. D., 1950 참조.

불리하게 작용하느냐 하는 등의 외부적인 조건에도 크게 좌우된다.

사회운동에 대해서는 그러한 외부적 조건과 관련을 가지면서 직접적이고도 의도적인 통제가 또한 가해진다. 사회운동이 사회적·문화적 변화를 촉구 또는 저항하는 데 목적을 두고 있으므로 그러한 운동의 목표에 반대하는 대응적 세력이 나타나 통제를 가하게 되는데, 사회운동은 그러한 대응적 세력의 통제를 극복하지 못할 때 그 사회운동은 힘을 잃게 된다.

대응적 세력들은 사회운동을 통제하기 위해 대개 억압과 흡수라는 두 가지 전략을 사용한다. 운동을 억압(repression)하기 위해 반대여론조성, 자금차단, 수사, 악평유포, 투옥, 궁극적으로는 무력까지를 포함한 모든 수단을 사용한다.

흡수(cooptation)는 운동의 참가자들을 기존의 세력구조 속으로 끌어들이는 것을 말한다. 여기에는 설득, 협박, 자리제공, 매수 등의 수단이 따른다.

이러한 **대응운동**(countermovement)은 일반인들로부터 호응을 얻기도 한다. 대응조치에 호응을 하는 사람들은 자신의 사회적 지위에 대한 불만이나 불안이 상대적으로 적거나, 자신들은 현재의 지위를 누릴 자격이 있다고 믿는 사람들이다. 자신의 사회적 지위에 대한 '만족'이라는 요소 이외에 그의 가치관 및 태도가 또한 중요한 요소가 된다. 운동에 반대하는 사람들은 동조, 자기 억제, 권위에 대한 복종, 남녀유별, 깊은 종교심, 군사적 내셔날리즘을 중요시하는 가치관과 태도를 가지고 있다.[17]

대응운동에 가담하는 사람들은 자신들이 '운동반대자'로서 인식되는 것을 피하기 위하여 운동에 대한 직접적인 반대의 기치를 들기보다는 다른 명분을 앞세운다. 예컨대 그들은 자신들을 안정이 가장 중요하다고 믿는 '안정지지자'라고 정의함으로써 사회운동가들을 '안정파괴자'로 시사한다. 이들 '안정지지자'들은 안정에 이익기반을 두고 있는 여러 이익단체들과 서로 느슨한 제휴관계를 형성하면서 운동에 저항하는 분위기를 조성한다.

운동과 대응운동의 통제 사이에서는 교전을 통해 서로가 얻기도 하고 잃기도 하며, 또한 대부분은 종말 없는 미제(未濟)로서 진행이 된다. 이 교전에는 독특한 역사와 특수한 문제들과 강점과 약점과 승리와 비극이 있다. 사회운동은 시간의 인질로서 역사가 항상 다시 쓰여지듯이 사회운동들도 재조명되

17) Lucker, Kristin, 1984, p. 84-5.

고 재해석된다. 예기치 못한 결과가 발생할 수도 있고, 전투에서는 이기고도 전쟁에서는 질 수도 있으며, 단기적인 승리가 장기적인 패배와 연결될 수도 있다.

제 6 절 사회운동의 유형

사회운동의 유형으로는 데모·개혁운동·혁명 등이 있다. 이들은 집합행동 가운데에서 가장 체계적이며, 사전계획적인 요소가 강하고 기존 질서에 대한 저항행동이라는 점에서 공통점을 가지지만, 각각의 성격은 그 지속성과 규모 및 강도에 있어서 상당한 차이가 있다.

Ⅰ. 데 모

사회운동의 한 유형으로서 데모는 사전에 계획되고, 산만하게나마 사전에 조직된다. 효과적인 데모가 되기 위해서는 여러 가지 사전준비가 필요하다. 플래카드·전단·확성기 등의 비품이 준비되고, 연설자·선동가·행진지휘자가 선정된다.

데모는 대개 두 가지의 목적을 가지는데, 첫째는 자신들이 내세운 주의·주장이 광범한 지지를 받고 있다는 것을 공중과 정치인들에게 보이려는 것이며, 둘째는 '진정한 신념인들'이 한 자리에 모여 자신들의 결의를 재다짐하려는 것이다.

데모의 조직자는 국회의사당, 특정대학 캠퍼스와 같은 중요 지점을 선정하여 대중집회가 열린다는 것을 사전에 홍보하고, 될수록 많은 사람이 참가하도록 동원에 주력한다. 데모에 있어서는 참가자의 숫자가 데모의 효과를 가름하는 결정적인 요인이 되며, 만약에 예상보다 적은 숫자가 참가하게 되면 그들의 주의·주장이 호응을 얻지 못한 것으로 간주된다.

Ⅱ. 개혁운동

1. 개혁운동

기존 체제 내에서 사회의 일부를 수정하려는 의도를 가지고서 장기에 걸쳐 지속적으로 전개되는 운동이다.

우리 나라에서는 여성단체협의회나 YWCA 등에 의한 여권신장운동, 소비자보호단체들에 의한 소비자보호운동, 또는 사회운동단체들에 의한 민주화·통일운동 등이 이에 해당한다.

개혁운동(reform movement)의 전형적인 예는 1960년 이후 미국에서 전개되기 시작한 흑인민권운동(civil rights movement)이다. 개혁운동의 실례를 보기 위해 흑인민권운동의 전말을 좀더 소개하면 다음과 같다.

2. 흑인민권운동

흑인민권운동은 흑인의 정치적·경제적 환경이 크게 향상되었던 시기인 1950년대 초에 그 형태가 갖춰졌다. 흑인들의 표는 자유주의자나 좌익후보들에게 쏠리기 시작하였고, 흑인커뮤니티는 이제 운동자금을 제공할 형편이 되었으며, 소수이기는 하나 주로 교회를 통한 지도자를 가졌고, 흑인대학에 학생들의 조직도 있었다. 흑인들은 집단적인 저항이 그들의 기회를 확대시킬 수 있을 것이라는 아이디어를 심각하게 고려하기 시작했다.

1955년 로자 팍(Rosa Park)이라는 처녀가 앨라배마주의 몽고메리 시(市)에서 버스의 뒷좌석에 앉기를 거부하는 최초의 저항을 보였는데, 이 저항행동은 사전에 면밀히 계획된 것이었다. 버스운전수가 팍 양(孃)을 경찰에 넘겨 체포케 하자, 흑인지도자들은 몽고메리 시의 모든 버스에 대한 승차와 백인이 경영하는 상점의 이용을 거부했다. 이 사건은 법원이 버스의 좌석분리에 대한 위헌판결을 내리고서야 끝이 났다.

그 후 1950년대 말과 1960년대 초에 걸쳐 지방민권단체에서 훈련을 받은 흑인대학생들이 '백인전용' 식당에 착석하는 저항이 남부 일대에서 전개되었다. 1960년 케네디가 대통령에 당선되자 정치적 분위기가 흑인에게 더욱 유리해졌고, 그 후 린든 존슨 대통령에 의해 전반적인 민권법률이 1960년대 중반에 제정되었다.

이 시기까지 민권지도자들은 대규모의 흑인들과 백인동조자들을 동원할 수 있는 전국적인 연맹을 조직하였다. 교회를 통해 재원이 조달되었다. 전문직의 흑인과 백인동조자들은 법률문제와 조직을 도왔다. 이 시기에 민권운동가들의 상당수가 살해되었고, 또 많은 운동가들이 투옥되었다. 시위의 규모가 점점 커지고, 언론들의 보도가 확대되었으며, 여론의 지지가 점차 높아졌다.

민권운동의 목표는 처음부터 명확하였는데, 그것은 헌법의 보호를 흑인에게도 적용케 한다는 것이었다. 지도자들은 고도의 도덕성에 기초를 두고 비폭력·불복종의 전략을 선택하였다. 탄압자들이 야만적인 수단을 강구할수록 민권운동의 도덕성은 상대적으로 더욱 빛을 발산했다. 민권운동원이 폭력을 사용하는 경우도 있었으나, 이 때에는 본부가 개입하여 지원을 중단함으로써 운동목표의 정통성을 지켰다.

가장 대규모적이고도 평화적이었던 민권대행진이 1963년 워싱턴에서 있었다. "나는 한 가지 꿈을 가지고 있다"는 마르틴 루터 킹(Martin Luther King Jr.) 목사의 유명한 연설도 여기서 행해졌었다(Barkan, 1984; Blumberg, 1984; Farmer, 1984).[18]

흑인민권운동은 흑인에 대한 편견과 차별을 밀어내는데 결정적인 역할을 하였다는 것이 그후 역사에서 입증되었다. 흑인민권운동이 흑인에 대한 차별적 대우를 한꺼번에 해결할 수는 없었으나 운동을 통한 흑인들의 자존심 고양과, 백인동조자의 확대는 흑인들의 사회적 지위를 전반적으로 상승시켰다. 주의회와 연방의회 및 지방정부의 정무직에 흑인들이 대거 진출하였으며, 그 밖에 방송·언론계, 스포츠·연예계 등에서 흑인의 활약이 두드러지게 증가하였다. 더 이상 흑인이 하등인간이 아니라, 훌륭한 미국시민으로서 인식되었다. 마침내는 흑인인 오바마(Barack Obama, 1961~)가 2008년 11월 미국의 제44대 대통령으로 선출되기에 이르렀다. 오바마가 흑인 유권자 전부로부터 지지를 받는다고 하더라도 백인유권자의 지지가 없었다면 대통령으로 선출될 수 없었다.[19]

---

18) Barkan, Steven E. 1984 and Farmer, James, 1985 참조.
19) Swarns, Rachel L., 2008 참조.

Ⅲ. 혁 명

지금의 사회체제 내에서 사회의 일부를 수정하고자 하는 개혁운동과는 달리 혁명(revolution)은 기존의 사회체제를 전면적으로 '전복'하고, 그 대신에 새롭고도 더 나은 사회체제를 수립하고자 기도하는 운동이다.

혁명은 쿠데타와는 구별된다. 쿠데타는 전체적인 사회봉기를 유발함이 없이 제한된 목적을 가지고, 정부 바깥에 있던 집단이 무력으로 권력을 빼앗는 것을 말한다.

혁명의 그 같은 과격한 목표는 그들의 비상한 전략과 전술을 정당화시키는데, 전략과 전술로서는 공황(panics)·폭동 등과 같은 '군중행동'(원래의 의미인 우발성의 군중행동이 아닌)을 조작하거나 테러·납치·건조물점령 등 모든 수단이 때와 장소에 따라 동원된다.

개혁운동이 사회운동의 주류를 이루는 사회에서는 불만의 많은 부분이 개혁운동에 의해 흡수되기 때문에 반드시 혁명으로까지 나갈 이유가 없다. 운동의 목표가 정치적인 것일 때는 그것이 사회개혁운동인지 혁명운동인지 구별하기가 곤란한 경우도 있지만, 체제전복의 '진정한' 의도가 있느냐의 여부에 따라 구별되어야 할 것이다.

1. 혁명의 조건

그러면 어떠한 사회적 조건들이 혁명의 발생을 가능하게 하는가? 브룸 교수와 셀즈닉 교수(Leonard Broom and Phillip Selznick)의 분석에 따르면 다음과 같다.[20)]

첫째는 사회에서의 열망(aspiration) 수준과 절망(deprivation) 수준이 높아야 한다. 열망이란 기대의 상승을 의미하는 것으로서 열망수준이 높은 사람들 가운데서 혁명의 지도자가 나온다. 혁명지도자들은 고전적인 혁명의 예들인 프랑스대혁명 때나 러시아의 볼셰비키혁명 때를 막론하고, 대개는 중류층 이상의 출신들이다. 그들은 현재의 질서는 자신들이 누려야 할 더 높은 사회적 지위를 제공할 수 없다고 생각하기 때문에 혁명의 길을 택한다.

절망도 또한 혁명의 중요한 요소로서 작용한다. 식량부족, 과중한 조세,

20) Broom, Leonard and Philip Selznick, 1975 참조.

화폐가치의 하락 등으로 심각한 곤란이 닥쳤을 때 하층민들은 봉기에 나서게 되고, 이러한 봉기는 '열망'의 혁명지도자로 하여금 행동을 취하게 하는 자극제가 된다. '절망'에 빠진 사람들은 혁명지도자를 지지하는 대중운동의 자원이 된다.

둘째, 기성지배계급이 약화·분열되어 있어야 한다. 사회 전체에 사회해체 현상이 만연하여 부유층이나 권력층이 자신감을 상실하고, 기존 질서에 대한 비판이 일리가 있다는 생각을 가짐으로써 혁명적 움직임에 대한 단호한 대책을 강구하지 못하거나, 혁명을 피하게 할 수도 있는 개혁에 우물쭈물하게 된다. 그 결과 지배계급내부에 단결이 무너지고, 지배계급의 일부는 도리어 혁명에 가담한다.

셋째, 기성체제를 대표하는 현존정부의 형태가 비판의 대상이 되어야 한다. 혁명세력이 정부형태의 변경을 요구하고 나섬으로써 기존 정치질서에 대한 신뢰가 급속히 상실되고 지배계급의 취약성과 무능이 노출되는 반면에, 혁명세력내부에서는 그들의 열망과 자신감이 더욱 높아져 대중에게도 권력의 대체집단이 될 수 있다는 인식을 심어 준다.

이상에서 본 것처럼 혁명적 변화는 단순히 아래로부터의 치받는 공격에 있는 것이라기보다는 사회체제의 전반적인 부식(decay)이 전제되어 있다.

2. 혁명의 전개과정

혁명운동에 의해 구체제가 붕괴되면, 이것은 혁명의 끝이 아니라 혁명의 시작이다. 그러면 구체제의 붕괴라는 최초의 사건 이후에 혁명이 어떻게 전개되는가를 살펴보기로 하자.

처음은 혁명세력 가운데서 온건파가 집권을 한다. 그것은 구체제의 유산과 신체제에 대한 요구를 광범위하게 수용·처리하는 데에는 온건파가 더 포용력을 가진 대표자가 될 것으로 인식하기 때문이다.,

그러나 무능한 정부조직을 물려받아 산적한 정치적·사회적 문제들을 처리해야 하는 집권온건파는 혁명 초기의 분출하는 요구들을 감당하지 못한다. 또한 정치적 자유를 공약해 온 그들로서는 과격한 요구에 대해 제동을 걸기를 꺼려 하게 된다. 이렇게 될 때 과격파들은 진정한 변화를 위해서는 구 정부의 전복만으로는 부족하고, 정치적 혁명은 사회적 혁명이 동시에 이루어져야만 달성된다고 주장하면서 집권온건파에 대한 지지를 철회한다.

과격파들은 재야에서 자기들의 세력을 집결하여 사실상 또 하나의 정부를 형성하고, 치안유지와 같은 정부기능의 일부를 수행한다. 이것이 소위 레닌(Nikolai Lenin)이 말한 '2중권력'(dual power) 현상이다.

1917년 볼셰비키집권 직전 러시아에서는 한쪽에는 케렌스키의 임시정부가 있고, 다른 한쪽에는 볼셰비키 등 과격그룹으로 이루어진 소비에트가 활동을 했다. 1640년대 영국의 혁명 때에도 과격파들은 '신형군대'(New Model Army)를 장악하고, 온건파가 장악한 의회에 맞섰다. 1789~1795년 프랑스대혁명 때에 과격파인 자코뱅의 지방조직이 2중권력의 기반을 제공하였었다.

모든 대혁명들에서는 온건파와 과격파 사이의 갈등이 깊어지고, 이 두 세력 사이에 결전이 벌어진다. 과격파는 숫자상으로 전체인구의 적은 일부에 지나지 않으나, 그들은 두 가지 방법으로 권력을 장악한다.

첫째는 반대파들에게 육체적 · 심리적으로 위협을 가하고, 대중들을 중립화시킨다. 위기가 깊어짐에 따라 점점 더 많은 사람들이 정치적 참여에서 발을 빼게 한다. 소수의 과격파는 점점 더 적극적이 되고, 다수는 수동적이 된다. 그 결과 정치영역은 가장 잔인하고도 확신에 찬 자들에게 넘어간다.

둘째, 소수과격파들은 그들의 원칙과 정치적 열정이 있기 때문에 대중의 절망적인 요구를 쉽게 받아들여 자신들을 대중의 꼭대기에 올려놓는다. 이로 인하여 그들의 권력은 적어도 일시적으로는 급속하게 신장한다.

일단 과격파가 권력을 장악하면 그들은 '혁명적 독재체제'를 수립하여 테러와 탄압으로 모든 반대파를 숙청하고, '위로부터의' 사회혁명이 단행된다. 이제 정부 자체가 사회변화의 주도자가 되며, 국민들을 몰아 세우는 주요 동원자가 된다.

과격파에 의한 테러정치가 진행됨에 따라 공포의 분위기가 사회를 지배하고, 급기야는 그 분위기가 과격집권세력 내부에까지 만연된다. 이렇게 되면 집권세력내부에 불신과 의심과 음모가 팽배하여 권력의 내부에 균열이 생긴다.

이렇게 될 때 혁명에 의해 중앙으로 집중된 권력이 소위 '강자'의 손으로 넘어가게 되고, 그에 의해 안정된다. 영국의 크롬웰과 프랑스의 나폴레옹, 러시아의 스탈린이 그 '강자'이다. 과격파로부터 강자에게로 권력이 넘어가는 현상을 **'테르미도르반동'**(Thermidorian Reaction)이라고 부른다. 이 용어는 프랑스혁명의 과격한 우두머리였던 로베스피에르(Robespierre)가 7월을 의미하는 테르미도르(熱月)에 처형을 당하고(1974년 7월 27일), 이것이 나폴레옹에게 집권의 길을 열어 준 데에서 유래한 말이다.

'강자'에 의한 정치로 혁명의 열기는 식어지고, 혁명적 과격파는 탄압되며, 온건집단과 전통이 되살아난다. 이와 함께 평화가 온다. 반동이 왔다고 해서 혁명 이전으로 돌아가지는 않는다. 테르미도르정치는 혁명이 가져온 주요한 사회변화들을 유지·강화한다. 스탈린치하에서 사회주의는 산업의 국유화 및 경제개발의 국가주도와 동일시되었으나, 혁명의 이상이었던 '노동자의 집권'과 '계급 없는 사회'는 포기되었다.

대혁명들은 소수의 음모가에 의해 만들어지는 작품이 아니다. 훈련된 소수가 결정적인 역할을 수행하기는 하지만, 봉기가 일어나는 것은 구 질서가 문제를 해결할 능력이 없다고 하는 진정한 문제가 있기 때문이다. 전쟁에서의 패배나 경제위기 같은 단기적인 문제는 사회가 사회적 분배와 같은 근본적인 영역에서의 변화를 받아들일 용의가 있는 한 혁명으로까지는 발전되지 아니한다.

제11장

인구와 환경

제11장

인구와 환경

제 1 절 인구문제

2010년의 세계인구는 68.9억, 이것이 2011년말에는 70억을 넘어, 2030년에는 83.2억, 그리고 2050년에는 93억6백만 명으로 증가될 전망이다. 2010년에 세계의 인구는 1분에 158명, 하루에 22만 8천명, 1년에 8,328만 명꼴로 불어 나고 있다.[1)]

우리 나라의 인구는 2010년 현재 4,941만 명이며, 2030년의 5,216만 명을 정점으로 줄어들 전망이다.[2)]

인간의 삶이 한정된 지구촌에서 영위되는 이상 인구문제는 자원과의 관계, 산업과의 관계, 정치 · 경제 · 사회 체제와의 관계, 나아가서 문화 전반에 밀접한 관계를 가진다. 따라서 영국의 철학자 토마스 맬더스(Thomas Malthus, 1766~1834)가 인구증가의 심각성을 경고해 온 이래 인구문제는 사회학의 중요한 대상으로 연구되어 왔다.

인구문제를 다루는 **인구론**(demography)은 두 갈래로 나뉘어지는데, 하나는 공식적 인구론(formal demography)이며, 다른 하나는 사회학적 인구론(sociological demography or population studies)이다.

공식적 인구론은 수학적인 계산으로 인구의 증감 등 인구와 관련된 수치를 파악하는 데 중점을 둔다. 그러나 **사회학적 인구론**은 인구현상이 사회 · 경제적 요인들 및 여러 다른 요인들과 어떠한 관계를 가지고 있는가를 밝히는 데 중점을 두고 있다.

이 장에서는 공식적 인구론이 다루는 내용과 사회학적 인구론이 다루는 내용 모두를 개괄적으로 소개함으로써 인구문제에 관한 개략을 파악하는 데

1) UN, 2011, 'World Population Prospects' 참조.
2) 통계청, 2011, '장래인구추계 2010-2060' 참조.

도움을 주고자 한다.

제 2 절 인구에 관한 기초개념

인구문제는 우선 사람의 수를 헤아리는 데서부터 출발한다. 사람의 수와 관련이 있는 가장 기본적인 세 가지 요소는 출산력(fertility) · 사망력(mortality) · 이동(migration)이다. 많이 태어나면 인구가 늘어날 것이고, 많이 죽으면 인구가 줄어들 것이며, 이동을 해서 들어오면 인구가 또한 늘어날 것이고, 이동을 해서 빠져 나가면 인구는 줄어들 것이기 때문에 출산력 · 사망력 · 이동이라는 세 요소가 중요한 것이다.

그러면 이 세 가지 요소들과 그에 관련된 개념들을 좀더 자세히 살펴보기로 하자.

Ⅰ. 출 산 력

출산력이란 15세부터 49세 사이의 '아기를 낳을 수 있는 여성'(가임여성이라고 부른다)이 출산한 아기들의 수를 말한다. 물론 15~49세 사이의 가임여성이 모두 아기를 낳는 것은 아니지만, 누가 아기를 낳고 안 낳고를 따지지 아니하고 전체적으로 이 연령범위의 여성들이 낳은 아이들의 총수를 말하는 것이다.

출산력을 나타내는 가장 대표적인 개념은 조출생률(crude birth rate)이다. **조출생률**은 전체인구(대개 7월 1일자 연앙인구(年央人口)를 사용한다)를 1,000명으로 칠 때 1년 동안에 몇 명의 어린이가 출생했느냐를 계산한 것이다. 공식으로 표시하면 다음과 같다.

$$\text{조출생률(CBR)} = \frac{\text{당해 연도의 총 출생아 수}}{\text{당해 연도의 연앙(7월 1일) 인구}} \times 1{,}000$$

2010년 우리 나라의 조출생률은 9.4명인데, 이것은 우리 나라 2010년도의 전체인구를 1,000명으로 칠 때 9.4명이 태어났다는 뜻이다. 2010년도 다른 나라들의 조출생률을 보면, 홍콩이 8.2명으로 가장 낮았고, 독일 8.4명, 일본 8.6

명, 미국 14.0명, 북한 14.6명, 이스라엘 21.1명, 나이지리아가 가장 높은 49.5명이었다. 대개 저개발국가의 조출생률은 20이 넘고 선진산업국가는 7~15의 범위이다.[3)]

출산력을 측정하는 또 다른 주요한 개념은 합계출산율(total fertility rate)이다. 합계출산율은 1명의 여성이 15~49세 사이의 가임기간 동안에 평균 몇 명의 자녀를 낳는가를 계산한 것이다.

2010년 우리 나라의 합계출산율은 1.23명이며, 아시아는 2.28명이다. 세계의 평균합계출산율은 2.52명이다.

조출생률이 남녀를 포함한 전체인구에 기초를 두고 계산하는 데 비해, 합계출산율은 이것보다 좀더 쉽게 한 여성의 평균자녀 수를 나타내는 것이므로 출산력을 밝혀 주는 간단한 지표가 된다.

Ⅱ. 사 망 력

사망력은 주어진 인구 가운데 일어나는 사망의 크기를 말한다. 가장 흔히 이용되는 사망력에 대한 측정은 조사망률(粗死亡率 : crude death rate)이다.

조사망률은 전체인구를 1,000명으로 칠 때 몇 명이 사망했는가를 계산한 것이다. 공식으로 표시하면,

$$\text{조사망률(CDR)} = \frac{\text{당해 연도의 총 사망자 수}}{\text{당해 연도의 연앙인구}} \times 1{,}000$$

이 된다. 우리 나라의 2010년 조사망률은 5.1명이다. 북한의 조사망률은 9.6명이며, 미국 8.3명, 덴마크 10.3명, 독일 10.3명, 아프가니스탄 16.8명 등이다. 개발도상에 있는 아시아·아프리카 국가들에서는 제 2 차 대전 이후 조사망률이 현저히 저하되고 있다. 우리 나라에서도 조사망률이 낮아지고 있는데, 앞으로는 조사망률이 조금씩 높아질 전망이다.[4)]

사망력을 측정하는 또 다른 주요 개념은 영아사망률(infant mortality rate)이다. **영아사망률**은 한 해 동안에 태어난 어린이의 총 수를 1,000명으로 칠 때, 그

---

3) UN, 2011, 'World Population Prospects' 참조.
4) UN, ibid. 참조.

가운데서 한 살이 되기 전에 사망한 어린이의 수를 말한다. 공식으로 표시하면,

$$영아사망률(IMR) = \frac{당해\ 연도\ 1세\ 미만\ 사망아\ 수}{당해\ 연도의\ 연간\ 출생아\ 수} \times 1,000$$

이 된다. 2010년 현재 세계 전체의 평균영아사망률은 46명이며, 선진국은 평균 6명, 개도국은 50명 수준이다. 우리 나라의 영아사망률은 2010년 현재 3.2명이다.

사망력의 또 다른 주요 개념은 기대수명(life expectancy)으로서 흔히 '평균수명'이라는 말로 표현하기도 한다. **기대수명**은 특정시점에서 태어난 사람이 확률적으로 몇 살까지 살 수 있는가를 계산한 것이다. 2010년 우리 나라의 기대수명은 평균 80.8세로서 남녀별로 보면 남자의 기대수명은 77.2세, 여자는 84.1세이다.[5] 이것은 2010년에 태어난 남자어린이는 앞으로 평균 77.2세까지 살고, 여자어린이는 84.1세까지 살 것이라는 뜻이다. 세계공통적으로 여자가 평균 4.4세 정도 더 오래 산다. 2010년 일본의 기대수명은 평균 82.7세, 미국은 78세, 중국은 72.7세, 인도 64.2세, 아프가니스탄 47.3세 등이다.[6]

우리는 특정시점에서 특정연령층이 확률적으로 몇 년 간 더 살 것인가를 산출하여 도표로 표시할 수 있을 것인데, 이 도표를 **생명표**(life table)라고 한다.

이러한 생명표에서 2010년 평균수명이라 함은 2010년에 각 연령대 사람의 생존연수를 말하는 것이다.

〈그림 11-1〉 예 : 생명표(2010)

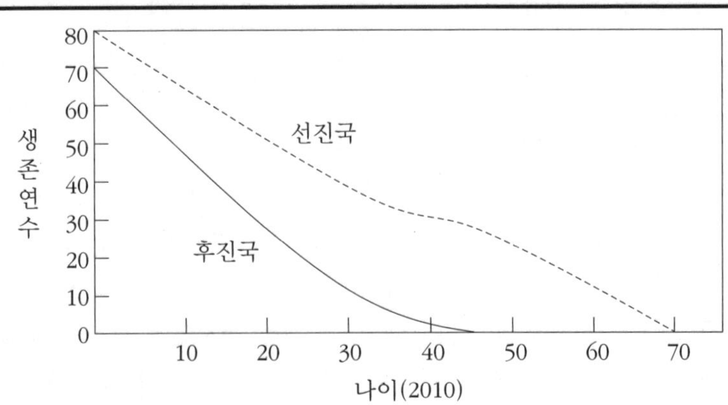

5) 통계청, 2011, '생명표' 참조.
6) CIA, 2011, 'World Factbook' 참조.

생명표에 나타난 선진국의 곡선과 후진국의 곡선은 나이가 많아짐에 따라 더 벌어지는데, 이것은 후진국에서는 나이가 많을수록 생존연수가 점점 더 줄어들기 때문이다.

우리는 지금까지 출산력과 사망력에 관한 몇 가지 기초개념을 보았는데, 여기서 한 가지 짚고 넘어가야 할 것은 인구의 자연증가율(natural increase rate)이다. **자연증가율**이란 조출생률에서 조사망률을 뺀 나머지를 말하는데, 공식으로 표시하면,

자연증가율(NIR) = 조출생률(CBR) − 조사망률(CDR)

이다. 그러므로 2010년 우리 나라 인구의 자연증가율은 9.4 − 5.1 = 4.3이다.[7] 이것을 보통 백분율로 고쳐서 0.43%라고 한다.

2010년 세계 전체의 평균자연증가율은 1.15%로 추정되는데, 그 가운데 선진국은 0.08% 수준이고, 후진국은 1.39% 수준이다. 우리 나라는 선진국에 접근하고 있는 수치를 보여 준다.

Ⅲ. 이　　동

이동(migration)은 인구가 어느 한 지역으로부터 다른 지역으로 옮겨 가는 것을 말한다. 한 나라로부터 다른 나라로 옮기는 것을 국제이동이라 하고, 국내의 어느 도(道)로부터 다른 도(道)로 옮기는 것을 도간(道間) 이동, 농촌으로부터 도시로 옮기는 것을 도시이주, 도시로부터 농촌으로 옮기는 것을 농촌이주라고 부른다.

어느 한 지역을 기준으로 생각할 때, 다른 지역으로부터 그 지역으로 옮겨 들어오는 것을 **전입**(in-migration)이라 하고, 그 지역으로부터 다른 지역으로 빠져 나가는 것을 **전출**(out-migration)이라 한다.

이동은 또 순이동(net migration)과 총 이동(gross migration)으로 나누는데, **순이동**이란 전입에서 전출을 뺀 것을 뜻하고, **총 이동**은 전입과 전출을 합친 것을 말한다. 공식으로 표시하면,

7) 통계청, 2011, '인구동태통계연보' 참고.

순이동＝전입－전출
총이동＝전입＋전출

이 된다. 순이동이 ＋이면 그 지역의 인구가 그만큼 더 늘어났다는 것을 의미하며, －이면 그 지역의 인구가 그만큼 더 줄어들었다는 것을 의미한다. 총 이동으로써는 인구의 증감은 알 수 없고, 다만 총이동의 수가 크면 그 지역에서 인구의 전입과 전출이 그만큼 활발했다는 것을 뜻하게 되어 총 이동은 특정지역의 사회변동을 측정하는 지표로 흔히 이용된다.

전입·전출과 관련하여 **전입률**(in-migration rate)과 **전출률**(out-migration rate)이 이동의 지표로서 흔히 사용된다. **전입률**이란 어느 특정지역의 인구를 100으로 칠 때, 그 지역으로 전입한 인구가 몇 명이냐를 나타내는 백분율(%)이다. 이것을 공식으로 표시하면,

$$\text{서울전입률} = \frac{\text{당해 연도에 서울로 전입한 인구}}{\text{당해 연도 서울전체인구}} \times 100(\%)$$

가 된다. **전출률**도 마찬가지로 계산한다. 2010년 서울전입률은 17.0%이고, 전출률은 18.1%였다. 이것은 2010년도 서울의 순이동률이 －1.2%였음을 의미한다. 다시 말해 그 해의 서울인구가 이동에 의해서만 1.2% 감소했다는 뜻이다.[8)]

제 3 절 인구연구의 중요 영역

인구에 관한 연구는 이상에서 소개한 출산력·사망력·이동에 관련된 기본 개념들을 이용하여 인구구성·인구변동·인구분포 등 주로 세 가지 영역에서 이루어진다.

Ⅰ. 인구구성

인구구성(population composition)이란 연령·성(性)·불구자 등과 같은 신체

8) 통계청, 2011, '국내인구이동통계연보' 참조.

적 지표와 학력·계층 등과 같은 사회·경제적 지표에 따른 인구의 분포를 말한다. 예컨대 1~4세까지의 연령층이 전체인구의 몇 %라든가, 대학졸업 이상이 몇 %라든가 하는 등이 인구구성의 항목에 속한다. 인구구성에 관련된 주요한 개념들을 소개하면 성비(性比)·연령구성·인구피라미드·부양비·모아비(母兒比) 등이 있다.

1. 성 비(性比)

성비(sex ratio)란 여자 100명에 대한 남자의 수를 말한다. 공식으로 표시하면,

$$\text{성비} = \frac{\text{남자인구}}{\text{여자인구}} \times 100$$

이 된다. 2010년 우리 나라 출생아의 성비는 106.9이다. 이것은 2010년에 태어난 여아수를 100명으로 칠 때, 남아가 106.9명으로서, 더 많이 태어났다는 뜻이다. 우리 나라 성비는 1995년에 114.7로 성비가 가장 높았다가 2007 이후 정상적인 성비인 103-107 범위에 들어섰다.

성비는 나이가 많아질수록 점차 낮아져서 2010년 현재 50대 초반에 이르러서는 100이 되고, 60대 후반에 85.3명, 70대 후반에 62.1명, 80대 이상은 42.3명으로 떨어진다. 연령이 높아질수록 성비가 낮아지는 것은 남자들이 여자보다 더 일찍 죽기 때문이다.

2. 연령구성

연령구성은 대개 5년 간격(예컨대 0~4세/5~9세/10~14세/…)의 인구층이 전체인구에서 차지하는 비율을 말한다. 공식으로 표시하면,

$$\text{연령구성} = \frac{\text{5년 간격 인구}}{\text{연앙추계인구}} \times 100(\%)$$

가 된다. 비단 5년 간격뿐만 아니라, 예컨대 20~29세까지의 인구가 전체인구의 몇 %를 차지하는가 등 필요에 따라 연령구성을 쉽게 계산해 낼 수 있다.

〈그림 11-2〉 인구피라미드 변화추이

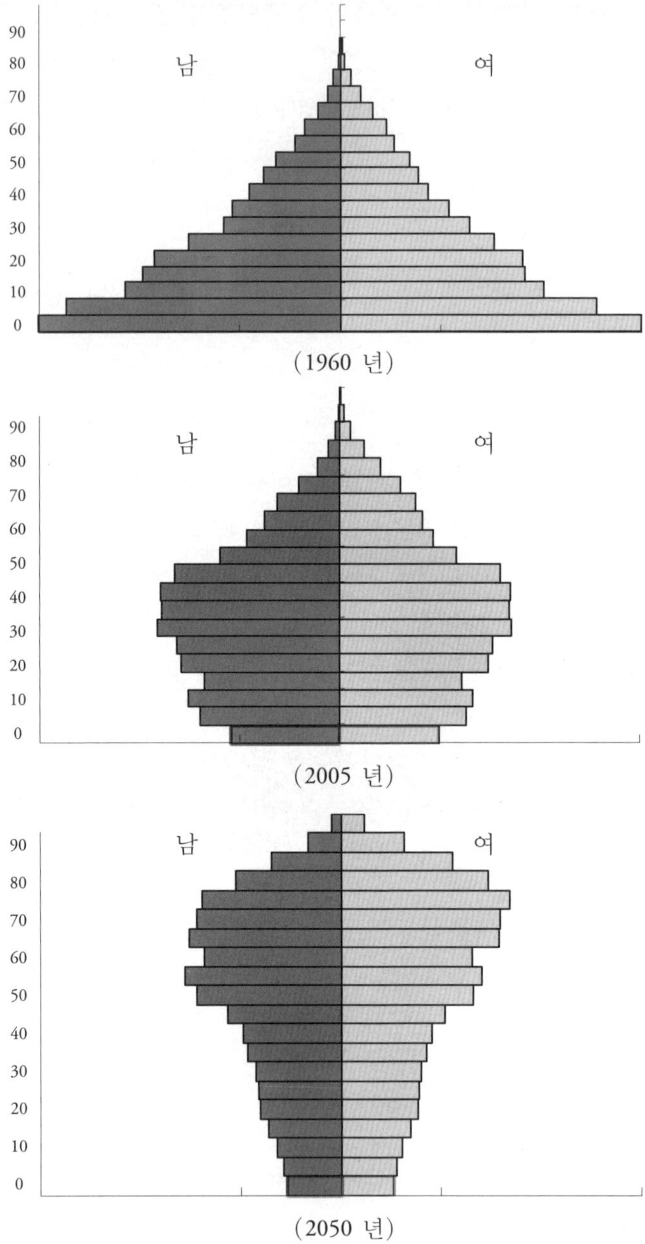

자료 : 통계청, 「장래인구추계」, 2011.

3. 인구피라미드

연령구성과 성비만으로 전체인구를 그림으로 나타낸 것이 인구피라미드(population pyramid)이다.

이 피라미드를 보면 한 나라의 인구상태를 대개 짐작할 수 있다. 피마리드의 모양이 〈그림 11-2〉의 맨 위 그림과 같이 아랫면이 넓고 위가 뾰죽한 삼각형인 것은 출생률도 높고 사망률도 높다는 것을 시사한다. 이러한 모양의 피라미드는 후진국형이다.

이에 비해 〈그림 11-2〉의 가운데 그림과 같이 가운데 부분이 일정한 부피로 노령층까지 계속되는 종모양(bell-shape)의 인구피라미드는 출생률도 낮고 사망률도 낮은 것을 의미한다. 이러한 모양은 선진국형이다.

4. 부 양 비

부양비(dependency ratio)는 총 부양비 · 유년부양비 · 노년부양비 등으로 계산한다. **총 부양비**는 생산가능인구(15~64세 : 부양인구)를 100으로 칠 때, 부양받아야 할 연령층(0~14세와 65세 이상 : 피부양인구)이 몇 명인가를 백분율(%)로 나타내는 것이다. 공식으로 표시하면,

$$\text{총 부양비} = \frac{\text{0~14세 인구} + \text{65세 이상 인구}}{\text{15~64세 인구}} \times 100(\%)$$

가 된다. 총 부양비를 **유소년부양비**와 **노년부양비**로 나누면, 그 공식은

$$\text{유소년부양비} = \frac{\text{0~14세 인구}}{\text{15~64세 인구}} \times 100(\%)$$

$$\text{노년부양비} = \frac{\text{65세 이상 인구}}{\text{15~64세 인구}} \times 100(\%)$$

가 된다. 2010년 현재 우리 나라의 총 부양비는 37.3명이며, 유소년부양비는 22.2명, 노년부양비는 15.2명이다. 2010년 일본은 69 · 31 · 38이고, 필리핀은 98 · 91 · 7이다. 부양비는 한 가정에서도 그러하지만, 국가 전체로도 경제사정을 시사하는 지표가 된다. 부양비가 높은 나라에서 경제적으로 잘 살기 위해서는

출산력을 증가시킬 필요가 있다.

5. 노령화지수

피부양연령층과 관련하여 노령화지수(index of aging)라는 것도 있다. **노령화지수**란 14세 이하의 어린이 수를 100으로 칠 때 65세 이상의 노인 수가 몇 명인가를 백분율(%)로 나타낸 것이다. 공식으로 표시하면,

$$\text{노령화지수} = \frac{\text{65세 이상 인구}}{\text{0\sim14세 인구}} \times 100$$

가 된다. 노인의 수가 증가하면 노령화지수가 커질 것은 물론이다. 우리 나라에서는 노령화지수가 꾸준히 증대되어 1990년 20.0명이던 것이 2010년에는 68.4명이 되었다.[9)]

6. 모아비(母兒比)

모아비(mother-child ratio)는 가임여성(15~49세) 수를 100으로 칠 때, 이들에게 딸려 있는 0~4세까지의 아동 수가 몇 명인가 나타내는 것이다. 공식으로 표시하면,

$$\text{모아비} = \frac{\text{0\sim4세 어린이 인구}}{\text{15\sim49세 여성인구}} \times 100$$

가 된다. 후진국일수록 모아비가 크다. 우리 나라의 2010년도 가임여성 수는 1,312만8천명으로서 전체여성인구의 53.3%를 차지하는데, 모아비는 17.4명이다.

Ⅱ. 인구변동

인구변동(population change)이란 일정한 기간 동안에 일어난 인구의 증감을 뜻한다. 인구변동은 순전히 출생·사망·이동으로 결정이 된다. 기준연도의 인구 수를 P_1이라고 하고, 나중 연도의 인구 수를 P_2라고 한다면, P_1과 P_2 사이

9) 통계청, 2011, '장래인구추계 2010-2060' 참조.

의 인구변동(인구증감)의 크기는 그 기간 동안의 출생자 수와 사망자 수, 그리고 전입자 수와 전출자 수에 의해 계산된다. 인구변동을 공식으로 표시하면,

$$P_2 = P_1 + (B - D) + (I - E)$$

P_2 : 나중 연도의 인구 수
P_1 : 기준연도의 인구 수
B : 출생자 수
D : 사망자 수
I : 전입자 수
E : 전출자 수

이다. 이 공식에서 출생자 수에서 사망자 수를 뺀 것($B-D$)은 자연증가에 해당하며, 전입자 수에서 전출자 수를 뺀 것($I-E$)은 순이동에 해당한다. 다시 말하면 기준연도와 나중 연도 사이의 인구변동의 크기는 그 기간에 있었던 자연증가와 순이동에 의해 결정된다.

1. 인구정책

인구의 변동은 흑사병이 구라파를 휩쓴 14~15세기 등 예외적인 시기를 제외하면, 과거에는 사실상 감소는 없고 증가만 있어 왔기 때문에 인구변동은 곧 인구의 증가를 의미하였다. 그러나 20세기 후반 이후 선진국이나 우리 나라에서는 오히려 저출산으로 인한 인구감소가 새로운 사회문제로 등장하고 있다. 우리 나라에서는 1990년대 중반까지만 해도 인구감소정책을 펴 왔으나, 그 이후 출생율이 급격히 하락하여 2010년에는 세계 최하위수준인 9.4까지 떨어졌다. 따라서 최근에는 국가적으로는 물론 각 지방단체까지 나서서 출생율을 높이기 위한 다양한 지원정책을 내놓고 있다.

아시아·아프리카·라틴아메리카 등 산업화를 늦게 시작한 후발(後發) 국가들에서의 인구문제는 여전히 폭발적인 인구증가에 있으며, 인구정책은 곧 어떻게 하면 인구의 증가를 억제하느냐에 초점이 모아져 있다. 인구의 증가를 막는 길은 인구변동의 공식 $P_2 = P_1 + (B - D) + (I - E)$에서 시사되듯이 외국으로 전출($E$)을 많이 시켜 순이동을 마이너스로 만들든가, 아니면 출생(B)을 억제시켜 자연증가를 적게 하는 길밖에 없다. 그런데 외국으로의 전출이란 쉽지 않기 때

문에 결국 인구정책은 출생자 수(출생률)를 감소시키는 데에 초점이 모아진다.

출생률을 감소시키는 방법으로서는 직접적으로 제재를 가하는 방법과 간접적으로 유도하는 방법 등 두 가지가 있는데, 국가에 따라서 두 가지 중 어느 한 가지에 역점을 두거나 두 가지를 병행한다.

직접적으로 제재를 가하는 방법은 1가구에서 제한된 숫자 이상으로는 자녀를 가질 수 없도록 법률이나 정책으로 정해 두고, 이를 뒷받침하기 위해 대대적인 피임기구보급, 피임수술실시, 위반에 대한 사회적인 혜택의 박탈, 결혼연령법률화 등의 방법을 사용한다. 이러한 방법으로 가장 효과를 거둔 나라는 중국으로서, 중국에서는 1가구 1자녀 정책이 거의 성공을 거두고 있다.

간접적인 유도방법으로는 여성의 교육기회증대, 여성취업조장 등 사회·경제적인 여건을 확대함으로써 자연히 출생률이 떨어지도록 하는 방법이다.

2. 인구성장률

인구성장률(population growth rate)은 전체인구를 100으로 칠 때, 1년 후에 몇 명이 늘어났는가를 백분율(%)로 나타낸 것이다. 2010년 현재 우리 나라의 인구성장률은 연 0.46%로서, 이것은 1970년의 2.21%, 1980년 1.57%, 1990년 0.99%와 비교해 볼 때 인구성장률의 꾸준한 감소를 보여 준다.[10)]

세계 전체의 평균인구성장률은 2010년 현재 1.14%이다. 각 나라별로는 일본이 0%, 프랑스가 0.6%, 독일이 −0.1%, 미국이 0.9%, 중국이 0.5%, 이란이 1.2%, 이집트가 1.8% 등이다.[11)]

인구성장률을 계산하는 방법은 간단한데, 두 시점의 인구 수($P_1 \cdot P_2$)를 알면, 이것에 복리계산방법을 적용하면 된다. 공식으로 표시하여 보면,

$$e^{rn} = \frac{P_2}{P_1}$$

이다. 여기서 e는 자연대수의 밑수이며, r은 연성장률, n은 햇수이다.

이것을 대수식으로 고치면,

10) 통계청, 2011, '장래인구추계 2010-2060' 참조.
11) UN, 2011, 'World Population Prospects' 참조.

$$\log e^{rn} = \log \frac{P_2}{P_1}$$

가 되고, 이것은

$$rn \log e = \log \frac{P_2}{P_1}$$

가 된다. 자연대수 e의 log값은 1이므로, **인구성장률공식**은

$$r = \frac{1}{n} \log \frac{P_2}{P_1}$$

이다.

Ⅲ. 인구분포

인구분포(population distribution)란 앞에서 말한 인구의 구성요소별 분포가 아니라 지리적 분포를 말한다. 예컨대 서울에 전체인구의 몇 %가 살고 강원도에 몇 %가 사는가, 혹은 도시에 몇 %가 살고 농촌에 몇 %가 산다고 하는 등이 인구분포에 해당한다.

1. 도시화율

인구분포에서 중요한 것은 도시화율(urbanization rate)이다. **도시화율**은 전체 인구의 몇 %가 도시에 사는가 하는 비율을 말한다. 산업화 이후의 도시화율은 주로 인구의 이동에 의해 결정된다. 우리 나라처럼 급격한 산업화를 경험한 나라는 그만큼 도시화율이 높다. 그래서 도시화율은 그 나라의 산업화 및 기술의 정도를 시사하는 중요한 지표가 된다.

우리 나라에서는 도시를 행정구역상 읍·면을 제외한 시인구로 규정하고 있는데, 2010년 기준으로 우리 나라 도시화율은 83%이다. 1970년의 40.7%, 1980년의 56.7%, 1990년의 73.8%를 고려할 때, 우리 나라의 도시화율이 급격히 상승해 왔음을 알 수 있다. 특히 서울의 인구는 급성장하여 1970년에 556

만 명이던 것이 1995년에는 1,060만으로 전체인구의 약 24.4%, 2010년에는 1,018만 명으로 전체인구의 20.1%를 차지하고 있다. 경기도는 1,120만 명, 전체인구의 23.3%로서 43.4%의 인구가 수도권에 밀집되어 있는 셈이다.

각 나라마다 도시로 정의되는 인구의 수가 다르기는 하지만(미국은 2만 이상이면 도시이다), 다른 나라의 도시화율을 보면, 2010년 현재 중국이 47.0%, 러시아가 73.2%, 미국이 82.3%, 일본이 66.8%, 영국이 79.6%이다.[12)]

2. 인구밀도

인구분포와 관련하여 또 다른 주요한 개념은 인구밀도(population density)인데, 인구밀도는 1km^{2}에 평균 몇 명의 인구가 거주하는가를 말한다. 공식으로 표시하면,

$$\text{인구밀도} = \frac{\text{인구 수}}{\text{면적(km}^2\text{)}}$$

이다. 2010년 현재 우리 나라의 전국 평균인구밀도는 484명이다. 전세계 196개국 중 인구밀도 4번째이지만, 싱가포르·모로코 등 도시국가를 제외한다면 방글라데시의 1,032명 다음으로 가장 높다. 한국 다음으로는 네덜란드가 400, 일본이 335, 인도가 373으로서 고밀도를 보이고, 브라질 23, 캐나다 3, 러시아 8, 미국 31 등은 밀도가 낮다.[13)]

제 4 절 인구현상과 사회·경제적 요인

인구현상은 단순히 낳고, 죽고, 이동하는 인간의 생물학적 현상이라기보다는 사회·경제적 요인들과의 관계에서 만들어지는 것이다. 예컨대 농업사회에서는 출생률이 높고, 산업사회에서는 출생률이 낮으며, 산업화는 도시이주의 증가를 가져오는 등 인구현상은 사회·경제적 요인과 긴밀하게 결부되어 있다.

그러면 출생·사망·이동 등의 인구현상과 사회·경제적 요인의 관계를 소

---

12) UN, 2011, 'World Urbanization Prospects' 참조.
13) UN, 2011, 'World Population Prospects' 참조.

〈그림 11-3〉 데이브스 · 블레이크의 출생모형

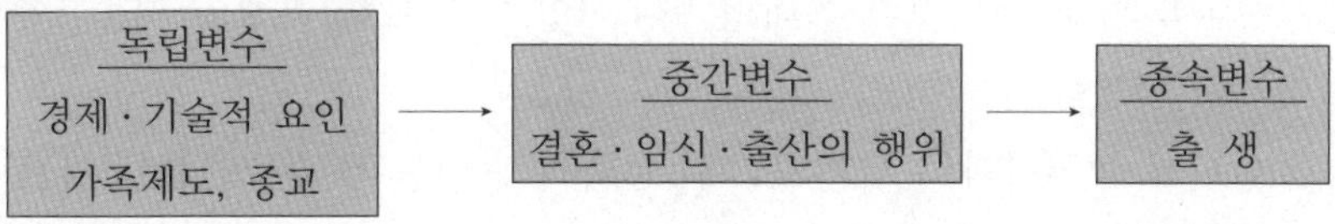

개하기로 하자.

Ⅰ. 출산력의 결정요인

아이들의 출생은 직접적으로는 남녀의 성결합에 의해 이루어지는 것이지만 실제로 출생을 결정하는 요인은 그렇게 단순한 것이 아니며, 배후에 깔려 있는 사회 · 경제 · 문화적 요인들의 작용에 크게 영향을 받는다.

데이비스와 블레이크 교수(Davis and Blake, 1956)는 출생의 결정요인들과 그 요인들이 작용하는 경로를 다음과 같이 설명하고 있다.

우선 출생의 1차적인 결정요인들로서는 한 사회에서의 경제 및 기술적 구조 · 가족제도 · 종교 등이다. 이러한 1차적인 결정요인이 결혼 · 임신 · 출산의 행위에 영향을 미치며, 결혼 · 임신 · 출산의 행위가 다시 실제의 출생에 영향을 미치게 된다. 이것을 도표로 표시하면 〈그림 11-3〉과 같다.

결혼 · 임신 · 출산의 행위는 사회 · 경제적 요인(독립변수)과 출생(종속변수) 사이의 중간에 낀 변수라고 해서 데이비스와 블레이크는 이것을 **중간변수**라고 부른다.

이러한 도식을 염두에 두고, 우선 농업사회의 경우부터 살펴보기로 하자.

농업사회의 경제는 토지와 자연환경에 의존하는 자연경제로서 공동체적 노동력을 요구하였다. 기술수준이 매우 낮았기 때문에 주요 생산력은 사람이나 동물의 근육이었다. 농사일뿐만 아니라 가축사육 · 집짓기 · 땔감나무 채취 · 길쌈 등 다른 생산활동도 사람의 근육노동에 의존했다. 이러한 자연경제를 반영하여 가족제도로서 확대가족제 · 가부장제(家父長制)가 발달하였고, 가족의 수가 많을수록 생산에 유리했기 때문에 아이들은 많을수록 좋았다. 가부장제 아래서는 자녀만이 부모들의 노후를 보장할 수 있는 길이기도 했다. 특히 남아가 선호되고, 다남(多男)은 가세(家勢)의 융성을 의미하였다. 시집온 여성들에게는 남자아이를 출산하는 것이 최대의 덕목이었으며, 또한 자신의 신분을 보장받는 일이기도 하였다.

이러한 농업사회의 사회·경제·문화적 요인들은 중간변수인 결혼·임신·출산의 행위에 영향을 미쳤다. 아이들을 많이 낳기 위해서는 결혼을 빨리 할 필요가 있었기 때문에 결혼연령이 낮았고, 결혼만 하면 임신을 원했다. 아기가 남아이기를 축원하였고, 출산 때에는 산모의 생명보다 아이의 생명을 더욱 중시하였다. 남아가 태어나지 않으면 남아가 태어날 때까지 계속 출산을 하였다. 가난한 농가에서는 많은 아이를 싫어한 경우도 없지 않았으나, 피임이나 낙태의 기술이 없었기 때문에 출산을 하였다. 이 결과 농업사회에서는 출생률이 높았다.

그러면 산업사회의 경우에는 어떠한가? 산업사회는 주로 기계에 의한 생산과 사무실의 일에 의존하여 생활한다. 개인의 기술과 기능이 중요하기 때문에 교육수준이 높아진다. 다른 기술수준과 마찬가지로 보건·의학도 발달하여 임신이나 출산을 조정할 수 있게 되었다. 가족제도는 핵가족제도로서, 가족의 수가 많은 것은 교육비의 지출 등 소비의 증가를 의미하기 때문에 많은 자녀를 원하지 않게 된다. 여자아이도 기술과 기능만 우수하면 사회적 지위를 획득할 수 있기 때문에 남아선호의식이 약화된다. 세속화로 인간생활에 대한 종교의 영향력이 감소되고, 규범은 개성의 존중, 남녀평등, 교육의 중요성과 개인적 성취를 강조한다.

이러한 산업사회의 사회·경제·문화적 요인은 중간변수에 영향을 미쳐 결혼연령이 높아지고, 결혼을 기피하는 독신자의 수가 증가한다. 많은 출산을 피하기 위해 피임을 하며, 낙태가 허용된다. 이 결과로 산업사회에서는 출생률이 낮다.

우리 나라의 초혼연령은 1990년 남자가 27.8세, 여자가 24.8세이던 것이 2010년에는 남자 31.8세, 여자 28.9세로 높아졌다. 미혼층의 인구비율은 특히 여자 25-29세의 경우 1990년 22.1%에서 2010년 69.3%로 크게 증가했다.[14] 평균가구원 수는 1975년 5.0명, 1990년 3.7명, 2010년 2.7명으로서 단위가족의 가족원 수가 갈수록 줄어들고 있다.[15]

---

14) 통계청, 2011, '장래인구추계 2010-2060' 참조.
15) 통계청, 2011, '인구주택총조사보고서' 참조.

출산력은 또한 한 사회 내에서도 사회계층, 종교 및 도시거주자와 농촌거주자의 차이에 따라 다르다.

앞서 제 8 장 계층론에서 언급한 바와 같이 출생률은 중산계층이 가장 낮고, 상류층이 중산계층보다 약간 높으며, 하류층이 가장 높다. 하류층의 출생률이 높은 이유는 임신이나 피임에 대한 지식이 부족하거나 '원치 않는 아이'를 낳게 되는 경우가 많기 때문이다.

출생률과 종교와의 관계는 낙태를 죄악시하는 가톨릭과 신교도 일부 종파의 출생률이 다소 높다. 지역적으로는 도시거주자에 비해 농촌거주자의 출생률이 높다.

이 밖에 출산력은 여성의 가치관 및 여성의 권리신장과 밀접한 관계를 가진다. 여성들이 개인적 성취를 중요시할 때는 독신생활을 택하거나 결혼과 육아의 연령이 늦어지며, 피임조처가 광범위하게 실천된다. 출산에 대한 여성의 선택권이 보장된 나라에서는 출생률이 매우 낮은 것이 특징이다.

이혼율의 증가도 출생률의 저하를 가져온다. 한쪽 부모만 있는 가구에서는 양쪽의 부모가 있는 가구에 비해서 아이들이 적다.[16)]

Ⅱ. 사망력의 결정요인

출산력을 결정하는 사회·경제적 요인이 여러 가지이고 또한 그 경로가 복잡한 데에 비해, 사망력을 결정하는 요인은 사회의 경제·기술적 요인 한 가지뿐이다. 다시 말해 사망요인은 출생요인에 비해 단순하다. 사망력은 그 사회의 기술발달에 따른 의학의 수준과 영양상태, 건강에 대한 관심 등에 의해 결정된다.

농업사회에서는 전염병·기근·전쟁이 사망의 주요 원인이었다. 산업화시작 당시의 기대수명은 30세 안팎으로서 이것은 2천년 전 고대 로마시대의 기대수명과 같은 것이었다. 산업사회에 들어선 후 인간의 기대수명은 현저히 연장되어 2010년 기준으로 선진국에서는 대개 78세를 넘어서고 있으며, 우리 나라는 평균 80세를 넘어서고 있다. 수명의 장단은 그 사회의 1인당 국민총소득(GNI per capita)과 밀접한 관계가 있는데, 2010년에 연소득 $20,000을 상회하

---

16) Zakariya, Sally Banks, 1982 참조.

는 고소득 나라들의 기대수명은 75세 이상이며, 국민소득이 낮은 인도($630, 2009)·라오스($440, 2005)·나이지리아($560, 2005) 같은 나라의 기대수명은 각각 64세·55세·44세이다.[17)]

이미 시사된 바와 같이 사망력은 한 사회 안에서도 사회계층에 따라 다르게 나타난다. 재산·위광·권력의 불평등은 수명과 영아사망률에 현저한 차이를 가져온다. 우리 나라에서는 계층별 기대수명과 영아사망률에 대한 통계가 나와 있지 않으나, 미국의 경우를 보면 2000~2002년 현재 어머니의 교육수준이 12학년 이하인 경우 영아사망률이 13학년 이상인 경우에 비해 1.56배가 높으며, 흑인의 영아사망률은 평균보다 2배 이상 높다. 가난한 계층은 영양부족과 낮은 위생으로 말미암아 질병의 감염률이 높고, 의료처치를 받을 기회가 적기 때문에 젊은 나이에 죽게 된다.[18)]

Ⅲ. 이동의 결정요인

왜 사람들은 이동하게 되는가? 이동의 결정요인을 피터슨(William Peterson)은 크게 네 가지로 나누어 설명하고 있다.[19)]

첫째, 사람들이 가뭄·흉년·기근 등 자연에 의한 재해를 극복할 수 없을 때 이동이 일어난다. 이것을 그는 **원시이동**(primitive migration)이라고 부른다. 한 예로서 1840년 아일랜드에서 감자흉년이 들었을 때 기아를 모면하기 위해 수십만 명이 해외로 이주하여 아일랜드의 인구가 격감하였다.

둘째, 정치적 탄압 때문에 이동이 일어난다. 1930년대에 독일 나치스의 탄압을 피해 이동한 유대인의 경우와 오늘날 독재를 피해 이동하는 중미인들이 이에 해당한다. 이것을 그는 **강제이동**(impelled or forced migration)이라고 부른다.

셋째, 개인의 선택에 의해 이동이 일어난다. 개인이 자기의 역할을 선택하여 자발적으로 이동을 하는 것을 말하는 것인데, 미국에서의 서부개척운동이 이에 해당한다. 그는 이것을 **자유이동**(free migration)이라고 부른다.

---

17) UNICEF, 2010, 'Information by Country' 참조.
18) National Center for Health Statistics, 2006, ""Health, United States' 참조.
19) Peterson, William, 1975 참조.

넷째, 공통의 특징을 지닌 사람들이 소속집단으로부터의 집단압력에 의해 이동하게 된다. 종교나 혈통 등을 공유한 집단이 그들만의 생활방식을 지키거나, 생활의 향상을 위해서 새로운 곳을 찾아야 한다는 자체 내의 운동력에 의해 모두 함께 떠나게 되는 경우가 이에 해당한다. 그는 이것을 **집단이동**(group migration or mass migration)이라고 부른다.

이상 네 가지의 각 요인들이 함께 작용할 수도 있다. 자신들의 고장을 떠나는 이주자들의 경우, 대개 하나 이상의 이유 때문이다. 예컨대 구라파에서 미국으로 이주한 청교도들은 자신들의 생활방식을 지키겠다는 이유(집단이동) 뿐만 아니라, 종교적인 탄압을 피하여(강제이동) 이동한 것이었다.

그러나 떠날 요인이 있다고 해서 반드시 이동이 이루어지는 것은 아니다. 저 곳으로 가 보았자 이 곳보다 나을 것이 없다고 생각될 때는 이 곳에서 고통이 있더라도 떠나지 않는다. 또한 이동에 소요될 비용문제도 따른다.

그래서 실제의 이동은 저 곳이 소득·교육·문화시설·기회·건강 등의 면에서 이 곳보다 낫다는 확신이나 보장이 있을 때 일어나게 된다. 이 곳으로부터 떠나는 이유를 **배출요인**(push factor)이라 부르고, 저 곳에서 유인하는 요인을 **흡인요인**(pull factor)이라고 부른다. 다시 말해 이동은 배출요인과 흡인요인이 서로 상호 작용하여 이루어진다.

Ⅳ. 인구예측

"한국의 인구는 서기 2030년이 되면 5,216만 명으로 정점(peak)에 도달한 후 감소세를 보일 것이며, 그 때에는 14세 이하가 전체인구의 12.2%를 차지할 것"[20]이라는 등의 발표를 우리는 가끔 듣게 된다. 이와 같이 미래의 인구현상에 대한 추산을 **인구예측**(population projection)이라고 한다.

인구예측은 인구학의 중요한 기술(테크닉) 가운데 하나로서, 완전하지는 않지만 미래의 인구현상을 전망하는 데 큰 도움을 준다. 인구예측은 출생률·사망률·이동률에 대한 예측적 계산을 기초로 하여 미래인구를 추정하는 것이다. 출생률·사망률·이동률을 예측적으로 계산할 때는 이들에 미칠 사회·경제적인 요인들의 예측되는 변화, 예컨대 국민소득증가·산업구조변경·교육수

20) 통계청, 2011, '장래인구추계 2010-2060' 참조.

준향상 · 국민의식변화 · 국제환경변화 · 정부의 정책 등을 다각도로 고려한다.

복잡한 변수들을 고려해야 하기 때문에 인구예측은 빗나가는 경우가 적지 않지만, 이것은 계산의 착오에서 비롯되기보다는 가정(假定)을 잘못 세우는 데서 비롯된다. 그래서 가정의 오류에서 비롯되는 잘못된 예측을 피하기 위해서 인구전문가들은 보통 3~4개의 다른 가정 위에서 계산을 한다. 예컨대 출생률에 관해서라면, 출생률을 가장 높게 잡는 경우와 중간으로 잡는 경우 및 가장 낮게 잡는 경우 등이다. 가장 높게 잡은 출생률과 가장 낮게 잡은 출생률에 기초한 추산의 값은 매우 간격이 크지만, 택지조성 · 교사양성 · 후생시설 등 미래에 대비한 시책을 펼 때는 각 사안에 따라 높게 잡은 예측 또는 낮게 잡은 예측을 사용한다.

제 5 절 인구의 성장역사

지금까지 지구상에는 몇 명의 인구가 살았을까? '이 시점부터가 인간의 시작'이라고 말할 수 있는 자료를 정확히 제시하기는 어렵지만, 대개 인간의 출현을 50만년 전으로 잡고 지금까지 지구 위에서 살았던 인간의 수를 추산하면, 대략 5~6백억 명은 될 것이라고 한다.

Ⅰ. 세계인구의 변천

인류가 출현한 이래 대부분의 기간 동안 인구의 증가는 지극히 완만하였다. 기원 전 8000년 경 인류가 처음으로 농사를 짓기 시작한 것을 우리는 농업혁명(agricultural revolution)이라고 말하는데, 데이비스(Kingsley Davis)[21]는 이때의 세계인구를 약 5백만 명으로 추산한다.

데이비스에 따르면 인구가 급격히 증가한 계기가 세 번 있었다. 첫번째는 방금 말한 농업혁명이었고, 두 번째가 서기 1750~1900년 초에 이르는 구미에서의 산업혁명기간이었고, 세 번째가 아시아 · 아프리카 · 라틴아메리카 국가들이 산업화에 참여하기 시작한 20세기이다.

21) Davis, Kingsley, 1949 참조.

〈표 11-1〉 2010년도 대륙별 인구 수[22)]

대륙	인구 수
아시아	41억6,425만 명(60.4%)
아프리카	10억2,223만 명(14.8%)
북 미	3억4,453만 명(5.0%)
남 미	5억9,008만 명(8.6%)
유 럽	7억3,820만 명(10.7%)
오세아니아	3,659만 명(0.51%)
합계 68억9,588만 명	

농업혁명으로 식량의 공급이 좀더 안정되고 거주지가 정착됨에 따라 인구가 조금씩 불어나기 시작하여 예수가 태어난 기원원년에는 약 3억 명이었고, 구라파에서 산업혁명이 시작되던 시기인 1750년에는 7억9천만이었다. 1750년 이래 세계인구는 급속히 성장하여 1850년에는 10억이 되었다.

20세기의 인구증가는 주로 아시아·아프리카·라틴아메리카 등 저개발국가들에서 이루어졌다. 이들 지역에서 사망률의 저하와 기대수명의 연장으로 인구가 성장하기 시작한 것은 1920년대부터였다. 특히 제 2 차 세계대전 이후에는 산업국가들로부터 산업테크놀로지와 함께 항생제·살충제·예방약 등의 의료테크놀로지가 들어옴에 따라 사망력이 엄청나게 떨어져 이들 지역이 세계인구의 폭발적 증가의 진원지가 되었다.

산업혁명 이래 세계인구의 증가를 보면 1750년에 7억9천만, 1850년에 12억이던 것이 100년 후인 1950년에는 25억으로 두 배가 되었고, 또 40년 후인 1990년에는 52억으로 배증했다. 이처럼 인구가 2배로 증가하는 데 소요되는 기간을 '인구배가기간'이라고 한다. 1999년에는 60억을 돌파했으며, 2011년이면 70억, 2025년에는 80억을 넘어설 것으로 예측되고 있다. 세계인구의 성장역사를 도표로 나타내면 〈그림 11-4〉와 같다.

〈그림 11-4〉가 보여 주는 바와 같이 세계인구는 산업화와 더불어 처음 18~19세기에는 구미에서, 그 다음 20세기에는 산업후발국가들에서 일어난 인구의 급성장으로 말미암아 18세기 이래 하늘로 치솟는 로케트처럼 폭발적인 증가현상을 나타내고 있다. 세계인구가 2.5억에서 5억으로 증가하는데는 약 1600년이나 걸렸지만, 이후 10억, 20억, 40억으로 증가하는 인구배가기간은

22) UN, 2011, 'World Population Prospects' 참조.

〈그림 11-4〉 세계인구의 성장역사

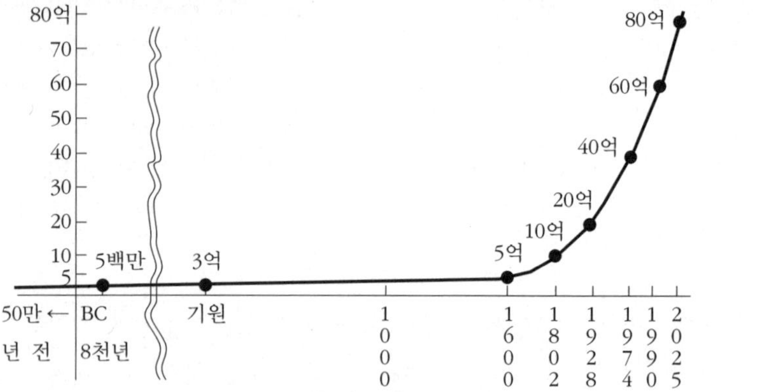

198년, 126년, 54년으로 단축되었다. 40억(1974)에서 80억(2025)으로 배가되는 데에는 41년으로 더욱 단축될 전망이다. 그러나 2025년 이후 저출생률이 확산되어 인구성장이 둔화되어 2100년에 약 100억 명에 이르러 세계인구성장은 정지될 것으로 예측되고 있다.

그러면 왜 산업화가 인구폭증의 원인이 되는가? 앞서 출산력에 관한 논의에서 농업사회에서는 출생률이 높고, 산업사회에서는 출생률이 낮다고 이미 설명한 바 있다. 그렇다면 왜 국가들이 산업화에 참여하면서부터 인구의 폭증을 가져오는가? 이에 대해서는 이른바 '인구변천이론'이 잘 설명해 주고 있다.

Ⅱ. 인구변천이론

인구변천이론(demographic transition theory)은 산업화가 인구의 폭증을 가져오는 이유를 이렇게 설명한다. 즉 산업화가 되면 출생률이 낮아지기는 하지만, 출생의 결정요인은 앞서 설명한 바와 같이 경제적·기술적 요인뿐만 아니라, 가족제도·종교 및 규범 등이 얽혀 복잡하기 때문에 출생률의 저하는 서서히 이루어진다. 그러나 사망률은 경제적·기술적 요인 한 가지에 의해 결정되기 때문에 산업화가 시작되자마자 바로 사망률의 급격한 저하가 나타나기 시작한다. 다시 말해 산업화가 되면 출생률에 비해 사망률이 더 빨리 낮아지기 때문에 그 간격에 해당하는 폭만큼 인구가 증가하게 되는 것이다.

인구변천이론에 따르면 산업화 이전까지 인구성장이 완만했던 것은 그 때는 출생률도 높았지만, 이것을 상쇄시킬 사망률도 역시 높았기 때문이다. 다시 말해 많이 태어났지만, 많이 죽었기 때문에 인구의 성장은 매우 완만하였다.

이에 비해 산업화가 시작되면 출생률이 저하되기는 하지만 서서히 저하되는 반면에, 사망률은 급속히 떨어지기 때문에 인구가 급증한다.

그러나 산업화가 더욱 진행되면, 출생률의 저하가 사망률의 저하수준까지 좇아와 사망률과 출생률이 비슷해져서 균형이 이루어짐으로써 인구성장은 정체상태에 들어가게 된다.

이 같은 인구변동과정을 인구변천이론은 3단계로 구분한다. 제 1 단계는 출생률도 높고, 사망률도 높았던 산업화 이전의 시기이다. 제 2 단계는 산업화 이후 구미에서의 18~19세기나 20~21세기 후발국가들의 인구추세와 같이 출생률은 계속 높은 수준에 머물러 있는데 사망률은 낮아진 시기이다. 그리고 산업화가 성숙하여 출생률도 낮고 사망률도 낮은 시기가 제 3 단계이다. 이러한 3단계는 출생률과 사망률의 추이에 따른 인구의 변천과정을 설명해 주고 있다. 이것을 그림으로 나타내면 〈그림 11-5〉와 같다.

다수선진국가들은 이미 산업성숙기에 진입하여 그들의 출생률과 사망률이 비슷해져 인구의 자연증가가 거의 일어나지 않는다. 2010년 전세계 자연증가율은 1.2%인데, 유럽은 −0.4%, 북미대륙은 0.6%이다.[23)]

〈그림 11-5〉 단계별 인구변천

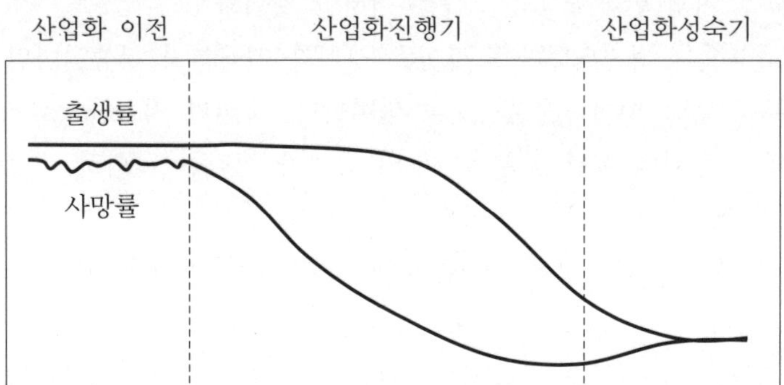

23) UN, 2011, 'World Population Prospects' 참조.

이론적으로 출생률과 사망률이 완전히 같아지면 자연증가는 0이 되는데, 우리는 이것을 **영(零) 인구성장**(Zero Population Growth : ZPG)이라고 부른다.

우리 나라의 인구변천을 보면 인구변천이론에 부합된다는 것을 알 수 있다. 우리 나라에서 사망률이 낮아지기 시작한 것은 1910년부터였다. 이것은 우연이 아니고, 일제식민지가 시작되면서 의약품이 따라 들어왔기 때문이다. 그 후 사망률은 계속 낮아져 2010년 현재 우리 나라의 사망률은 5.1(1,000명당)이다. 한편 우리 나라에서 출생률이 낮아지기 시작한 것은 1960년대에 이르러서였다. 그 때까지는 출생률이 40.0(1,000명당) 수준을 견지해 오다가 1960년대 이후부터 낮아지기 시작했다. 2010년 현재 출생률은 9.4으로 낮아져 인구성장을 크게 둔화시키고 있다. 1983년에 12.9명이던 자연증가율이 2010년에는 4.3으로 낮아졌다.

2010년 현재 우리 나라는 인구의 변천과정에서 볼 때 이미 제 3 단계(산업화성숙기) 마지막쯤에 와 있는 셈이다. 그러면 우리 나라에서 영인구성장(ZPG)은 언제쯤일 것인가? 앞에서 전망했던 것처럼 2030년이면 영인구성장에 이르게 된다고 한다. 그 때 남한인구는 최고 5,216만 명이 되어 이후부터 감소세를 보일 전망이다.

Ⅲ. 영(零) 인구성장의 한국사회

인구예측이 맞아들어가 2030년을 전후하여 한국에서 영인구성장이 이루어진다면, 그 이후 한국사회의 모습은 어떠할 것인가?

인구성장이 정지되었다는 사실은 사회가 지금까지 누증적이던 인구의 압박으로부터 일단 벗어나게 된 것을 의미한다. 오히려 저출산으로 인한 인구감소문제와 고령화에 따른 피부양인구의 증가가 심각한 사회적 쟁점이 될 것으로 전망된다.

이 때부터 GNP성장은 인구성장에 의한 감쇄(減殺) 효과 없이 순수증가가 된다. 사회가 전반적으로 안정세로 접어들어 좀더 정확한 국가적인 계획이 가능하게 된다. 비록 국토가 좁기는 하나, 합리적인 계획에 의해서 5,200만 명 정도는 쾌적하게 살 수 있는 환경을 조성할 수 있을 것이다. 교육·위생시설·위락시설 등도 적절히 배치할 수 있을 것이다(이것은 남북한 통일과 같은 심각한 외부변수의 발생가능성을 통제했을때의 이야기이다).

그 때 세계의 인구는 85억 전후가 될 것으로 예측되는데, 우리가 85억의 시장을 상대로 경제활동을 벌이게 된다면 한국경제는 세계경제 속에서 지금보다 더 유리한 위치에 서게 될 것이다.

이미 한국은 정보화의 선두국가로서 과학과 기술 분야에서 상당한 역량을 축적하여 컴퓨터·신소재·정보산업 등 첨단산업분야에서 세계시장에 진출해 있다. 첨단산업과 고부가가치상품에 대해서는 지속적으로 세계의 수요가 급증하고 있다. 산업시대에서와는 달리 자원보다는 고급인력이 더욱 중요한 정보사회에서 한국은 첨단산업국가로 발돋움하게 될 것이다.

따라서 한국의 정치체제와 국가정책은 국제관계와 국제교역에 역점을 둔 '세계 속의 한국'의 위치를 더욱 강화하는 방향으로 나가야 할 것이다. 한국이 조만간 영인구성장에 도달할 수 있다는 사실은 한국의 장래에 대한 전망을 밝게 해 주는 한편, 저출산에 따른 인구감소와 고령화현상은 심각하게 우려되는 측면이라 하겠다.

제6절 환　경

사람은 사회·문화적인 세계에서 살 뿐만 아니라, 자연에 의존하며 자연환경 속에서 살아간다. 인구와 환경은 복잡한 경로로 서로 영향을 미친다.

인구가 폭발적으로 증가하고 있는 아시아·아프리카·라틴아메리카 국가들에서는 식량공급과 자연자원이 고갈되지나 않을지, 또한 공기와 물이 완전히 오염되어 버리지나 않을지, 그래서 인간이 기근과 질병으로 메말라 죽어야 하는 재앙이 닥치지 않을지 학계와 일반인의 관심이 최근 환경으로 쏠리고 있다.

인간이 자연환경을 훼손해 온 역사는 이미 오래되었다. 수렵채취 또는 농사를 짓던 옛적부터 곡식과 채소를 심기 위해 자연 식물들을 제거하였고, 땅을 지나치게 파헤치거나 수목들을 베어 냈다. 도시를 건설하기 시작하면서부터 인간들은 환경을 더욱 바꾸어 놓았고, 산업화를 추진하면서 천연자원을 지나치게 사용했으며, 쓰레기들을 공기와 물 가운데 내다 버렸다.

자연에 대한 훼손은 '자연정복'이라는 미명으로 장려되었으며, 실제로 이러한 '자연정복'에 의해 인간은 그들의 종(種)을 이토록 많이 번식시켜 왔다. 그러나 이제는 거꾸로 자연이 인간에게 복수를 할 차례가 온 것이 아닌가 하는 것이 우리의 걱정이다.

한발에서 비롯된 중부아프리카의 기근은 20세기 후반 이래 수십만 명을 아사(餓死)로 몰아갔는데, 이것은 인간에 의한 자연의 혹사가 인간에게 되돌려진 것이었다. 사람들이 수목들을 계속해서 잘라 냄으로써 종전에는 쓸 수 있던 땅들이 사막으로 변했기 때문이었다.

I. 생 태 계

인간을 포함한 생물체와 환경의 상호 작용관계를 연구하는 학문이 **생태학**(ecology)인데, 생태학에서는 생물체와 환경의 관계를 **생태계**(ecosystem)의 순환원리로 설명한다. 생태계는 "식물·동물·미생물 및 이들을 지원하는 공기·땅·물·그 밖의 물질들로 구성된다".[24] 규모와 복잡성이 다양한 생태계는 적게는 미생물들의 작은 군락에서부터 호수·바다·숲, 크게는 지구 전체에까지 이른다. 생태계의 복잡성이 어떠하든 간에 생물체들은 생태계의 일부로서 그들의 내부 및 그들을 둘러싼 환경과 균형을 이루고, 또 상호 의존하는 '관계의 망'(web of relationship)을 형성한다. 이 균형과 상호의존은 **먹이연쇄**(food chain)에서 잘 나타난다. 태양은 에너지의 기본적인 원천이다. 녹색식물들이 태양에너지와 환경으로부터 영양을 섭취하여 먹이〔食物〕를 생산한다. 어떤 종류의 동물들이 식물들로부터 먹이를 얻고, 그 대신 사람을 포함한 다른 동물들에 의해 잡아먹힌다.

모든 생물체는 예외없이 죽으며, 그들의 몸은 박테리아에 의해 부식되어 동물들의 몸에 저장되었던 에너지와 영양분은 궁극적으로는 식물들이 다시 사용할 수 있도록 땅으로 돌아간다. 그러나 생태계의 균형이 결코 완전한 것은 아니다. 기후의 변동·화재·홍수 등과 같은 자연의 사건들이 자연의 진행과 순환을 방해할 수 있다. 예컨대 서리〔霜〕는 녹색식물들을 다 죽일 수 있으며, 이것이 이번에는 동물들의 생존을 위협할 수 있다.

오늘날 많은 환경문제는 인간들이 의도적으로 환경을 변화시키고, 환경을

24) Dassman, R. F., 1976, p. 6.

착취한 데서 비롯되는 직접적인 결과이다. 인간은 끊임없이 지구생태계의 안정과 균형을 파괴해 왔으며, 자연의 생명유지순환을 방해해 왔다. 세계의 인구가 빠른 속도로 증가하면 지구의 한정된 자연자원에 대한 요구가 증가되었다. 이에 덧붙여 인간은 호수·숲 같은 것을 고속도로·댐·산업공장 등으로 바꾸어 놓음으로써 중요한 생태계를 훼손하거나 없애는 환경의 변화를 초래해 왔다.

또한 산업화와 테크놀로지의 성장은 대대적인 환경의 오염을 가져왔다. 많은 환경문제들은 인간이 환경의 섬세한 생태적 균형을 무시하거나 소홀히 한 데서 비롯된 결과들이다.

생태적 균형에 대한 이 같은 훼손은 인간을 포함한 많은 생물의 종(種)들에게 예기치 않은 부정적인 결과를 초래하고 있다. 지구의 한정된 자원에 대한 증가된 요구는 필연적으로 식량·연료·광물 등과 같은 필수품의 부족을 가져왔다. 인간에게 그 원인이 있는 공해는 환경문제의 주종을 이룬다. 수자원공해는 인간들이 화학적인 폐품들을 하천과 바다에 내다 버림으로써 야기되었고, 이것은 물 속에 사는 생물들을 파괴하고 있다. 공기오염은 많은 건강문제들을 야기한다.

Ⅱ. 공　　해

최근의 통계에 의하면, 인간은 염화탄소·탄화수소·산화질소·산화유황 등의 공해물질을 연간 2억 톤씩 공기 속에 뿜어 내고 있다고 한다. 이 같은 공해물질의 60%는 자동차·트럭 등과 같은 교통수단에서 배출되고, 다른 20~25%는 발전소나 가정 등의 연료연소에서 나온다. 그리고 나머지 15~20%는 산업과정에서 나온다. 공기오염은 인간뿐만 아니라, 다른 동물의 종(種)에도 많은 악영향을 미친다. 이것은 호흡장애를 일으키거나 감기의 원인이 되며, 목과 눈에 염증을 일으킨다. 공기오염은 또한 만성기관지염·만성천식·폐렴·폐암·심장질환의 직접적인 원인이 된다.[25]

공기와 마찬가지로 생물체의 생존에 필수적인 물도 오늘날 크게 오염되어 인간의 소비에 위협을 준다. 산업·도시·농업에서 유출되는 공해물질들이 호수와 하천과 바다에 매일 유입되고 있다. 전형적인 공해물질은 쓰레기·찌꺼

25) Ehrlich, p. R., and A. H. Ehrlich, 1972 참조.

기 · 폐유 · 광물질 · 독성화학물질 · 금속 · 플라스틱 · 인산비료 · 질산염 · 살충제 등이다. 우리 나라에서 물이 오염되지 않은 곳은 드물다. 우리 나라에서는 농작물에 대한 비료 및 살충제를 전국적으로 사용한다. 도시인구의 증가에 따라 쓰레기 처리와 수질보존은 환경문제의 중요한 과제가 되었다.

농촌에서 사용하는 비료들은 급기야는 물로 흘러들어가 수질을 오염시킨다. 무기질소비료의 반복적인 사용은 장기적으로 땅 자체가 가진 자연적인 질소성분의 생성력을 약화시켜 토질을 황폐화시킨다.

공장들은 또한 공해의 원천들로서 뜨거운 물과 폐수와 독성화학물질을 강과 바다에 쏟아 놓는다. 우리 나라의 산업폐수들은 동해안의 남부 일대와 남서해안 일대의 바다와 이와 연결되는 하천들의 물을 못 쓰게 만들고 있다. 공장에서 나오는 유해성 쓰레기들도 심각한 공해문제를 야기하고 있다.

Ⅲ. 자연자원의 감소

석화연료 · 광물 · 광석 등 천연자원의 부족은 산업국가들에게 심각한 문제를 던져 준다. 산업국가들은 그들의 높은 생활을 유지하기 위해서 이들 물질에 의존하지 않을 수 없다. 사실상 세계의 자연자원이 부족하게 된 가장 큰 책임은 이들 산업국가들이 무절제하게 자원들을 낭비해 온 데 있다. 예컨대 미국은 세계인구의 불과 6%를 차지하고 있음에도 불구하고 세계원자재의 30%를 소비하고 있다. 미국은 세계 알루미늄의 30%, 천연가스의 60%, 코발트 · 구리 · 니켈 · 석유의 30~40%, 철 · 납 · 아연의 약 25%를 소비하고 있다. 여기에 1980년 이래, 중국이 그들의 산업화와 더불어 대량자원 소비국으로서 가세하고 있다. 중국은 세계자원의 획득을 위해 미국과 경쟁을 벌이고 있는 것이 현실이다.

만약에 현재의 인구성장추세와 1인당 자원소비량이 계속된다면, 주석 · 구리 · 은 · 납 · 아연 · 알루미늄 · 크롬 · 니켈 등 세계의 많은 자원들이 가까운 장래에 고갈될 수도 있다.[26)]

1. 에 너 지

자연의 고갈문제는 에너지부문에 가장 현저하다. 오늘날 세계의 산업국가

26) Meadows, D. H., et al., 1974 참조.

들은 에너지의 생산을 석유·석탄·천연가스 등 석화연료에 의존하고 있다. 석탄은 가장 풍부한 석화연료로서 앞으로 수세기 동안은 세계의 공급에 충분할 것으로 알려지고 있다. 그러나 다른 석화연료들, 특히 석유는 급속히 고갈되고 있다. 대부분 사람들의 당면관심은 연료가격의 인상과 석유 및 휘발유의 잦은 품귀로 인한 불편에만 있는 것 같다. 많은 사람들이 이러한 상황에 대해 석유회사들의 이익증대를 위한 장난의 탓으로 돌리는 듯하다. 그러나 에너지위기를 조성하는 주요한 요인은 산업국가들이 대량의 에너지를 계속 소비하고 있다는 데에 있다. 미국은 서방산업국가들이 사용하는 전체원유의 70%를 소비하고 있다.

2. 대체에너지

에너지위기는 사람들로 하여금 연료로 사용할 수 있는 대체자원을 찾도록 했다. 최근 합성연료(synfuels)와 석탄 및 핵에너지가 큰 관심을 끌어 왔다. 합성연료는 석탄·혈암·바위들로부터 채취한 기름으로 만들어지는 것인데, 이러한 합성연료의 자원이 되는 석탄과 혈암은 미국을 비롯한 여러 나라에 풍부히 매장되어 있다. 그러나 문제는 합성연료의 생산비가 비싼 점이다. 합성연료공장을 하나 건설하기 위해서는 10억 달러 내지 30억 달러가 필요하다. 더욱이 합성연료의 생산에는 여러 가지의 공해문제가 뒤따른다. 예컨대 혈암기름(sandoil)의 생산은 공기와 물을 오염시키고, 대량의 쓰레기를 배출하며, 나아가서는 물 공급까지 어렵게 만들 것이라고 한다.

또 하나의 대체에너지인 석탄은 아직 세계도처에 매장되어 있는 양이 많고 값이 싼 에너지라는 점에서 장차 필요한 에너지를 충당하는 중요한 부분이 될 것이다. 그러나 불행하게도 석탄은 가장 공해가 심한 연료라는 점이 문제된다. 석탄의 증산을 위해서는 필연적으로 채탄작업을 강화해야 할 것인데, 탄가루로 인한 환경오염이 심각해질 것이다. 또한 석탄이 연소될 때에도 대량의 아황산가스와 다른 공해물질을 대기 중으로 배출한다.

핵발전소는 비록 제한적이기는 하지만, 에너지원으로서 중요한 역할을 해 왔다. 핵발전소를 지지하는 사람들은 핵발전소가 여러 가지 장점을 갖고 있다고 주장한다. 즉 핵발전소는 무한대의 에너지를 공급할 수 있고, 비교적 값이 싸며, 석탄을 태우는 것보다는 환경공해를 덜 일으킨다는 것이다.

이러한 이점에도 불구하고 핵발전의 안전문제가 크게 논란의 대상이 되고 있다. 특히 두 가지 문제점에 관심이 모아지고 있는데, 첫째는 원자로의 안전문제이고, 둘째는 방사선 쓰레기를 안전하게 폐기하는 문제이다. 가장 심각한 핵사고는 1986년 소련에서 발행한 체르노빌핵발전소의 장비고장으로 인한 방사선누출사고와, 2011년 일본의 동북 해안을 덮친 쓰나미로 인한 원자로들의 침수마비와 대량의 방사능 물질이 해양으로 누출된 사고이다. 이러한 사고들은 원자로의 안전에 대한 경각심을 새로이 일깨웠으며, 문제가 없는 원자로는 없다고 하는 일반적인 반핵정서를 불러왔다. 그리하여 탄화연료도 아니고 핵연료도 아닌 대체에너지에 대한 관심과 연구를 고무하고 있다. 현재 미국 등에서 연구되고 있는 대체연료로는 무진장의 바닷물을 이용하는 수소에너지와 우주공간에 널찍한 집광판(集光板)을 설치하여 태양열을 모아 에너지로 전환시키는 태양열에너지이다.[27)]

만약 이러한 유형의 에너지생산이 실용화된다면 인류의 에너지문제에 대한 해결책이 될 수도 있을 것이다.

---

27) Friedman, George, 2009, pp. 217-222 참조.

제12장

지역공동체

- 제 1 절 지역공동체란?
- 제 2 절 농촌공동체
- 제 3 절 도시공동체
- 제 4 절 도시의 발달
- 제 5 절 도시의 생태

ology Sociology Sociology Sociology Sociology Sociology Sociology Sociology Sociology

제12장

지역공동체

제 1 절 지역공동체란?

지역공동체(community)란 사람들이 모여 일상생활을 하는 지역을 말한다. '지역'이라는 말이 시사하는 바와 같이 지역공동체에 대한 관심은 지리적 및 공간적 자연환경에 시각을 두고, 그러한 환경 가운데서 영위되는 삶의 특질을 밝히고자 하는 것이다. 이러한 시각은 인간의 삶의 상당부분은 물리적 환경과의 관계에서 환경에 영향을 주기도 하지만, 환경으로부터 커다란 영향을 받는다는 사실을 인식하는 데서 비롯된 것이다. 환경은 삶의 터전이기 때문에 그 터전은 인간의 사회관계(인간관계) · 가치관 · 신념 · 규범 · 행동양식에 영향을 미치게 된다.

지역공동체의 대표적인 두 유형은 농촌공동체와 도시공동체이다. 그러면 각 공공체의 환경적 요인에 시각을 두고, 각 공동체에서의 삶의 특질이 어떠한가를 살펴보기로 한다.

제 2 절 농촌공동체

농촌공동체(rural community)를 촌락이라는 말로 표현해도 무방할 것이다. 이미 우리 나라에서도 순수한 의미의 농촌공동체는 더 이상 존재하지 않을지도 모르겠으나, 오늘날의 변질된 농촌을 이해하기 위해서도 우선 순수한 의미의 농촌공동체의 모습부터 묘사해 보기로 한다.

Ⅰ. 농촌공동체의 환경적 특징

로버트 레드필드(Robert Redfield)는 농촌공동체의 환경적인 특징을 고립성·정체성·자연의존경제에서 찾고 있다.[1)]

첫째, 고립성에 관해 말하자면, 농촌공동체는 하천이나 산림 또는 산과 같은 지리적 장애물로 인해서 외부와의 접촉이 빈번하지 못한 채 고립되어 있음을 뜻한다.

둘째, 정체성이란 농촌공동체 안에서는 사회이동이 거의 일어나지 않음을 뜻한다.

셋째, 자연의존경제란 농토와 주변의 산림·하천·바다 등 주변의 자연에 의존하여 생활을 영위하는 것을 말한다.

이러한 환경적 특징은 상당한 범위까지 삶의 내용을 결정한다.

Ⅱ. 농촌공동체에서의 삶의 특질

고립성으로 말미암아 공동체구성원들은 주로 자기들끼리만 사회관계를 형성한다. 조그마한 촌락에서 사람들은 생산·소비·오락·의식(儀式)활동 등을 통해서 거의 매일같이 거의 평생 동안 대면적 접촉을 하게 되고, 따라서 서로서로가 잘 알며, 표면적이거나 형식적인 인간관계는 통하지 아니한다.

이로 말미암아 구성원들은 사고방식이나 행동의 유형이 매우 비슷한 동질성을 갖게 된다. 사람들은 집단 소속감과 유대감이 강하며, 집단과 자신을 일체화(identify)하는 경향을 갖게 된다.

사람들은 자기가 소속한 공동체에 대해서 우월감을 갖고자 하며, 만약에 자신의 공동체가 외부인에 의해 모욕을 당하거나 훼손을 입게 되면, 그 이유를 이해하려고 하기보다는 용서할 수 없는 보복의 감정에 사로잡히게 된다. 따라서 농촌공동체에서는 자기집단중심주의(ethnocentrism)와 지방주의가 발달한다.

제한된 농토를 근거로 영위하는 생활에서 개인이 어떤 새로운 부나 지위를 획득할 기회는 거의 없기 때문에 사회이동이 일어나기 어렵고, 따라서 집단 내의 질서가 장기간에 걸쳐 변화 없이 지속된다. 이로 인해 농촌공동체에서는

---

1) Redfield, Robert, 1947 참조.

전통주의·보수주의가 발달하고, 권위를 숭상하며, 권위에 대한 예의와 행동규범이 발달한다. 선조들이 살아온 유형을 자손이 뒤쫓게 되며, 자손들 또한 자신들의 생활양식을 답습하게 될 것임을 안다. 농촌공동체에서는 공식적인 법률이 거의 필요가 없다. 왜냐하면 행동은 주로 관습에 의해 규제되기 때문이다. 민습(民習)에 의해 사회통제가 이루어지고, 비공식적 규범이 행동을 강력히 규제하며, 성원들은 그 규범을 내면화하고 있다. 이러한 농촌공동체에서는 일탈이 잘 일어나지도 않지만, 만약에 일탈이 일어날 때에는 공동체 전체가 가족적인 관심을 갖고서 일탈을 억제한다.

자연에 의존해서 경제생활을 해야 하는 농촌공동체에서는 자연에 적응하는 수단을 익히게 된다. 그 수단들 가운데서도 공동노력과 협동만이 가뭄과 홍수 등 자연의 변이에 대처할 수 있는 수단이 된다. 또한 파종과 추수에 있어서도 절기를 놓치지 않기 위해서는 공동의 노력을 하지 않을 수가 없다. 그 결과 농촌공동체에서는 상부상조와 협동의 정신이 최고의 덕목이 된다.

공동 노력과 협동을 위해서는 지도자가 필요한데, 주로 그 공동체의 관료나 연장자가 지도자의 임루를 맡는다. 관료는 그의 지위에 따른 공식적 권위에 의해서, 연장자는 오랜 경험을 통한 지혜의 권위를 통해서 공동체의 공동노력을 지휘하게 된다. 권위에 대한 숭상은 과거로까지 거슬러 올라가 위인숭배와 조상숭배가 발달하고, 이에 따라 제의(祭儀)가 또한 발달한다.

자연의존경제에서는 거의 잉여가 없기 때문에 경제생활은 자급자족의 소비를 위한 생산으로 그치며, 구성원들 사이에서는 상호 부조의 물물교환과 무이자의 대여가 이루어진다.

경제생활이 단순한 농촌공동체에서는 가족 이외에는 거의 하위집단이 존재하지 않는다. 때문에 가족과 친척의 연계가 경험의 중심을 이룬다. 이러한 씨족관계는 그들로 하여금 헌신과 사랑과 희생의 정신을 갖게 한다.

농촌공동체에서는 분업이 단순하며, 사회적 역할은 포괄적·전체적이다. 남녀 사이의 기능의 차이 때문에 성과 연령의 차이에 따른 역할분담이 이루어져 성과 나이는 한 개인의 행동을 거의 결정한다. 농촌공동체에서는 어느 개인의 성과 나이만 알면, 그 사람의 지위와 기능이 무엇인지를 짐작할 수 있다.

작고, 고립되고, 노동분화가 단순한 농촌공동체에서는 사회가 동질적이고 안정되고 변화에 저항한다. 두르껭이 말하는 소위 '집단의 양심'(conscience of collective)이 있어 가치관·감정·신념이 모든 구성원들에게 공통적이다. 사회의 구성원들은 개혁이나 실험이나 반성의 동기가 없으며, 따라서 사회변화가 매우 완만하다.

이러한 삶의 특질을 갖는 농촌공동체를 퇴니스(Ferdinand Tönnis)는 게마인샤프트(gemeinschaft)라는 말로,[2] 또 로버트 레드필드(Robert Redfield)는 민습사회(folk society)라는 말로[3] 표현했다.

그러나 도시에서 일어나는 산업화로 말미암아 농촌공동체의 이러한 특질들은 변질되거나 파괴된다.

Ⅲ. 농촌공동체의 변화

농촌공동체를 변화시키는 요인으로는 교통·통신의 발달과 농업기술의 보급 및 신분제의 폐지 등을 손꼽을 수 있다.

첫째, 산업화에 의한 교통과 통신의 발달은 농촌지역에 고속도로가 통과하게 되고, 전화가 가설되며, 특히 텔레비전이 농촌에 들어옴으로써 외부로부터 고립되었던 농촌공동체는 변질된다. 외부와의 문화적 접촉이 잦아지고, 텔레비전의 영상을 통해 비치는 외부세계, 특히 도시의 모습은 어린이에게서부터 새로운 언어와 유행과 풍습을 전파시킨다. 농촌사람들은 자신들의 물질적 형편과 외부세계의 물질적 형편을 비교하게 되고, 새로운 물질적 열망을 갖게 된다. 이렇게 됨으로써 자신들의 고장에 대한 애착과 긍지가 상대적으로 감소되며, 나아가서는 농촌공동체가 지녀 온 가치관과 규범에 대한 개입이 줄어든다.

둘째, 산업화의 결과로 농촌에 새로운 농업기술이 도입된다. 관개와 수리(水利)를 포함하는 토지개량사업이 실시되고, 화학비료와 살충제가 보급된다. 종자개량과 새로운 영농법이 도입되며, 농기구가 이용되어 노력(勞力)의 효율성이 증대된다.

이와 같은 새로운 농업기술의 도입은 농업생산을 증대시켜 그 단위부락이 소비하고도 남을 잉여를 창출하게 된다. 농업생산에서의 잉여의 발생은 농촌경제에 있어서 매우 중요한 의미를 지닌다. 지금까지 자급자족과 소비를 위한 생

2) Toennis, Ferdinand, 1887/ 1959 참조.
3) Redfield, Robert, 1947 참조.

산으로부터 이제는 상품을 위한 생산을 하게 되는 것을 의미한다. 다시 말해 농산물의 잉여는 이것을 시장에 내다 팔게 됨으로써 농산물이 현금으로 바뀌는 현금농작물(cash crops)로 그 성격이 변한다. 농민들은 돈을 소유하게 된다. 마르크스의 표현을 빌리면 돈은 "호주머니에 넣고 다니는 사회적 권력"이기 때문에 자기가 원하는 상품뿐 아니라 인기와 존경까지도 살 수 있다는 것을 깨닫게 된다.

농산물은 이제 상품이 됨으로써 농민들은 시장경제의 일원으로서 흡수된다. 시장의 수요와 공급·흥정·거래·국가의 농업정책 등이 그들의 경제생활과 밀접한 관련을 맺게 됨으로써 농민들은 외부세계에 관심을 갖게 될 뿐만 아니라 타인들을 거래의 대상으로 생각하게 되며, 이해관계를 따져 처신하려 한다. 농작물이 현금으로 환산됨에 따라 농업노동은 상호 부조에 기본을 두기보다 노임에 기초하는 노력제공으로 성격이 바뀐다.

셋째, 현대국가의 일반적인 경향인 신분제의 폐지는 화폐경제의 농촌침투를 용이하게 하는 또 하나의 요인으로 작용한다. 신분제가 존속하던 과거라면 신분상의 주종관계로 말미암아 사회이동에 장애를 일으켰지만, 이미 신분제가 철폐된 농촌에서는 개인적 성취가 사회의 이동을 가능하게 하고 있기 때문에 시장경제의 일부가 된 농촌의 경제활동은 개인에게 새로운 기회를 부여함으로써 성취동기를 높여 준다. 따라서 개인들은 좀더 이기적인 인간형으로 변모한다.

이와 같은 농촌공동체의 변모에도 불구하고, 농경이라는 시계적 작업(時系的 作業)은 노동의 분화를 제한함으로써 기능의 새로운 출현이나 새로운 조직이 발생할 가능성은 적다. 그래서 농촌공동체에서는 여전히 성과 연령에 의한 분업이 주종을 이루고, 가족적 연계가 경험의 중심을 이루는 전통적인 삶의 특질이 상당부분 유지된다. 또한 인간의 가치관·규범 및 가족제도 등은 높은 지속성을 가지기 때문에 농민의 의식(意識)이 급변하지는 아니한다.

제 3 절 도시공동체

도시공동체에 대한 본격적인 연구는 1920~1930년대에 시카고대학교 사회학과 교수들(시카고학파)에 의해 수행되었다. 도시는 그 환경이 농촌의 환경과 다르고, 또한 삶의 질도 농촌의 그것과 다르다. 그러면 도시공동체의 환경적 특징과 그에 따른 삶의 내용을 살펴보기로 하자.

Ⅰ. 도시공동체의 환경적 특징

도시사회학의 대가인 루이스 워스(Louis Wirth, 1938)는 도시공동체의 환경적인 특징을 인구의 거대성·밀집성·이질성에서 찾는다.[4)]

도시환경의 첫번째 특징은 많은 인구가 한 곳에 모여 산다는 것이다. 그러나 이것만으로는 도시라고 할 수 없다. 인도의 농촌 가운데는 많은 인구가 한 곳에 모여 사는 곳이 흔하지만, 주민들이 농업에 종사할 때는 그것을 도시라고 말하지는 않는다. 농업사회에는 직업과 직종의 분화가 적어 단조롭고, 따라서 주민들 사이에 동질성이 높다. 우리가 인구의 거대성을 도시의 환경적 특징으로 꼽을 때는 이들 인구들이 농업에 종사하지 아니하는 인구들임을 암시적으로 전제한다.

지구상에 도시가 처음 생겨난 것은 대개 기원전 약 6천년으로 믿어지고 있다. 주로 근동의 유적지에서 도시의 형체들이 발굴되고 있는데, 이것이 아마 고대의 도시였을 것으로 추정이 된다. 고대의 도시들은 종교·정치 또는 상업의 중심지로서 농업 이외의 일에 종사하는 사람들의 거주지였다. 도시의 출현이 가능했던 것은 그 시대의 농업생산이 비농민인 도시인들을 먹여 살릴 만한 잉여가 있었기 때문일 것이다.

현대의 도시들은 산업화에 따라 생겨난 새로운 일자리를 찾아 이 곳으로 이주해 온 사람들로 거대한 인구가 형성됨으로써 기존의 소도시가 팽창되거나 혹은 새로이 생성된 것들이다.

둘째, 도시지역에서는 사람들이 밀집해 산다. 이런 밀집은 주거에서뿐만 아니라 직장·위락시설 또는 전철이나 버스 등 교통체계 안에서도 마찬가지이다.

역사적으로 볼 때, 도시의 밀집성은 사람들이 그들의 기능적인 상호 관계에서 이익을 얻기 위해서는 서로 가까이 있어야 할 이유가 있었기 때문이다. 예컨대 회사와 은행은 가까이 있는 것이 서로 유리하였고, 노동자와 구멍가게

4) Wirth, Louis, 1938 참조.

도 가까이 있는 것이 서로 유리하였다. 과거에는 통신과 교통이 원활하지 않았기 때문에 이해관계를 가진 두 단위는 바로 곁에서 일할 필요가 있었다. 이것은 상업지역의 공간을 희소하게 만들었고, 따라서 땅값이 바싸졌다. 높은 땅값으로 말미암아 한 치의 땅이라도 합리적으로 사용하려 한다. 현대도시에서는 상업지역의 땅값이 가장 비싸며, 이런 지역에서는 고층건물이 건축된다.

일반적으로 오래된 도시일수록 인구가 더 밀집되어 있다. 급행교통수단과 고속도로가 개발된 이후에 발달된 도시들은 밀집성의 정도가 오래된 도시보다 덜 하다.

셋째, 인구의 이질성은 도시의 역사적 배경에서도 설명될 수 있다. 역사적으로 볼 때, 지구상의 중요 도시들은 상업의 중심지였다. 도시들은 그 지역 이외로부터 문화가 다른 사람들을 끌어들였으며, 도시내부에는 또한 성격이 다른 하위문화들이 존재했다. 도시가 상업과 문화의 중심지였기 때문에 가치관·기술·교육 및 직업수준·나이와 성의 구성에 이르기까지 이질적인 인구들을 끌어들여 왔고 또한 유지했다.

경제적인 측면에서 볼 때, 도시의 산업지역에서는 노동력의 분화가 매우 크다. 산업을 움직이기 위해서는 여러 종류의 전문가와 생산노동자와 서비스 종사자가 필요하다. 그 결과 도시지역에서의 직업구조는 복잡하며, 또한 직업 종류도 다양하다. 직업 및 교육수준의 차이는 도시의 계층구조를 복잡하게 만들었다. 산업화로 인해 여러 직종에 대한 수요가 확대됨으로써 문화적 배경을 달리하는 사람들의 도시이주를 또한 촉진시켰다. 대도시들에서는 아직 도시의 전반적인 문화에 동화되지 않은 새로운 이주자들을 포용하고 있다.

이와 같은 인구의 거대성·밀집성·이질성이라는 도시의 객관적 조건은 도시인들의 삶의 방식에 영향을 미친다. 워스는 도시인들의 삶의 방식을 도시성(urbanism)이라고 불렀는데, 그는 그것을 하나의 유해한 병리적 현상으로 파악했다.

Ⅱ. 도 시 성

도시성(都市性, urbanism)이란 도시에서 인간들이 영위하는 삶의 방식(a way of life)을 말한다. 도시인들의 삶의 방식에서는 농촌공동체에서 보았던 게마인샤프트적인 삶의 방식과는 대조적인 개인주의적 규범과 새로운 형태의 생활양식으로 대치된다.

워스에 따르면, 대도시에서 사는 사람들은 매우 제한된 수효의 사람들만을 잘 알 뿐 다른 대부분의 사람들에 대해서는 모른다. 도시인들은 매우 부분적인 일 때문에 사람을 만난다. 도시인들은 자신들의 필요를 충족시키기 위해서는 농촌의 사람들에 비해 더 많은 사람에게 의존해야 하고, 따라서 더 많은 집단과도 접촉하게 되지만, 어느 특정인에 대한 의존은 적다. 다른 사람에 대한 그들의 의존은 다른 사람의 전체활동 중의 한 부분에만 국한된다. 도시에서의 접촉은 일차적이라기보다는 이차적이라고 하는 말이 바로 이런 것을 지적하는 것이다.

도시에서의 접촉도 대면적이기는 하지만, 그 접촉은 피상적·일시적·부분적이다. 도시인들이 대인관계에서 유보적이고도 무관심한 태도를 취하는 것은 남들의 기대와 개인적 부탁으로부터 자신을 보호하려는 수단일 수 있다.

거대한 인구가 모여 사는 도시에서는 농촌공동체에서처럼 원초적인 인간관계에 기초를 둔 생활형태를 가지기가 거의 불가능하다. 만나는 사람은 특수한 일이나 특수한 상황에 관련되어 있고, 그 일과 그 상황이 바뀌면 더 이상의 접촉이 없다. 이와 같이 대인관계에서의 단편적인 역할교류와 제한된 결속은 일종의 소외를 불러온다. 이러한 소외는 범죄·자살·정신병 등의 사회적 병리와 연관을 짓는다.

공간적인 밀집은 또한 인간의 상호 작용의 빈도와 질에 영향을 미친다. 순수히 물리적인 측면에서는 작은 공간에 많은 사람이 살기 때문에, 서로 마주칠 수 있는 가능성은 밀집이 덜한 지역에서보다 더 크다. 그러나 어느 개인과의 관계를 볼 때는 접촉의 시간이 적고, 또한 그와 나눈 정보의 양도 적다. 다시 말하면 공간적으로는 밀도가 높지만, 사회적으로는 밀도가 낮다. 물리적 공간과 사회적인 공간은 확실히 다른 것이다.

이에 덧붙여 도시인구의 이질성은 도시생활을 소외의 생활로 만든다. 문화의 다양성과 인간관계의 단편화는 도시생활의 여러 국면을 단절적인 것으로 만든다. 사람의 거주지와 직장의 직업의 종류와 수입과 관심과 충정이 서로 잘 연결이 되지 않는다.

사람들의 사회관계는 누구에게나 통용될 수 있는 표준화·세련화된 양식으로 이루어진다. 미소와 상냥한 말씨와 관용의 태도가 일반화되나, 애정이나 깊이는 없다. 사회가 다양한 성격의 사람들로 이루어져 있기 때문에 공식적 통제가 강화된다. 상품과 오락물의 형태는 많은 사람들로부터 평균적으로 환영을 받는 것이 수익에 유리할 것이므로, 표준화·평준화되어 소위 대중문화를 결과시킨다.

제 4 절 도시의 발달

도시의 시작은 기원적 약 6천년 전으로 거슬러 올라간다. 근동(Near East) 지방이 고대도시의 발상지로 나타나고 있는데, 그 당시 이 지방은 비옥한 토지와 상온다습의 기후로 말미암아 농작물의 생산이 풍부하였고, 당시 이미 관개와 수리(水利)에 뛰어난 슈메르(Sumer)인들의 농경기술로써 도시민들을 부양할 수 있는 농산물의 잉여가 가능하였다.[5)]

서양의 고대도시들의 형태는 대개 부채꼴로서 부채의 손잡이 부분의 중앙에는 지배계급이 거처하고, 바깥쪽으로 나갈수록 사회적 신분이 낮은 차례대로 상인·장인·노예들이 살았다. 고대도시는 원칙적으로 지배계급의 거주지였으며, 그 밖의 사람들은 지배계급의 편의에 봉사하는 계급들이었다.

중국에서도 기원적 4~5천년 경에 이미 도시가 시작되었을 것으로 유추되고 있다. 동양의 도시는 도시의 외곽을 담으로 둘러치는 성곽도시형태였다. 성곽내부에서는 북쪽 지역에 궁성이 남향으로 자리잡고, 궁성을 중심으로 하여 귀족·가신·상인들이 차례로 거주하며, 성곽 바깥의 인근에 농민과 장인 및 천민이 살면서 성내로 물자를 공급하거나 노역에 봉사했다.

Ⅰ. 현대도시의 발달

산업사회에서의 현대도시들은 산업혁명으로 말미암아 발달한 것이다. 구라파에서는 부유한 상인계급과 상업적 농업귀족들이 공장을 건설함에 따라 새로운 일자리가 창출되어 노동자가 필요해진 데다가 한편 농촌에서는 농경의

5) Garraty, Joan A. and Peter Gay, 1972, p. 55-66 참조.

기계화와 상업농의 경영으로 많은 소작인들이 농토에서 쫓겨나게 되었다. 농촌으로부터의 배출요인과 공장지대의 흡인요인이 합치함으로써 농민들의 대대적인 도시이주가 일어났고, 이것이 현대적 도시를 만드는 계기가 되었다.[6]

그러나 후진국가들에서의 도시의 발달은 그 출발이 다르다. 후진국들에서는 지난 세기 동안 선진산업국가들의 식민지로서 종주국의 이익에 봉사시킬 목적으로 도시가 조성되었다. 종주국들은 식민지의 원료와 토산품을 실어내기 위해 이들 물품을 집적시키고, 또한 식민지에 팔기 위한 본국의 제조품을 하적시킬 곳이 필요하였다. 그래서 물품의 집적·보관 및 출하를 위한 일종의 **하적지**(荷積地 : entropot)로서 개발된 곳이 후진국의 도시들이었다. 물품을 반출·반입하는 장소로서는 해안이 편리했기 때문에 이들 도시는 항구도시로서 발달했다. 상해(上海)·캘커타·봄베이·마닐라가 그 예이다. 이들 도시는 그들 나라의 농업잉여의기반 없이 형성되었기 때문에 그 나라의 사회·경제적인 상황과는 불균형을 이루는 특수지역의 성격을 지니면서, 다른 지역들은 정체되어 있는 데도 유독 유난스레 팽창하는 것이 특색이다. 그 이유는 종주국의 편의를 위해서는 여러 장소에 도시보다는 한 곳에서 모든 식민지사업을 수행하는 것이 편리하기 때문이었다. 이러한 경로로 성장한 후진국의 거대도시를 **초등도시**(primary city)라고 부른다.

Ⅱ. 도시의 성장

도시의 인구가 성장하는 현상을 **도시화**(urbanization)라고 하거니와 산업화에 따른 도시화는 산업의 성장과 보조를 같이 한다. 산업의 성장은 생산부문뿐 아니라, 금융·보험·회계·서비스 등 경제적 지원부문도 발달시키게 되므로 도시의 고용기회는 누진적으로 증대된다. 따라서 도시화는 계속되어 도시의 규모가 커지고, 이와 더불어 밀집성과 이질성도 그만큼 높아진다.

타운(town)이 소도시(우리 나라에서는 인구 5만 명 이상)가 되고, 소도시(small city)가 성장하여 인구 10만 이상의 중간도시(urban)가 되며, 중간도시가 성장하여 대도시(metropolis)를 형성한다. 대도시가 인근의 중소도시들과 경제적·사회적으로 접속하여 통합체를 형성하게 될 때, 이 지역들을 전부 포괄하

6) Hohenberg, Paul M. and Synn Hollen Lees, 1985 참조.

여 **광역도시**(metropolitan) 또는 다른 이름으로 거대도시(megacity)를 이룬다.

나아가서 거대도시와 거대도시가 중복되어 사실상 하나의 광대한 도시권을 형성했을 때, 구미에서는 이것을 새로운 용어로서 **초광역도시권**(megalopolis)이라고 한다. 미국의 보스턴(Boston)과 워싱턴(Washington)을 중심으로 하는 두 개의 광역도시가 뻗어 나가 보스턴 북쪽으로부터 워싱턴 바로 남쪽까지의 모든 중소도시와 교외를 포함하게 되어 「보-워시 초광역도시권」(Bo-Wash megalopolis)을 형성하고 있다. 우리 나라에서는 서울과 수원, 인천이 팽창 · 접속하여 '경수인도시권'(京水仁都市圈)을 이루고 있는 것도 마찬가지 현상이다.

원래 상업의 중심지였던 중소도시가 거대한 산업도시로 성장하게 되면 공장들이 교외(초광역도시권에서는 흔히 거대도시와 거대도시의 중간지대)로 옮겨짐에 따라 회사중심의 도시(corporate city)로 변모한다. 공장들의 시외곽에로의 이전은 교통과 통신의 발달에 힘입은 바 크다. 또한 조립선생산체계(assembly line production system)의 도입은 건물의 같은 층에 시설을 설치하는 것이 작업에 유리하기 때문에 넓은 대지가 필요하였고, 이와 같은 요구는 지가(地價)가 비교적 저렴한 교외에로의 이전을 촉진하였다.

공장들의 교외이전과 때를 같이 하여 시내중심지의 소매상지역들은 점차 회사빌딩들로 대치된다. 그것은 기업의 경제적 도시중심부를 점유할 정도로 성장하였다는 점과 기업활동과 결부된 금융기관이 도시에서 크게 성장한 데에 그 원인이 있다.

공장들의 이전과 더불어 노동자계급이 공장지대 인근으로 옮아가 중산층과 상류층으로부터 주거지가 분리된다.[7)]

Ⅲ. 세계도시

뉴요크, 런던, 도쿄, 상하이, 서울, 파리 등과 같이 대체로 인구 1000만 명이 넘는 각국의 거대 도시들은 세계경제의 본점(本店) 또는 분점(分店)으로서의 기능을 수행한다. 정보 · 통신기술(컴퓨터 테크놀로지에 의한)의 발달은 세계의 경제를 하나의 체제로 통합시키는 촉매역할을 하며, 세계각지의 거대도시들은 서로 네트워크를 형성하여 상호의존적으로 경제활동을 수행하는 중심축들이 된

7) Sawers, Larry and William T. Fabb, 1984 참조.

다. 세계경제에서 중심축이 되는 거대도시들을 사센(Sakia Sassen)교수는 세계도시(global city)라고 부른다.

사센에 따르면, 세계도시들은, 국제무역과 은행업의 중심지로서의 오랜역할을 넘어, 새로운 4가지 방식으로 기능한다. 즉, (1) 세계경제 조직에 명령을 내리는 지휘본부, (2) 금융과 전문화된 서비스 기업의 핵심지, (3) 혁신산업의 생산을 위한 연구 및 기획의 중심지, (4) 혁신상품의 시장 등으로서의 기능을 수행한다. 이러한 기능의 수행 정도에 따라 세계도시로서의 우열이 매겨진다.

세계도시들의 기능은, 정보·통신기술의 발달로 분산이 될 법도 하지마는, 실제로는 오히려 기왕의 세계도시들에 집적·강화되는 경향을 보인다. 그 이유로서 기왕의 세계도시들은 외국인들이 쉽게 찾아올 수 있는 친숙성과 접근의 용이성으로, 그들과의 경제활동을 원활하게 해준다. 기업들은 대량의 값비싼 부동산을 일단 투자하게 되면, 다른 곳으로의 이전이 자신의 고정자산을 감가시킬 수 있기 때문에 이전을 꺼려하게 된다. 세계도시는 여전히 상류층 집단의 개인적 풍요와 사회적 지위 그리고 개별적인 자기만족에 최상의 기회를 제공해 준다. 그들의 자녀를 교육할 기회로부터, 예술과 오락을 포함하여 다른 사람과 구분되는 최고급의 소비를 통한 상징적 멤버십을 획득하는데 이르기까지 최상의 기회를 제공하기 때문이다.[8)]

제 5 절 도시의 생태

국가들이 농업중심사회로부터 제조업과 회사중심의 사회로 전환함에 따라 토지의 이용에 급격한 변화가 일어나고 있다. 시카고대학의 로버트 팍(Robert Park) 교수는 1921년 그가 제창한 인간생태학(human ecology)에서 사람과 토지이용과의 관계를 다루기 시작했다. 그 후 그의 제자들은 현대의 산업국가의 도시들은 도시내부에서의 지역편성은 생태계를 형성한다는 것을 실증적으로 제시하였다.[9)]

8) 카르텔, 마뉴엘, 2003, pp. 504-505 참조.
9) Park, Robert E., 1921 참조.

Ⅰ. 도시의 생태모델

팍의 제자들은 현대산업국가의 도시들은 적어도 다음과 같은 세 개 유형의 도시생태학적 모델 가운데 하나를 따라 발전하고 있다고 주장한다. 세 개의 도시생태학적 모델은 ① 동심원지역모델(concentric-zone model), ② 선형(扇形)모델(sector model), ③ 다핵모델(multiple nuclei model) 등이다.

1. 동심원지역모델

동심원지역모델은, 돌멩이를 물에 던졌을 때, 파장이 동그라미를 그리며 퍼져 나가듯이 중앙지역을 핵심으로 하여 여러 겹의 동그라미 형태를 이루어 특정구역을 형성하는 것을 말한다. 중앙지역(지역 1)은 문화센터와 상가가 들어앉고, 중앙지역 바로 다음 지역은 전환지역(지역 2)으로서 산업과 사업체 · 빈민

〈그림 12-1〉 도시의 생태

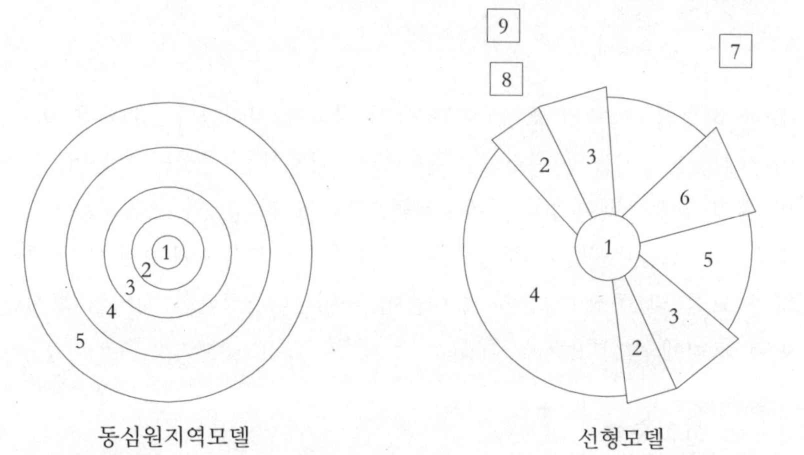

주) : 1 : 중심상가
2 : 도시경공업
3 : 하층거주지
4 : 하층거주지
5 : 중층거주지
6 : 상층거주지
7 : 교외주택지
8 : 외곽공업
9 : 중공업.

〈그림 12-2〉

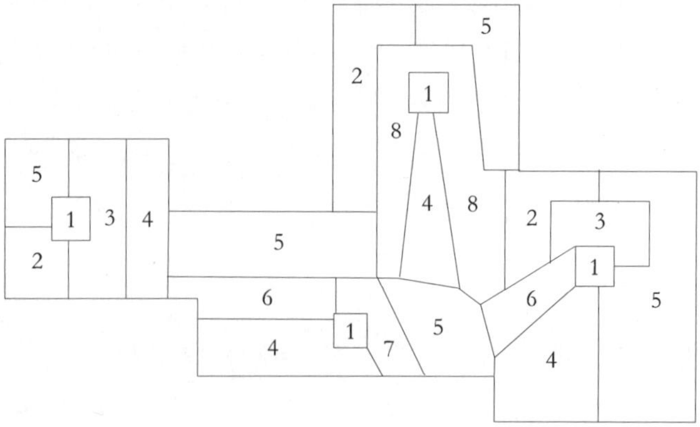

주) : 1 : 핵(중심상가)
2 : 도시경공업
3 : 소매상지역
4 : 하층거주지
5 : 중층거주지
6 : 상층거주지
7 : 은행지대
8 : 관공서.

주택 · 하숙집 · 싸구려 호텔 · 여관 등이 자리를 차지한다. 그 다음 번 둘레의 지역 3에는 노동자들의 숙소와 노동자들이 이용하는 상점들이 들어앉고, 그 다음의 지역 4에는 백화점과 단독주택들, 그리고 지역 5와 연결되는 가장자리에는 부유층의 고급주택들이 형성되며, 지역 5에는 부유층에 이웃한 통근자들의 주택과 교회 및 공장 · 노동자 주택들이 들어선다. 평탄한 지역의 도시들이 대개 이런 모델에 속한다.[10)]

2. 선형모델

선형(扇形)모델은 교통망이라든가, 특수한 경치 · 지리적 장애물로 인해 도시의 내부가 중앙상가지역으로부터 몇 개의 지구로 나뉘어져 뻗어 나간 형태이다. 산업이 적합한 지역은 하나의 산업지구로 확대되어 있고, 주택지역은 다른 교통로를 따라 조성되어 있다.[11)]

10) Burgess, Ernest, 1925 참조.
11) Hoyt, Homer, 1939 참조.

3. 다핵모델

다핵(多核) 모델은 도시가 하나의 중심부만을 가지고 있는 것이 아니라, 여러 개의 핵을 가지고서 각 핵이 각각 다른 활동의 중심부를 이루는 형태를 말한다. 한 핵을 중심으로 하는 지역마다 토지이용법이 비슷하며, 유유상종(類類相從)의 지대를 형성한다. 어떤 지역은 전적으로 은행들이 들어서고, 다른 지역에는 제조업체, 또 다른 지역에는 관공서빌딩 등이 들어선다는 말이다.[12)]

Ⅱ. 도시화의 생태과정

도시의 성장형태가 다양함에도 불구하고 맥켄지(Mackensie)와 같은 고전적 사회생태학자들은 도시화의 과정은 여러 사회에서 생태학적인 공통성을 가진다고 지적해 왔다. 즉 도시화의 생태학적 과정은 ① 집중(concentration), ② 분리(segregation), ③ 침투(invasion), ④ 계승(continuation)의 단계를 가진다.

첫째, '집중'은 도시화의 첫단계로서 많은 사람들이 비교적 작은 지역에 자리를 잡을 때 일어난다. 이 단계에서는 과밀현상이 일어나며, 그래서 분산화가 촉진되어 사람과 산업의 활동들이 중심지로부터 바깥으로 흩어져 나간다.

둘째, 활동의 분산화는 '분리'를 가져온다. 다시 말해 같은 종류의 활동은 시내의 특수한 지역으로 몰려드는 생태학적 분리가 일어난다. 이런 식으로 시는 금융지역·소매상가지역·주택지역 등이 서로 분리되어 조성된다.

셋째, 도시들은 결코 정체되어 있지 않다. 새로운 활동이나 새로운 인구가 분리된 어떤 지역으로 '침투'해 들어온다. 예컨대 산업체가 주택가를 잠식하거나, 창고지역이 호사스러운 연립주택지로 바뀔 수도 있으며, 서울 본토박이의 빈민주택지가 지방으로부터의 이주민의 주거지역으로 바뀔 수도 있다.

넷째, 이렇게 일단 침투가 어느 정도 진행된 이후 이들 지역은 새로운 침투자의 유형으로 '계승'된다.

이러한 네 단계의 도사화의 생태적 과정은 주로 교통편의와 지가(地價)라는 두 요인에 의해 결정된다. 간단히 말해 도시화의 생태적 과정은 사회진화에 의해서가 아니라 경제력에 의해 그 내부편성이 결정된다.[13)]

12) Harris, Chauncy C. and Edward L. Ullman, 1945 참조.
13) Mackensie, R. D., 1925 참조.

제13장

사회변동

제 1 절 사회변동이론

제 2 절 사회변동원인의 소스

제13장

사회변동

제 1 절 사회변동이론

사회변동(social change)이란 장기간에 걸쳐서 가치관·규범·제도·계층체제 및 사회관계가 변화하는 과정을 말한다. 그러므로 단순히 없던 비행기가 생겼다든가, 폭우로 댐이 무너졌다든가 하는 따위의 현상만의 변화를 두고 사회변동이라고는 말하지 않는다.

사회변동에 대한 이러한 정의에 입각할 때, 우리는 체험이나 기록을 통해 사회변동, — 예컨대 문화는 세계적으로 동질화되어 가고 있다든가, 가족제도는 핵가족으로 변화하고 있다든가, 사회가 게마인샤프트적인 사회로부터 게젤샤프트적인 사회로 변해 가고 있다든가 — 우리의 머리 속에는 사회변동이 어떠한가에 대한 지식이 많이 들어 있고, 또한 장래를 어느 정도까지는 예측도 할 수 있다.

이러한 사회변동의 실상들을 하나 하나 열거하자면 한이 없을 것이므로, 사회변동을 다루는 사회변동이론에서는 두 가지 사안에 관심의 초점을 두고 있다. 즉 사회변동을 가져오는 '원인'(cause)은 무엇이며, 변동의 '방향'(direction)은 어디인가가 그것이다.

사회변동이라는 용어를 좀더 평범한 용어로 바꾸어 말하면 '역사'가 되겠는데, 사회변동에 대한 우리의 식견은 바로 '역사관'(歷史觀)이 될 것이다. 역사를 움직이는 힘은 무엇이며, 역사의 방향은 어떠한가에 대한 견해가 바로 역사관이라 할 수 있기 때문이다.

역사에 대한 일반 개인들의 견해가 다양한 것과 마찬가지로 사회변동에 관한 이론도 매우 다양한데, 그 가운데 중요한 이론들을 골라 각 이론의 변동이론을 요약해서 소개하기로 한다.

여기에서 소개할 이론들은 순환론·사회진화론·마르크스이론·테크놀로지결정론·수렴이론 등이다. 여기서 열거한 이론들의 순서는 각 이론들이 최초로 나온 시대의 순서와 거의 상응한다.

Ⅰ. 순 환 론

옛날부터 동양의 사상가들과 아라비아의 사상가들 가운데는 사회변동을 '돌고 도는' 순환으로 보는 사람이 많았다. 그들의 **순환적 이론**(cyclical theory)은 자연의 4계(四季)가 춘하추동으로 순환·반복하듯이 사회의 변동 역시 영고성쇠(榮枯盛衰)의 순환적 반복이라고 보았다. 그들은 이것을 자연의 법칙으로 생각하였다. 즉 그들에게 있어서 변동의 원인은 자연의 힘이며, 변동의 방향은 순환이었다.

좀더 최근의 순환론자로는 영국의 사학자 아놀드 토인비(Anold Toynbee)와 러시아출신 사회학자 피트림 소로킨(Pitrim Sorokin)이 대표적이다.

토인비는 사회변동을 **'도전과 반응'**(challenge and responce)의 과정으로 보았다. 즉 인간은 자연환경과 사회환경으로부터 끊임없는 도전을 받게 되는데, 이것에 인간이 성공적으로 반응을 하면 번영과 영화가 오고, 반응에 실패를 하게 되면 쇠퇴와 멸망이 온다고 보았다. 그는 인류의 역사는 때로는 반응에 성공하고, 때로는 실패함으로써 흥망성쇠가 반복되어 왔다고 주장한다. 토인비의 견해로는 사회변동의 원인은 도전에 대한 '인간의 반응'에 있으며, 방향은 흥망성쇠의 순환이라고 보았다.[1)]

소로킨은 인간의 정신상태, 특히 가치관을 중심으로 순환론을 주장했다. 그에 따르면 인간이 추구하는 가치에는 크게 세 종류가 있는데, 그의 용어로는 '감각적 가치관'(sensate value)·'관념적 가치관'(ideational value)·'이상적 가치관'(idealistic value)이 그것들이다.

첫째, **감각적 가치관**은 진리란 감각의 세계에만 있다고 믿음으로써 물질주의와 향락주의가 지배적인 가치체계를 이루는 것을 말한다. 로마제국 말기와 현대의 서구사회가 이러한 가치관에 지배되고 있다.

둘째, **관념적 가치관**은 가치를 비현실적·초월적인 것에서 찾음으로써 정신적·비물질적인 것을 추구한다. 예컨대 신앙이 지배하던 서구의 中世는 이러한 가치관에 지배되던 시기이다.

---

1) Toynbee, Anold, 1946 참조.

셋째, 이상적 가치관은 앞서의 두 종류가 서로 균형을 이루면서 공유되고 있는 상태를 말한다. 서구에서 14~15세기의 문예부흥(Renaissance) 시기가 이에 해당한다.

그런데 소로킨은 이러한 가치관은 역사 가운데에 내재되어 있는 힘(innate force)에 의해 인간이 그러한 각각의 가치관을 갖게 되는 것이라고 주장한다. 소로킨에 있어서 사회변동의 원인은 '역사 가운데에 내재해 있는 힘'이며, 변동의 반향은 '감각적'·'관념적'·'이상적' 가치관이 교대로 지배하는 반복의 순환이라고 보았다.[2)]

Ⅱ. 사회진화론

사회진화론(social evolutionary theory)은 생물계에 관한 찰스 다윈(Charles Darwin)의 「진화론」에 영향을 받아 인간사회도 진화론적인 원리에 의해 변동한다고 보는 견해이다. 콩트·스펜서 등 사회유기체론자들이 취하는 견해이다. 그들에 의하면 생물체가 단순세포생물체로부터 다세포생물체로 진화하고, 그 진화과정이 적자생존(the survival of the fittest)과 자연도태(natural selection)에 의해 정리가 되듯이 인간의 사회도 환경에 잘 적응하면 살아남고, 그렇지 못하면 소멸하는 과정을 거치면서 발전해 왔다는 것이다.

그들은 환경을 기후·지리적 조건 등 자연환경과 인구·물질문명 등 사회환경을 포함하는 것으로 보았다. 인간은 살아남기 위해 환경에 적응하려고 노력하게 되며, 그러한 노력 가운데서 가장 잘된 적응의 형태가 '분화'와 '통합'이라고 그들은 보았다. 분화는 동질적인 것이 이질적인 것으로 분리·확산되는 것을 말하며, 통합은 분리·확산된 것을 서로 연결지어서 관계를 결속시키는 것을 말한다. 통합이 처음은 동질적인 것을 기초로 하던 것이 나중에는 이질적인 것을 기초로 하여 이루어진다.

진화론적 변동론에서는 변동의 원인을 '환경에 대해 인간이 적응하려는 노력'으로 보고, 변동의 방향은 '단순한 것으로부터 복잡한 것으로, 저급으로부터 고급으로 발전'해 가는 것으로 보았다. 이러한 발전은 법칙적이며, 또한 질서가 정연하고 점진적으로(lawful, orderly and gradually) 진행된다고 그들은

2) Sorokin, Pitrim A., 1941 참조.

보았다. 그 대표적인 사회학자는 허버트 스펜서(Herbert Spencer)였다.[3)]

진화론적 변동론은 그 후 구조기능론에 영향을 미쳤는데, 구조기능이론의 기초를 닦은 두르껭은 동질적인 것을 기초로 한 통합의 상태를 **기계적 결속**(mechanical solidarity)이라 부르고, 이질적인 것을 기초로 한 통합의 상태를 **유기적 결속**(organic solidarity)이라고 불렀다. 사회가 단순할 때는 기계적 통합이 주류를 이루고, 사회가 현대화될수록 유기적 통합이 주류를 이루게 된다.[4)]

진화론의 최근 학자들인 아이젠스타트(S. V. Eisenstadt)와 렌스키(Gerhard Lenski)는 위와 같은 원래의 이론을 약간 수정하고 있다.

아이젠 스타트는 분화와 통합은 반드시 밀착된 관계는 아니며, 분화는 분화의 과정만 계속 밟을 수 있고, 통합은 통합의 과정만을 계속 밟을 수 있다고 주장한다. 즉 분화와 통합은 각각 독립적으로 각각의 궤도를 갈 수 있다는 것이다. 그래서 현실적으로 전체주의는 전체주의로, 다원주의는 다원주의로 각각 자기 발전을 해 나갈 수 있다는 것이다.[5)]

렌스키는 사회변동은 계속적인 진행의 과정이 아니라, 단속적인 진행과정이라고 주장한다. 그는 사회변동은 세 가지의 과정, 즉 지속(continuity) · 변혁(innovation) · 소멸(extinction)의 과정을 거친다고 보고 있다.

첫째, 지속은 어떤 사회현상이 어느 일정기간 동안은 계속해서 축적되는 것을 말하며, 따라서 사회는 동일한 유형(pattern)으로 지속된다.

둘째, 축적이 어느 지점에 이르면 갑자기 새로운 것으로 변혁되어 급작스런 변동의 현상이 눈에 띄게 나타난다.

셋째, 과거의 낡은 것은 소멸된다. 다시 말해 렌스키는 사회변동은 계단을 올라가는 식의 유형으로 진행된다고 보았다.[6)]

렌스키의 이론을 흔히 신진화론적 이론(neoevolutionary theory)이라고 부르기도 한다.

---

3) Spencer, Herbert, 1891/1986 참조.
4) Durkeim, Emile, 1956, p.129.
5) Eisenstadt, S. N., 1956 참조.
6) Lenski, Gerhard and Patrick D. Nolan, 1983 참조.

Ⅲ. 마르크스이론

제 1 장에서 마르크스이론의 골자를 소개할 때, 마르크스는 사회를 하부구조와 상부구조로 이루어지는 것으로 보았다고 말한 바 있다. 마르크스는 하부구조를 생산양식(mode of production)이라는 말로도 표현하는데, **생산양식**이란 중세봉건경제·자본주의·공산주의 등 한 사회의 전체적인 경제제도를 의미한다. 생산양식은 그에 의하면, 생산력과 생산관계로 구성된다. **생산력**이란 생산에 투입되는 주요한 에너지형태를 말하는 것으로서 사람의 근육·기계·자동기계 등을 지칭하는 것이며, **생산관계**란 생산활동을 둘러싼 인간관계를 말하는 것으로서 지주와 농노의 관계, 자본가와 노동자 사이의 고용계약관계, 생산수단을 노동자들이 공동으로 소유하는 공유관계 등을 의미한다.

마르크스의 사회변동이론은 왜 봉건경제가 자본주의로, 자본주의가 공산주의로 변화하는가를 생산력과 생산관계의 모순이라는 개념으로 설명한다. 즉 생산력이 변화(발전)하면 기존의 생산관계와 모순을 일으키게 되어 기존의 생산관계가 폐지되고, 새로운 단계의 경제체제로 옮아가게 된다는 것이다.

그에 따르면 봉건경제는 근육을 중심으로 하는 생산력과 지주-농노(혹은 노예)라는 생산관계로서 구성된 경제제도이다. 이러한 경제제도가 수백 년 계속 되다가 이것이 붕괴하고 자본주의로 옮아가게 되는 이유는 기계라는 새로운 생산력이 나타나게 되자, 기계중심의 생산력이 기존의 지주-농노의 생산관계와 모순을 빚게 되었기 때문이라는 것이다. 즉 지주는 기계를 도입함으로써 더 이상 농노(혹은 노예)를 많이 필요로 하지 않게 된다. 그래서 농노들을 농토로부터 내쫓거나 노예를 매각한다. 이렇게 될 때 생산관계내부에서는 지주와 농노 사이에 심한 갈등이 일어나 상극대립관계에 빠지게 되어 더 이상 지주-농노의 생산관계는 폐지되고, 새로운 생산관계인 고용계약관계가 출현하게 된다.

자본주의란 기계중심의 생산력과 자본가와 노동자 사이의 고용계약관계를 요소로 하는 생산양식이다. 기계중심의 생산력과 고용계약관계의 생산관계가 균형을 이루어 얼마간 지속된다. 그런데 자동기계라는 것이 나타나 자동기계가 생산력의 중심을 이루게 되면 기존의 생산관계인 노동계약관계와 모순을 빚게 된다. 즉 자본가는 자동기계를 도입함으로써 많은 노동자가 필요치 않게 되어 노동자들을 해고하게 된다. 자본가가 자동기계를 도입하는 이유는 자본가는 시장에서 자본가끼리 경쟁을 해야 하기 때문에 생산비를 줄이기 위해서이다. 자본가는 자동기계를 이용하여 종전 이상의 생산을 하여 시장에 상품을 내놓는다. 상품이 시장에는 풍요롭게 산적되어 있지만, 해고된 노동자와 저임금의 노동자가 많기 때문에 구매력의 부족으로 상품이 팔리지 않게 된다. 이것이 공황(depression)이다. 공황은 그에 따르면 자본주의경제의 자기 귀착인 것이다. 즉 자본가는 시장에서의 경쟁을 위해 노임을 절감하지 않을 수 없고, 그 결과는 상품에 대한 구매력의 부족이다. 공황은 자본주의의 이윤추구원리에서 비롯되는 필연적 결과이며, 이로써 자본주의는 멸망할 운명을 지니고 있다고 보았다. 생산관계내부에서는 자본가와 해고의 위험 앞에 놓인 저임금의 노동자 사이에 심한 갈등이 일어난다. 마르크스는 이것을 계급투쟁이라고 부르면서 노동자들이 자본주의의 필연적 멸망이라는 '과학적 법칙'을 의식하고, '투쟁'을 전개하여 혁명을 성취시킴으로써 문제는 해결된다. 즉 공산주의의 실현으로 생산력과 생산관계의 모순은 영원히 회피된다.

공산주의는 자동기계라는 고도의 생산력과 생산수단을 노동자들이 공유하는 생산관계를 요소로 하는 경제제도이다. 마르크스는 노동자들이 생산수단을 공유하여 이윤추구가 아닌 전체인민의 필요를 위해 생산을 한다면, 자동기계라는 생산력과 모순을 빚지 않을 것이라는 것이다. 자동기계생산력이 더 많은 물건을 생산하면 전체인민에게 골고루 더 분배하면 될 것이고, 또한 자동기계 덕분으로 많은 수의 노동자가 필요 없다고 하면 조업시간을 단축하면 될 것이라는 것이다.[7)]

마르크스는 이와 같이 사회변동의 원인을 생산력과 생산관계의 모순에 의한 '계급투쟁'에서 찾고 있으며, 변동의 방향은 '자본주의의 붕괴와 공산주의의 실현'이라고 보았다. 공산주의의 실현까지 사회변동은 서서히 점진적으로 진행되는 것이 아니라, 생산력(예컨대 기계)의 발전이 어느 지점까지 축적이 되면 그 지점에서 생산관계와 모순에 돌입하게 되어 계급간의 심한 갈등을 거쳐 다음 단계로 뛰어오른다.

그의 말을 빌리면 "양적 변화가 질적 변화를 가져오는 것"이다. 이와 같이 모순의 대립을 거쳐 다음 단계로 뛰어오르는 것을 정(正)-반(反)-합(合)의 **변증법**(dialectism)이라 하고, 그것이 물질부분인 하부구조의 변화에서부터 일어나는

7) Marx, Karl, 1848/1956 참조.

것이기 때문에 이것을 통틀어서 **유물변증법**(material dialectism)이라고 부른다.

일단 하부구조, 즉 생산양식이 변화하면, 정치 · 문화 · 사상 · 종교 · 이데올로기 등 상부구조는 자동적으로 변화하여(제 1 장의 '마르크스'에서 설명한 것처럼 하부구조가 상부구조를 지배하기 때문에) 사회 전반의 변동이 일어난다고 마르크스는 주장한다.

Ⅳ. 막스 베버의 이론

막스 베버의 이론은 여러 면에서 마르크스에 필적한다는 것을 우리는 보아 왔지만, 변동론에 있어서도 마르크스와는 대조적인 입장을 취하고 있다. 마르크스가 경제적 조건의 변화에서 사회변동이 초래된다고 본 것과는 달리, 베버는 정신적 요소가 오히려 경제적인 변혁을 초래하는 원인이라고 주장한다.

베버는 그의 유명한 저서인 「프로테스탄트윤리와 자본주의 정신」(*The Protestant Ethics and the Spirit of Capitalism*)을 통해서 프로테스탄트(신교도)의 윤리가 자본주의라는 생산양식을 발전시킨 원인이라고 주장한다.

좀더 자세히 말하면, 프로테스탄트 가운데서도 **캘빈주의**(Calvinism)를 신봉하는 캘빈교도들에 의해 저축과 저축에 의한 재투자 및 확대재생산이 이루어져 자본주의라는 전례 없는 경제유형이 발전되었다는 것이다.

종교개혁지도자의 한 사람인 캘빈은 그의 교리에서 운명예정론(predestination)과 소명(召命 : callings, Beruf), 그리고 현세적 금욕주의(worldly ascetism)를 강조하였다.

첫째, **운명예정론**은 인간은 태어나기 전부터 하나님에 의해 구원의 여부가 이미 결정되어 있으며, 그가 구원을 받고 있는지 아닌지는 이 세상에서의 그의 성취를 보면 알 수 있다는 교리이다.

둘째, **소명**이란 사람들의 직업은 하나님이 정해 준 명령이며, 자기의 직업에 충실하는 것이 하나님의 뜻에 따른 삶이요, 하나님을 기쁘게 한다는 교리이다.

셋째, **현세적 금욕주의**는 인간이 육신의 정욕을 억제하면서 근검 · 절약하는 절제의 생활이 하나님을 따르는 생활방식이라는 교리이다.

이 같은 교리에 따라 캘빈교도들은 자신의 직업에 대한 애착을 갖고서 이 세상에서의 성취를 위해 절제하며 열심히 일을 하였다. 그 결과 그들은 부를 축적하고, 그것을 다시 재투자·재생산하는 경제생활을 하게 되었는데, 이것이 자본주의를 발전시킨 결정적인 배경이라고 베버는 주장한다.[8)]

베버의 사회변동론은 변동의 원인을 '인간의 신념체계 내지 가치관'이라고 보았고, 변동의 방향은 최소의 경비로 최대의 수익을 기도하는 경제적 합리성의 추구라고 본 것이다.

Ⅴ. 구조기능이론

파슨스(Talcott Parsons)에 의해 완성된 구조기능이론은 진화론적 입장에 바탕을 두고, 거기에 형평(equilibrium)이라는 개념을 덧붙여 사회변동을 설명한다.

사회단위들에서 분화(differentiation)가 일어남으로써 부부구조에 변화가 일어난다. 어느 부분구조에 변화가 일어나면, 다른 부문들에도 변화가 일어난다. 이것을 식물에 비유한다면 가지가 자라 잎이 많이 열리게 되면, 뿌리도 또한 깊이 자라고 나무의 껍질도 두꺼워지는 것과 같다. 이것은 나무가 형평(균형)을 이루려는 본원적인 동기가 있기 때문이다. 이와 마찬가지로 사회도 어느 부분에서 분화에 의한 변화가 일어나면, 사회가 전체적인 형평을 취하기 위해서 다른 부문들도 변화한다는 것이다. 파슨스에 의하면 사회는 원래 형평을 지향하는 본원적인 동기가 있기 때문이라고 말했다. 이러한 파슨스의 설명은 '형평지향'이 결과이면서 동시에 원인이 되고 있음을 시사하는 것이다. 시간적으로 볼 때 나중에 나타난 현상인 형평이 원인이 된다고 하는 것은 논리적으로 합목적론(tautology)의 오류에 빠져 있다는 지적을 받기도 한다. 아무튼 파슨스는 변동을 이끌어 나가는 원인이 형평이라고 주장하고, 변동의 방향은 분화에서 결과된 형평의 균열을 수습해 나가는 본원적인 형평지향이라고 주장한다.

분화는 동질적인 것으로부터 이질적인 것에로의 분리·확산을 의미하기 때문에 전문화·고도화·합리화 등의 기능주의가 필연적으로 부수된다고 본다.

파슨스는 변동의 방향을 소위 그의 **유형변수**(pattern variables)들로 예시하고 있는데, 그것을 소개하면 다음과 같다.

8) Weber, Max, 1958 참조.

첫째, 행동의 경향에 있어서는 **집합적 경향**(collective orientation)으로부터 **개인적 경향**(self-orientation)으로 변화한다.

둘째, 충원에 있어서는 **특별주의**(particularism)로부터 **보편주의**(universalism)로 변화한다. 이것은 사람을 충원할 때, 과거에 있어서는 그가 "누구의 자식이다," 혹은 어떤 "출신성분이다"라고 하는 것이 '특별히' 고려되었으나, 현대사회에서는 그러한 특별고려 없이 누구에게나 공평하게 적용되는 '보편적'인 원칙에 입각하여 충원이 이루어진다는 의미이다.

셋째, 지위획득에 있어서는 **귀속지위**(ascription)로부터 **성취지위**(achievement)로 변화한다.

넷째, 역할에 있어서는 **혼합된 역할**(diffusion)로부터 **전문화된 역할**(specificity)로 변화한다.

다섯째, 결속에 있어서는 **정의적**(情宜的) **결속**(affectivity), 다시 말해 누구에게 어떤 감정·애정·애착에 기초를 둔 결속으로부터 **정의중심적**(情宜中心的) **결속**(affective neutrality), 다시 말해 정적인 요소를 배제한 합리성·객관성에 입각한 결속이 이루어지는 쪽으로 변화한다는 것이다.[9]

Ⅵ. 갈 등 론

갈등론자들에 의하면 사회에서는 권위를 둘러싼 갈등이 편재되어 있다. 사회변동의 원인도 권위를 둘러싼 갈등에 있다. 사회가 평화를 보여 주는 것은 질서의 유지가 강제되기 때문이며, 기회가 오기만 하면 자기의 이익을 도모하기 위해 이익집단을 구성하여 싸움에 나서게 되는데, 이것이 변화를 가져온다. 이익집단들의 싸움을 통해 상하이동이 일어나며, 상하의 자리가 완전히 뒤바뀌게 되면, 우리는 이것을 혁명이라 한다.[10]

갈등론자들에게 있어서 변동의 원인은 더 많은 권위를 획득하기 위한 갈등이며, 우수집단의 이익증대나 혹은 공동집단들 간의 이익균점이 변동의 방향이 된다.

---

9) Parsons, Talcott, 1960 참조.
10) Dahrendorf, Ralf, 1959 참조.

Ⅶ. 문 화 론

문화론에서는 사회변동의 원인을 두 갈래로 설명하고 있다. 하나는 문화전파론(cultural diffusion theory)이며, 다른 하나는 문화이식론(acculturation theory)이다.

랄프 린턴(Ralph Linton) 등이 주장하는 **문화전파론**은 사회변동은 '문화의 전파'에 의해 일어난다고 주장한다. 자기네만의 고유문화를 가진 사회는 하나도 없으며, 각 사회의 문화들이 서로 전파되어 사회들이 서로 다른 문화를 수용함으로써 사회변동이 일어난다는 것이다. 전파된 어떤 문화는 종의 생존을 위해 필수적인 것일 수 있다. 예컨대 불·바퀴·동물을 잡는 함정, 계절에 대한 적응 등은 오직 한두 곳에서 발견되어 세계전역에 퍼져 나간 것이다.

오늘날 문화전파의 예는 주로 소비품들이다. '코카콜라'와 '햄버거'는 미국으로부터 다른 나라들에 전파되는 최초의 문화적 품목이며, 영어이름이 직접 다른 나라의 언어 속으로 침투한다. '폭스바겐' 자동차는 독일문화의 첫접촉이 되며, '사시미'와 '초밥'은 일본문화와의 첫접촉이 될지도 모른다.

전파된 모든 문화적 품목들이 균등하게 수용되는 것은 아니지만, 테크놀로지는 가장 쉽게 수용된다. 그 이유는 새로운 테크놀로지가 옛날의 것보다 더 효율적인지 아닌지는 비교적 쉽게 알아볼 수 있기 때문이다. 예컨대 총이 창보다 사냥에 있어서 더 효율적인지 아닌지는 쉽사리 판별할 수 있다. 그러나 이와는 달리 신념·가치관과 같은 비물질적인 문화적 항목들은 쉽게 수용되지 않는다. 중국이 티베트를 접수한 이래 우리가 보는 바와 같이 티베트인들은 공산주의체제보다는 불교국가체제를 고집하고 있다. 이것은 어느 누구도 어떤 신념체계에서 사는 것이 더 낫다고 단언하기가 어렵기 때문이다.

새로운 테크놀로지가 비록 어떤 집단의 생활수준을 향상시켜 주는 것이라고 하더라도 그것이 문화의 다른 부분에 너무 급격한 변화를 초래시킬 것으로 생각될 때는 그것은 거부된다. 예컨대 공장체계가 생겨나던 초기에 프랑스의 노동자들은 그들이 신고 있던 나무나막신(sabot)을 기계에 던지는 사보타지(sabotage)를 했다.[11)]

문화전파론자들은 사회변동의 원인은 문화의 전파에 있다고 보며, 변동의

---

11) Linton, Ralph, 1936 참조.

방향은 어느 사회가 전파된 문화의 어떤 부분을 수용하느냐에 따라 결정된다고 보고 있다.

이에 비해 무어(Wilbert Moore) 등 **문화이식론**을 주장하는 학자들은 어떤 한 사회의 사람들과 다른 사회의 사람들이 직접적인 접촉을 통해 다른 사회의 문화를 '배우게' 됨으로써 사회변동이 일어난다고 주장한다. 누가 우연히 혹은 의도적으로 다른 사회의 문화를 배우느냐가 중요하며, 또한 자기 사회의 문화를 다른 사회에 이식시킬 의도 아래 얼마만큼 적극적으로 노력하느냐에 따라 문화전달의 양과 방향이 영향을 받는다고 본다.

어느 집단이 다른 힘센 집단에 의해 정복되거나 개혁이 강제되어 전통적 양식이 파괴될 때는 폭력적인 형태의 이식이 일어난다. 아시아·아프리카·남아메리카를 식민지화(colonization)했을 때, 그들에게 새로운 테크놀로지만 투입하는 것이 아니라, 원주민으로 하여금 서양의 도덕과 가치를 받아들이도록 하는 조처들을 실시하였다. 이식이 자발적으로 수용이 되든, 혹은 정복자에 의해 강제로 수용이 되든 간에 일단 수용이 되면 사회변동을 수반한다.

일반적으로 문화이식의 방향은 지배적인 위치에 있는 사회의 문화가 종속적인 위치에 있는 사회로 이식되는데, 이것은 영향을 주는 쪽과 배우는 쪽 모두가 지배-종속의 같은 방향을 향해 문화이식에 참여하기 때문이라고 설명한다.[12)]

Ⅷ. 테크놀로지결정론

테크놀로지결정론은 새로운 테크놀로지의 채용이 사회변동의 원인이며, 테크놀로지의 발달방향이 사회변동의 방향을 결정한다고 주장한다. 그 대표적인 학자는 윌리엄 오그번(William Ogburn)이다.

오그번에 따르면 테크놀로지에 새로운 개혁(innovation)이 일어나면 이것을 채용할 때 생산방식에 변화를 가져오고, 이것은 소비유형에 변화를 가져오며, 이는 다시 관습과 제도에 변화를 가져온다. 그래서 개인적으로는 생산활동과 소비활동 등과 관련하여 그의 행동에서 먼저 변화가 일어나고, 그 다음에 가치관·신념·도덕심 등이 바뀌는 의식의 변화가 일어난다. 새로운 테크놀로지를 초래시키는 데에는 시간이 걸린다. 새로운 테크놀로지는 이미 사용하기 시작하

12) Moore, Wilbert, 1942/1963 참조.

였으면서도 의식은 아직 옛날 것이 남아 있을 때, 이것을 오그번은 **문화적 지체**(cultural lag)라고 불렀다.[13)]

Ⅸ. 수렴이론

수렴이론(convergence theory)은 일종의 테크놀로지결정론이라고 볼 수 있으나, 테크놀로지에 의한 생산의 전개와 변동의 방향에 대한 설명이 독특하다. 경제학자인 케네드 갈브레이드(Keneth Galbraith) 등에 의해 주창된 수렴이론은 테크놀로지의 전개에 의한 사회변동에 관해 다음과 같이 설명한다.

이미 개발되었거나 미래에 개발될 것으로 예측되는 고도의 테크놀로지는 현대사회와 미래사회의 모든 생산활동에 주역을 담당한다. 테크놀로지는 소비재뿐만 아니라 생산재인 새로운 테크놀로지를 생산하는 주체가 된다. 이러한 테크놀로지에 의한 생산양식에는 두 가지 요소가 요구된다. 즉 엄청난 투자와 시간이 요구된다. 그래서 만약에 테크놀로지에 의해 대량생산과 새로운 테크놀로지의 생산이 실패로 끝났을 때에는 그 손실이 막심하다. 때문에 테크놀로지에 대한 생산은 사전에 생산과정에 대해서뿐만 아니라, 상품에 대한 수요의 보장에 대해서까지 일련의 치밀한 '계획'을 필요로 한다.

첫째, 그러면서 자본주의국가에서 테크놀로지에 의한 생산이 어떻게 전개되는가를 보자. 테크놀로지를 이용하는 거창한 생산에 착수하는 기업은 정부가 생산품에 대한 구매를 책임져 주거나 알선해 주거나 혹은 적어도 시장에 개입하여 가격을 통제해 줄 것을 요구한다. 이것은 상품의 유통을 생산자와 소비자 사이의 공급과 수요에 맡겨 두는 고전적 자본주의원리에 질적 변화가 일어남을 의미한다.

기업의 기술전문가(technocrats)와 정부의 기술전문가는 생산·분배·소비에 관련하여 서로 상의하게 되어 소위 그들 간에 유착(collaboration)이 일어난다. 갈브레이드는 이러한 두 기관의 기술전문가들 사이의 유착에 의해 국가의 중요 정책들이 결정되는 구조를 **기술관련구조**(technostructure)라고 불렀다.

새로운 테크놀로지를 생산하고자 할 때는 우선 그것의 개발을 위한 막대한 자금이 요구된다. 기업만으로서는 이것을 감당하기가 어렵기 때문에 정부와

---

13) Ogburn, William, 1922 참조.

국가의 예산으로 이것을 뒷받침한다. 이와 같이 기술연구개발(R&D)은 상당한 부분이 정부의 출자에 의해 수행되며, 그 결과는 기업에 넘겨져 생산에 이용된다. 그러므로 기술관료구조는 두 기관의 필연적인 연계 속에서 더욱 강화된다.

둘째, 공산주의국가에서는 테크놀로지에 의한 생산이 어떤 현상을 가져오게 되는가? 원래 공산주의경제에서는 기업체가 정부의 계획과 지시에 의해 움직이는 수직적 종속관계에 있었다. 그러나 테크놀로지에 의한 생산체계에서는 생산의 현장인 기업에서 복잡한 기술문제를 담당하고 있기 때문에 정부에서는 그 내막을 자세히 파악할 수 없고, 따라서 현장을 떠난 정부의 탁상계획과 지시는 한계에 봉착한다. 그 결과 기업의 기술전문가와 정부의 기술전문가가 협의하지 않을 수 없게 됨으로써 두 기관은 수평적인 관계로 이행되며, 여기서도 기술관료구조가 조성된다. 또한 공산주의국가에서 테크놀로지에 의한 생산으로 말미암아 생산연계(production lines)가 복잡해지고, 제품의 종류가 다양해짐에 따라 정부의 계획만으로는 분배와 소비를 원활히 수행할 수 없게 된다. 그래서 일반 소비물자와 경제적으로 중요성이 덜한 제품에 대해서는 시장을 통한 수급에 위임하게 된다. 여기서 고전적 공산주의의 계획경제체제는 변질되어 경제의 거시부분은 기술관료구조의 결정에 맡겨지고, 미시부분은 시장메커니즘에 맡겨지게 된다.[14]

결국 자본주의국가와 공산주의국가의 경제체제가 비슷해지고 말 것이라는 것이다. 수렴이론가들은 이러한 단계는 테크놀로지의 수준이 현재의 수준보다 더 발달된 미래에 실현될 것으로 예견하고 있다. 두 진영의 경제체제가 자본주의도 공산주의도 아닌 그 중간의 어느 지점으로 수렴될 것으로 본다. 그들은 수렴된 경제체제를 **산업주의**(industrialism)라고 부른다.

수렴이론은 사회변동의 원인을 '테크놀로지에 의한 생산'으로 보고, 변동의 방향은 '산업주의를 지향'할 것으로 예견한다.

수렴이론은 학계에서 크게 공인되지 않은 이론이었음에도 불구하고, 그 후 소련이나 동구, 중국 등 공산주의 국가들은 계획경제의 한계에 부딪쳐 소련과 동구에서는 공산주의체제 자체가 붕괴하였고, 중국에서는 자본주의의 시장경제체제를 대폭 도입하고 있는 것은 수렴이론의 통찰력을 증명하는 현상이라 할 것이다.

---

14) Galbraith, Kenneth, 1956 참조.

제 2 절 사회변동원인의 소스

'사회변동원인의 소스'라는 말이 아마도 이상하게 들릴 것이다. '원인'이면 그만이지 거기에 또 무슨 '소스'(sources)를 말하다니 납득이 가지 않을는지도 모르겠다. 그러나 원인에는 소스가 있다. 예컨대 "밥을 먹음(식사)으로써 건강이 유지된다"고 할 때, 건강유지라는 결과는 식사가 원인(cause)이지 밥이 원인이 아니다. 아무리 밥이 있다고 하더라도 식사를 하지 아니하거나 못하면 건강이 유지되지 아니한다. 밥은 식사라는 원인을 가능케 하는 소스일 뿐이다.

그렇기 때문에 소스는 원인을 만들 수도 있고, 원인을 만들지 아니할 수도 있다.

앞 절에서 사회변동의 원인으로서 각 이론들이 여러 가지를 지적하였다. 예컨대 사회진화론은 사회변동의 원인을 '환경에 적응하려는 인간의 노력'으로 보았고, 베버는 '인간의 신념체계 내지 가치관'으로, 구조기능이론은 '형평지향'으로 보았다.

그렇다면 사회변동의 원인을 가능케 하는 소스들이 있을 것이다. 소스가 반드시 원인을 만들어 내지는 아니하지만, 다시 말해 충분조건은 안 되지만 원인이 있기 위한 필요조건은 된다.

그러면 어떠한 것들이 사회변동원인의 소스가 되는가? 사회변동원인의 소스들에 대해서는 사회변동이론들이 그것들을 시사하고 있는데, 그것은 사회에 주어지는 사건이나 충격 또는 새로운 물질 따위로서 대개 환경변화·침입·문화적 접촉·발견·발명·인구변화·전쟁과 혁명 등으로 요약한다.

Ⅰ. 자연환경의 변화

자연환경의 변화(environmental change)는 지진·발병·기후의 변화와 같은 자연의 사건과 공해·자연자원의 남용 및 과용·전쟁 등과 같이 인간에 의해 자연에 초래된 환경적 결과를 포함한다. 이러한 자연환경적 요소들 가운데 어느 한 가지라도 경제적 기초와 사회적 결합에 변화를 초래할 수 있다. 예컨대 어느 지역에 대화재가 일어났을 때에는 그 지역의 가옥과 다른 건물들을 완전히 파괴할 뿐만 아니라, 그 지역주민들의 계층관계까지를 바꾸어 놓을 수도 있다.

환경의 변화를 사회변동소스가 될 수 있을 것으로 본 이론들로서는 순환론의 토인비이론 · 사회진화론 · 구조기능이론 등이다.

Ⅱ. 침 입

한 집단의 영토에 대한 다른 부족이나 제국주의열강 또는 경제력의 침입(invasion)은 사회변동을 가져올 수도 있는 또 하나의 소스이다. 왜냐하면 침입은 새로운 관습과 신념에 대한 적응을 초래할 수도 있고, 어떤 한 집단의 지리적 거처를 옮겨 놓음으로써 의식주의 양식을 바꾸어 놓을 수도 있기 때문이다. 예컨대 유럽으로부터의 이민들이 남아프리카를 식민지화하였을 때, 그들은 원주민들을 본고장으로부터 내쫓았을 뿐만 아니라, 피부 빛깔에 기초를 둔 계승체제를 만들어 내었었다. 백인식민주의자들은 역사적으로나 문화적으로 서로 구별되는 부족들을 '흑인'이라는 하나의 범주로 단일화하여 백인들의 경제적 이익에 봉사하도록 강제하였다. 그 결과 많은 아프리카원주민들은 빈민으로 전락하였다.

침입을 사회변동의 소스가 될 수 있는 것으로 본 이론들은 순환론의 토인비이론 · 사회진화론 · 베버의 이론 · 구조기능론 · 갈등론 · 문화론 등이다.

Ⅲ. 문화적 접촉

다른 사회의 사람들과 갖는 문화적 접촉이 사회변동의 소스가 된다. 일상생활을 통해서 우연히 다른 사회의 사람들을 만날 수도 있고, 또는 장사나 결혼 등과 같은 개인적인 목적을 두고 의도적으로 만날 수도 있다. 또는 탐험가나 침략군에 의해 문화적 접촉이 강요될 수도 있다. 이러한 문화적 접촉을 통해 한 집단이 다른 집단은 어떻게 생존문제를 해결해 나가는가를 배우게 된다면, 사회변동의 원인을 만들어 낸다. 문화적 접촉이 사회변동의 소스가 될 것으로 본 이론은 베버의 이론, 문화론이다.

Ⅳ. 발견·발명

무언가 새로운 발견과 발명은 사회변동을 초래시킬 수도 있는 소스가 된다. 발견과 발명은 가끔 서로 연관되어 있다. 발견은 이미 존재해 온 자연의 한 국면을 처음으로 깨닫는 것을 의미하며, 발명은 존재해 온 문화의 부분들을 새로운 방식으로 결합시킨 것을 의미한다. 새로운 발견과 발명을 사람들이 이용하게 되면, 이것은 작업의 방식과 조직구조에 변화를 가져올 수 있고, 나아가 사회관계까지 변화를 초래할 수 있을 것이다.

발견·발명을 사회변동의 소스가 되는 것으로 본 이론은 마르크스이론·구조기능이론·테크놀로지결정론·수렴이론 등이다.

Ⅴ. 인구의 변화

인구의 규모나 구성에서의 변화(population shift)는 사회변동의 매우 확실한 소스가 된다. 예컨대 베이비붐의 결과로 동년배의 수적 확대는 사회이동에 영향을 미칠 수 있을 것이며, 또한 성비(性比)의 변화는 결혼제도에 영향을 미칠 수 있을 것이다.

인구의 변화를 사회변동의 소스가 될 수 있을 것으로 본 이론은 순환론의 토인비이론·사회진화론·구조기능이론·갈등론 등이다.

Ⅵ. 전쟁과 혁명

전쟁은 군대의 이동과, 보급품의 조달 및 운송에 관련된 새로운 물류와, 신종무기의 개발, 파괴, 살상, 대규모 피난민의 발생 등을 수반한다. 이로인해 새로운 교통망이 생성하고, 새로운 거주지가 조성되며, 새로운 물류와 무기를 포함한 신종상품의 개발로 산업들에 개편이 일어난다. 전쟁의 전개와 전투의 성과에 따라 부와 권력과 위광 등 사회세력이 이동된다. 많은 불구자와 미망인과 고아와 범죄 등의 발생으로 사회적 부담이 증가하고, 노동력에 변화가 일어난다. 피난민 등으로 인한 문화의 접촉은 문화의 전파·이식 및 새로운 문화의 발생을 촉진시킨다.

사회학의 모든 이론은 전쟁을 사회전반에 걸친 광범하고도 급격한 변화를 가져오는 막강한 사회변동의 소스로 본다.

혁명 또한 전쟁에 비견할 만한 사회변동의 소스이다. 18세기말 프랑스 대혁명과 20세기초 러시아의 볼세비키혁명이 그 예이다.

제 14 장

현대화와 정보사회

제14장

현대화와 정보사회

제 1 절 현 대 화

현대화(modernization)라고 함은 전통적인 사회가 현대사회로 변화하는 것을 말한다. 그러면 어떤 사회를 현대사회라고 하는가?

현대사회를 어떻게 정의하느냐에 대해서는 학설이 구구하지만, 가장 일반적인 기준으로서는 전체노동인구의 과반수 이하가 1차 산업에 종사하는 사회를 현대사회로 정의한다. 다시 말해 노동인구의 과반수 이상이 2차 산업과 3차 산업에 종사하는 사회이다.

현대사회이기 위해서는 그만큼 2차 산업과 3차 산업이 발달하여 거기에 노동인구들을 흡수할 수 있는 산업구조일 것을 전제로 한다. 그러므로 현대사회의 출현은 산업혁명이 일찍부터 시작된 구미에서부터 시작된다. 그 후 현대화의 추세는 세계전역으로 확산되어 있다.

현대화과정에서 나타난 가장 특징적인 두 가지 현상은 국민국가(nation state)의 출현과 산업화(industrialization)이다.

Ⅰ. 내셔날리즘

국민(nation)이란 비교적 새로운 개념으로서 신념과 가치관과 충성심을 공유하는 집단정체(集團正體 : group identity)를 중요한 근원으로 하는 하나의 분리된 사회적 조직체를 말한다. 인류역사를 통해서 과거에는 국민이란 거의 의미가 없었고, 오히려 거주지역 · 혈통 · 귀속적 지위가 사회적 통합의 기초였었다.[1)]

1) 학계에서는 흔히 'nation'을 '민족'으로, 'nationalism'을 '민족주의'로 번역한다. 그러나 이 책은 'nation'을 '국민'으로, 'nationalism'은 그대로 '내셔날리즘'으로 표기한다. 그 이유는 다음과 같다.
우리나라 사람들의 정서에서 '민족'이라고 하면, 혈통을 같이 하는 생물학적 동일종족이 국민국가의 출현에 수반된 **내셔날리즘**(nationalism)는 언어 · 역사 · 관습 등 무언가 공통성을 지니고서 자신들의 동일한 정체(正體)에 속한다고 믿는 공통의 신념을 말하는데, 이 신념은 하나의 정치적 통일체를 추구하는 만큼 매우 강력한 것이었다. 내셔날리즘은 지난 400년 동안 사람들을 하나의 지리적 영역 안에서 결합시킨 정신적 도구였다. 내셔날리즘은 상이한 개인들과 소집단들로 하여금 '우리 집단'이라고 하는 감각을 갖게 하였다. 내셔날리즘은 또한 경제개발과 사회변동의 과정을 촉진시켜 왔었다.

군주제가 실시되어 온 구라파와 아시아국가들에서는 일찍부터 내셔날리즘적인 관념이 존재하기는 하였지만, 정치적 권위와 자기 정체의 기초로서의 국민국가(nation state)라는 관념은 근대사의 두 가지 요소에 의해서 성숙하였다. 첫째는 자본주의이며, 둘째는 식민주의가 그것이었다.

많은 구라파국가들에서는 사실상 자본주의의 성장과 내셔날리즘의 출현이 동시적이었다. 자본주의적 경제가 발달함에 따라 좀더 넓은 시장과 착취할 원료를 찾게 되었는데, 특히 영국 · 프랑스 · 독일 · 네덜란드 · 스페인이 그랬다. 구라파국가들의 식민지개척은 국가의 주도 아래 국가의 이름으로 수행되었고, 식민지경략자와 본국정부 사이에는 강력한 충성심과 의존이라는 체계가 발달하였으며, 이에 따른 좀더 통합적인 사회조직이 또한 발달하였다. 식민지개척 시기는 지방공동체나 지역 또는 혈통을 능가하는 내셔날리즘이 획기적으로 발달하는 단계였다.

라는 뜻으로 받아들여지며, 그래서 남한과 북한의 주민이 서로 이념과 가치관을 달리하면서도 '같은 민족'이라는 동족의식으로 서로를 인식한다. 그러나 'nation'의 학문적 의미는 우리가 인식하는 '민족'이라는 함의 보다는, 한 무리의 인간집단이 역사적인 경험의 결과로서 동일정체(同一正體)를 갖는 것을 더 의미한다. 즉 언어, 종교, 혈통이 비록 다르더라도, 그들 사이에 집단으로서 동일정체를 가지면 그것이 'nation'이다. 예컨대 미국인들이 자신들을 '하나의 깃발아래 하나의 내이션'('one nation under the one flag')이라고 말할때의 의미이다. 미국인들 중 앵글로 색슨 혈통을 지닌 자들이 그들과 혈통이 같은 영국인을 보고, 자신들과 영국인이 같은 내이션을 이룬다고 생각지 않는다. 이런 경우를 고려하여 'nation'을 '민족' 대신에 '국민'으로 번역하는 쪽을 택한다.

그렇다면 'nationalism'은 '국민주의'로 번역할 수도 있겠으나 '국민주의'라는 용어는 과거 독일의 '국가주의'(staatismus)나 일제의 '군국주의'를 연상시켜, 어감의 전달이 왜곡됨으로, 원래의 발음대로 '내셔날리즘'이라고 표기하는 것이 무난하리라고 본다.

Ⅱ. 산 업 화

산업화는 산업 이전의 농업적인 경제로부터 산업경제로 이행하는 것을 의미한다. 산업화는 경제구조의 변화만이 아니라, 사회내부의 다른 부문에서도 구조적 변화를 가져오는데, 그것은 관료화, 도시화, 고등교육의 보편화, 매스미디어의 발달 등이다.

첫째, 경제구조의 변화는 생산을 기계와 기술 및 과학에 의존하는 공장체제의 등장이다. 이러한 생산양식에서는 대량의 생산이 이루어지고, 따라서 대량의 소비가 뒤따를 것을 요구하게 된다. 또한 공장제생산에 의하면 상품의 질을 고급화하기 때문에 개별 상품을 생산하는 데에 있어서도 다른 산업과 복잡한 연계를 맺게 하고, 사회 전체에서 생산되는 상품의 종류도 다양해진다.

둘째, 생산성을 높이기 위해 생산조직체의 규모가 커짐에 따라 그 내부적인 분업과 통합의 구조도 복잡해지고 더욱 관료화한다. 생산조직체뿐만 아니라 정부 · 교회 · 노조 · 학교 등도 산업구조를 반영하여 대형화하며 관료화된다.

셋째, 산업화의 결과로서 농촌인구의 도시이주로 도시화가 촉진된다. 도시화로 인해 인구의 이질성과 익명성이 높아져 인간의 삶이 도시성(urbanism)을 띠게 된다.[2)]

넷째, 산업화는 산업활동을 위한 기술과 지식을 요구하기 때문에 많은 사람이 고등교육을 받게 됨으로써 고등교육이 보편화된다. 이에 따라 사회이동의 가능성이 증대된다.

다섯째, 전화 · 컴퓨터 · 영상 · 팩시밀리 등 정보테크놀로지에 기초한 미디어의 발달은 정보의 양을 폭증시켜 소위 정보의 홍수현상을 빚는다.

이와 같은 산업화의 결과로 나타난 현대사회의 구조적 현상들이 인간의 삶과 인간의 내면적 모습에 어떠한 영향을 미칠 것인가는 우리가 지속적으로 생각해야 할 문제이다.

Ⅲ. 후진국의 현대화

후진국의 현대화는 주로 제 2 차 대전 이후에 시작되었다. 후진국에서도

2) '제12장 도시공동체' 참조.

현대화의 과정은 내셔날리즘과 산업화라는 두 개의 지주에 의거한 점은 선진국에서의 그것과 마찬가지였으나, 후진국의 경우는 과거 식민지생활의 쓰라린 경험이 그 내셔날리즘과 산업화의 내용에 영향을 미칠 것은 자명한 일이었다.

제 2 차 대전 이후 후진국에서 일어난 내셔날리즘과 큰 물결은 반식민지주의적 요소를 기초로 하는 해방운동의 형태를 띠었다. 우리 나라와 같이 오랜 왕조의 전통이 있던 식민지에서는 제 2 차 대전 이전부터도 내셔날리즘적인 관념이 강했지만, 대부분의 아시아·아프리카 국가들에서는 제 2 차 대전 이후에야 내셔날리즘이 대두되었었다.

식민지의 해방과 더불어 과거의 권위와 계층이 무너짐에 따라 후진국에서의 과거로부터 독립적인 새로운 집단정체의 가치로서 촉진되었다. 그러나 많은 제 3 세계 국가들에서는 과거의 부족(部族)에 대한 충성 등 복잡한 내부 사정으로 말미암아 내셔날리즘이 같은 나라 안에서도 사회계급과 문화집단에 따라 다른 의미로 받아들여졌다. 이러한 차이가 일부 개발도상국가에서는 불안정을 조성했다. 즉 중산계층들은 과격한 변화 없는 독립을 원하고, 과거의 지배계급들은 과거로 돌아가기를 바라며, 다른 한편 지식인과 노동자들은 급진적인 사회변동을 요구하기 때문에 아프리카·아시아 및 중남미 국가들에서는 정부의 불안정이 조성되어 왔었다.

그래서 내셔날리즘이 후진국 현대화의 중요한 공통요소가 되고 있음에도 불구하고 각 국가에 따라 그것이 사회변동에 미친 영향은 다르다.

제 2 차 대전 이후 후진국들의 산업화는 그들의 식민지경험에 대한 반성에서 촉진되었다. 산업화가 일찍 이루어진 구라파국가들은 종주국이 되고, 산업화에 접하지 못한 세계의 다른 나라들은 식민지로 전락하였었다는 사실(史實)은 산업화가 곧 국가의 부와 힘과 위신을 창출한 '마법의 보따리'라는 것을 깨달았기 때문이다. 과거의 식민지였던 후진국들은 비극적인 과거로부터의 탈출과 비극의 되풀이를 방지하기 위해서는 자신들도 산업화의 길로 나아갈 수밖에 없다고 믿게 되었다. 그래서 후진국들은 제 2 차 대전 이후 산업화대열에 적극적으로 뛰어들었는데, 산업화에 성공한 나라들도 있고 또한 큰 성과를 거두지 못하여 아직도 현대국가의 수준에 도달하지 못한 나라들도 많다.

제 2 절 현대사회

최근 들어 현대사회를 두 가지 유형으로 나누어 생각하는 경향이 높다. 즉 현대사회를 산업사회(industrial society)와 후기산업사회(post-industrial society)로 나누는 것이 그것인데, 두 유형의 사회가 다같이 산업화의 결과이기는 하지만 두 사회의 구조적 특징이 좀 다르기 때문에 이 같은 분류가 가능하다. 선진국가들은 산업사회를 거쳐 후기산업사회로 이행되는 과정을 거친다.

산업사회와 후기산업사회를 구분하는 가장 일반적이고도 간단한 기준은 제 1 차 산업에 종사하는 노동인구(현대국가에서는 노동인구의 과반수 이하가 제 1 차 산업에 종사한다)를 제외한 나머지 노동인구 가운데서 더 많은 부분인 제 2 차 산업에 종사하는 사업을 **산업사회**라 하고, 더 많은 부분이 제 3 차 산업에 종사하는 사회를 **후기산업사회**라고 한다.

Ⅰ. 산업사회의 구조적 특징

산업사회에서는 경제부문 가운데 제 2 차 산업(제조업)이 주종을 이루며, 따라서 제조업이 경제를 주도하게 된다. 자동차 · 전기제품 · 석유산업 등이 두드러지게 나타난다. 상품은 품종별로 반복생산하는 대량생산이 특징을 이룬다. 대량생산은 대량소비를 수반하며, 소비에서 개인적 취향은 상대적으로 무시된다. 기계들이 생산을 담당하는 주체가 되고, 엔지니어와 반숙련노동자들이 생산활동에서 양적인 면에서 가장 큰 비중을 차지한다. 노동조합운동이 활발해지며, 노조운동은 사회통합에 새로운 문제들을 제기한다. 즉 이념의 스펙트럼을 확대하며 사회적 갈등과 긴장의 일상화를 인식케 한다.

새로운 생산이나 생산과정의 문제들은 실험과 경험에 의존한다. 실험과 경험은 다른 사회의 것이나 다른 기업체의 것도 채용되며, 실험과 경험을 획득하기 위한 노력이 경주된다.

경제가 제조업에 크게 의존하고, 자본주의국가에서는 제조업이 개인기업에서 이루어지기 때문에 기업체의 지배자가 사회 전체의 지위에 있어서도 가장 중요한 위치를 차지한다.

사회이동은 교육수준에 의해 크게 영향을 받으며, 자본주의사회에서는 경제적인 지배계급이 세대간에 상속된다. 따라서 계층 사이의 거리가 확대될 경향을 갖는다.

산업사회에서의 최고의 가치는 '경제성장'이다. 그렇기 때문에 비용과 이익(cost-benefit)을 따지는 경제적 효율성·합리성이 강조된다. 경제적 합리성은 비단 생산부문에서뿐만 아니라, 사회의 모든 부문의 운영과 나아가서 사회관계까지도 지배하는 원칙이 된다. 다시 말해 인간의 행동이 전통이나 감정에 근거를 두는 대신, 수단과 목적 사이의 합리적 관계에 근거를 두고 이루어진다. 정부의 권력도 법적·합리적 권력일 것이 요구된다.

이같이 경제성장 및 경제적 합리주의가 지배하는 산업사회의 활동양식을 **경제화양식**(economizing mode)이라고 부르기도 한다.

Ⅱ. 후기산업사회의 구조적 특징

산업사회의 주요가치는 '경제성장'이었다. 그러나 후기산업사회에서는 성장의 결과에 대한 사회적 대책이 강조되지 않을 수 없다. 자본주의사회에서 경제성장이란 경제활동에서 기업과 기업, 개인과 개인 사이의 경쟁을 의미하며 그 결과 빈부의 격차가 증대된다. 또한 경제성장은 개인적 소비의 증가를 의미하며, 그 결과 예컨대 쓰레기의 배출이 늘어난다. 그래서 이제는 사회 전체가 빈부격차나 쓰레기 증가와 같은 성장의 결과에 대해 부담을 지게 된 것이다. 여기에서 공공복지에 대한 시민들의 요구가 커지며, 정부 및 공공기관의 복지를 위한 개입이 증대된다.

산업사회에서는 생산력의 본고장이 제조공장이었으나 후기산업사회에서는 그것이 연구소와 대학으로 옮겨진다. 생산 등에 관한 중요한 결정을 내림에 있어서는 실험과 경험 대신 미래를 예측하는 모형실험(simulation)이 실시된다.

후기산업사회에서도 제조업이 여전히 중요하지만, 후기산업사회가 산업사회와 다른 점은 강조의 차이에 있다. 후기산업사회에서는 제조나 생산능력보다는 테크놀로지와 정보가 더욱 강조된다. 후기산업사회에서는 발달된 테크놀로지에 힘입어 다품종 생산과 품종별 소량생산이 특징을 이루며 소비자 개인의 취향이 생산에 반영된다.

산업사회에서는 경제성장률을 측정하는 방법으로서 흔히 철광생산의 지수가 이용되지만, 후기산업사회에서는 노동인구 가운데 과학·기술자가 몇 %이며, 조사연구(R&D)에 투입된 자금의 양이 얼마인가가 더욱 큰 의미를 갖는다. 만약에 우리가 산업사회를 생산된 상품의 양으로 측정할 수 있다고 한다면, 후기산업사회는 정보를 관리하고 전달할 수 있는 사회의 능력으로 측정할 수 있을 것이다.

그래서 후기산업사회를 **정보사회**(information society)라고도 부르는데, 제도적 측면에서의 여러 변화는 사회가 정보사회로 옮아가는 '조용한 혁명'(quiet revolution)에 연유된다고도 말할 수 있을 것이다.[3] 후기산업사회의 배후에 가려 있는 변화의 추동력은 정보테크놀로지의 급속한 발달이다. 그러면 여기서, 후기산업사회를 '정보사회'라는 이름으로 절을 바꾸어 좀 더 자세히 보기로 한다.

제 3 절 정보사회

산업사회가 후기산업사회로 이행하면서, 특히 20세기의 마지막 시기와 21세기에 걸친 지난 10-20년동안 과학과 테크놀로지의 발전이 급속히 이루어졌다. 새로이 나타난 과학과 테크놀로지는 과거에서는 상상하기 조차 어려운 질적 탁월성과 동시에 현실에 적용될 수 있는 고도의 효용성을 가진 것이다. 즉 컴퓨터 테크놀로지와 바이오 테크놀로지가 그 예이다.

컴퓨터 테크놀로지는 과거에 비해 수십만배 이상의 빠른 속도로 수많은 정보를 수집·전달·확산시키는 것을 가능케 하였다.

전자공학의 발달에 기초한 컴퓨터, 텔레비전 등 통신 기기들은 정보전달에서 시간과 공간의 거리를 0(零)으로 만들었다. 우리는 안방에 앉아서 전장(戰場)의 실황(實況) 까지를 즉시적으로 볼수있게 되었다. 이것은 급격한 사회변동을 불가피하게 하며, 그 범위는 범세계적이다.

또한 바이오 테크놀로지는 생물체가 지닌 유전자·염색체 등에 관한 신비스러운 정보를 밝혀내고 있으며, 인간삶의 형태에 대변화를 초래시킬 것을 예고하고 있다.

---

3) Bell, Daniel, 1973 참조.

컴퓨터 테크놀로지나 바이오 테크놀로지는 그 발전 속도가 놀랄 만큼 빠르다는 것이 특징이다. 따라서 우리가 살고 있는 정보사회도 급격히 변해 갈 것임이 틀림이 없다. 사회변화의 양상과 결과가 어떠할지는 누구도 정확히 예언할수 없으나 그 양상과 결과의 징후들은 이미 나타나고 있다. 그리고 변화과정에서는 인간생활에 좋고 나쁜 수 많은 문제들, 즉 윤리적, 정치적, 경제적인 많은 문제들을 계속적으로 제기 할 것은 분명하다.

물론 사람들 가운데는 컴퓨터 테크놀로지를 거부하거나 컴퓨터 기기를 신형으로 자주 바꾸는 것에 화가난 사람들이 있다. 세계가 전자망을 향해 달리는 것을 거부하는 사람들, 즉 "테크-노"들("Tech-no's")은 이웃들로부터 점점더 분리되는 삶을 살 것인가? 하는 인생선택의 기로에 서 있는 셈이다. 하지만 컴퓨터 테크놀로지가 주도하는 세상의 대세를 부인할 수는 없다.

컴퓨터 테크놀로지의 발달은 자본주의와 밀접히 관련되어 있다. 경제적 효율성의 극대화를 중시하는 자본주의는 컴퓨터 테크놀로지의 0시차(零時差)능력과 정보의 대량수집 및 확산의 능력을 크게 환영하여 기업과 개인경제인들이 그것을 경쟁적으로 채용하였고, 자본주의 정부가 이를 뒷받침함으로써 컴퓨터 테크놀로지가 세상의 대세를 쥐게 되었다. 자본주의는 세계화되어 있으며 점점더 구체화되고 있다.

Ⅰ. 컴퓨터 테크놀로지

21세기 이전에 우리가 컴퓨터 기기를 살때는 10년을 쓸수있을 것이라는 생각을 가졌었다. 그러나 지금 우리는 3년정도 사용할 수 있을 것이라는 기대로 그것들을 산다. 우리는 그것이, 손에 들고 다니는 휴대용이든 혹은 가정용 컴퓨터 이든 3년이내에 완전히 새로운 테크놀로지로 업그레이드 할 필요가 있다.

컴퓨터 테크놀로지가, 세계에서 가장 큰 컴퓨터 네트워크인 인터넷(Internet)에 미친영향은 지대하다. 전세계적으로 1996년 5,000만명에 불과하던 인터넷 접속자의 수가, 2008년에는 13억명으로 증가하였다.

인터넷이 최초로 설치된것은 1962년 미국방성에 의해서였다. 당시, 혹시라도 핵전쟁으로 기존의 전신·전화화망이 파괴될 경우에 대비하여 통신의 대안장치로서 설치 되었던 것이며, 정부나 군부의 특별허가 없이는 인터넷 접속이 불가능 하였다. 그런데 오늘날에는 아무라도 허버나 스마트폰등 유·무선으로 인터넷에 접속할 수 있다. 사람들은 인터넷을 통해 자동차매매, 증권거래, 경매입찰, 신약품 검색, 투표, 잃어버린 옛친구 찾기등 수천가지 일을 할 수가 있다.4)

개인용 컴퓨터와 인터넷과 같은 새로운 테크놀로지가 초래시키는 세상의 변화는 유익을 가져다 주는 면도 많지만, 해로움도 크다. 컴퓨터 테크놀로지는 일반인의 사업이나 공공기관의 일을 보다 쉽게 해주고 있지만, 범죄도 쉽게 해준다. 범죄자들은 우리의 구매습성에서부터 개인들의 연금번호까지 모든 정보를 검색·저장하고 있다. 이와 동시에 어떤 권력기관이 개인에 대한 정보를 불법적으로 수집하여 범죄적 목적이나 비민주적 목적에 오용할지도 모른다는 우리의 두려움을 증가시키고 있다. 새로운 테크놀로지들은 우리들의 사생활(privacy)뿐만이 아니라, 범죄와 검열로 부터의 자유를 위협하고 있는 것이다.

불행히도, 누구나가 정보고속도로에 올라 설 수 있는 것은 아니다. 특히 저소득층들은 그렇다. 더욱이 이같은 불평등은 세계의 국가들 사이에서도 적용된다. 정보테크놀로지는 세계의 핵심적 자본주의 국가들인 선진산업 국가들에 의해 사실상 독점되어 있다. 아시아, 아프리카, 라틴 아메리카의 저개발 국가들은 테크놀로지나 테크놀로지가 제공하는 정보들을 핵심 국가들에 의존하고 있다. 예컨대 북미, 유럽 및 다른 지역의 극소수 선진국가들이 거의 모든 세계의 인터넷 기지들을 보유하고 있으며, 컴퓨터들은 범세계적인 인터넷망에 직접 연결돼 있다. 다시말해 기지국가들이 세계의 정보를 지배하고 있는 것이다.

게다가 인터넷에 접속하는 인구의 비율도 선진국과 개발도상국 사이에 현저한 차이가 있다. 대륙별로 북미에서는 그들 인구의 71.1%가 인터넷에 접속하여 정보를 획득하거나 주고받고 있는데 비하여, 유럽은 인구의 43.4%, 라틴 아메리카는 22.2%, 중동은 17.4%, 아시아는 13.7%, 아프리카는 4.7%에 불과하다.5)

국가별로 보면, 독일이 가구의 79.1%, 미국 68.7%, 일본 67.1%, 프랑스 63.0% 등이다. 한국은 믿어지지 않을 정도의 높은 접속율로서 세계국가들중 첫번째인데 2009년 현재 95.9%이다. 한국 다음으로는 네델란드가 89.7%이며, 세

4) Reddick and King, 2000 참조.
5) Schaefer, Richard T., 2009, p. 411.

〈표 14-1〉 국가별 인터넷 접속율, 2009년(전체가구중 접속가구 %)

국 가 명	접 속 율
한국	95.9%
네델란드	89.7
아이슬랜드	89.6
덴마크	82.5
독일	79.1
캐나다	74.6
미국	68.7
일본	67.1
프랑스	63.0
스페인	54.0
이태리	53.5
그리스	38.1
멕시코	18.4

출처 : OECD, 2011, 'OECD Facebook'

번째는 원격지인 아이슬랜드가 89.6%이다. 한국에서는 2010년 현재 연령별로 10대와 20대는 다같이 99.9%가 인터넷을 이용하고 있으며 그 다음 순서로는 30대가 99.3%, 40대가 87.3%, 3세-9세 어린이가 85.5%이다(〈표 14-1, 표 14-2 참조〉).[6]

인터넷 접속율은 그 나라의 정보화 수준을 말해주는 주요 측정치이다. 한국이 세계의 모든 국가들 중에서 최고로 정보화된 사회라고 하는 의미는, 한국이 기업이나 정부등의 업무에서 그만큼 높은 효율성을 지니고 있다는 긍정적인 측면이 있는 반면에 범죄와 사생활 침범등 부정적인 측면의 가능성도 그만큼 높다는 것을 시사한다. 다시말해 한국사회는 좋은것과 나쁜것을 한꺼번에 끌어안고 바쁘게 돌아가는 복잡한 사회이다. 좋은면을 부양하고 나쁜면을 억제하는 것이 한국사회가 지향해야할 방향일 것이라고 한다면 한국의 지도자와 국민들의 윤리의식이 어떠해야하며, 법률적·행정적 장치는 어떠해야할 것인가 등의 한국사회 발전전략은, 논외의 과제로 남겨두기로 한다.

---

6) OECD, 2011 및 통계청, 2012, '인터넷 접속자 통계' 참조.

〈표 14-2〉 한국인 인터넷 이용율, 2010년(연령별 전체인구중 인터넷 이용자수 %)

성비 및 연령	이 용 율
전체	77.8%
남자	83.2
여자	72.9
3-9세	85.5
10대	99.9
20대	99.9
30대	99.3
40대	87.3
50대	55.2
60세이상	21.3

출처 : 통계청, 2012, '한국의 사회지표'

Ⅱ. 사회운동과 인터넷

컴퓨터 테크놀로지는 사회운동의 형태에 변화를 가져오고 있다. 사회운동가들은 상대적으로 적은 노력과 비용으로, 거의 동시적으로 세계의 수많은 사람들에게 접근 할 수 있다. 사회운동의 조직자들은 인터넷의 SNS와 대화방(chat rooms)을 이용하여 직접적인 대면없이도 비슷한 생각을 가진자들의 명단을 작성할수 있으며, 나아가 동시적으로 대화를 주고받을수도 있다.[7] 텔레비전과 인터넷은, 책이나 신문을 읽을 때와는 달리, 통신자들 끼리 친근감을 느끼며, 이 친근감은 상호통신의 즉시성으로 인해 더욱 강화 된다. 온라인에서 만난 동석감정(同席感情, sense of togetherness)은 사회운동을 점점더 웹사이트에 의존토록 한다. 그래서 사회학자들은 사회운동에 공헌하고 있는 '컴퓨터로 중계된 통신'(computer-mediated commucation)을 CMC라고 부른다. 우리나라에서 학생 무료급식 문제가 잇슈로 되었던 지방선거때와, 스스로 목숨을 끊은 전직 고위자의 장례식때에 CMC의 대단한 영향력을 경험한바있다. 컴퓨터 테크놀로지는 사람들을 한데에 모아 함께 행동하거나 반응하게 하였다. 새로운 테크놀로지는 비슷한 생각을 가진자 들의 특수영토(enclave)를 창조 한다. 과거라면

7) Kavada, Anastasia, 2005 참조.

사회운동에서 없어서는 아니 되었던 대면적 접촉이 이제는 더 이상 필수적인 것이 아니다.[8)]

하나의 웹사이트는 보통 다른 여러개의 웹사이트와 연결되어 있다. 예컨대 당신이 결혼할 대상자를 찾기 위해 정보를 구할 경우, 첫 번째 웹사이트에서 마땅한 대상자를 발견하지 못하게 되면 컴퓨터는 구혼자들이 모여 있는 다른 웹사이트로 당신을 인도하여 적당한 사람과 통신을 할 수 있게 해줄 것이다.

컴퓨터 테크놀로지의 효용과 남용에 대한 사회학자들의 견해는 그들의 이론적 관점에 따라 서로 다르다. 기능론자들은 일반적으로 인터넷에 대해 긍정적인 생각을 갖고있다. 그들은, 소통을 진작시키는 인터넷의 명시적 기능을 지적한다. 인터넷은 별로 재원을 갖기 못한 무력한 자들도 대중과 소통할수 있도록 힘을 부여하는 묵시적 기능까지를 수행한다고 그들은 주장한다. 한편, 갈등론자들은 한 사회내에서 가장 강력한 집단들이 테크놀로지를 사용하여 약자들의 프라이버시를 침해할 수 있는 위험을 강조한다. 실제로 오늘날의 사람들은 과거 어느때 보다도 프라이버시의 유지가 어려워져 있다.

Ⅲ. 해외이민과 초국가주의

2008년 현재, 세계인구의 약 3%에 해당하는 1억 9,100만명이 국제이민자이다. 이것은 1970년 숫자의 2배이다. 세계인구의 나머지는 자기들이 태어난 나라에서 계속사는 “체류자들”(stayers)이다.[9)] 노동자들의 범세계적인 이주는 합법적인 것도 있고 불법적인 것도 있다. 유럽연합(EU)의 몇몇 지역에서는 노동자의 자유로운 이주를 허용하고 있으나, 세계대부분의 지역에서는 불법 이민을 금지하고 있다. 이러한 이민에 대한 제한조처에도 불구하고 노동시장은 점점더 하나의 세계시장으로 변해가고 있다. 세계화가 정부의 정책들, 문화들, 사회운동들과 금융시장들을 통합해 가고 있는 것과 꼭 마찬가지로, 과거 국가 별로 분리되어 있던 노동시장이 점점더 하나의 세계시장으로 통합되고 있다. 과거의 세대에서 이민자들은 모국소식을 접하기 위해 모국어로 발행되는 신문들을 읽었다. 그러나 오늘날에는 인터넷이 그들을 각자의 모국들과 즉각적으로 연결시

8) Niezen, Ronald, 2005 참조.
9) Rumbaut, Ruben G., 2008, p. 72.

켜준다.

이같은 새로운 구조에서 이민자들은 과거에 생각했던 것처럼 자신들이 꼭 어느 한나라의 국민이라고 하는 생각을 덜하게 되었다. 이민자들은 그들의 원래의 사회와 그들의 정착한 사회를 연결하는 다원적인 사회관계를 유지하는 초국민들(transnationals)이 되어가고 있다.[10] 초국민들은 때때로 모국을 방문하여 상당기간동안 일가 친척및 친구들과 머물다가 돌아온다. 초국민들이 가난한 모국에 송금하는 '이민자 달러'(migradollar)는 세계전체로 년간 3000억 달러 이상이다. 이러한 액수는 저개발국가에 대한 해외로 부터의 모든 공식 원조를 합한 액수의 근 3배이며, 모국들로서는 쉽게 획득하는 가장 믿을만한 외화수입이다.[11]

사회학자들은 1990년대초 까지만 해도 초국가주의(transnationalism)에 주목하지 않았다. 그러나 지금 그들은 국제적인 여행과 통신을 고무하는 새로운 테크놀로지가 노동자들의 초국가적 이주를 가속화 시키고 있다는 사실을 발견하고 있다. 또 두가지 다른 요소가 초국가주의를 고무하고 있다. 첫째는 문화다원주의이다. 문화다원주의는 이민자들이 수용국가에서 자신들의 모국에 대한 애착과 충성을 표현하더라도 그것을 정당한 것으로 받아들인다. 둘째는 국제적 인권운동이다. 국제인권 운동은 어느 개인의 국적이 어디이든 상관없이 보편적 인권을 중시하는 신념에 기초를 두고 있다. 이러한 다원적 요소들이 세계시민으로 구성된 세계적 노동력을 출현시킬지 여부는 좀 더 두고 봐야 할 것 같다.[12]

초국민들에 대한 사회학자들의 견해는 그들의 이론적 관점에 따라 서로 다르다. 기능론자들은, 이민의 자유로운 흐름은, 법률적으로 제약이 있는 시기에서 조차도, 경제에서 인간노동력을 극대화 시키는 한가지 수단이 된다고 생각한다. 수요-공급의 법칙에 비추어, 노동자가 모자라는 국가들은 불가피 해외노동자들을 유인할 것이며, 반면에 노동자가 남아도는 국가들에서는 그들의 일부라도 떠나기를 바랄 것이다. 갈등론자들은 세계화의 세계적 이민은 선진산업국가와 개발도상국가 사이의 경제적 괴리를 확대시키고 있다고 주장한다. 오늘날 북미, 유럽 및 일본의 주민들은[13] 개발도상국가들에 살고있는 수십억 주민

---

10) Levitt, Peggy and B. Nadya Jaworsky. 2007 참조.
11) Tilly, Charles, 2007 참조.
12) Waldinger, Roger and David Fitzgerald, 2004 참조.
13) 북미(미국 : 3억 666만, 캐나다 : 3,372만), 유럽(4억 7,101만), 일본(1억 2,752만)을 합친

들보다 재화를 32배나 더 많이 소비하고 있다. 가난한 개발도상국가에 살고있는 사람들은 관광여행이나 세계적인 매체들을 통해서 선진국가들에서는 일상화되어 있는 풍요로운 삶이 어떠한 것인가를 알게되었으며, 그들은 이제 그것을 동경하고 있다.[14)]

상호작용 이론가들은 초국민들이 그들의 주변 사람들과 상호작용하는 매일매일의 인간관계에 주목한다. 초국민들은 그들의 모국에서온 사람들과의 관계를 비롯하여, 정착지 사람들과, 또 다른 외국에서온 동료 노동자들과도 관계를 가진다. 이와같이 세계적인 사회적 망(網)을 가진 사람들은 서로간에 도움과 신뢰를 제공한다. 흥미로운것은 이들 이민자들이 자신들을 어떻게 생각하느냐는 것이다. 해답으로서, 이들 초국민의 정체감은 현시점에서 그들이 소속해있는 사회적 망이 어디냐에 따라 정해진다. 일부사회학자들에 따르면 이들은 자신들이 초국민인것을 기분좋게 생각하면서도, 다른 한편으로 비록 수백만명이 북적되는 대도시에서 산다 하더라도 역시 고독한 개인이다. 또 다른 사회학자들에 따르면 이들은 국민적 정체감을 상실한 세계인(cosmopolitan)이 되어가고 있다.[15)]

초국민과 관련하여, 이시간 현재 미해결의 문제로 남아 있는것 중에 하나는 그들의 모국에서 실시되는 선거에 투표권을 줄 것인가 하는 문제이다. 이에 관해서 미국과 영국은 좀더 관대하다. 미국과 영국은 이중국적을 허용하고 있으며, 모국의 선거에 계속해서 참여할 수 있는 투표권도 허용하고 있다. 그러나 대부분의 국가들은 이중국적을 허용치 않고 있으며 심지어 많은 모국들에서는 이민자들의 부재자 투표를 인정치 않고 있다.

Ⅳ. 바이오 테크놀로지와 유전공학

세상의 변동을 촉진하는 테크놀로지의 또하나의 발전분야는 바이오 테크놀로지이다. 태아의 성(性)감별, 유전공학이 적용된 유기체, 양(羊)과 소(牛)의 세포생식에 의한 복제등은 최근에 이루어진 바이오 테크놀로지 분야에서의, 말

인구수는 2009년 현재 9억 3,890만 명이며 세계전체 인구는 약 69억 3,000만 명이다.

14) Diamond, Jared, 2003 참조.

15) Tilly, Charles, 2007 참조.

성이 많기는 하지만, 중요한 업적등이다. 사람은 살아가는 동안 의학적인 치료와 의료적 처방으로부터 예외일수가 없다. 바이오 테크놀로지의 성과들은 사회의 의료화를 향한 최근경향의 연장이라고 할 수 있다.[16]

오늘날 바이오 테크놀로지의 전문가들은 이분야가 인간에게 전적으로 유익한 것이라고 자부하고 있으나, 계속적인 관찰이 요구되는 분야이다. 바이오 테크놀로지의 발전은 많은 어려운 윤리적·정치적 의문을 제기 하고 있다. 그 가운데서도 유전자 합성(gene pool)은 우리의 환경을 바람직하지도, 원하지도 않는 방향으로 변화시킬 수가 있다.[17]

발전된 유전자 공학은 물고기의 유전자와 식물의 유전자를 합성하여 이미 서리(霜)에 견디는 감자와 토마토를 생산하였다. 보다 최근에는 인간의 장기이식에 사용할 사람의 신장(腎臟)과 같은 신장을 생성시키기 위해 인간의 유전자를 돼지 몸에 주입하였다. 유전자 공학에서 최근에 개발된 또 한가지 분야는 유전자 치료이다. 유전공학자들은 생쥐로부터 바람직하지 않는 징후를 나타나게 하는 유전자를 제거하고, 그 대신 바람직한 징후를 나타나게 하는 유전자를 이식하여 생쥐의 징후치료에 성공하였다. 이 같은 발전은 장차 동물과 사람의 생활형태를 바뀌어 놓을 가능성을 높여 주었다. 그러나 유전자 치료의 실현까지는 아직 거쳐야할 많은 실험들이 남아있다.[18]

1997년 스코트랜드에서 양(羊)의 난자로부터 유전물질을 빼내고 그 대신 어른 양(羊)으로부터 추출한 유전자(DNA)를 집어넣어 새끼양을 출생시켰다. 이 새끼양은 어른 양의 세포로써 생식된 것이다. 바로 그 이듬해, 일본과학자들은 세포생식으로 복제된 암소를 태어나게 했다. 이같은 발전은 장차 인간도 세포생식을 통해 복제할수 있을 것이라는 가능성을 보여주고 있다.

유전공학은 농산물 생산분야에서도 적용되어 "유전적으로 수정된 식품"(genetically modified food), 이른바 "GM food"가 나왔다. GM food는 아침에 먹는 시리얼에서부터 "GM 토마토"에 이르기 까지 함유영양소가 다양하고 보관에서 내인성(耐忍性)이 강한 것이 특징이다. 유전공학자들의 목적은 식품생산을 높이고 농업을 더욱 경제적인 산업이 되도록 하려는데에 있었다. 그러나

16) Clarke, Adele E. et al., 2003 참조.
17) Weinstein, Deena and Michael A. Weinstein, 1999 참조.
18) Kolata, Gina, 1999 참조.

이것에 반대하는 비판자들은 "GM food"를 프랑켄슈타인(괴물 Frankenstein)의 이름을 따 "Frankenfood"라고 부른다. GM food를 옹호하는 자들은, 바이오텍 회사뿐만아니라, 이것이 아프리카와 아시아의 굶주리는 사람들을 먹여살릴 길이라고 생각한다.[19]

또 하나의 광범한 영향을 미치게 될 바이오 테크놀로지 분야는 "인간 게놈 프로젝트"(Human Genome Project)이다. "Human Genome"이란 인체의 내포된 유전자들을 집합적으로 지칭할 때 쓰는 용어이다. 이 프로젝트는 인체에 존재하는 3만내지 4만개의 인간 유전자를 정열하고 그 구도를 작성하는 일인데, 전세계로 부터의 과학자들이 참여하고 있다. 이 프로젝트의 지지자들은, 프로젝트가 완성된 후에 얻게 될 새로운 지식들은 인간의 질병을 치료·예방하는데 있어서 혁명적인 발전을 가져올 것이라고 말한다.[20]

Ⅴ. 세계의 불평등

지난 40년동안 개발과 성장을 위한 도전이 치열하였지만은 오늘날 세계인구의 약 10억명만이 부유한 세상에서, 그리고 약 50억명은 아직 개발도상의 세상에서 살고 있다. 개발도상국가들의 50억명중 80%에 해당하는 40억명은 지금 개발에 한창 매진하고 있으며, 대단한 속도를 내는 곳도 있다. 그러나 이들 이외에 약 10억명의 밑바닥 국가들은 개발에 뒤쳐저 있으며, 때로는 와해되고 있다. 숫자의 위 아래를 뒤집어서 말하면, 총 50억명의 인구는 이미 번영하거나 적어도 번영의 길에 들어서 있는데 비하여 10억명은 밑바닥에 갇혀있다.

밑바닥국가들은 21세기에 존재하고 있으면서도 그들의 현실은 14세기이며, 내란, 역병, 무지에 시달리고 있다. 밑바닥 국가들은 아프리카 및 중앙아시아에 집중해 있고 여타 다른 지역에도 점점이 흩어져 있다. 동서냉전이 종식된 1990년부터 2001년의 911테러 사건까지 10년간의 황금 시기에, 이들 밑바닥 국가들의 소득은 도리어 5% 감소하였다. 이들은 배고픔을 덜기 위해 흙을 끓여서 먹는다. 밥 달라고 보채는 어린이를 둔 어머니는 돌을 삶으면서 밥이 이제 다 되어간다고 달래며 아이가 잠들기를 바란다.[21]

---

19) Sharmi, Hari M. and Gerard C. Bodeker, 1998 참조.
20) Duster, Troy, 2002 참조.

수 세기 전까지만 해도 세계적인 부의 현저한 격차는 존재하지 않았다. 극소수의 지배자나 대지주를 제외하고는 세계의 모든 사람들이 가난하였다. 유럽인들도 그 대부분은 아시아나 아프리카에서와 마찬가지로 삶이 어려웠다. 산업혁명때 까지는 그러하였다. 산업혁명이 일어나자 증가된 농업생산력이 폭발적인 경제성장을 가져왔고 그 결과 생활수준을 높였으나, 세계적인 분배는 공평하지 않았다. 산업국가들은 저산업국가에 비해 비율적으로 더 적은 인구를 가졌으면서도 더 많은 수익을 올리고 더 많은 수출을 하였다. 산업국가들은 또한 다른 나라에 비해 건강과 군비에 더 많은 돈을 썼으며, 더 많은 이산화탄소(CO_2)를 배출하였다.[22] 미국, 일본, 스위스, 벨기에, 노르웨이등 산업국가에서 1인이 생산하는 물품 및 서비스의 평균 값어치는 2010년 현재 연간 3만1,000달러를 상회한다. 이와 대조적으로 10개 밑바닥 국가들의 그것은 년간 900달러 내지 그 이하이다. 나머지 대부분의 국가들은 이 양극단의 중간에 위치한다.

우리에게 문제가 되는 것은 10억명이라는 사람들이 거대한 혼돈의 섬에서 14세기의 조건아래 살고-죽고있다는 사실보다는, 물질적인 안락과 세계여행과 경제적 상호의존으로 살고 있는 21세기의 세계가, 거대한 혼돈의 섬에 대해 점점더 손을 못 쓰게 될 것이라는 점이다. 그리고 지금 문제가 되는 것은 10억명의 인구가, 더욱 세련되어가는 세계경제로부터 분리되고 있으며, 합류하기가 더 쉬어지는 것이 아니라 더 어려워지고 있다고 하는 사실이다. 세계의 원조기관들은 관료화로 인해 그들이 그들의 방식대로 활동할 수 있는 지역에서만 활동하는 경향이 있기 때문에 브라질이나 중국에 그들의 요원을 주재시키는 것에는 매력을 갖지만, 차드(Chad)나 라오스(Raos)에 대해서는 아니다. 세계은행은 중간급 소득을 가진 국가들의 모든 주요 시(市)에 큰 사무실을 두고 있음에도, 중앙아프리카 공화국에는 단 한명의 직원도 파견하지 않고 있다.

밑바닥 국가들의 정부는 어떠한가? 이들 국가들의 비참한 형편은 극단적인 현상을 빚어내고 있다. 어떤 경우에는 지도자가 권력을 제멋대로 탈취한 정신병자들이며, 어떤 경우에는 권력을 매수한 사기꾼들이다. 또 어떤 경우에는 더 나은 미래를 건설하려는 용기있는 자들이다. 현대적 정부처럼 보이는 정부조차도 외양만 그러할 뿐이다. 소말리아 정부는 국제무대에서 지금도 공식적으

21) McNeil, Donald G., Jr., 2004 참조.
22) Sachs, Jeffrey D. 2005 참조.

로는 국가를 "대표하고" 있지만, 소말리아는 이미 수년전에 스스로 정부의 기능을 없앴다. 10억 인구의 밑바닥 국가들이 실질적인 문제를 다루기 위해 단합할 수 있을 것이라고는 도저히 기대할 수가 없다.[23)]

2000년 유엔은 '새천년 프로젝트'(Millennium Project)를 시작하였다. 이 프로젝트의 목표는 세계적 차원에서 2015년까지 극단적 빈곤을 퇴치하려는 것이다. 오늘날 약 30억명의 인구는 하루에 2달러 또는 그 이하로 살아가고 있다. 이 프로젝트의 목표를 달성하기 위해서는 산업국가들이 그들의 국민총생산(GNP)에서 0.7%를 가난한 국가들을 위한 원조자금으로 할당해야 한다. 새천년 프로젝트가 시작될때 덴마크, 룩셈부르크, 네덜란드, 노르웨이등 오직 5개국만이 작정된 비율의 원조자금을 내놓았다. 미국정부가 이들 국가와 같은 비율의 자금을 내놓으려면 현재 수준에 45를 곱해야 한다. 총액으로는 물론 미국이 1위이지만, 1인당 국민소득을 기준으로 할때 미국의 공적 원조금은 22개 최선진 산업국가들 가운데서 12번째이다. 미국민이 2005년에 1인당 부담한 공적 원조금은 연간 87달러로서, 캐나다 88달러, 독일 113달러, 일본 135달러, 영국 142달러, 프랑스 145달러, 노르웨이 407달러에 비해 적다.[24)] 미국민들이 개인 차원에서 내어놓은 자선자금은 다른 어느 산업국가 국민의 그것 보다 훨씬 크다. 그리고 미국에 이주해온 이민자들이 그들의 모국인 개발도상국가들에 보낸 2006년도 송금액이 1,990억 달러였다. 이 액수는 모든 외국으로부터 들어온 원조금액의 2배이다.[25)] 이런 송금이 개발도상국가에 큰 도움이 되고 있는 것은 물론이다.

한국이 공적으로 저개발국가들을 지원한 원조금액은 2009년에 8억 1,604 달러로서 GNP의 0.1%이다. 우리나라 국민 1인의 부담액으로 계산하면 연간 16.7달러이다. 다른 선진산업국들과 GNP기준으로 비교할 때 우리의 대외 원조규모는 매우 적은편이다.[26)]

우리나라에 들어와서 일하고 있는 15세이상의 등록된 외국인 노동자수는 2011년 현재 남자 55만 4,482명, 여자 42만 7,979명, 도합 98만 2,461명이

23) Collier, Paul 2007, pp. 3-5.
24) World Bank, 2007, pp. 14-16.
25) World Bank, 2006 참조.
26) 통계청, 2011, 「우리나라의 공적개발원조(ODA), 2009」 기획재정부 대외경제국개발협력과 제공.

다.[27] 노동목적 이외에 유학, 관광, 방문등의 명분으로 들어온 외국인 중에도 노동에 종사하는 자들이 상당수 있을 것이므로 실제의 외국인 노동자수는 이보다 많을 것이다. 이들이 모국으로 보내는 송금의 내역에 대한 자료는 아직 공개된 것이 없다.

피원조국에 들어가서 관찰을 하건데, 조그마한 액수의 원조라도 그들에겐 큰 도움이 된다. 한 가정에서 2-3달러의 원조에 힘입어 죽어가던 아이를 살려내는 경우도 있고, 화로를 마련하여 구덩이에서 불을 떼는 것 보다 훨씬 효율적으로 음식을 익힐 수도 있었다. 이들에겐 크든 적든 외부로부터의 원조가 필요하다.

또 한 가지 우리가 관심을 갖는 것은 밑바닥 국가의 사람들도 산업국가로 이민을 하느냐와 이민자수가 의미 있는 수준이 될 것인가 이다. 만약에 밑바닥 국가들로부터 많은 사람들이 산업국가에 이민을 하여 그들의 모국으로 어느 정도 많은 액수의 송금을 한다면 모국들에겐 큰 도움이 될 것이다. 그러나 밑바닥의 국민들은 그들의 열악한 여건으로 말미암아 사실상 이민기회로 부터도 제외되어 있는 것이 아닌지, 이에 대한 고려와 연구가 국제기관 및 산업국가 정책당국에서 있어야 할 것이다.

27) 통계청, 2011,「시군구별 외국인 노동자 등록자수, 2011」법무부 출입국 외국인 정책본부 정보팀 제공.

참고문헌

경제기획원(1985) 한국의 사회지표 1984.

________(1988). 인구 및 주택센서스, 1988.

김은정(2009). “한국청소년들의 학생으로서의 정체성 수용과정 — 또래관계를 비롯한 '의미있는 타자들'과의 상호작용을 중심으로”, 한국사회학 (43-5) : 85-129.

대검찰청(2011) 범죄분석 2010.

신용하(2012). 사회학의 성립과 역사사회학-오귀스트꽁트의 사회학 창설. 서울 : 지식산업사.

스미스, 애덤(Adam Smith), 유인호 역(2007). 국부론(The Wealth of Nations). 서울 : 동서문화사.

카스텔, 마뉴엘(Manuel Castells), 김묵환, 박행웅, 오은주 역(2003), 네트워크 사회의 도래(The Rise of the Network Society), 서울: 도서출판 한울.

통계청(1992). 사회통계조사.

______(2009). 사망원인통계.

______(2011). 국내인구이동 통계연보.

______(2011). 사회통계조사.

______(2011). 인구동태통계연보.

______(2011). 인구주택 총조사보고서.

______(2011) 통계로 본 여성의 삶, 2010.

______(2012). 장래인구추계, 2010-2060.

______(2012). 한국의 사회지표.

Allport, G. W. and L. J. Postmand(1965/1947), *The Psychology of Rumor*, N.Y. : Russell & Russell.

Anderson, P.(1974), *Lineages of the Absolutist State*, London : New Left Books.

Babbie, Earl(1979). *The Practice of Social Research*. Belmont, Calif : Wadsworth.

______(1980). *Sociology : An Introduction*. Belmont, Calif : Wadsworth.

Barkan, Steven E.(1984), “Legal Control of the Southern Civil Rights Movement,”

American Sociological Reveiw, Vol. 49, No. 4.

Beaud, Michael(1983), *A History of Capitalism, 1500~1980*, Translated by T. Dickman and A. Lefebvre, N.Y. : Monthly Review Press.

Becker, H. S.(1973), *Outsiders : Studies in the Sociology of Deviance*, N.Y. : Free Press.

Bell, Daniel(1973), *The Coming of Post-Industrial Society : A Venture in Social Forecasting*, N.Y. : Basic Books.

Bernard, Jessie(1972). *The Future of Marriage*. NY : Bantam.

Black, Hubert M., Jr.(1972) *Social Statistics*. NY : McGraw Hill Book Co.

Blumberg, Rae Lesser(1978), *Stratification : Socioeconomic and Sexual Inequality*, Dubuque, Iowa : Wm. C. Browns.

Blumberg, Rhoda Lois(1984), *Civil Rights : The 1960 Freedom Struggle*, Boston, M. A. : Twayne Publishers.

Blumer, Herbert(1962), "Society as Symbolic Interaction," in *Human Behavior and Social Processes : An Interactionist Approach*, A. Rose(ed.), Boston : Houghton Mifflin.

______(1974), "Social Movements," in *The Sociology of Dissent*, R. Serge Denisoff (ed.), N.Y. : Harcourt Brace Jovanovich.

______(1960), "Collective Behavior," in *Principles of Sociology*, 2nd ed., A. M. Lee and H. Blumer(eds.), N.Y. : Barnes & Noble.

Boyer, M. Christine(1983), *Dreaming the Rational City : The Myth of American City Planning*, Cambridge, M. A. : MIT Press.

Bronfenbrenner, Urie (1970) *Two Worlds of Childhood : US and USSR*. NY : Russel Sage.

Broom, Leonard and Philip Selznick(1975), *Essentials of Sociology : From Sociology, A Text with Adapted Readings*, 5th ed., N.Y. : Harper & Row.

Burgess, Ernest W.(1925), "The Growth of the City," in *The City*, Robert E. Park *et al.*(eds.), Chicago : University of Chicago Press.

Campbell, A.(1975), "The American Way of Mating," *Psychology Today*, March.

Chafe, W. H.(1974), "Feminism in the 1970's," *Dissent*, Fall.

Clarke, Adele E., Janet K. Shim, Laura Maro, Jennifer Ruth Fusket and Jennifer R. Fishman(2003). "Bio-Medicalization : Technoscientific Transformations of Health, Illness, and US Biomedicine", *American Sociological Review* 68(April) 161-194.

Collier, Paul(2007). *The Bottom Billion*. Oxford : Oxford University Press.

Comte, Auguste(1868), *The Positive Philosophy of Auguste Comte*, Translated by H. Martineau, N.Y. : P. Eckler.

Cooley, Charles Horton(1922), *Human Nature and The Social Order*, Rev., ed., N.Y. : Scribner.

______(1956/1909), *Social Organization*, Glencoe, Ill. : Free Press.

Coser, A. Lewis(1977). *Masters of Sociological Thought : Ideas in Historical and Social Context*. NY : Harcourt, Inc.

Crosby, J. F.(1975), "The Death of Family Revisited," *Humanist*, May-June.

Currie, Elliott P.(1968), "Crimes Without Criminals : Witchcraft and Its Control in Renaissance Europe," *Laws and Society Review*. Vol. 3, No. 1.

Dahrendorf, Ralf(1958), "Out of Utopia : Toward a Reorientation of Sociological Analysis," *American Journal of Sociology*, Vol. 64.

______(1959). *Class and Class Conflict in Industrial Society*. Stanford, Calf : Stanford University Press.

Dasmann, R. F.(1976), *Environmental Conservation*, 4th ed., N.Y. : Wiley.

______and Blake(1956), "Social Structure and Fertility : An Analytic Framework," *Economic Development and Cultural Change*, Vol. 4.

Davis, Kingsley(1940), "Extreme Social Isolation of a Child," *American Journal of Sociology*, Vol. 46(Jan.).

______(1974), "Final Note on a Case of Extreme Isolation," *American Journal of Sociology*, Vol. 52, March.

______(1965), "The Urbanization of the Human Population," in *Scientific American Cities*, N.Y. : Knopf.

______(1976), "The World's Population Crisis," in *Contemporary Social Problems*, R. K. Merton and R. Nisbet(eds.), 4th ed., N.Y. : Harcourt Brace Jovanovich.

______and Blake(1956), "Social Structure and Fertility : An Analytic Framework," *Economic Development and Cultural Change*, Vol. 4.

______and Wilbert Moore(1945), "Some Principles of Stratification," *American Sociological Review*, Vol. 10.

Diamond, Jared(2003). "Globalization, Then". *Los Amgeles Times*, September 14, pp. M1-M3.

Djilas, Milovan(1957), *The New Class : An Analysis of the Communist System*, N.Y. : Praeger.

Dobb, Maurice(1963), *Studies in the Development of Capitalism*, Rev., ed., N.Y. :

International Publishers.

Dollard, John, L. Doob, N. E. Miller, O. H. Mowrer, and R. Sears(1939), *Frustration and Aggression*, New Haven : Yale University Press.

Durkheim, Emile(1964), *The Rules of Sociological Method*, 8th ed., Translated. by S. A. Solovay and J. H. Mueller and edited by G. E. Catlin, N.Y. : Free Press.

______(1951/1897), *Suicide*, Translated by J. A. Spaulding and G. Simpson and edited by G. Simpson, Glencoe, Ill. : Free Press.

______(1956), *The Division of Labor in Society*, N.Y. : The Free Press.

______(1965/1915), *The Elementary Forms of the Religious Life*, Translated by J. W. Swain, N.Y. : Free press.

Duster, Troy(2002). "Sociological Stranger in the Land of the Human Genome Project", *Context* 1(fall) : 69-70.

Ehrich, P. R. and A. H. Ehrlich(1972), *Population, Resources, Environment*, 2nd ed., San Francisco : W. H. Freeman.

Eisenstadt, S. N.(1956), *From Generation to Generation : Age Groups and Social Structure*, Glencoe, Ill. : Free Press.

Elkin, F. and G. Handel(1972), *The Child and Society : The Process of Socialization*, N.Y. : Random House.

Ember, Melvin and Carol Ember(1971), "The Condition Favoring Matrilocal Versus Patrilocal Residence," *American Anthropologist*, Vol. 73.

Erickson, K.(1986), "On Work Alienation," *American Sociological Review*, Vol. 51.

______(1963), *The Wayward Puritans*, N.Y. : John Wiley.

Erikson, Erik H.(1963), "Youth, Fidelity and Diversity," in *Youth : Change and Challenge*, Erik H. Erikson(ed.), N.Y. : Basic Books.

Farmer, James(1985), *Lay Bare the Heart : An Autobiography of the Civil Rights Movements*, N.Y. : Arbor House.

Fox, Robin(1983), *Kinship and Marriage*, Cambridge, N.Y. : Cambridge University Press.

Frazier, E. Franklin(1939). *The Negro Family in the United States*. Chicago : University of Chicago Press.

Freud, Sigmund(1949), *An Outline of Psychoanalysis*, Translated by J. Strachey, N.Y. : W. W. Norton.

Friedman, George(2009). *The Next 100 Years*. NY : Anchor Book.

Fromm, Erich(1941), *Escape from Freedom*, N.Y. : Avon Books Press.

______(1947), *Man for Himself: An Inquiry into the Psychology of Ethics*, N.Y.: Rinehart.

Furfey, Paul Hanry(1953). *The Scope and Method of Sociology: A Metasociological Treatise*. NY : Harper & Brothers' Publisher.

Galbraith, Kenneth(1956), *American Capitalism: The Concept of Countervailing Power*, Rev., ed., Boston : Houghton Mifflin.

______(1971), *The New Industrial State*, 2nd ed., Boston : Houghton Mifflin.

Garraty, John A. and Peter Gay(1972). *The Columbia History of the World*. NY : Harper and Row, Publisher.

Gilder, George(1981), *Wealth and Poverty*, N.Y. : Basic Books.

Gillin, John(1948), *The Ways of Men: An Introduction to Anthropology*, N.Y.: Appleton-Century.

Goffman, Erving(1961), "On the Characteristics of Total Institutions," *Asylums*, N.Y.: Doubleday.

Goody, Jack(1976), *Production and Reproduction: A Comparative Study of the Domestic Domain*, Cambridge, N.Y. : Cambridge University Press.

Gordon, Thomas(1975). *Parent Effectiveness Training: The Tested New Way to Responsible Children*. NY : New American Library.

Goring, Charles(1913), *The English Convict*, London : Watts.

Guttentag, Marcia and Paul F. Secord(1983), *Too Many Women?: The Sex Ratio Question*, Beverly Hills, C. A. : Sage Publications.

Habermas, Jurgen(1970), *Toward a Rational Society: Student Protest, Science, and Politics*, Translated by J. Shapiro, Boston : Beacon Press.

Hall, Edward T.(1959), *The Silent Language*, Greenwich, Conn : Fawcett.

Harris, Chauncy D. and Edward L. Ullman(1945). "The Nature of Cities", *Annals of American Academy of Political and Social Science* 242 : 12.

Harris, Marvin(1975), *Culture, People, Nature: An Introduction to General Anthropology*, 2nd ed., N.Y. : Crowell.

______(1979), *Cultural Materialism: The Struggle for a Science of Culture*, 1st ed., N.Y. : Random House.

Hebding, Daniel E. and Leonard Glick(1981), *Introduction to Sociology*, 2nd ed., London : Addison-Wesley Publishing Co.

Hess, Beth and Marvin Sussman(eds.)(1984), *Women and the Family: Two Decades of Change*, N.Y. : Haworth.

Hennessey, Bernard(1975). *Public Opinion*. North Scituate, Mass. : Duxbury.

Hess, Beth B. *et al.*(1988), *Sociology*, N.Y. : MacMillan Publishing Co.

Hohenberg, Paul M. and Lynn Hollen Lees(1985), *The Making of Urban Europe 1000~1950*, Cambridge, M. A. : Harvard University Press.

Holter, Harriet(ed.)(1984), *Patriarchy in a Welfare Society*, Oslo : Universitetsforlaget.

Homans, George C.(1950), *The Human Group*, N.Y. : Harcourt, Brace and World.

Hopper, R. D.(1950), "The Revolutionary Process : A Frame of Reference for the Study of Revolutionary Movement," *Social Process*, Vol. 28.

Hoyt, Homer(1939), *The Structure and Growth of Residential Neighborhoods in American Cities*, Washington, D. C. : U.S. Government Printing Office.

Huber, Joan(1986), "Trends in Gender Stratification, 1970~1985," *Sociological Forum*, Vol. 1.

Hunt, M.(1973), "The Future of Marriage," in *Conflict and Consensus*, H. M. Hodges(ed.), N.Y. : Harper & Row.

Hyman, Herbett H.(1942), "The Psychology of Status," *Archives of Psychology*, Vol. 37.

IHS(2011). IHS Global Insight. NY : Penguin.

Janowitz, Morris(1971), *The Professional Soldier : A Social and Political Portrait*, N.Y. : Free Press.

Jencks C. Christopher, *et al.*(1973), *Inequality : A Reassessment of the Effect of Family and Schooling in America*, N.Y. : Basic Books.

Jenis, Irving(1979), *Future Alternatives*, N.Y. : Harper & Row.

Johnson, Kay Ann(1983), *Women, the Family and Peasant Revolution in China*, Chicago : Chicago University Press.

Kassebaum, Gene(1974). *Delinquency and Social Policy*. Englewood Cliffs. NY : Prentice Hall.

Kavada, Anastasia(2005). "Exploring the Role of Internet", *Westminster Papers in Communication and Culture* 2(1) : 72-95.

Keesing, Roger M.(1975), *Kin Groups and Social Structure*, N.Y. : Holt, Rinehart and Winston.

Klauser, Marshall H. and John H. Kennell(1976), *Mother-Infant Binding*, Saint Louis : C. V. Mosby.

Kluckhohn, Clyde(1949), *Mirror for Man : The Relation of Anthropology to Modern Life*, N.Y. : Whittlesey House.

______and W. Kelly(1945), "The Concept of Culture," in *The Science of Man in the*

World Crisis, R. Linton(ed.), N.Y. : Columbia University Press.

Kochen, Manfred and Karl W. Deutsch(1980), *Decentralization : Sketches Toward a Rational Theory*, Cambridge, M. A. : Oelgeschlager, Gunn and Hain.

Kohlberg, Lawrence(1981), *The Philosophy of Moral Development : Essays on Moral Development*, N.Y. : Harper & Row.

Kolata, Gina(1999). *Clone : The Road to Dolly and the Path Beyond*. NY : William Morrow.

Laurence, Peter(1968). *The Peter Principle*. LA., Calif : University of Southern California Press.

Laven, B. and J. Rubin(1977), "Group Dynamics and Attitude-Behavior Relations," *Sociological Methods & Research*, 5, 3, Feb.

LeBon, Gustave(1986), *The Crowd : A Study of the Popular Mind*, London : Benn Paperback.

Lee, A. M. C. and B. E. Lee(1939), *The Fine Art of Propaganda*, N.Y. : Octagon Books.

LeMasters, E. E.(1975), *Blue-Collar Aristocrats : Life Styles at a Working Class*. Tavern, Madison : University of Wisconsin Press.

Lemert, Edwin M.(1967), *Human Deviance, Social Problems and Social Control*. Englewood Cliffs, N. J. : Prentice-Hall.

Lenski, Gerhard(1966), *Power and Privilege : A Theory of Social Stratification*, N.Y. : McGrow-Hill.

______and Patrick D. Nolan(1983), "Trajectores of Development : A Test of Ecological-Evolutionary Theory," *Paper Prensented at the American Sociological Association Annual Meeting*, Detroit, August.

Lerner, Gerda(1986), *The Creation of Patriarchy*, N.Y. : Oxford University Press.

Levi-Strauss, Claude(1969), *The Elementary Structures of Kinship*. Translated by J. H. Bell, J. R. von Stumer, and R. Needham. Boston : Beacon Press.

Levitt, Peggy and B. Nadya Jaworsky(2007). "Transnational Migration Studies", *Annual Review of Sociology* 33 : 129-156.

Lifton, Robert J.(1961). *Thought Reform and the Psychology of Totalism : A Study of 'Brainwashing' in China*. NY : Norton.

Linton, Ralph(1936), *The Study of Man*, N.Y. : D. Appleton-Century.

Lucker, Kristin(1984), *Abortion and the Politics of Motherhood*, Berkeley : University of California Press.

Mace, D. R.(1975), "In Defence of the Nuclear Family," *Humanist*, May-June.

MacKensie, R. D.(1925), "The Scope of Human Ecology," *Publications of the American Sociological Society*, Vol. 20.

Manis, J. G. and B. N. Meltzer(1972), *Symbolic Interaction : A Reader in Social Psychology*, 2nd ed., Boston : Allyn and Bacon.

Marcuse, Herbert(1972/1964), *One Dimensional Man*, London : Abacus.

Mark, Stephen(1977). "Multiple Roles and Role Strain : Some Notes on Human Energy, Time and Commitment", *American Sociological Review* 42:921-936.

Marger, M. N.(2005). "The Mass Media as a Power Institution". In S.J. Ferguson (ed.), *Mapping the Social Landscape*. NY : McGraw-Hill.

Martin, M. Kay and Barbara Voorhies(1975), *Female of the Species*, N.Y. : Columbia University Press.

Marx, Karl(1956/1848), *Selected Writings in Sociology and Social Philosophy*. Translated by T. B. Bottomore, T. B. Bottomore and M. Rubel(eds.), London : Watts.

______and F. Engels(1969/1848), *The Communist Manifesto*. Baltimore : Penguin Book.

McNeil, Donald G., Jr.(2004). "Plan to battle AIDS Worldwide is Falling Short". *New York Times*, March 28, pp. 1, 14.

Mead, George Herbert(1934), *Mind, Self and Society*, Chicago : University of Chicago Press.

Mead, Margaret(1935), *Sex and Temperament in Three Primitive Societies*, N.Y. : W. Morrow.

Meadows, D. H. *et al.*(1974), *The Limits to Growth : A Report for the Club of Rome's Project on the Predicament of Mankind*, 2nd ed., N.Y. : Universe Books.

______(1966), "Marriage in Two Steps," *Redbook*, July.

Merton, Robert. K.(1957), *Social Theory and Social Structure*, Glencoe, Ill. : Free Press.

Meyer, John(1978). "The Effects of Education as an Institution", *American Journal of Sociology* 83(1) : 55-77.

Michels, Robert(1962/1911), *Political Parties : A Sociological Study of the Oligarchical Tendencies of Modern Democracy*, translated by. Eden and Cedar Paul, N.Y. : Collier.

Mills, C. Wright(1956), *The Power Elite*, N.Y. : Oxford University Press.

______(1959), *The Sociological Imagination*, N.Y. : Oxford University Press.

Moore, Joan W.(1976), *Mexican Americans*, 2nd ed., Englewood Cliffs, N.J.: Prentice-Hall.

Moore, Wilbert(1951), *Industrial Relations and the Social Order*, Rev., ed., N.Y.: MacMillan.

Moore, Wilbert E.(1963/1942), *Social Change*, Englewood Cliffs, N.J.: Prentice-Hall.

Nash, June and Maria Patricia Fernandez-Kelly(eds.)(1983), *Women, Men and the International Division of Labor*, Albany, N.Y.: State University of New York Press.

Nation Business(1978), "White Collar Crimes," in *Nation Business*, November.

National Center for Health Statistics(2006). Health, United States.

Newman, David M.(2010). *Sociology: Exploring the Architecture of Everyday Life*. Thousand Oaks, Calif: Pina Forge Press.

Niezen, Ronald(2005). "Digital Identity", *Comperative Studies in Society and History* 47(No.3): 532-551.

Ogburn, William F.(1922), *Social Change: With Respect to Culture and Original Nature*, N.Y.: B. W. Huesh.

______(1946), *The Social Effects of Aviation*, Boston: Houghton Mifflin.

Ossowski, Stanislaw(1966), "Different Conceptualizations in Social Class," in *Class, States and Power: Social Stratification in Comparative Perspective*, Reinhard Bendix and S. M. Lipset(eds.), N.Y.: Free Press.

Park, Robert E.(1925), *The City*, Chicago: University of Chicago Press.

Parkinson, Cyril Northcote(1958). *Parkinson's Law: The pursuit of Progress*. London: John Murray.

Parsons, Talcott(1959/1951), *The Social System*, Glencoe, Ill.: Free Press.

______(1958), *Essays in Sociological Theory: Pure and Applied*, Cambridge, M.A.: Harvard University Press.

______(1960), *Structure and Process in Modern Societies*, Glencoe, Ill.: Free Press.

Patterson, Jaon M. and Hamilton L. McCubbin(1984), "Gender Roles and Coping," *Journal of Marriage and the Family*, Vol. 46.

Peter, Lawrence J. and R. Hull(1969), *The Peter Principle*, N.Y.: W. Morrow.

Peterson, William(1975), *Population*, 3rd ed., N.Y.: MacMillan.

Piaget, Jean(1973), *The Principles of Genetic Epistemology*. Translated by Wolfe Mays, N.Y.: Basic Books.

Pickett, R. S.(1975), "The American Family : An Embattled Institution," *Humanist*, May-June.

Population Reference Bureau(1982/1984/1987), *World Population Data Sheet,* Washington D. C. : PRC.

Queen, Stuart, Robert Habenstein, and John Adams(1974). *The Family in Various Cultures*. Philadelphia : Lippincott.

Rawls, Anne(2000). "Harold Garfinkel", in George Ritzer, (ed.), *The Blackwell Companion to Major Social Theorists*. Oxford : Blackwell.

Reddick, Randy, and Elliot King(2000). *The Online Student : Making the Grade on the Internet*. Fort Worth : Harcourt Brace.

Redfield, Robert(1947), "The Folk Society," *American Journal of Sociology*, Vol. 52(4).

Riesman, David N., R. Denney, and N. Glazer(1950), *The Lonely Crowd : A Study of the Changing American Character*, New Haven, Conn. : Yale University Press.

Ritzer Goerge(2002). *McDonalization : The Reader*. Thousand Oaks, CA : Pine Forge Press.

Rosenthal, Robert and Lenore Jacobson(1968), *Pygmalion in the Classroom : Teacher Expectation and Pupil's Intellectual Development*, N.Y. : Holt, Rinehart and Winston.

Rossi, Alice(1977), "A Biosocial Perspective on Parenting," *Daedalus*, Vol. 106, No. 2, Spring.

Rothschild, Joyce and Raymond Russell(1986), "Alternatives to Bureaucracy : Democratic Participation in the Economy," *Annual Review of Sociology*, Vol. 12.

Rubinstein, Ruth(1986), "The Sociology of Clothing," *American Journal of Sociology*, Vol. 92.

Rumbaut, Ruben(2008). "Immigration Complexity", *Contests* 7(1) : 74.

Sachs, Jeffrey D.(2005). *The End of Poverty : Economic Possibilities for Our Time*. NY : Penguin.

Sanderson, Stephen K.(1988), *Macrosociology*, N.Y. : Harper & Row Publishers.

Sapir, Edmund(1960). *Culture, Language and Personality : Selected Essays*. Berkele y : University of California Press.

Sarri, Rosemary(1985), *World Feminization of Poverty*, University of Michigan Institute for Social Researh.

Sassen, Saskia, (1991), *The Global City*. NJ: Princeton University Press.

Sawers, Larry and William T. Fabb(1984), *Sunbelt/Snowbelt : Urban Development and Regional Restructuring*, N.Y. : Oxford University Press.

Scheff, T. I.(1963), "The Role of Mentally Ⅲ and the Dynamics of Mental Disorder," *Sociometry*, Vol. 26.

______(1984), *Being Mentally Ill : A Sociological Theory*, 2nd ed., Chicago : Aldine, Publishing Co.

Schneider, E. V.(1957), *Industrial Sociology : The Social Relations of Industry and the Community*, N.Y. : McGraw-Hill.

Sharma, Hari M. and Gerard C. Bodeker(1998). "Alternative Medicine", pp. 228-229 in *Britanica Book of the Year 1998*. Chicago : Encyclopedia Britanica.

Shelden, William H.(1949), *Varieties of Delinquent Youth : An Introduction to Constitutional Psychiatry*, N.Y. : Harper & Row.

Simmel, Georg(1930), *The Sociology of Georg Simmel*. Translated by Kurt H. Wolff, Glencoe, Ill. : Free Press.

Simmons, J. L.(1965). "Public Stereotypes of Deviant", *Social Problems* 13 : 223-32.

Skinner, B. F.(1948), "Science and Human Behavior", *Walden II*, N.Y. : MacMillan.

Smelser, Neil J.(1963), *The Theory of Collective Behavior*, N.Y. : Free Press of Glencoe.

Social Science Research Council(1961), "Social Science Research", *Item 15*.

Sorokin, Pitirim A.(1941), *The Crisis of Our Age : The Social and Cultural Outlook*, N.Y. : E. P. Dutton.

Spencer, Herbert(1986/1956/1891), *Principles of Sociology*, N.Y. : D. Appleton and Co.

Stack, Carol B. (1974). *All Our Kin : Strategies for Survival in a Black Community*. NY : Harper & Raw.

Stockdale, J. D.(1970), *Structural Preconditions for Collective Action*, N.Y. : Dodd, Mead.

Summer, W. G.(1940), *Folksways : A Study of Sociological Importance of Usages, Manners, Customs, Mores, and Morals*, Boston : Ginn and Co.

Sutherland, Edwin H.(1949), *White Collar Crime*, N.Y. : Holt, Rinehart and Vinston.

______and D. R. Cressey(1970), *Criminology*, 8th ed., Philadelphia : Lippincott.

Swarns, Rachel L.(2008). "Vaulting the Racial Divide, Obama Persuaded Americans to Follow", in *The New York Times*, November 5, 2008.

Szymanski, Albert(1978), *The Capitalist State and Politics of Class*, Cambridge, M. A. :

Winthrop Publishers.

Thoerell, M. A. and Schwartz, S. G.(1982), *Handbook of Survery Research*, Orlanddo, Fla. : Academic Press.

Thomlinson, Ralph(1976), *Population Dynamics : Causes and Consequences of World Demographic Change*, 2nd ed., N.Y. : Randomn House.

Thompson, T. L. and Zerbinos, E.(1995). "Gender Roles in Animated Cartoons : Has the Picture Changed in 20 Years?" *Sex Roles* 32 : 651-673.

Tiano, Susan(1987), "Gender, Work, and World Capitalism : Third World Woman's Role in Development," in *Analyzing Gender : A Handbook of Social Science Research*, Beth B. Hess and Myra Marx Ferree(eds.), Newbury Park, C. A. : Sage Publications.

Tiger, L. and J. Shepher(1975), *Women in the Kibbutz*, N.Y. : Harcourt Brace Jovanovich.

Tilly, Charles(2007). "Trust Networks in Transnational Migration", *Sociological Forum* 22(March):3-24.

Toffler, Alvin(1970), *Future Shock*, N.Y. : Random House.

Tönnis, Ferdinand(1887/1959), *Community and Society*, 1st ed., East Lansing : Michigan State University Press.

Toynbee, Arnold(1946), *A Study of History, Abridgement of volumes* I~VI, by D. C. Somervell, London : Oxford University Press.

Tumin, Melvin M.(1985), "Social Stratisfication : The Forms and Functions of Inequality", 2nd ed., *Foundation of Modern Sociology Series*, Englewood Cliffs, N. J. : Prentice-Hall.

Turner, Ralph(1964), "Collective Behavior," in *Handbook of Modern Sociology*, R. Faris(ed.), Chicago : Rand McNally and Co.

______(1976), *American Society : Problems of Structure*, 2nd ed., N.Y. : Harper & Row.

______(1986), *The Structure of Sociological Theory*, 4th ed., Homewood, Ill. : Dorsey Press.

______and L. M. Killian(1987), *Collective Behavior*, 3rd ed., Englewood Cliffs, N. J. : Prentice-Hall.

Tylor, E. B.(1871), *Primitive Culture*, London : J. Murray.

UN(1987), *United Nation's Demographic Yearbook*.

UNDP(2010). *Human Development Report 2010*.

UNICEF(2010). *Information by Country.*

Van Den Berghe, Pierre L.(1979), *Human Family Systems : An Evolutionary View*, N.Y. : Elsevier.

Veblen, Torstein(1919), *The Place of Science in Modern Civilization*, N.Y. : W. B. Huebuch.

Vine, Margaret(1959), *An Introduction to Sociological Theory*, N.Y. : David McKay.

Waldinger, Roger and David Fitzgerald(2004). "Transnationalism in Question", *American Journal of Sociology* 109(March) : 1177-1195.

Wallace, Anthony(1966), *Religion : An Anthropological View*, N.Y. : Random House.

Wallace, Walter L. *The Logic of Science*. Chicago : Aldine-Atherton.

Weber, Max(1946), *From Max Weber : Essays in Sociology*. Edited and Translated by H. H. Gerth and C. W. Mills, N.Y. : Oxford University Press.

______(1958), *The Protestant Ethic and the Spirit of Capitalism*. Translated by T. Parsons, N.Y. : Scribner.

______(1968), "Bureaucracy," in *Economy and Society : An Outline of Interpretive Sociology*. Translated by E. Fischoff and others, G. Roth and C. Wittich(eds.), Vol. 3, N.Y. : Bedminster Press.

Weinstein, Deena and Michael A. Weinstein(1999). "McDonalization Enframed". pp. 55-69 in *Resisting McDonalization*, (ed.) by Barry Smart. Sondon : Sage.

Westermarck, E. A.(1929), *The History of Human Marriage*. NY : Pennguin.

Whyte, William H.(1956), *Organization Man*, N.Y. : Simon and Sehuster.

Wirth, Louis(1938), "Urbanism as a Way of Life," *American Journal of Sociology*, Vol. 44.

WHO(2011). *Motality Database.*

World Bank(2006), (2007). *World Bank Year Book 2006, 2007.*

______(1963). *Religion, Society and the Individual*. NY : Macmilan.

World Economic Forum(2010). *The Global Gender Gap Report 2010.*

Yinger, J. Milton(1960), "Contraculture and Subculture," *American Sociological Review*, Vol. 25.

Zakariya, Sally Banks(1982), "Another Look at the Children of Divorce : Summary Report of the Study of Social Needs of One-Parent Children," *Principal*, September, 1982.

인명색인

사항색인

ㄹ

ㅁ

ㅅ

ㅇ

ㅊ

ㅋ

ㅌ

ㅍ

ㅎ

저자 약력

서울대학교 문리대 정치학과
미국 유타주립대 사회학 박사(PhD)
국민대학교 사회학과 교수
국민대학교 총장(5대, 6대)
한국대학교육협의회 회장(9대)
미국 유타주립대 명예인문학 박사
현 국민대학교 명예교수

개정판
사 회 학

1989년 9월 5일 초판발행
2012년 2월 10일 초판 19쇄 발행
2012년 8월 20일 개정판 발행
2017년 8월 30일 개정판 3쇄 발행

저 자 현 승 일
발행인 안 종 만
발행처 (주)박영사
서울특별시 종로구 새문안로3길
전화 (733) 6771 FAX (736) 4818
등록 1959. 3. 11. 제300-1959-1호(倫)

www.pybook.co.kr e-mail: pys@pybook.co.kr

정 가 23,000원 ISBN 978-89-6454-293-4